糸部

【糸】

《說文》：，細絲也。象束絲之形。凡糸之屬皆从糸。讀若覛。

【𢆯】

《說文》：，古文糸。

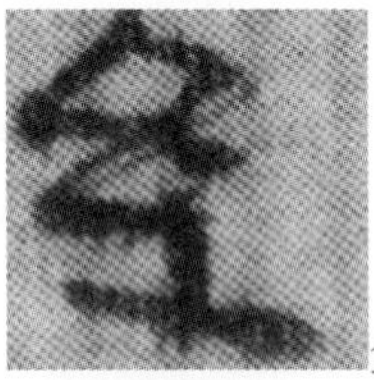
金關 T31:030

○彭城糸絮七斤直四

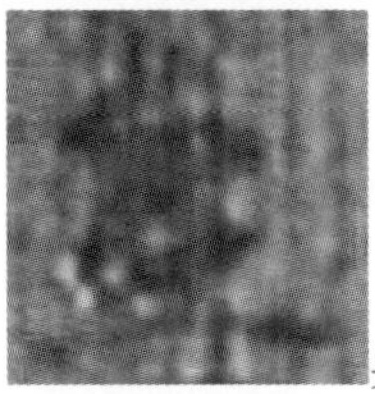
吳簡嘉禾・四・四一三

○女婁糸佃田七町凡

漢印文字徵

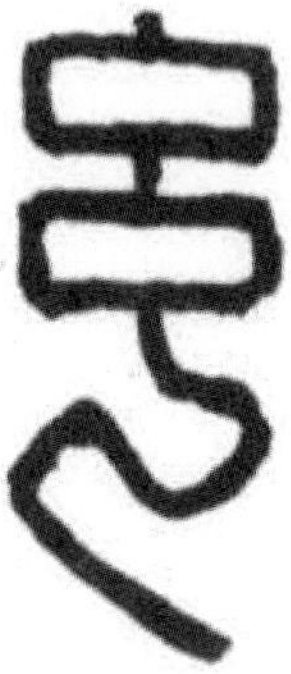
漢印文字徵

○郝糸

漢印文字徵

○陳糸

北魏・吐谷渾氏誌

○糸緒乾方

北魏・元暐誌

○遥原遠糸（系）

北魏・吐谷渾璣誌

【繭】

《說文》：，蠶衣也。从糸从虫，黹省。

【絸】

《說文》：，古文繭从糸、見。

睡・日甲《梦》13

○布非繭

里・第八層 96

○繭六兩

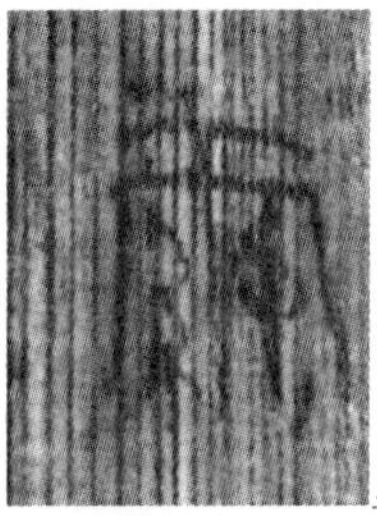
里・第八層背 1469

○繭□

馬貳 32_6 上

○繭然有朕

東魏・叔孫固誌

○重繭剖肝

東魏・妻李豔華誌

○絲繭組紃之功

【繅】

《說文》：繅，繹繭爲絲也。从糸巢聲。

北壹・倉頡篇 43

○溓滎蠶繅展痺

【繹】

《說文》：繹，抽絲也。从糸睪聲。

睡・日甲《梦》13

○乃繹（釋）髮

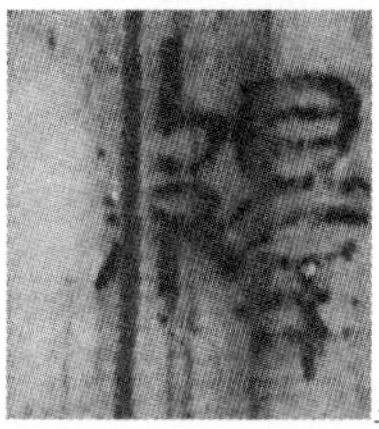
里・第八層 69

○□丞繹告尉主

張・奏讞書 150

○欲繹（釋）縱

廿世紀璽印二-SY

○繹疢

廿世紀璽印三-SP

○繹

秦代印風

○犖繹

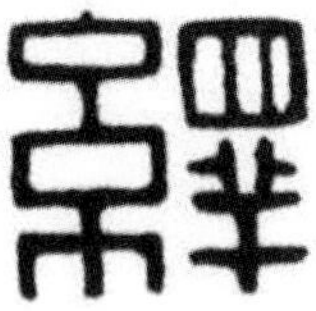
漢印文字徵

○繹幕令印

漢印文字徵

○王繹若

漢印文字徵

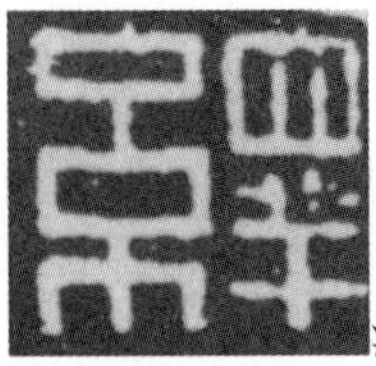
漢晉南北朝印風

○繹募令印

北魏・宋靈妃誌

○悅繹(懌)汝美

北魏・元液誌

○翰海繹騷

【緒】

《說文》：緒，絲耑也。从糸者聲。

馬貳 294_407/407

○一縠掾（緣）鮮支

吳簡嘉禾・四・四五四

○緒中丘男子鄧草佃

漢印文字徵

○田緒

漢印文字徵

○緒黑私印

漢印文字徵

○成緒印信

漢印文字徵

○朱印緒中

東漢・張遷碑陰

東漢・圉令趙君碑

○□脩甚緒

東漢・趙寬碑

○克述前緒

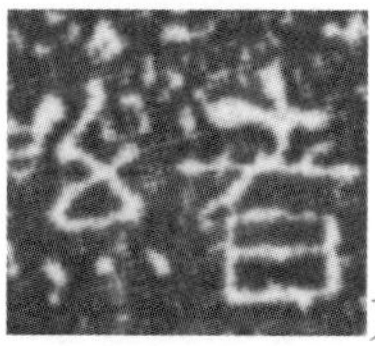
東漢・張遷碑陽

東漢・舉孝廉等字殘碑

西晉・趙氾表

北魏・吐谷渾璣誌

北魏・元融妃穆氏誌

○帝緒初基

北魏・寇憑誌

北魏・元孟輝誌

北魏・元斌誌

北魏・元子直誌

○藹藹帝緒

北魏・秦洪誌

北魏・山徽誌

北魏・長孫盛誌

北魏・元嵩誌

東魏・閭叱地連誌

○世緒綿長

北齊・梁迦耶誌

○遠源遙緒

南朝宋・劉懷民誌

【緬】

《說文》：緬，微絲也。从糸面聲。

北魏・元彧誌

北魏・元周安誌

北魏・塔基石函銘刻

○妙迹攸緬

東魏・元均及妻杜氏誌

○崇基緬邈

東魏・張瓘誌

北周・盧蘭誌

【純】

《說文》：純，絲也。从糸屯聲。《論語》曰："今也純，儉。"

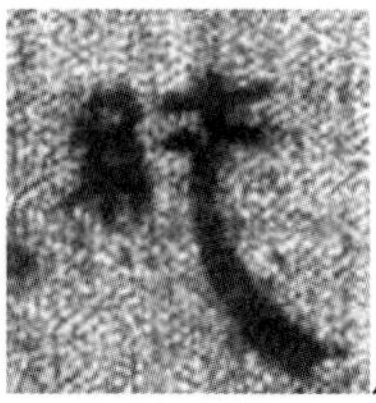
馬貳 32_18 上

○美哉純豐

敦煌簡 0099

〇將軍純據里

金關 T25:055

〇居延誠純里

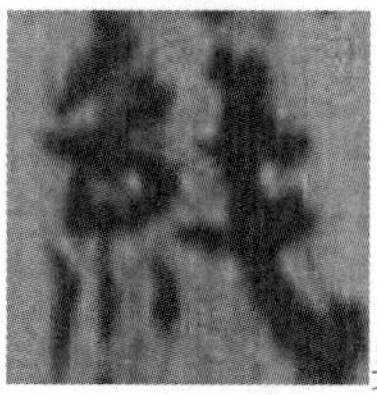
吳簡嘉禾・五・二七五

〇子謝純佃田

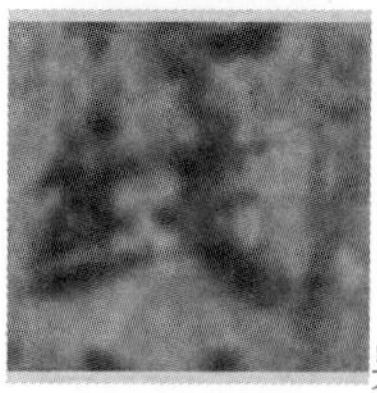
吳簡嘉禾・一四二六

〇男何純故戶中品出

秦代印風

漢印文字徵

〇梁純印信

漢印文字徵

東漢・尚博殘碑

東漢・北海相景君碑陰

東漢・尹宙碑

〇含純履軌（軓）

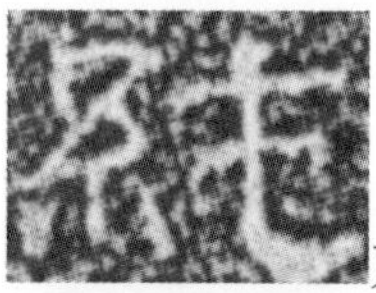
東漢・趙寬碑

東漢・張遷碑陽

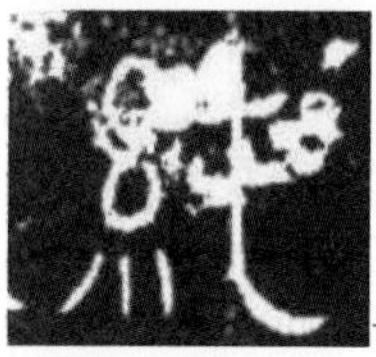
晉・大中正殘石

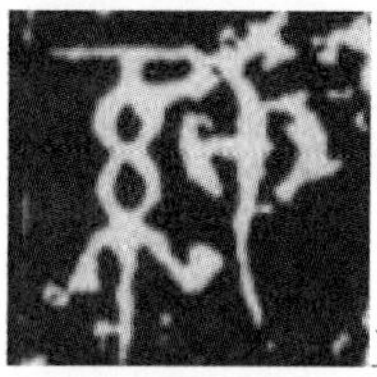
三國魏・三體石經尚書・古文

〇天惟純

西晉・臨辟雍碑

〇沐浴純澤

北魏・馮邕妻元氏誌

北魏・慈慶誌

北魏・元恩誌

北魏・王遺女誌

東魏・南宗和尚塔銘

東魏・元鷙誌

【綃】

《説文》：綃，生絲也。从糸肖聲。

馬貳 243_252

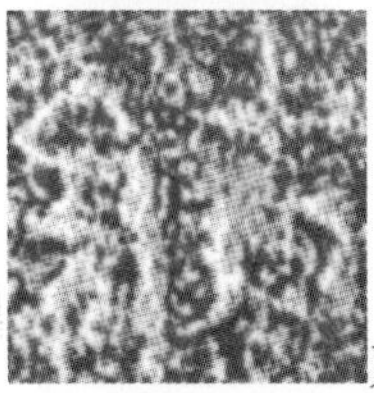
東漢・永壽元年畫像石闕銘

○寢疾固綃

北魏・高猛妻元瑛誌

【䋾】

《説文》：䋾，大絲也。从糸皆聲。

【絖】

《説文》：絖，絲曼延也。从糸巟聲。

【紇】

《説文》：紇，絲下也。从糸气聲。《春秋傳》有臧孫紇。

北魏・鮮于仲兒誌

○匹紇曹

北魏・元龍誌

○夫人洛陽紇干氏

【紙】

《説文》：紙，絲滓也。从糸氏聲。

【絓】

《説文》：絓，繭滓絓頭也。一曰以囊絮練也。从糸圭聲。

東魏・趙紹誌

○絓組相襲

【纅】

《說文》：纅，絲色也。从糸樂聲。

【綷】

《說文》：綷，著絲於筟車也。从糸崔聲。

【經】

《說文》：經，織也。从糸巠聲。

睡・為吏 41

馬壹 171_6 上

張・引書 74

○治八經之引

銀壹 338

銀貳 1508

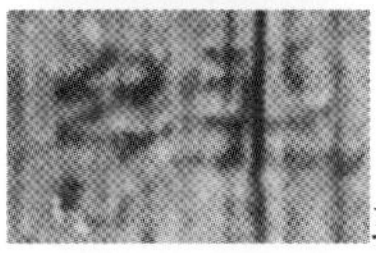
敦煌簡 1316

○而絕經自城此何道

吳簡嘉禾・四・一四

○田戶經用曹史趙野

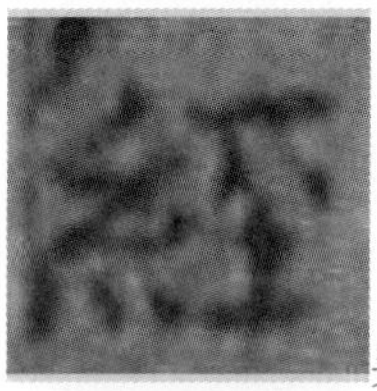
吳簡嘉禾・四・一三六

吳簡嘉禾・四・三〇一

漢印文字徵

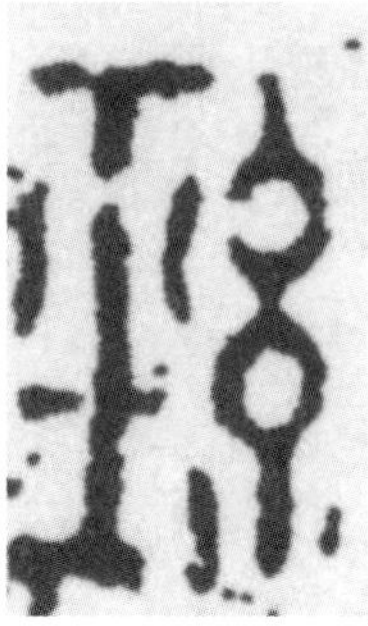
歷代印匋封泥

○經車將軍章

漢印文字徵

○王經

泰山刻石

○訓經宣達

東漢・執金吾丞武榮碑

○治魯詩經

東漢・尹宙碑

東漢・成陽靈臺碑

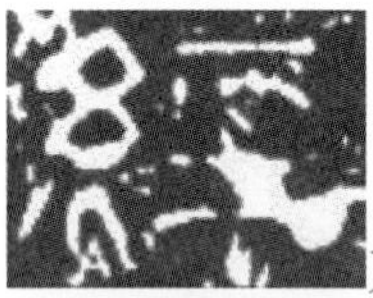
東漢・燕然山銘

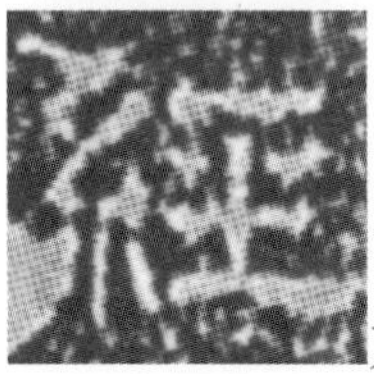
東漢・白石神君碑

東漢・西狹頌

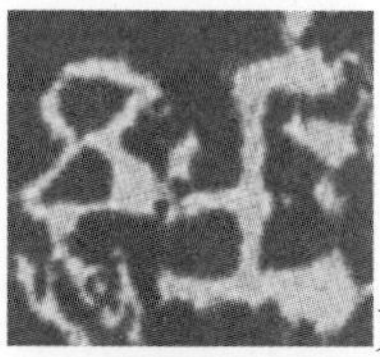
東漢・衛尉卿衡方碑

東漢・陽三老石堂畫像石題記

○又無經學

東漢・孟孝琚碑

東漢・乙瑛碑

○經緯天地

東漢・姚孝經墓磚

○姚孝經買槁

東漢・石門頌

○得其度經

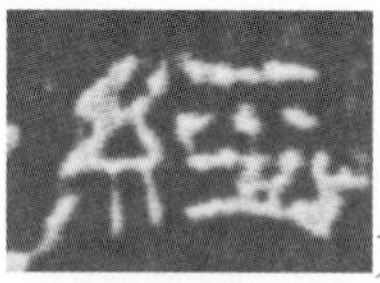
東漢・西岳華山廟碑陽

東漢・尚博殘碑

東漢・從事馮君碑

東漢・延光四年殘碑

○經學□□

西晉・臨辟雍碑

東晉・筆陣圖

北魏・元詮誌

北魏・程法珠誌

○武剋文經

北魏・李伯欽誌

北魏・鄭道忠誌

北魏・元廣誌

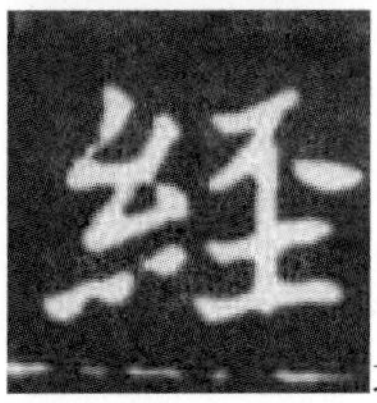
北魏・王基誌

北魏・吐谷渾璣誌

北魏・元珍誌

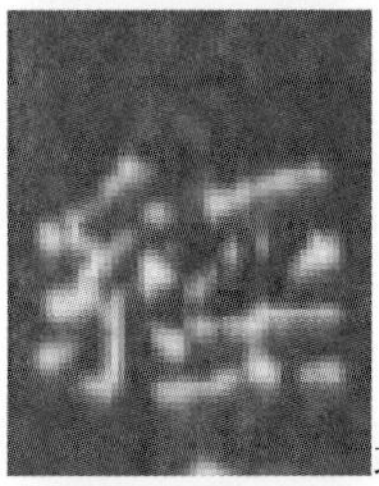
北魏・楊穎誌

北魏・論經書詩

北魏・李慶容誌

北魏・石婉誌

北魏・崔隆誌

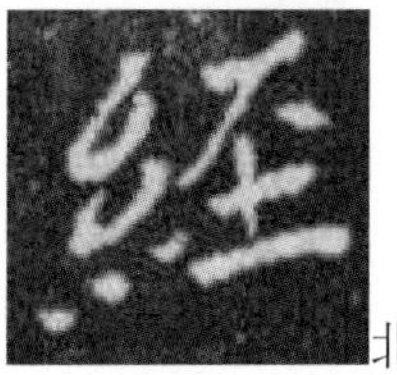
北魏・李伯欽誌

北魏・姚伯多碑

○經云

北魏・奚真誌

北魏・元子直誌

北魏・司馬悅誌

○經謨周遠

北魏・元信誌

北魏・元寧誌

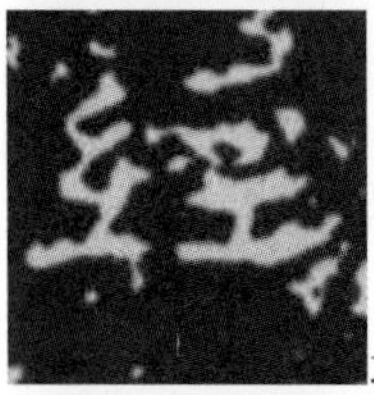
北魏・元馗誌

北魏・鄭黑誌

北魏・元恭誌

北魏・元繼誌

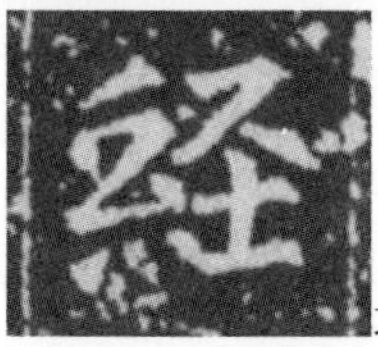
北魏・陳天寶造像

○然經著歸依

北魏・元尚之誌

○論經出俗

北魏・元彝誌

北魏・源延伯誌

北魏・元子正誌

北魏・元固誌

北魏・元纂誌

北魏・薛伯徽誌

北魏・元昭誌

北魏・元璨誌

北魏・元謐誌

北魏・元子永誌

東魏・陸順華誌

東魏・司馬韶及妻侯氏誌

東魏・張滿誌

○經目必記

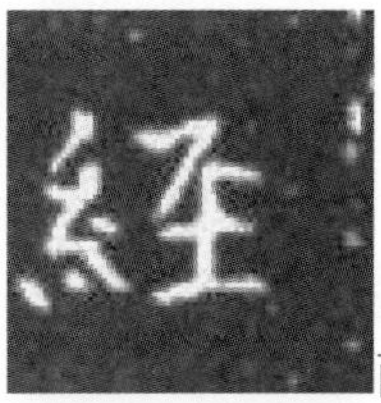
西魏・鄧子詢誌

北齊・感孝頌

○視聽經過

北齊・天柱山銘

北齊・鄭述祖重登雲峰山記

○此當是與道俗十餘人論經書者

北齊・無量義經二

○無量義經

北齊・唐邕刻經記

北齊・唐邕刻經記

北齊・唐邕刻經記

○秉文經武

北齊・婁叡誌

北齊・張海翼誌

北齊・朱曇思等造塔記

○經之不日

北齊・崔德誌

北齊・婁黑女誌

北齊・元賢誌

○經綸王緒

北齊・唐邕刻經記

北周・華岳廟碑

○河經千里

北周・邵道生造像

○能仰尋經教

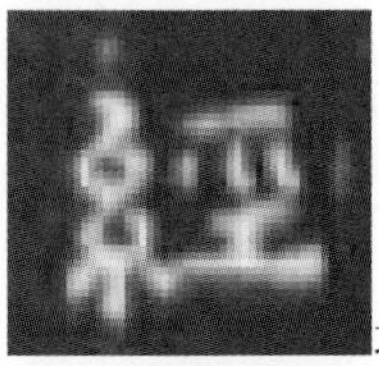
北周・叱羅協誌

南朝宋・劉懷民誌

【織】

《説文》：𦅾，作布帛之總名也。从糸戠聲。

睡・日甲3

○以取織女而不果

嶽・為吏69

○家贈織（弋）者

里・第六層25

○四木織杼

里・第八層 756

○組織

張・算數書 40

○女織鄉里

北壹・倉頡篇 9

○百越貢織飭

廿世紀璽印三-GP

○右織

漢印文字徵

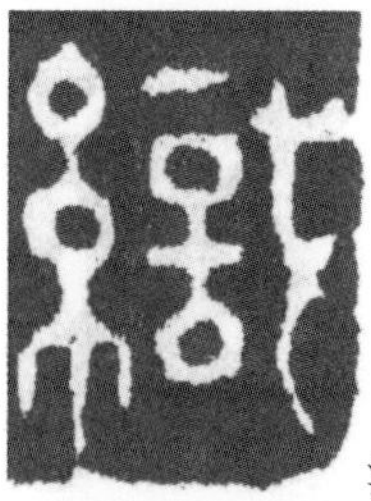
漢代官印選

○東織室令史印

東漢・景君碑

○織婦唷咽

東漢・應遷等字殘碑

東漢・曹全碑陽

西晉・臨辟雍碑

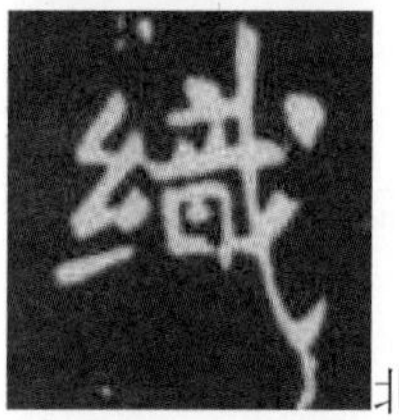
北魏・元洛神誌

北魏・張盧誌

○六世祖織

北魏・元純陀誌

北魏・和醜仁誌

北魏・司馬顯姿誌

【⿰糹式】

《説文》：，樂浪挈令織。从糸从式。

【紝】

《説文》：，機縷也。从糸壬聲。

【絍】

《説文》：，紝或从任。

漢印文字徵

○王紝之印

北魏・和醜仁誌

○織紝猶親

北魏・元洛神誌

○織紝組紃之藝

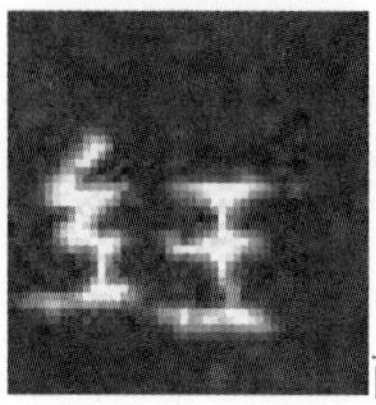西魏・趙超宗妻誌

○攸同織紝

北齊・宋靈媛誌

○織紝綺繪之巧

北齊・皇甫豔誌

○織紝婦工

北齊・吐谷渾靜媚誌

○織紝組紃之功

【綜】

《説文》：，機縷也。从糸宗聲。

漢印文字徵

東漢・曹全碑陽

東漢・執金吾丞武榮碑

○靡不貫綜

三國魏・王基斷碑

○綜析無形

北魏・薛伯徽誌

北魏・元瓅誌

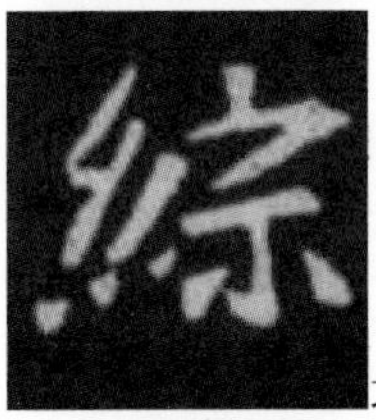
北魏・韓顯宗誌

○學綜張馬

西魏・朱龍妻任氏誌

○博綜經墳

【綹】

《説文》：綹，緯十縷爲綹。从糸咎聲。讀若柳。

【緯】

《説文》：緯，織横絲也。从糸韋聲。

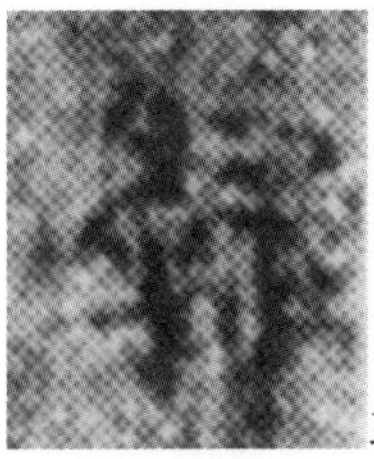
敦煌簡 1830

○繕弦緯毋餘初置

金關 T01:017

○毋餘緯

東漢・譙敏碑

東漢・曹全碑陽

○甄極毖緯

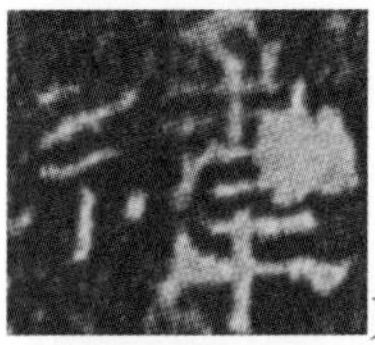
東漢・乙瑛碑

○經緯天地

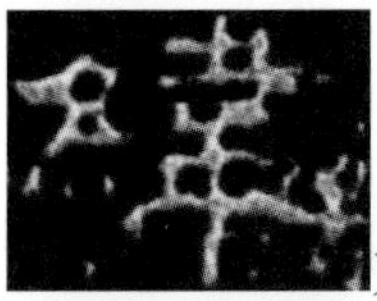
東漢・楊震碑

北魏・爾朱紹誌

北魏・元周安誌

○玄符龜緯之瑞

北魏・元廞誌

北魏・元信誌

北魏・元愔誌

北魏・李榘蘭誌

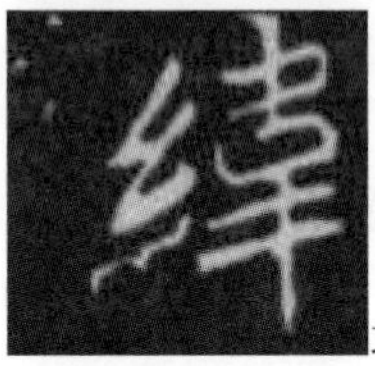
北魏・元詮誌

○精緯炳靈

東魏・王偃誌

北齊・張海翼誌

【緷】

《說文》：緷，緯也。从糸軍聲。

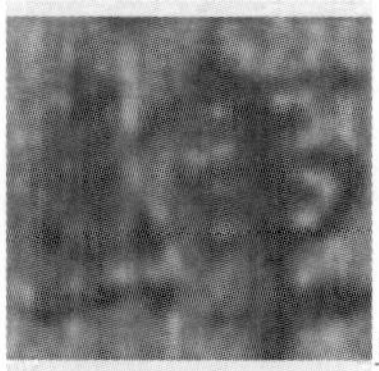
吳簡嘉禾・五・二〇九

○烝緷佃田七町

北周・宇文儉誌

【繢】

《說文》：繢，織餘也。从糸貴聲。

馬貳 286_315/334

○素里繢掾（緣）素

馬貳 246_286

○席一繢掾（緣）

漢印文字徵

○司馬繢印

北魏・元維誌

北魏・于纂誌

北魏・王普賢誌

東魏・元均及妻杜氏誌

○固以備諸緗續

北齊・赫連子悅誌

○言方續錦

北齊・吳遷誌

【統】

《說文》：，紀也。从糸充聲。

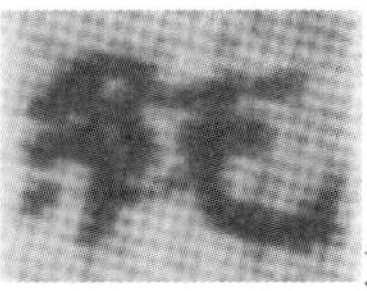
武・儀禮甲《服傳》20

○卑者尊統下

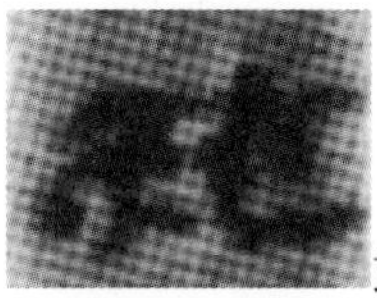
武・甲《特牲》9

○牲告統（充）雍

漢印文字徵

○裴統印信

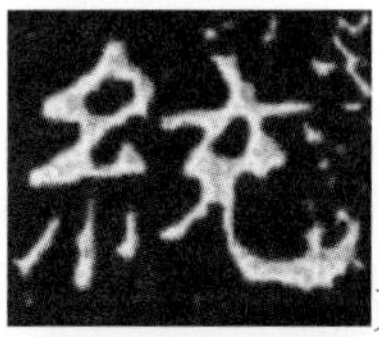
東漢・楊震碑

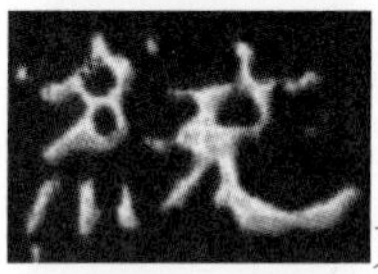
東漢・楊震碑

東漢・趙菿殘碑

東漢・成陽靈臺碑

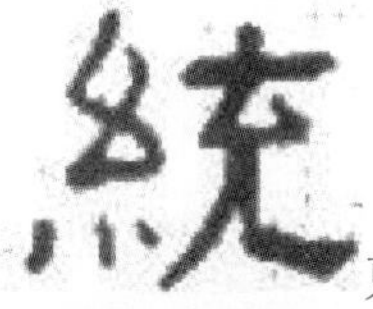
東漢・成陽靈臺碑

三國魏・孔羨碑

西晉・司馬馗妻誌

西晉·趙氾表

○昔漢室失統

北魏·元融誌

北魏·穆亮誌

○再統征軒

北魏·封魔奴誌

○洪統茂乎晉燕

北魏·王翊誌

北魏·元悅誌

○配天建統

東魏·趙胡仁誌

西魏·辛萇誌

○暨普泰統曆

西魏·鄧子詢誌

○至大統元年

西魏·鄧子詢誌

西魏·陳神姜造像

○於大統十三年歲次丁卯九月八日

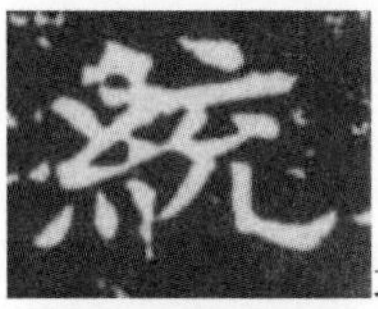
北齊·唐邕刻經記

北周·寇嶠妻誌

○魏大統十三年

【紀】

《説文》：紀，絲别也。从糸己聲。

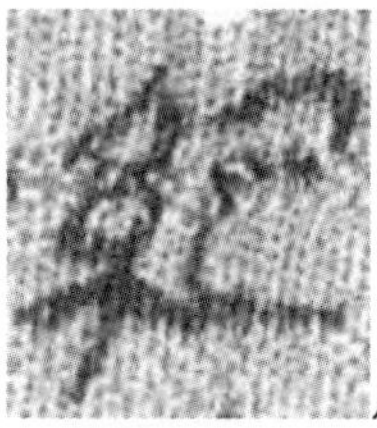
馬壹 248_1-14 欄

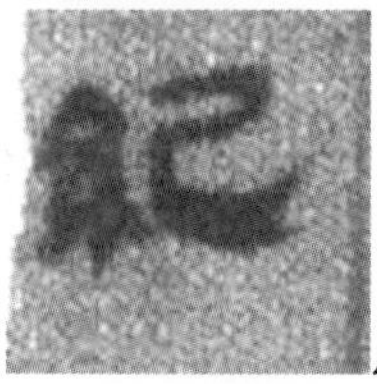
馬壹 129_4 下\81

馬貳 9_16 下

張・蓋盧 12

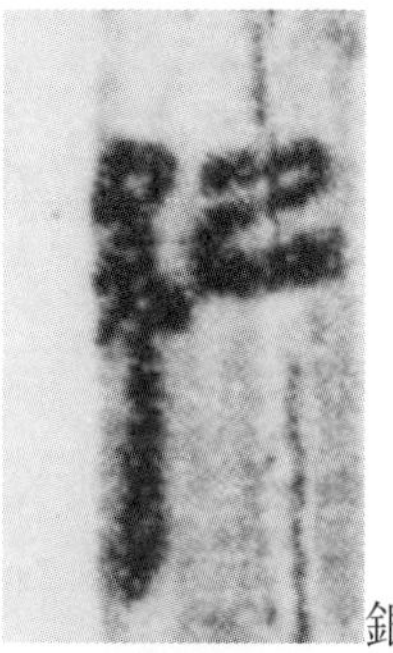
銀壹 504

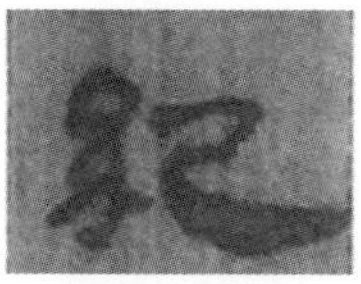
北貳・老子 158

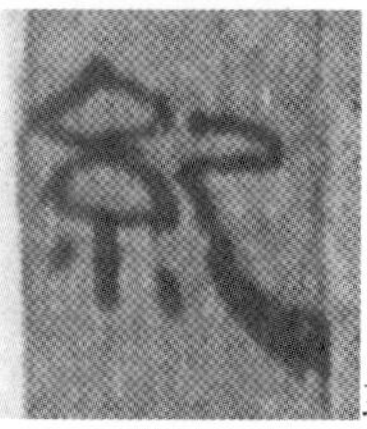
敦煌簡 1448

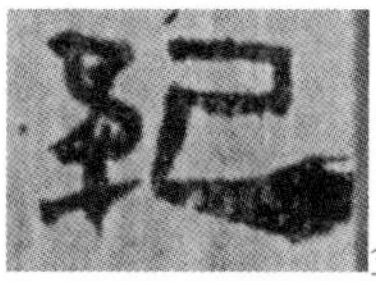
金關 T10:116

〇卯受紀子移

東牌樓 044

〇紀白屬求

北壹・倉頡篇 59

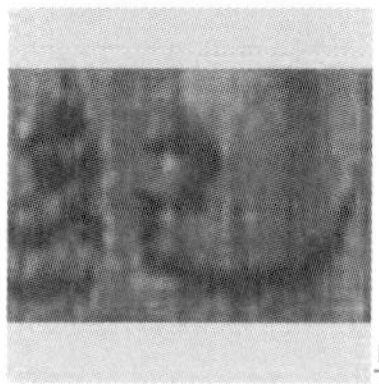
吳簡嘉禾・五・五七

〇男子紀佃十八町

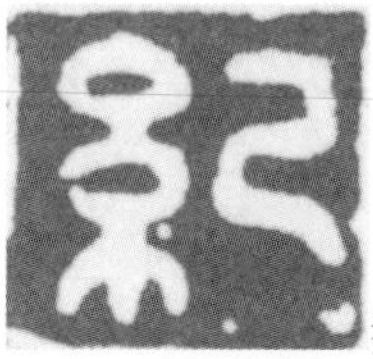
秦代印風

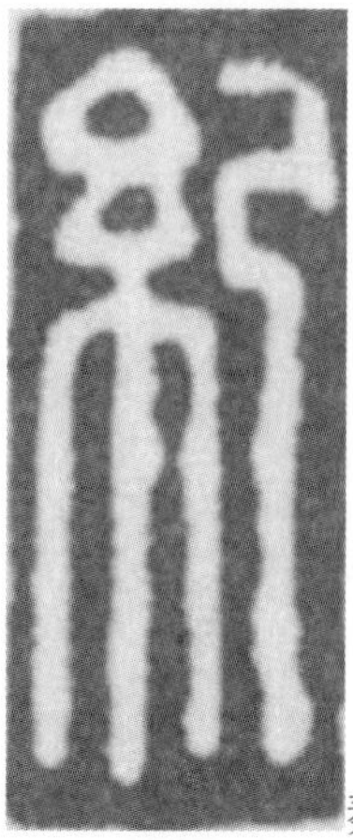
秦代印風

廿世紀璽印三-GP

〇紀信邑丞

廿世紀璽印三-SY

○紀

漢印文字徵

漢印文字徵

○紀延私印

漢印文字徵

○紀鳳

歷代印匋封泥

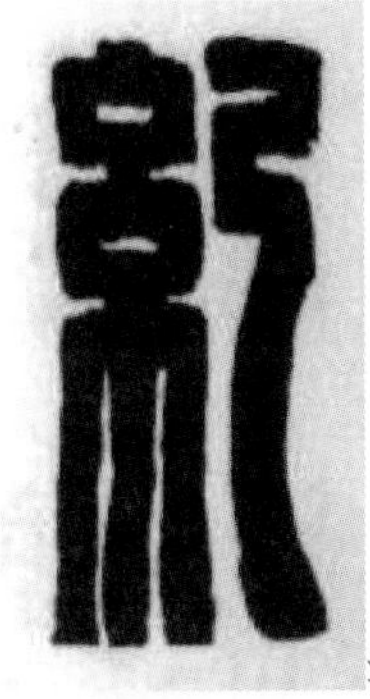
漢印文字徵

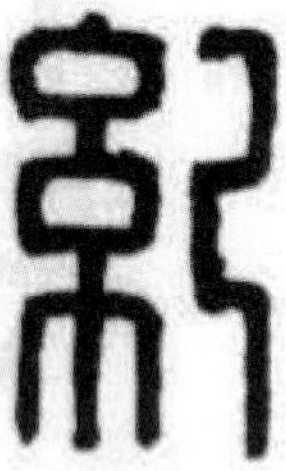
漢印文字徵

柿葉齋兩漢印萃

○一紀私印

漢印文字徵

漢晉南北朝印風

漢晉南北朝印風

漢晉南北朝印風

○陳萬紀

漢晉南北朝印風

○城紀子章

東漢・祀三公山碑

○刊石紀焉

東漢・楊著碑陽

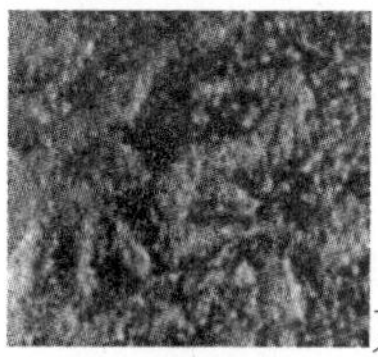
東漢・成都永元六年闕題記

○誰分疇紀

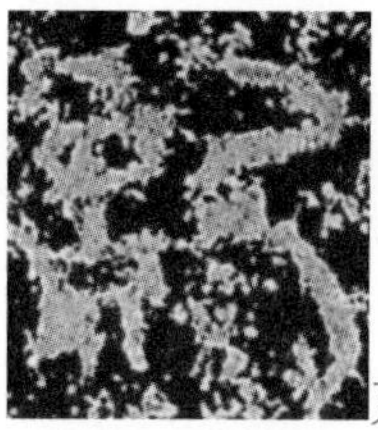
東漢・祀三公山碑

○戶曹史紀受

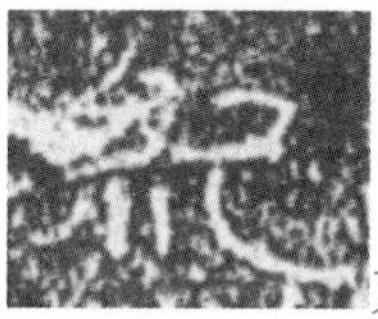
東漢・石門頌

○字稚紀

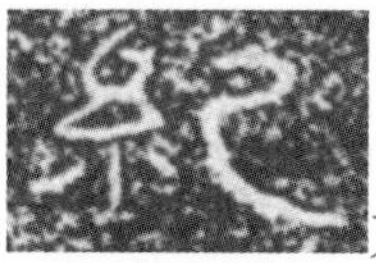
東漢・石門頌

東漢・禮器碑

○紀傳億載

東漢・封龍山頌

東漢・史晨前碑

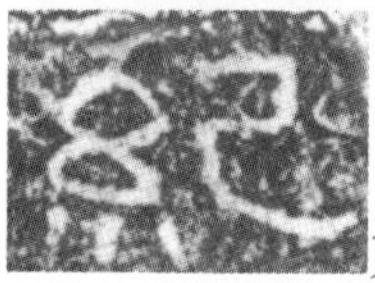
東漢・楊淮表記

○故財表紀

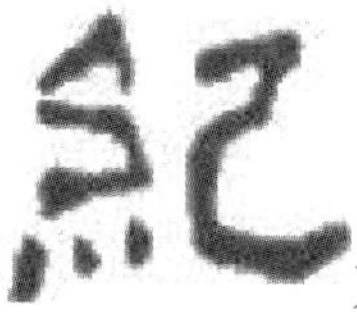
東漢・成陽靈臺碑

○歷紀盈千

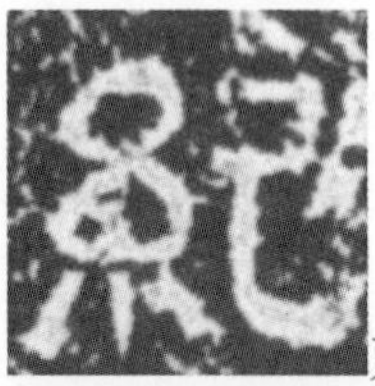
東漢・北海相景君碑陰

東漢・封龍山頌

○月紀冢韋

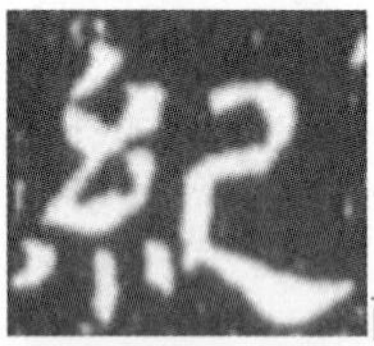
西晉・管洛誌

東晉・劉媚子誌

北魏・劉華仁誌

○款策四紀

北魏・元熙誌

○五靈代紀

北魏・元暐誌

○褒德紀勳

北魏・給事君妻韓氏誌

東魏・元均及妻杜氏誌

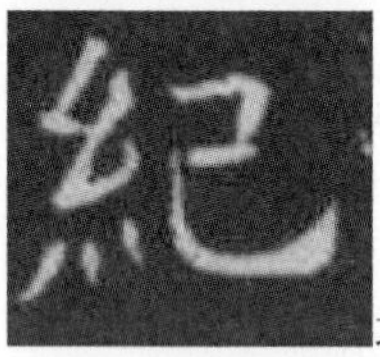
北齊・婁黑女誌

北齊・唐邕刻經記

北齊・高潤誌

【繈】

《説文》：繈，觕纇也。从糸强聲。

【纇】

《説文》：纇，絲節也。从糸頪聲。

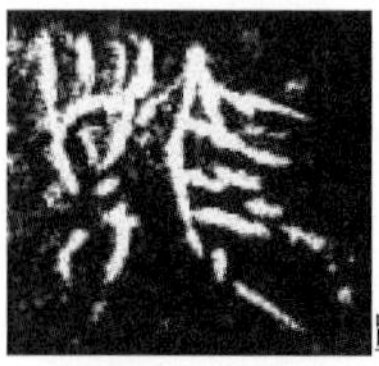
戰晚・二十一年相邦冉戈

○纇工帀(師)葉

【紿】

《說文》：紿，絲勞即紿。从糸台聲。

嶽・芮盗案 82

○即盜紿人買賣

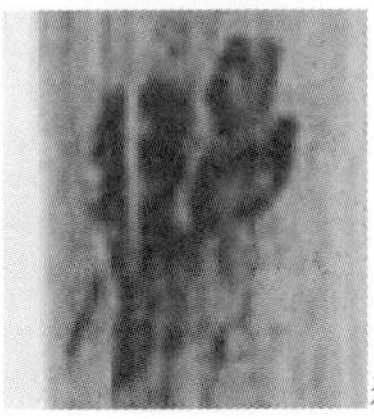
嶽・癸瑣案 20

○相移紿（詒）券付死辠

張・市律 261

○詐紿人以有取

【納】

《說文》：納，絲溼納納也。从糸內聲。

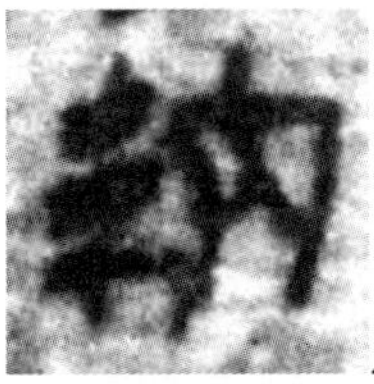
馬壹 80_17

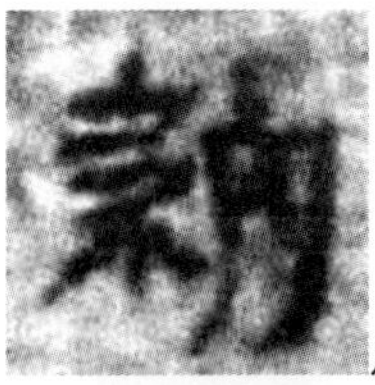
馬壹 80_17

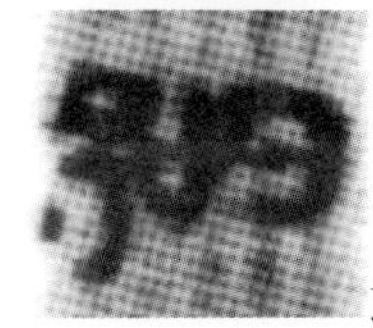
武・甲《少牢》34

○嘗之納諸內

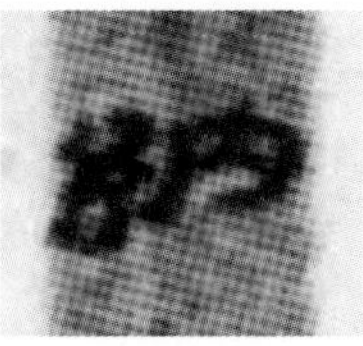
武・甲《泰射》35

北壹・倉頡篇 19

漢晉南北朝印風

漢晉南北朝印風

○納言右命士中

漢印文字徵

漢晉南北朝印風

東漢・祀三公山碑

○薦牲納禮

東漢・成陽靈臺碑

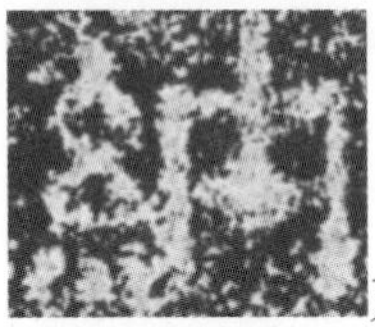
東漢・析里橋郙閣頌

○遭遇隕納

東漢・西狹頌

○功曹下辨姜納

東漢・陳元等字殘碑

東漢・開母廟石闕銘

○爰納塗山

東漢・尚博殘碑

西晉・臨辟雍碑

北魏・司馬顯姿誌

北魏・趙光誌

北魏・于仙姬誌

北魏・元洛神誌

北魏・山徽誌

北魏・元肅誌

北魏・吳光誌

○泉宇納殃

東魏・元玕誌

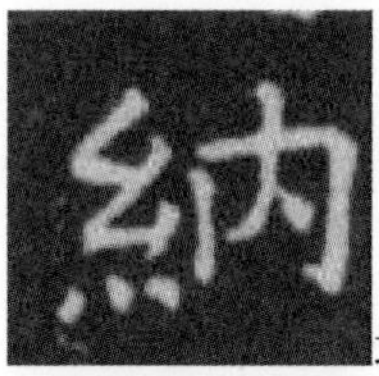
北齊・高湝誌

北齊・張海翼誌

【紡】

《説文》：紡，網絲也。从糸方聲。

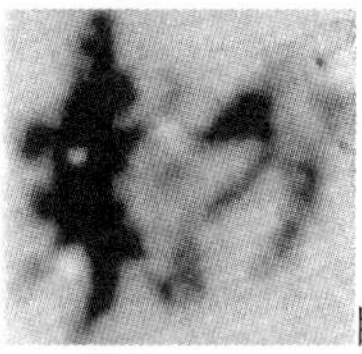
睡・日甲《毀弃》112

○紡月夏夕

嶽・為吏 71

○紡織載裁

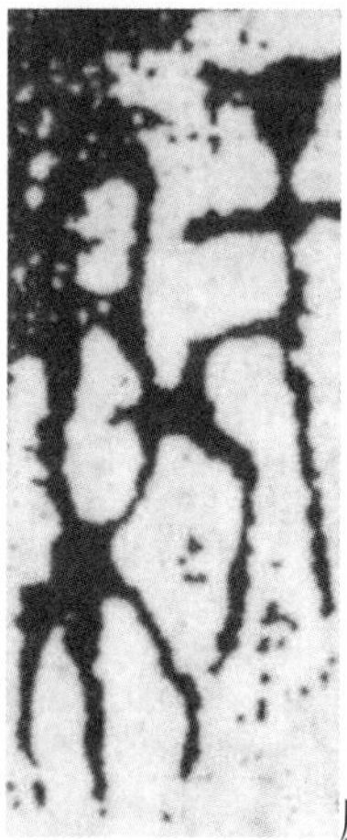
歷代印匋封泥

○豆里紡

歷代印匋封泥

○豆里紡

北齊・吐谷渾靜媚誌

【絕】

《説文》：絕，斷絲也。从糸从刀从卩。

【𢇍】

《説文》：𢇍，古文絕。象不連體，絕二絲。

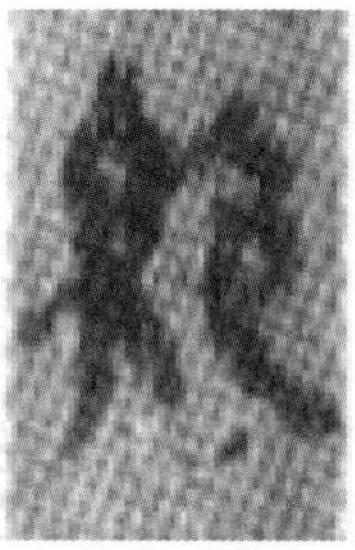
關・日書 139

○遠行絕邊競（境）

嶽・為吏 76

○利芝絕

馬壹 258_9 上\25 上

○略不可醬（絕）

馬壹 173_24 上

○絕道其國分當

馬壹 84_119

○臣必絕之臣請終事

張・奏讞書 167

○而經絕其莞

張・蓋盧 32

○食絕者攻之

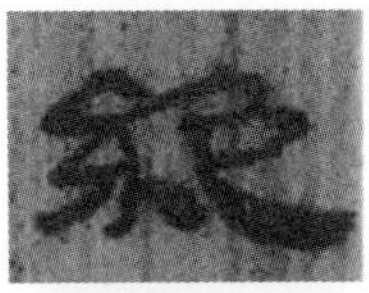
北貳・老子 45

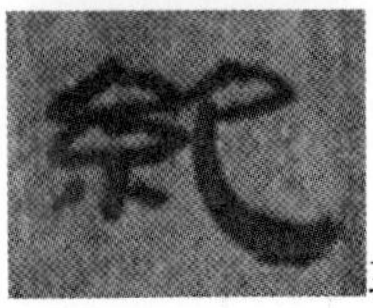
敦煌簡 1448

○今將絕矣

金關 T05:071

○疑子功絕

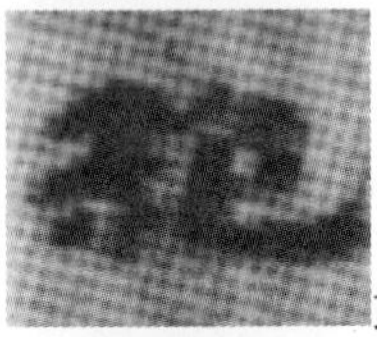
武・儀禮甲《服傳》35

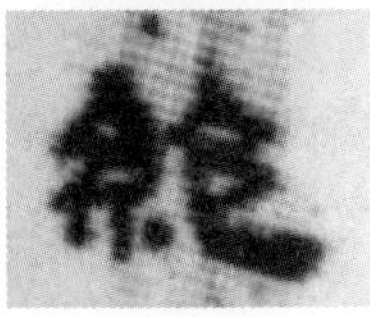
武・甲《有司》18

○肺坐絕祭嚌之

北壹・倉頡篇 11

○離絕冢郭

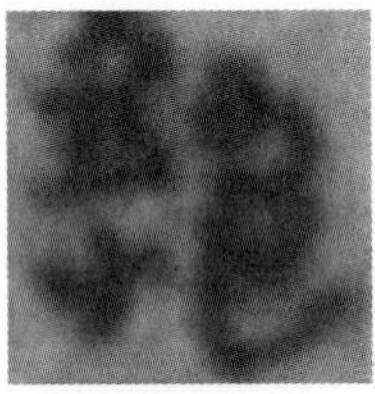
魏晉殘紙

○道斷絕仕

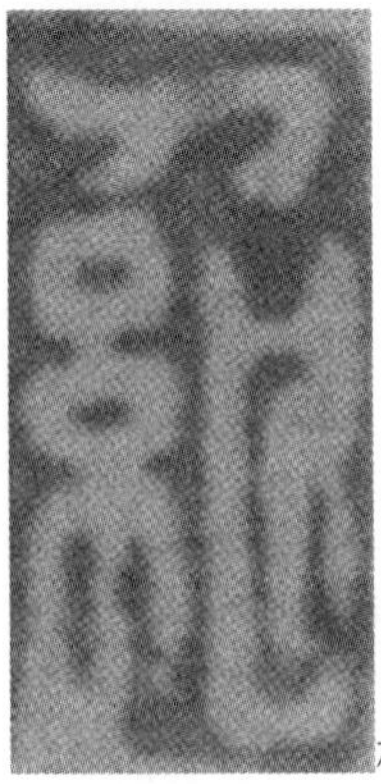
柿葉齋兩漢印萃

○絕君

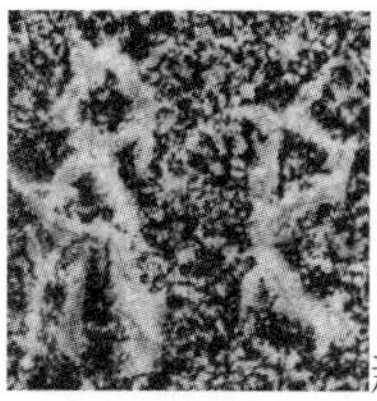
新莽・禳盜刻石

○令絕毋戶

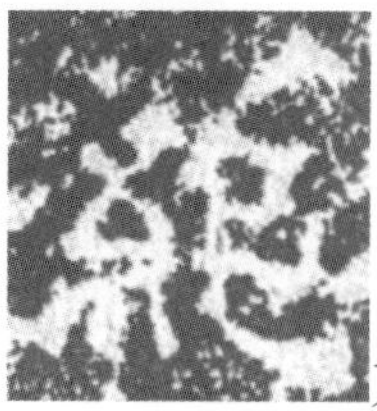
東漢・孟孝琚碑

○萬歲不絕

東漢・成陽靈臺碑

東漢・燕然山銘

東漢・蕩陰里等字殘石

○能絕地紀

東漢・曹全碑陽

東漢・析里橋郙閣頌

東漢・北海相景君碑陽

東漢・從事馮君碑

東漢・成都永元六年闕題記

○興閨心絕望

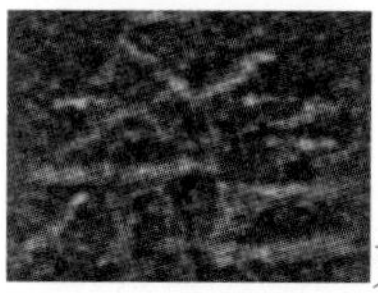
東漢・公乘田魴畫像石墓題記

○榮名絕不信

東漢・司馬芳殘碑額

○景行之永絕

東漢・景君碑

西晉・臨辟雍碑

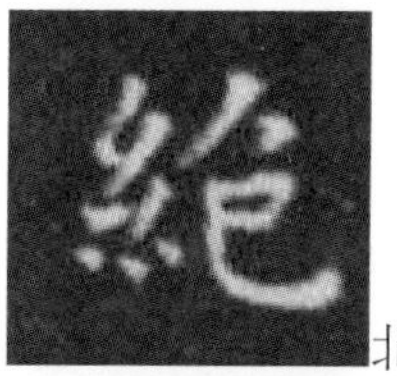
北魏・元悌誌

北魏・石婉誌

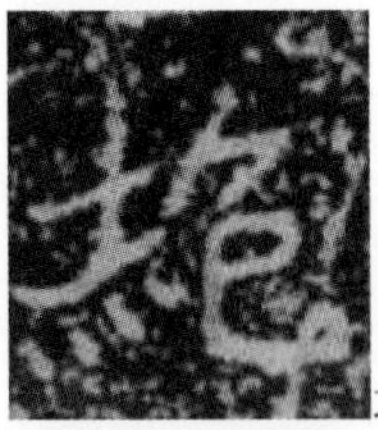
北魏・論經書詩

○鳳駕緣虛絕

北魏・元新成妃李氏誌

北魏・慧靜誌

○痛徽容之永絕

北魏・李璧誌

北魏・慈慶誌

北魏・郭法洛造像

○□微隱絕

北魏・元子永誌

○事絕纓冕

北魏・元純陀誌

北魏・寇治誌

東魏・劉懿誌

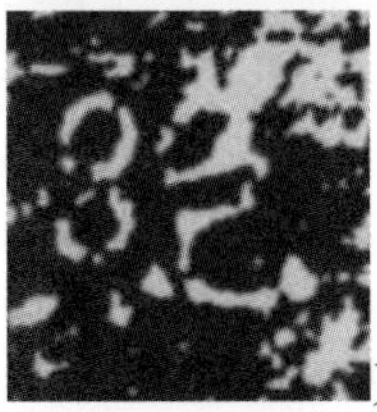
東魏・王惠略造像

○妙絕奇□

東魏・道匠題記

東魏・廉富等造義井頌

東魏・劉幼妃誌

東魏・張玉憐誌

北齊・高湝誌

北齊・姜纂造像

北齊・感孝頌

北齊・張思伯造浮圖記

北齊・無量義經二

北齊・斛律氏誌

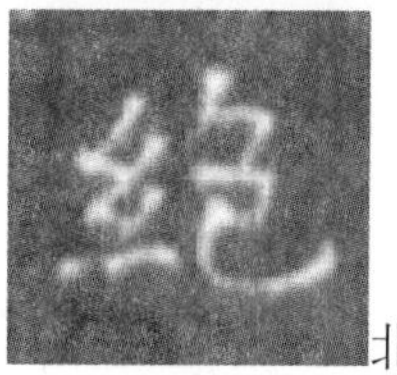
北周・王鈞誌

【繼】

《説文》：繼，續也。从糸、㡭。一曰反㡭爲繼。

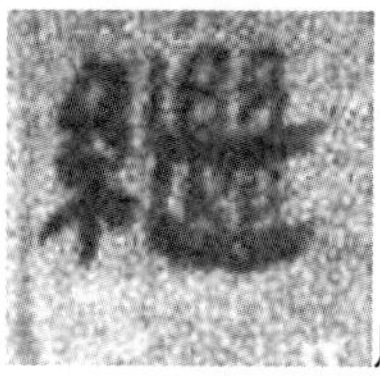
馬壹 131_8 下\85 下

馬壹 88_195

馬貳 203_11

○繼以蚩虫

銀壹 247

○繼絕世也

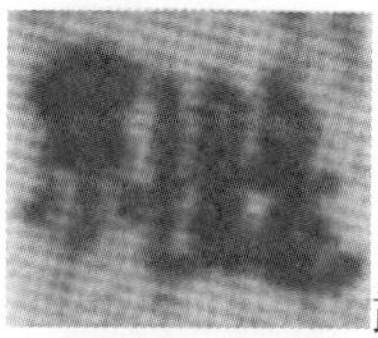
武・儀禮甲《服傳》10

東漢・石門頌

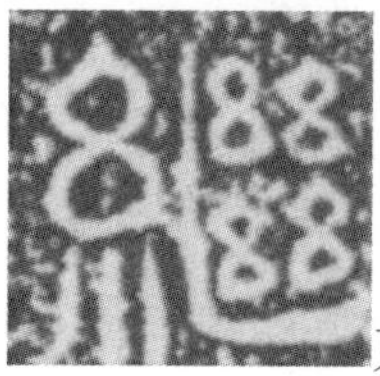
東漢・西狹頌

東漢・尹宙碑

東漢・曹全碑陽

東漢・楊震碑

北魏・爾朱紹誌

北魏・塔基石函銘刻

○梵音繼響

北魏・趙謐誌

北魏・楊胤誌

北魏・元煥誌

北魏・元纂誌

北魏・元禮之誌

北魏・寇治誌

東魏・嵩陽寺碑

○繼軌四依

東魏・司馬興龍誌

東魏・元均及妻杜氏誌

東魏・羊深妻崔元容誌

○英華繼軌

北齊・元賢誌

○繼阮公之任

北周・寇熾誌

○繼第四叔父

【續】

《説文》：，連也。从糸賣聲。

【賡】

《説文》：，古文續从庚、貝。

漢銘・尹續有盤

睡・秦律十八種 201

○以律續食衣之屬

里・第五層 1

○以次續食

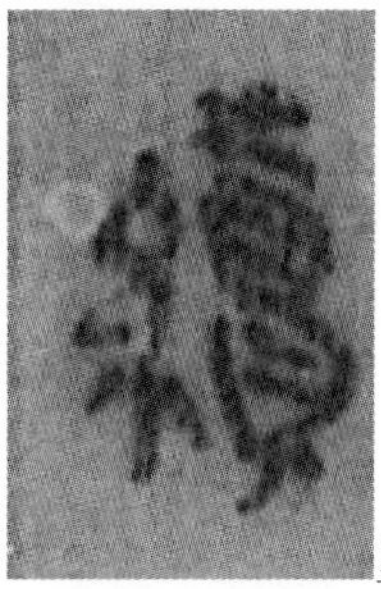
里・第八層 50

○以次續食

馬貳 32_5 上

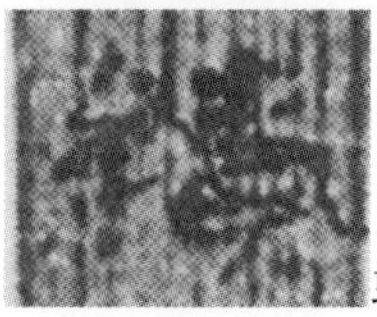
敦煌簡 1927

○莎車續

金關 T03:055

○縣次續食

廿世紀璽印三-SY

歷代印匋封泥

○續虛慶志

漢印文字徵

○績平

漢印文字徵

○臣賡

漢印文字徵

○續沓之印

漢印文字徵

柿葉齋兩漢印萃

漢晉南北朝印風

漢晉南北朝印風

○續奴

廿世紀璽印三-SY

○張大賡印

東漢・曹全碑陽

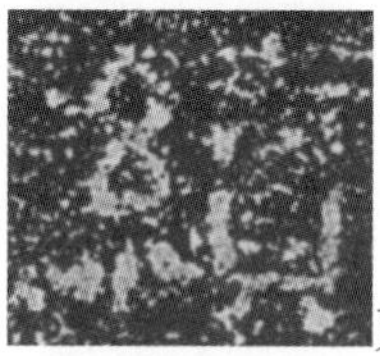
東漢・析里橋郙閣頌

○經記厥續

北魏・元恪嬪李氏誌

○左右續寶之女

北魏・元順誌

北魏・元順誌

北魏・陳天寶造像

北魏・元璨誌

北齊・庫狄業誌

【纘】

《說文》：纘，繼也。从糸贊聲。

漢印文字徵

○樊纘

漢印文字徵

漢晉南北朝印風

○高堂纘印

東漢・營陵置社碑

東漢・趙寬碑

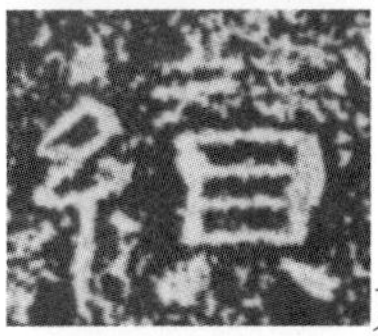
東漢・尹宙碑

○克纘祖業

東漢・楊震碑

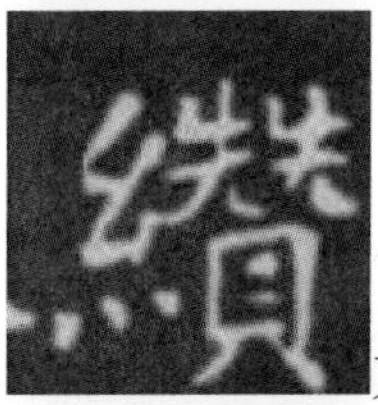
東魏・元寶建誌

東魏・元玕誌

【紹】

《說文》：紹，繼也。从糸召聲。一曰紹，緊糾也。

【綤】

《說文》：綤，古文紹从邵。

秦文字編 1843

敦煌簡 0497

○相張紹等謀反巳伏

東漢・夏承碑

○紹縱先軌

東漢・夏承碑

○紹縱先軌

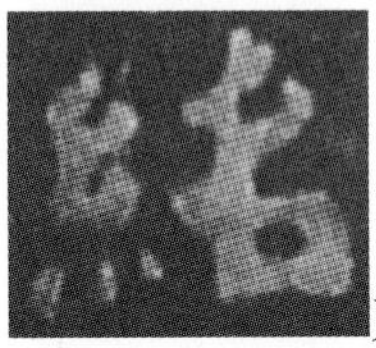
東漢・楊統碑陽

○紹□□烈

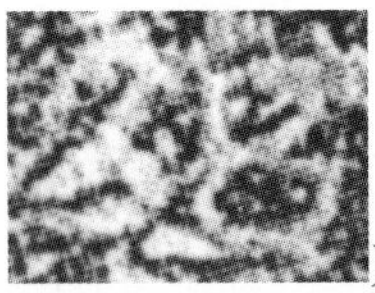
東漢・王孝淵碑

○採紹內廷

三國魏・孔羨碑

三國魏・三體石經尚書・隸書

北魏・惠詮等造像

○紹隆昌吉

北魏・辛穆誌

○君父紹先持節冠軍

北魏・元纂誌

○君諱纂字紹興

北魏・慈慶誌

○中給事中王紹鑒督喪事

北魏・尉氏誌

○剋紹鴻構

東魏・成休祖造像

○所求而願成紹宗記

東魏・陸順華誌

○剋紹家業

【䌙】

《説文》：䌙，偏緩也。从糸羕聲。

【⿰糸盈】

《説文》：⿰糸盈，緩也。从糸盈聲。讀與聽同。

【⿰糸呈】

《説文》：⿰糸呈，⿰糸盈或从呈。

【縱】

《説文》：縱，緩也。一曰舍也。从糸從聲。

睡・秦律十八種 5

○月而縱之

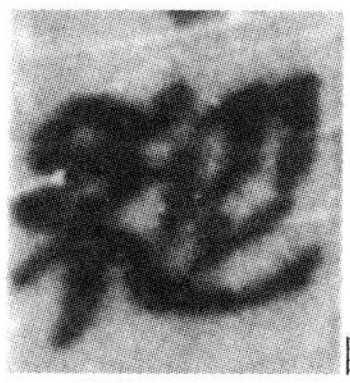

睡・法律答問 63

○而縱之可（何）

嶽・質日 348

○皆當以縱

里・第八層 1133

○皆當以縱

馬貳 294_407/407

○紫縱（松）一

張・奏讞書 85

○縱之罪它

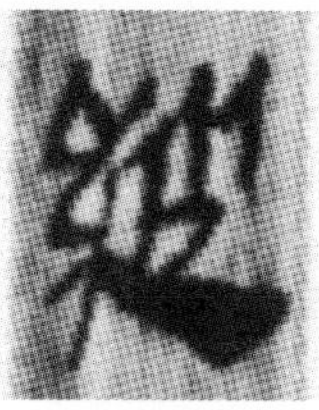

張・奏讞書 92

○蒼而縱之

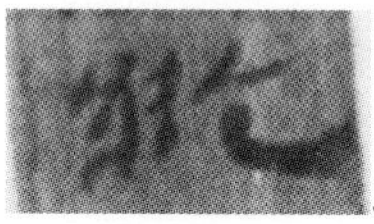

敦煌簡 1028

○卒郭縱病葦

金關 T07:016

○子蘇縱

漢印文字徵

漢印文字徵

○馬印縱之

漢印文字徵

○任縱之印

漢印文字徵

○吳縱私印

漢印文字徵

漢印文字徵

○張縱

漢晉南北朝印風

漢晉南北朝印風

○郭縱之印

漢晉南北朝印風

○任縱之印

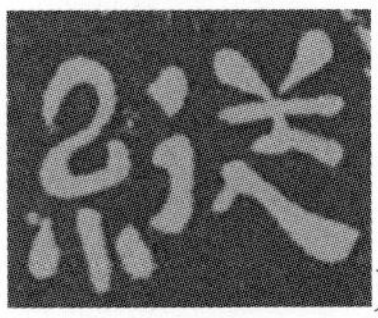
東漢・夏承碑

○紹縱先軌

東漢・石門頌

北魏・元彝誌

北魏・李頤誌

北魏・元朗誌

北齊・唐邕刻經記

○天縱上士

北齊・斛律氏誌

北周・寇嶠妻誌

【紓】

《説文》：紓，緩也。从糸予聲。

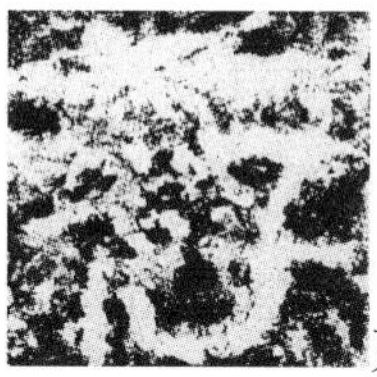
東漢・少室石闕題名

○紓□□重令容

【繎】

《説文》：繎，絲勞也。从糸然聲。

【紆】

《説文》：紆，詘也。从糸于聲。一曰縈也。

北壹・倉頡篇 30

東漢・陽嘉殘碑陰

○故吏劉紆

東漢・三老諱字忌日刻石

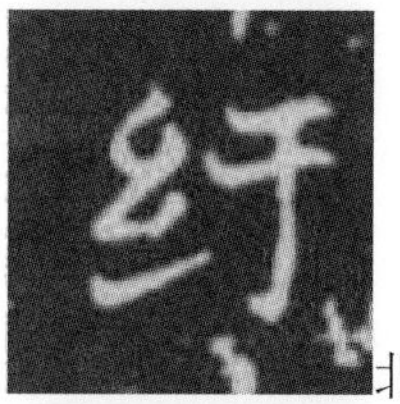
北魏・元順誌

北魏・元茂誌

北魏・王理奴誌

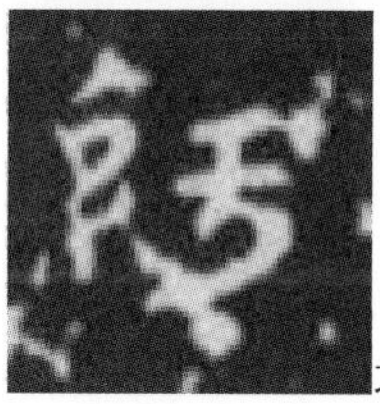
北周・華岳廟碑

○盤紆巀嶭

【綷】

《説文》：綷，直也。从糸幸聲。讀若陘。

【纖】

《説文》：纖，細也。从糸韱聲。

北魏・甄凱誌

〇纖微必察

北魏・皇興五年造像

〇纖弱

東魏・道寶碑記

〇纖理靡損

北齊・無量義經二

〇臂脩肘長指且纖

【細】

《説文》：，微也。从糸囟聲。

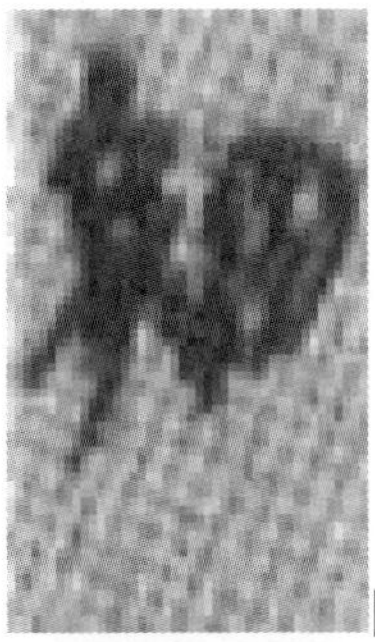
關・日書 220

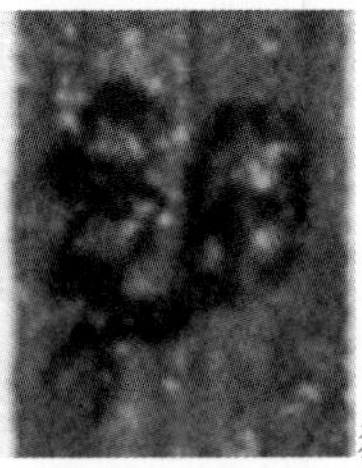
嶽・為吏 50

嶽・數 36

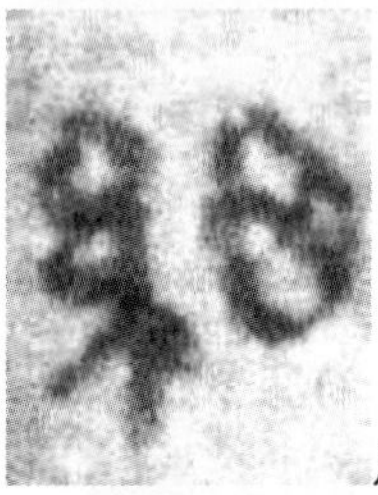
馬壹 98_85

張・戶律 328

〇籍爵細徙

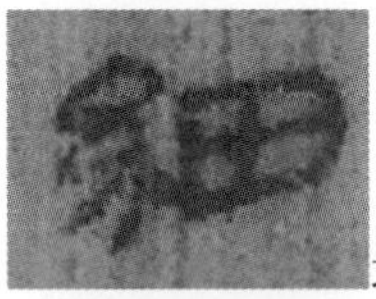
北貳・老子 85

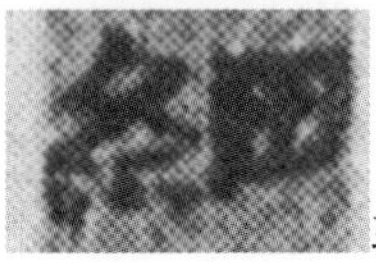
敦煌簡 2000

金關 T29:025A

北壹・倉頡篇 32

吴簡嘉禾・四・二三三

○謝細佃田十九

漢印文字徵

○朱細夫印

漢印文字徵

漢晉南北朝印風

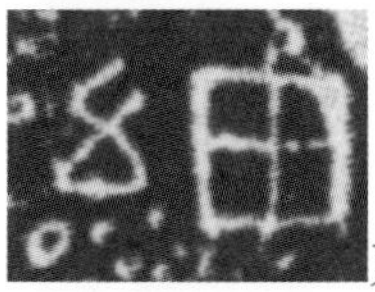
東漢・張遷碑陽

○聲無細聞

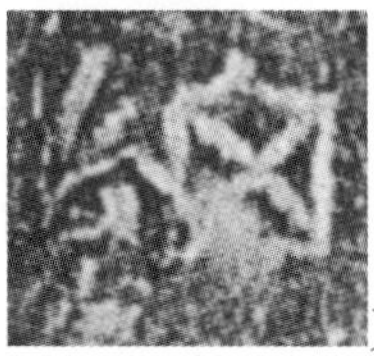
東漢・東漢・魯峻碑陽

○蠲細舉大

西晉・徐義誌

東晉・高句麗好太王碑

北魏・元欽誌

北魏・王遺女誌

北魏・楊氏誌

北魏・元壽安誌

北齊・無量義經二

【緢】

《説文》：緢，旄絲也。从糸苗聲。《周書》曰：“惟緢有稽。”

【縒】

《説文》：縒，參縒也。从糸差聲。

【繙】

《說文》：繙，冕也。从糸番聲。

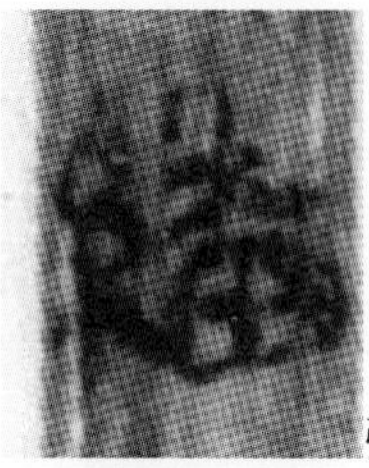
張・市律 258

○縞繙

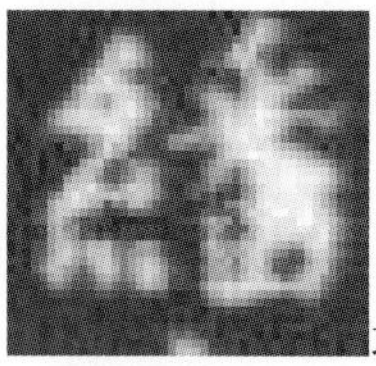
北朝・千佛造像碑

【縮】

《說文》：縮，亂也。从糸宿聲。一曰蹴也。

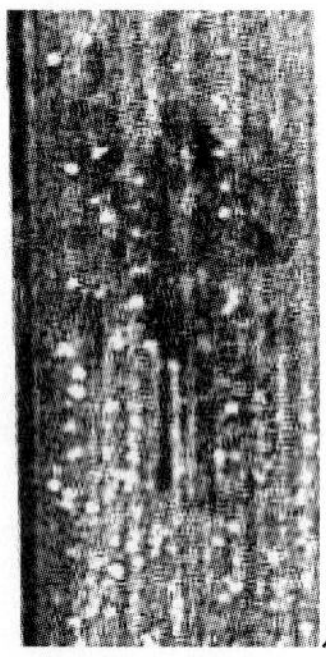
馬貳 208_63

○陰縮州

東晉・潘氏衣物券

○故縠縮兩當一領

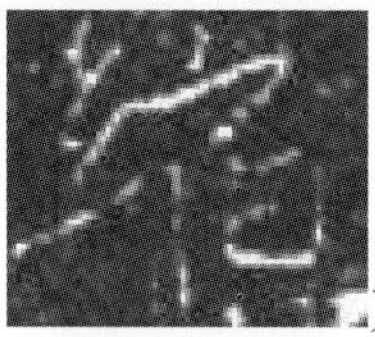
東晉・潘氏衣物券

○故帛羅縮兩當

【紊】

《說文》：紊，亂也。从糸文聲。《商書》曰："有條而不紊。"

北魏・元壽安誌

北齊・趙熾誌

○天下將紊

北齊・崔芬誌

○六條弗紊

【級】

《說文》：級，絲次弟也。从糸及聲。

睡・為吏 7

○體級掇（輟）

里・第八層 686

○三人級姱

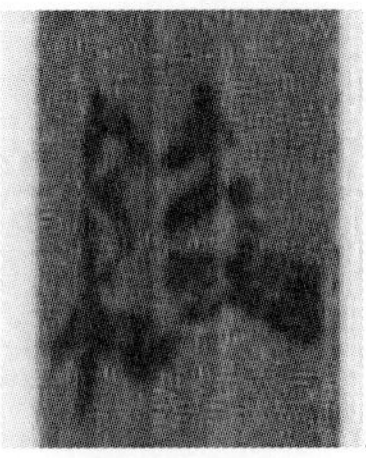
馬貳 219_42/53

○下不級（及）心也

張・襍律 186

○各一級成二歲

銀貳 2151

○皆如級也

敦煌簡 0081

○十五級

北壹・倉頡篇 23

魏晉殘紙

歷代印匋封泥

漢印文字徵

漢印文字徵

漢晉南北朝印風

○馬級私印

漢晉南北朝印風

東漢・開通褒斜道摩崖刻石

○部掾冶級王弘

北魏・邢安周造像

○浮圖一級

北魏・塔基石函銘刻

○造此五級佛圖

北魏・席盛誌

北魏・陳天寶造像

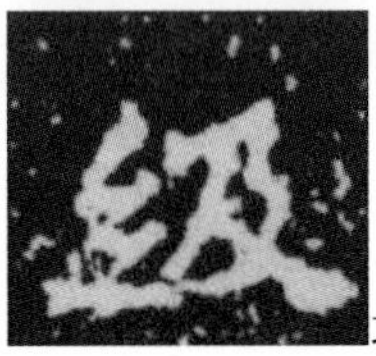
北齊・牛景悦造石浮圖記

○三級

【總】

《説文》：總，聚束也。从糸悤聲。

睡・秦律十八種 54

○總冗以律

張・奏讞書 106

○總咸陽不見

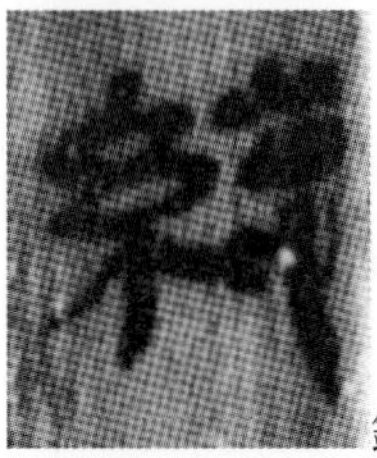
銀貳 1889

○總版（别）列爵

銀貳 1028

○萬言有總

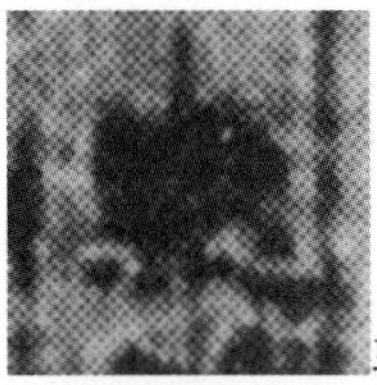
敦煌簡 2327

○兩見總

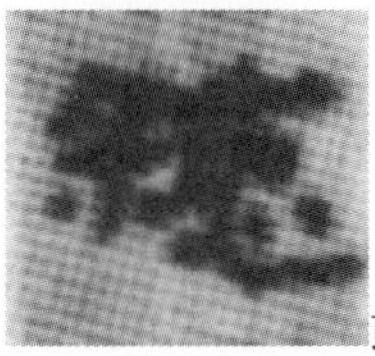
武・儀禮甲《服傳》7

○總㬝（箭）笄

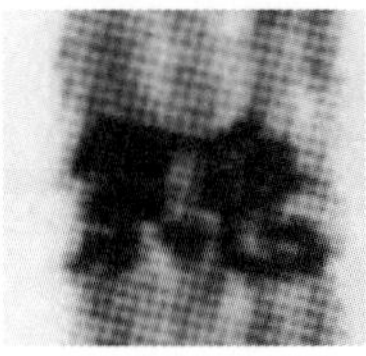
武・甲《泰射》42

○挾總弓矢

北壹・倉頡篇 19

○總納韍

歷代印匋封泥

○田總

東漢・樊敏碑

○總角好學

東漢・皇女殘碑

○方齓毀而總

北魏・元子正誌

○寔總朝綱

北魏・元繼誌

○總百行而脩己

北魏・元固誌

○兼總心膂

北魏・李榘蘭誌

○總孝兼慈

北魏・張宜誌

○故風骨聞於總年

北魏・元子正誌

○總持綱紀

北魏・穆亮誌

○總機衡之任

北魏・元思誌

○總調九列

東魏・閭叱地連誌

○縈哀總備

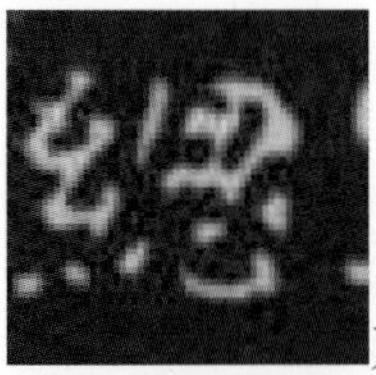
東魏・李憲誌

○百官總己

東魏・廣陽元湛誌

○總四科而備舉

北齊・張海翼誌

○任總楨幹

北齊・盧脩娥誌

○爰總四德之勢

北齊・趙熾誌

○地總恒岳

北齊・赫連子悅誌

○世宗總行臺之任

北齊・元賢誌

○出總戎陣

北周・宇文儉誌

○寧州總管

【⿱具糸】

《説文》：，約也。从糸具聲。

【約】

《説文》：，纏束也。从糸勺聲。

睡・法律答問 139

○令詣約分購問吏及

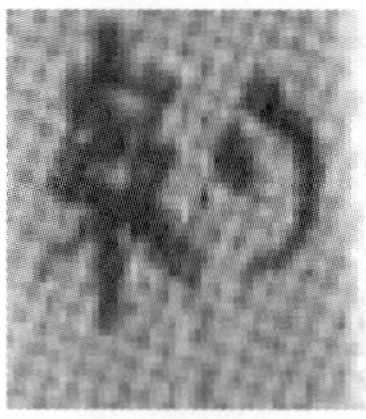
關・日書 187

○占約結成

里・第八層 136

○臣以約爲

馬壹 81_33

○約功（攻）秦

馬壹 80_5

○與臣約

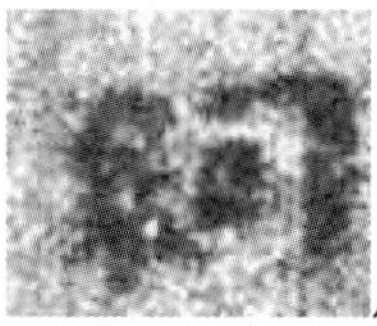
馬貳 34_27 上

○伏約朕（勝）不

張・徭律 411

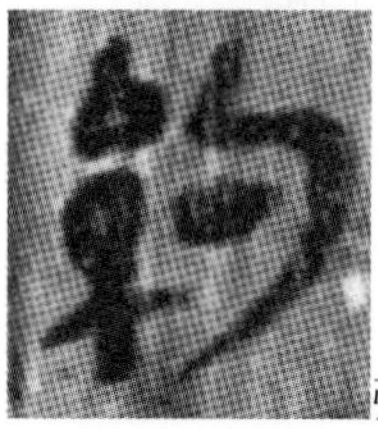
張・算數書 17

銀貳 1761

○時也約大

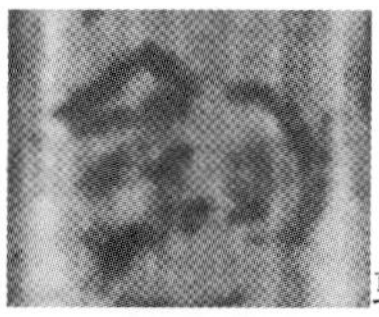
敦煌簡 1449A

○卿所約至八月

東牌樓 070 正

○□子約頃不語

北壹・倉頡篇 6

○僕發傳約

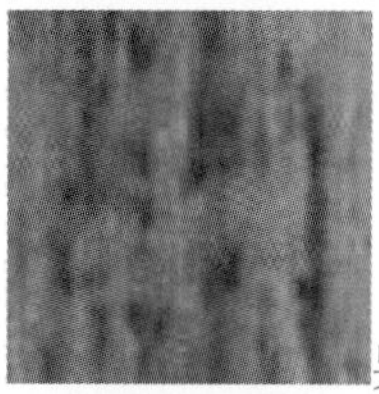
吳簡嘉禾・四・二六三

○吏鄭約田廿五町

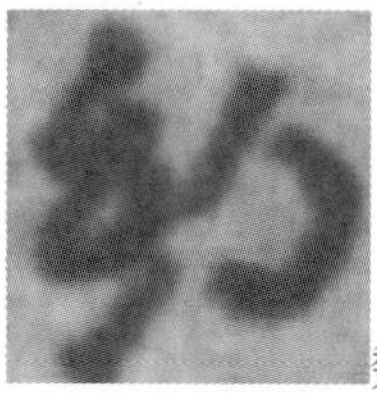
魏晉殘紙

○約得

東漢・利水大道刻石題記

東漢・西狹頌

東漢・譙敏碑

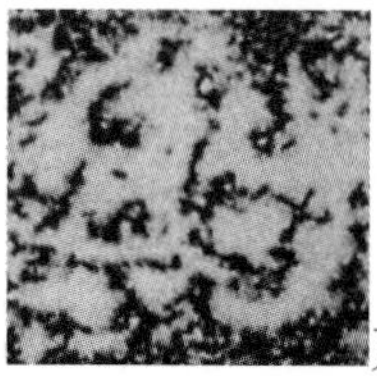
東漢・買田約束石券

○它如約束

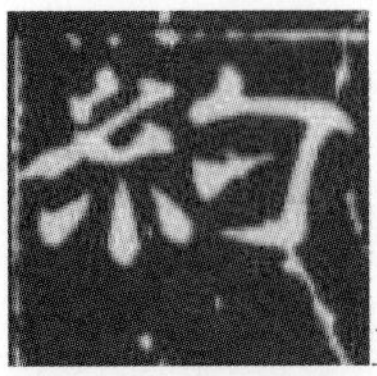
三國魏・曹真殘碑

北魏・元尚之誌

○雅尚廉約

北魏・元順誌

北魏・元恩誌

北齊・崔昂誌

【繚】

《説文》：繚，纏也。从糸尞聲。

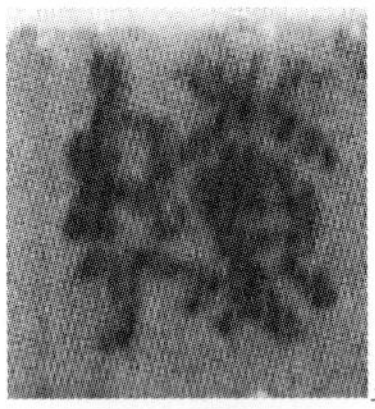
里・第八層 439

○徒士五(伍)右里繚可

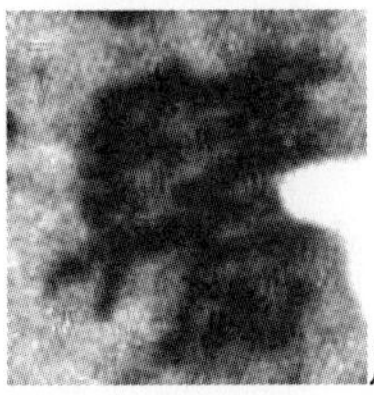
馬壹 86_159

○繚（繞）舞陽之北

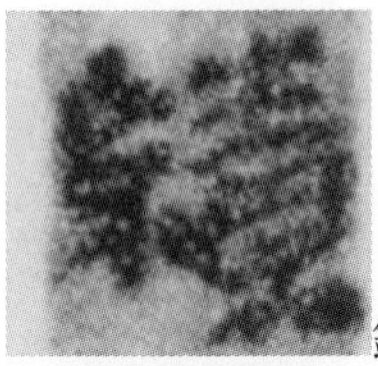
銀壹 276

○繚（料）適(敵)計險

北壹・倉頡篇 68

○潭僂繚

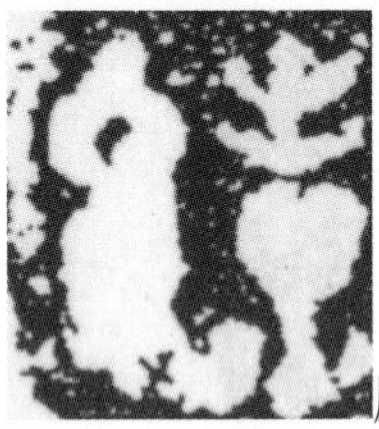
歷代印匋封泥

○鹹直里繚

漢印文字徵

○張繚

漢印文字徵

○幾繚

漢印文字徵

○繚赦

漢印文字徵

漢晉南北朝印風

漢晉南北朝印風

北魏・元愔誌

○八桂幽繚

【纏】

《說文》：纏，繞也。从糸廛聲。

馬貳 34_31 上

○肉索纏之

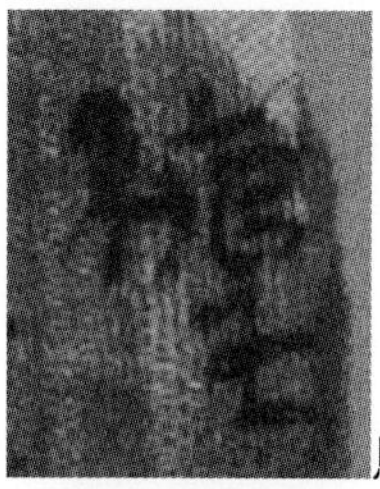
馬貳 129_15

○纏中身舉去之

漢印文字徵

○王纒

漢印文字徵

○董纏

漢印文字徵

○纏

漢印文字徵

○錡緾私印

北魏・馮迎男誌

○痛纏近戚

北魏・塔基石函銘刻

○踐纏術而觀險易

北魏・姚伯多碑

○沖虛纏邈

北魏・韓顯宗誌

○枕疾纏軀

北魏・元彬誌

○哀纏下國

北魏・張安姬誌

○因抱纏疹

北魏・元壽安誌

○悲纏象魏

北魏・青州元湛誌

○禍纏青真

北魏・王蕃誌

○痛纏樞扆

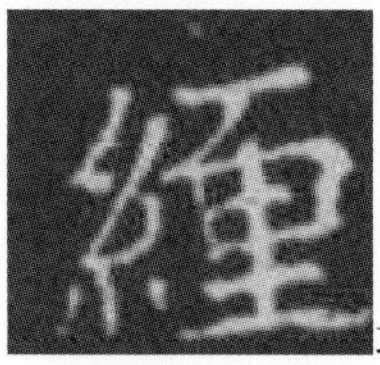
北齊・婁黑女誌

○悲纏帷扆

北齊・吳遷誌

○伊纏霧起

北齊・斛律氏誌

○靈旣攸纏

北齊・郭顯邕造經記

○拔苦亡纏

【繞】

《説文》：繞，纏也。从糸堯聲。

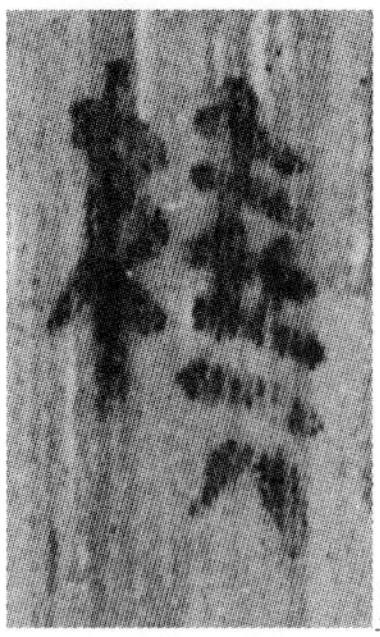
里・第八層 107

馬壹 174_34 下

○繞環之

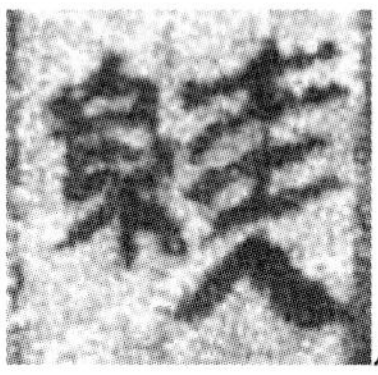
馬壹 173_25 上

○環繞之

銀壹 409

○錯繞山林

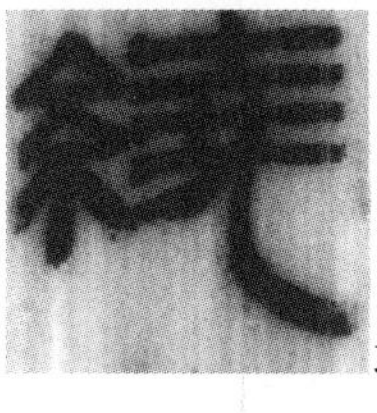
北壹・倉頡篇 18

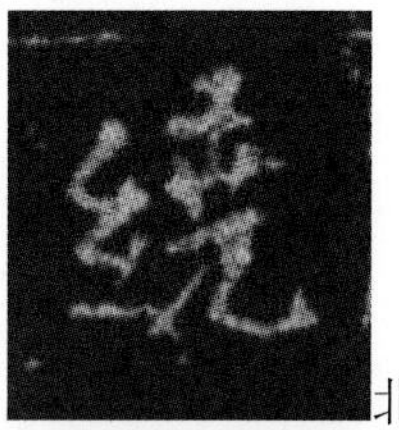
北魏・唐耀誌

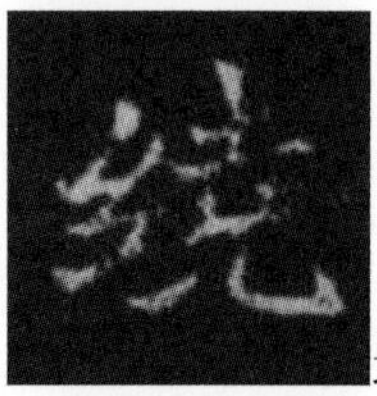
北魏・李頣誌

北齊・唐邕刻經記

【紾】

《説文》：紾，轉也。从糸㐱聲。

【繯】

《説文》：繯，落也。从糸睘聲。

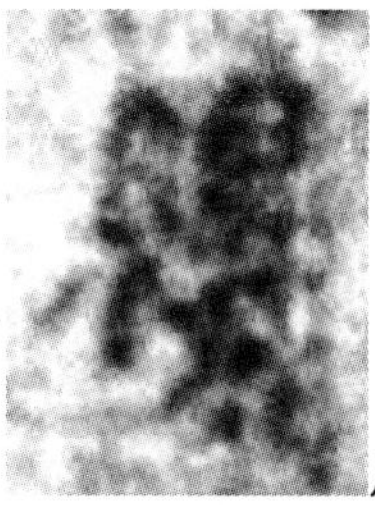
馬壹 211_12

○暈軍繯五

【辮】

《説文》：辮，交也。从糸辡聲。

漢印文字徵

【結】

《説文》：結，締也。从糸吉聲。

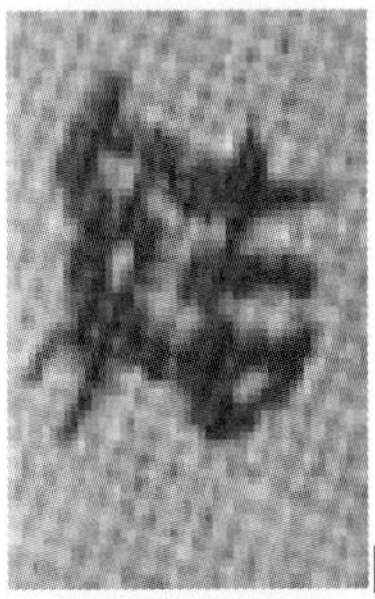
關・日書 209

北貳・老子 193

敦煌簡 0970

○有以結誠達信

敦煌簡 0074

○黨成結固

魏晉殘紙

○用勞結倉

漢印文字徵

○木結山

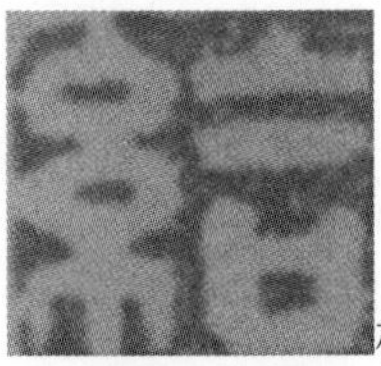
柿葉齋兩漢印萃

漢印文字徵

漢晉南北朝印風

○木結山

東漢・朝侯小子殘碑

東漢・景君碑

東漢・孟孝琚碑

東漢・元嘉元年畫像石墓

北魏・馮邕妻元氏誌

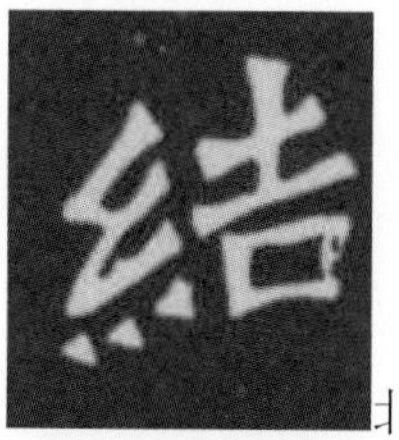
北魏・元楨誌

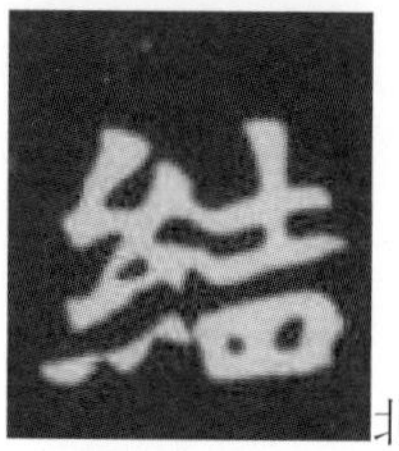
北魏・元顥平妻王氏誌

○畢醮結縭

北魏・元天穆誌

北魏・李媛華誌

○及崩城結涕

北魏・慈慶誌

北魏・山徽誌

北魏・元誘誌

東魏・趙紹誌

○結髮來士

東魏・趙紹誌

○威結榆塞

東魏・高湛誌

○愛結周行

東魏・邑主造像訟

東魏・閭叱地連誌

北齊・高百年誌

北齊・唐邕刻經記

北齊・爾朱元靜誌

【縎】

《説文》：縎，結也。从糸骨聲。

【締】

《説文》：締，結不解也。从糸帝聲。

北魏・元固誌

北魏・元乂誌

北魏・元謐誌

北齊・婁叡誌

北周・華岳廟碑

○經始締構

【縛】

《説文》：縛，束也。从糸尃聲。

睡・法律答問 81

○人鬭縛而盡拔其須

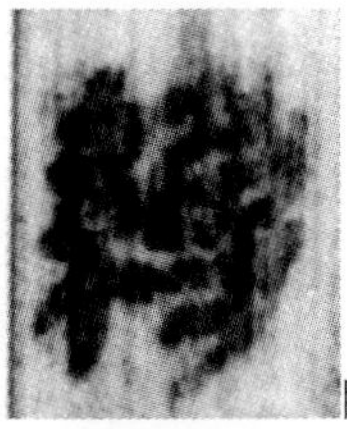
睡・封診式 17

○甲縛詣

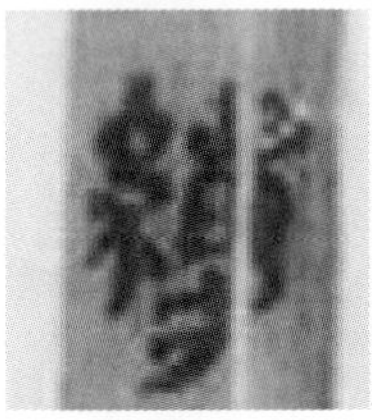
嶽・同顯案 142

○毋憂縛死

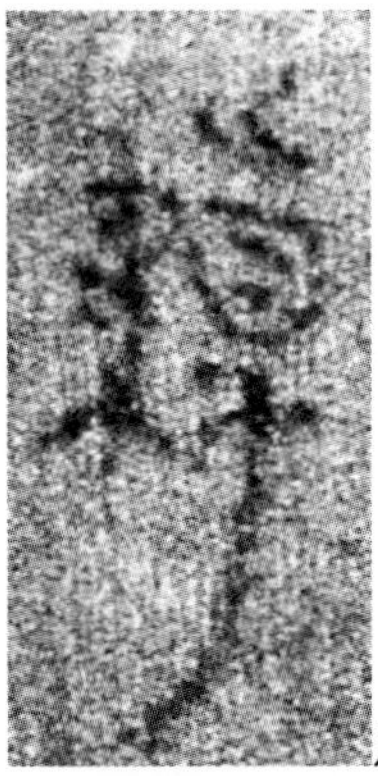
馬貳 31_61

○相束縛

張・盜律 65

○若縛守將人而強

張・引書 48

○縛兩胕於兩脅

敦煌簡 2130

金關 T30:144

北壹・倉頡篇 51

東漢・曹全碑陽

東漢・西狹頌

東漢・北海相景君碑陰

○故午營陵縛良

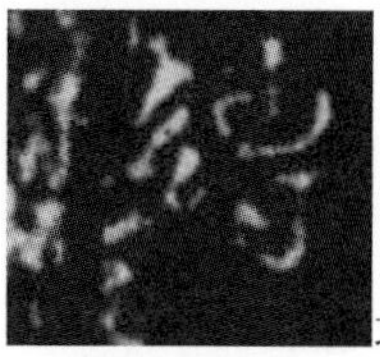
北魏・皇甫驎誌

○面縛歸降

西魏・沙門璨銘

【綳】

《說文》：綳，束也。从糸崩聲。《墨子》曰："禹葬會稽，桐棺三寸，葛以綳之。"

【絿】

《說文》：絿，急也。从糸求聲。《詩》曰："不競不絿。"

北魏・道充等造像

○韓絿姜

【絧】

《說文》：絧，急引也。从糸同聲。

【紙】

《說文》：紙，散絲也。从糸𠂢聲。

【纝】

《說文》：纝，不均也。从糸羸聲。

【給】

《說文》：給，相足也。从糸合聲。

睡・秦律十八種 35

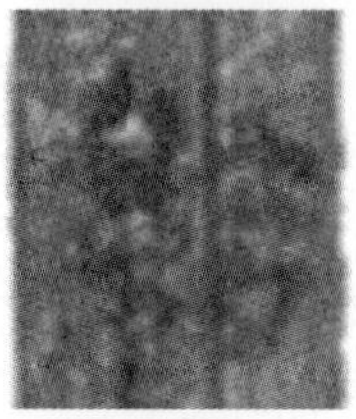
嶽・為吏 7

○敬給縣官

里・第八層 2166

馬貳 277_216/236

○湘家給帛囊八

敦煌簡 0183

金關 T23:815

北壹・倉頡篇 8

吳簡嘉禾・一六四八

○區業給稟夷

魏晉殘紙

○給復表

漢代官印選

漢印文字徵

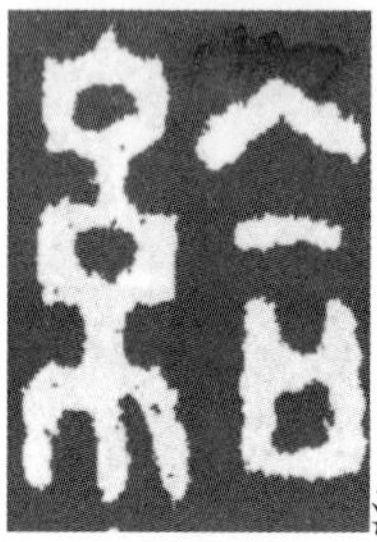
漢代官印選

漢印文字徵

漢晉南北朝印風

漢晉南北朝印風

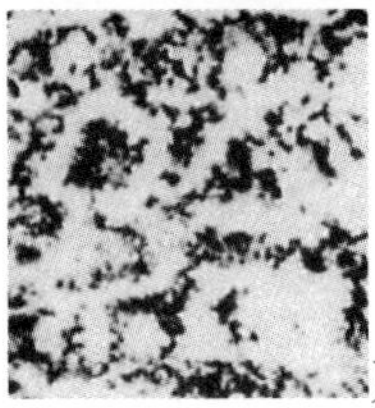
東漢・買田約束石券

○上毛物穀實自給

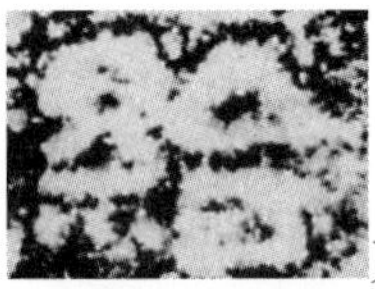
東漢・買田約束石券

○當給爲里父老者

東漢・曹全碑陽

東漢・析里橋郙閣頌

○或給州府

東漢・乙瑛碑

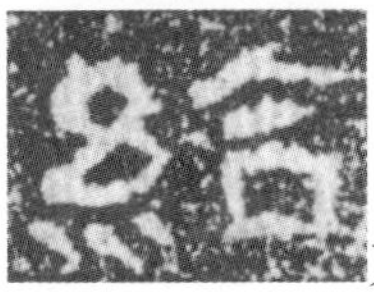
東漢・元嘉元年畫像石墓

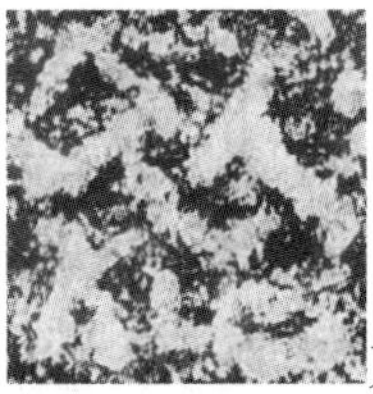
東漢・宋伯望買田刻石右

○道堵界所屬給發

東漢・司徒袁安碑

西晉・臨辟雍碑

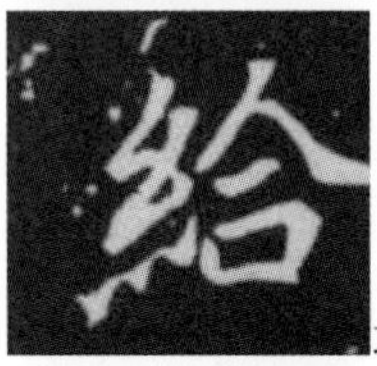
北魏・王禎誌

北魏・鞠彥雲誌

北魏・元朗誌

北魏・元項誌

北魏・韓氏誌

東魏・元鷙妃公孫甑生誌

○給事中義平子

東魏・廉富等造像側

【綝】

《説文》：綝，止也。从糸林聲。讀若郴。

漢印文字徵

廿世紀璽印四-SY

○臣綝

漢晉南北朝印風

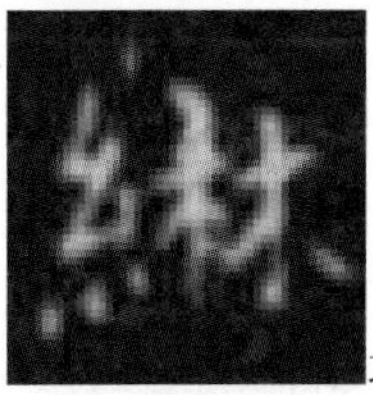
北魏・元延明誌

【縪】

《説文》：縪，止也。从糸畢聲。

武・甲《特牲》47

○緇帶縪（韠）唯

【紈】

《説文》：紈，素也。从糸丸聲。

西晉・左棻誌

○兄女媛字紈素

北魏・乞伏寶誌

北魏・元項誌

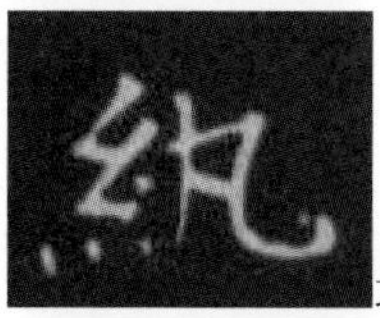
北魏・韓震誌

北魏・元誨誌

北魏・公孫猗誌

【終】

《説文》：終，絿絲也。从糸冬聲。

【夂】

《説文》：夂，古文終。

睡・秦律十八種 171

嶽・為吏 86

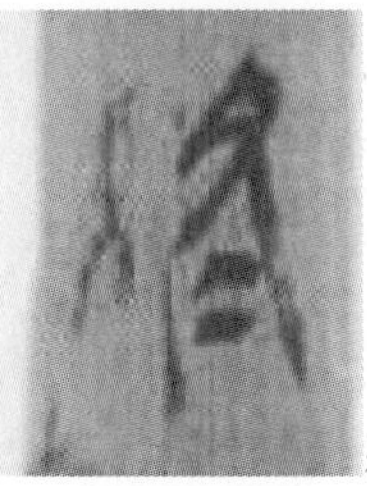
嶽・芮盜案 83

○方多終不告芮

里・第八層 2390

馬壹 254_39 上

馬壹 80_11

北貳・老子 73

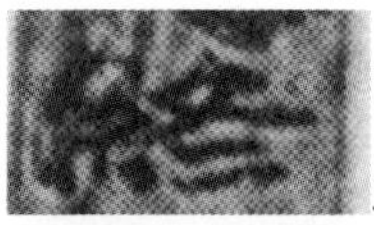
敦煌簡 0276

廿世紀璽印三-GP

○無終□□

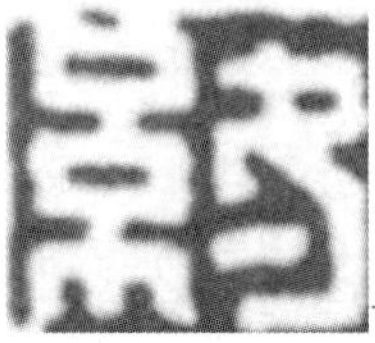
廿世紀璽印三-SY

○馬終根

漢印文字徵

漢印文字徵

○樊終

漢印文字徵

漢印文字徵

漢印文字徵

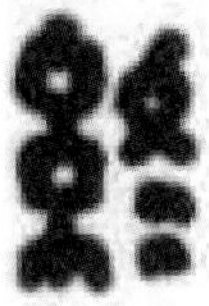
漢印文字徵

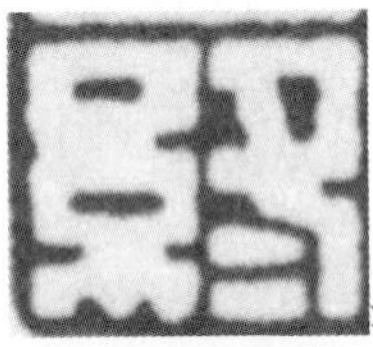
漢晉南北朝印風

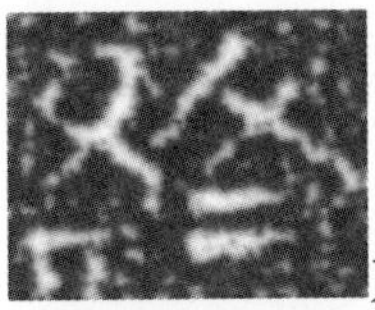
東漢・許安國墓祠題記

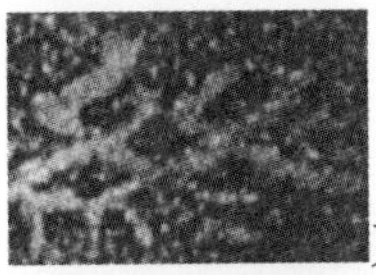
東漢・桓孨食堂畫像石題記

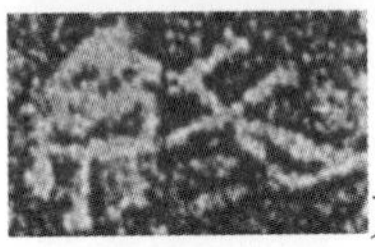
東漢・桓孨食堂畫像石題記

○不受天祐少終

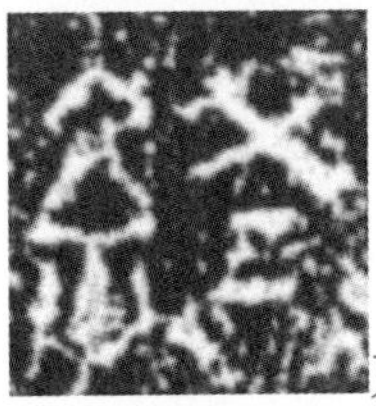
東漢・北海相景君碑陰

○慎終追遠

東漢・建寧三年殘碑

○寅終于（亐）家

東漢・白石神君碑

東漢・夏承碑

東漢・孔宙碑陽

三國魏・何晏磚誌

北魏・寇憑誌

北魏・元楨誌

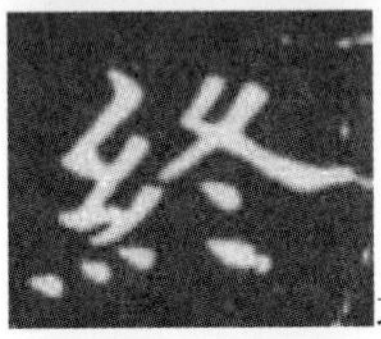
北魏・元璨誌

北魏・李媛華誌

北魏・薛伯徽誌

○令終如始

北魏・元繼誌

北魏・長孫盛誌

北魏・元理誌

北齊・高阿難誌

北齊・崔昂誌

○終於鄴都

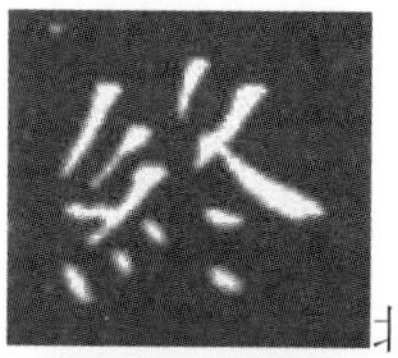
北齊・張道貴誌

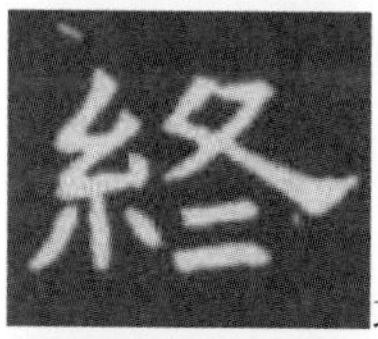
北齊・斛律氏誌

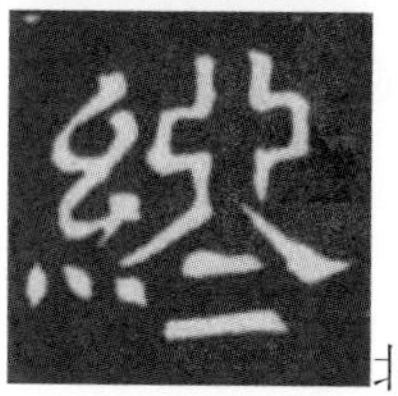
北周・寇嶠妻誌

○終守元吉

北周・寇嶠妻誌

○示終身不忘夙心

【緝】

《説文》：緝，合也。从糸从集。讀若捷。

【繒】

《説文》：繒，帛也。从糸曾聲。

【緈】

《説文》：緈，籀文繒从宰省。楊雄以爲漢律祠宗廟丹書告。

睡・封診式 82

里・第八層 1751

○錦繒

馬貳 298_35

張・市律 258

〇販賣繒布

張・奏讞書 205

〇類繒中券

張・算數書 61

〇繒幅廣廿二寸

敦煌簡 0183

歷代印匋封泥

廿世紀璽印三-GY

廿世紀璽印三-SY

漢印文字徵

漢印文字徵

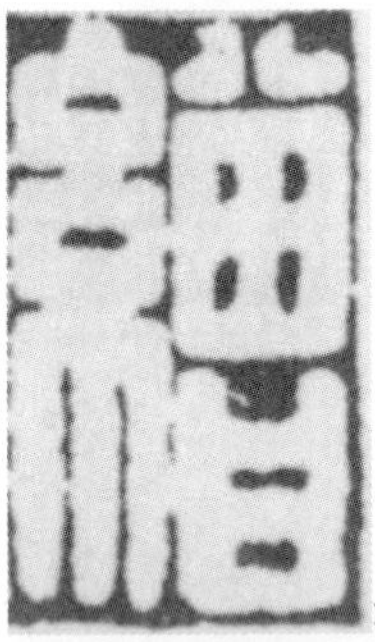
漢晉南北朝印風

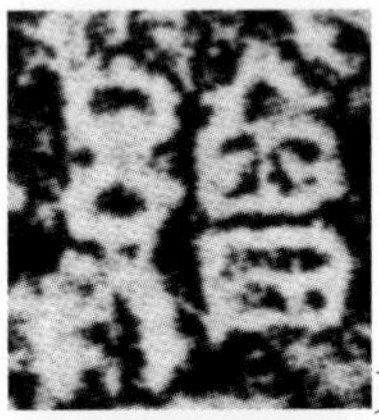
東漢・開母廟石闕銘

北魏・李超誌

北魏・韓顯宗誌

東魏・榮遷造像

○塵勞之繒網

【緭】

《說文》：，繒也。从糸胃聲。

【絩】

《說文》：，綺絲之數也。《漢律》曰：“綺絲數謂之絩，布謂之總，綬組謂之首。”从糸兆聲。

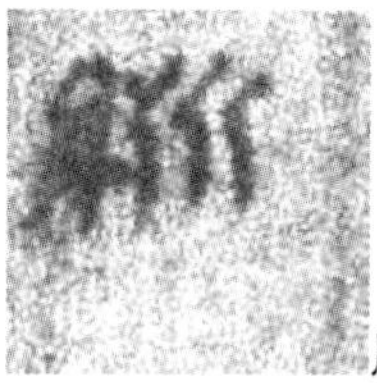
馬壹 128_73 上

○財（材）絩（佻）長非恆者

【綺】

《說文》：，文繒也。从糸奇聲。

馬貳 261_37/57

○皆衣綺

馬貳 245_266

漢印文字徵

北魏・元項誌

○風飄綺年

北魏・元襲誌

○藻思綺合

北魏・元弼誌

○神章綺發

北魏・元誨誌

○在紈綺之中

北魏・公孫猗誌

○惠結綺襦

北魏・元壽安誌

〇率由綺發

北魏・寇演誌

〇蘭光綺萼

東魏・李挺誌

〇名成綺歲

東魏・程哲碑

〇君即綺葉也

【縠】

《説文》：縠，細縛也。从糸𣪊聲。

里・第八層背 171

〇金金縠

馬貳 294_407/407

〇衣一縠掾（緣）

馬貳 290_358/379

〇紗縠反襲（襲）

馬貳 243_251

〇繃印縠帷一繢掾

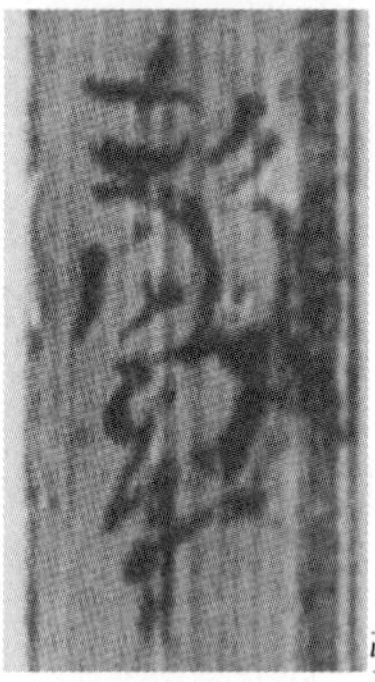
張・遣策 25

〇素冠縠冠各一

北壹・倉頡篇 44

北魏・元譚誌

○下筆而成霧縠

北魏・高猛妻元瑛誌

○綃縠風靡

北魏・元隱誌

○退遵郤縠之務

北魏・石婉誌

【縳】

《説文》：縳，白鮮色也。从糸專聲。

【縑】

《説文》：縑，幷絲繒也。从糸兼聲。

馬貳 273_169/189

○笥有縑囊

張・遣策 13

○縑履一盛一合

敦煌簡 1443

○□縑一匹

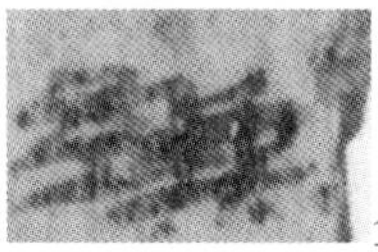
金關 T30:094A

○襜褕縑單襜褕

漢印文字徵

漢晉南北朝印風

北魏・王誦誌

○悲縑竹之難久

北魏・元舉誌

○縑竹有消

北魏・李遵誌

○縑竹難常

北魏・元茂誌

○家無寸縑

東魏・張瓘誌

○煥炳縑緗

北齊・狄湛誌

○縑竹易虧

北齊・唐邕刻經記

北齊・劉悅誌

○縑數千段

北齊・是連公妻誌

○織縑剪綵

【綈】

《說文》：綈，厚繒也。从糸弟聲。

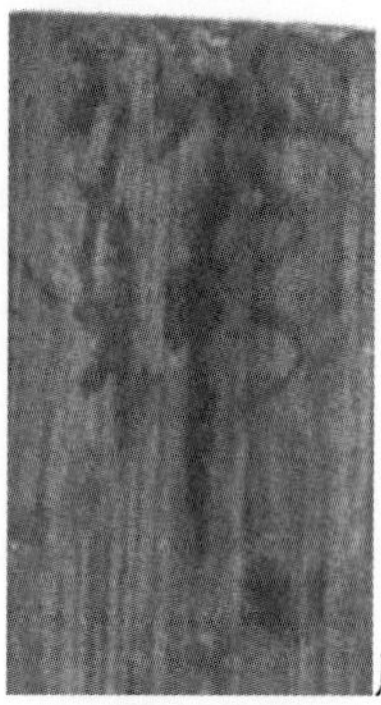
馬貳 278_228/404

○綈禪縱（衳）一

張・遣策 6

○綈帬（裙）一

金關 T21:052A

○綠綈一丈二尺

北魏・元子正誌

【練】

《說文》：練，湅繒也。从糸柬聲。

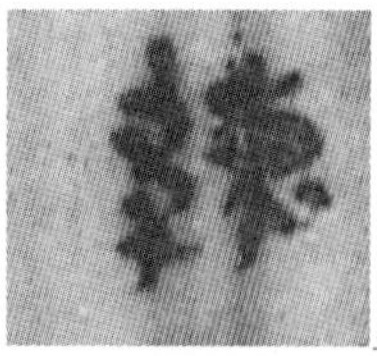
里・第八層 34

○夫練屬五百

張・算數書 78

○絲練以絡

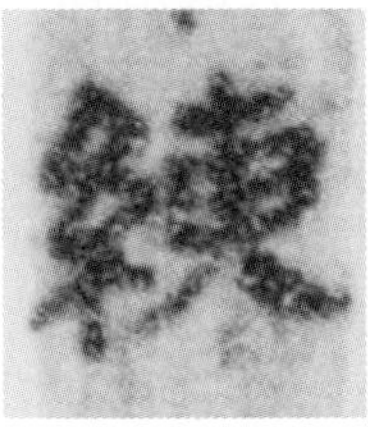
銀壹 415

○澗（簡）練

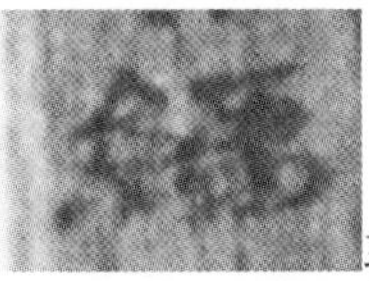
敦煌簡 0838A

○賣練一匹

金關 T23:975

○練襲一領

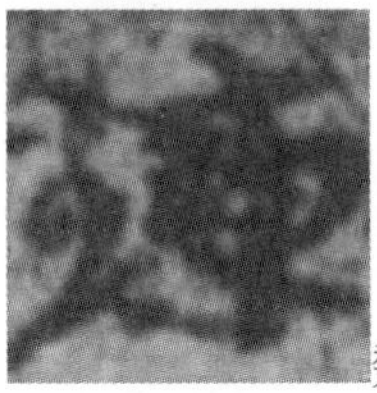
魏晉殘紙

○練一匹

東漢・張遷碑陽

北魏・爾朱襲誌

北魏・元理誌

北魏・姚伯多碑

北魏・元冏誌

○籌練七武

北魏・元仙誌

○凍練爲袍

北魏・慈慶誌

○練行斯敦

北魏・于仙姬誌

○早練女訓

北魏・元端誌

○百練不銷

北魏・陳天寶造像

○乃於中練里

北魏・仲練妻蔡氏等造像

〇公得主仲練妻蔡氏

東魏・慧光誌

〇無藉不練

北齊・王憐妻趙氏誌

〇夫人精心練行

北齊・魯思明造像

〇練解苦空

【縞】

《説文》：縞，鮮色也。从糸高聲。

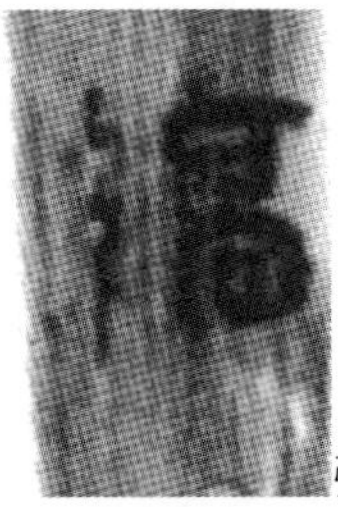
張・市律 258

〇畀之絺緒（紟）縞繙

敦煌簡 0688

〇左梏縞絕有

北壹・倉頡篇 42

〇柴箸涎縞給勸

西晉・郭槐柩記

北魏・李璧誌

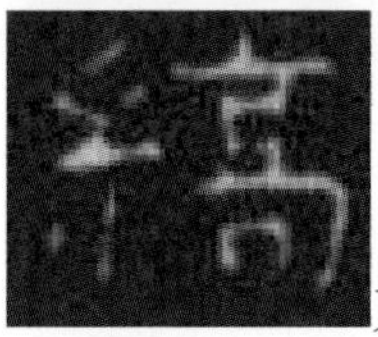
東魏・蕭正表誌

【纏】

《説文》：纏，粗緒也。从糸璽聲。

【紬】

《説文》：紬，大絲繒也。从糸由聲。

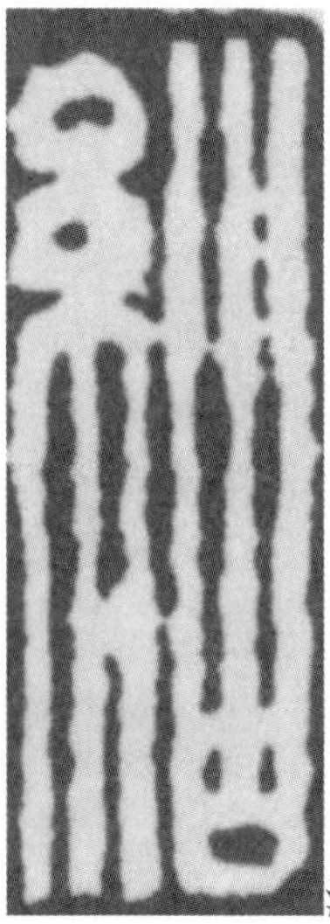
漢晉南北朝印風

○紬佰祭尊印

【綮】

《説文》：綮，撴繒也。一曰微幟，信也，有齒。从糸攺聲。

【綾】

《説文》：綾，東齊謂布帛之細曰綾。从糸夌聲。

北齊・王馬造像

○通妻郭綾

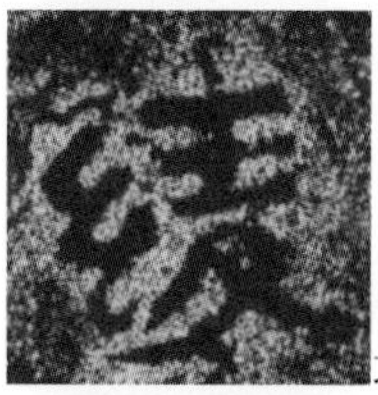
北齊・智靜造像

○綾侍佛時

北齊・諸維那等四十人造像

○妻趙妙綾

【縵】

《説文》：縵，繒無文也。从糸曼聲。《漢律》曰："賜衣者縵表白裏。"

睡・法律答問 162

○以錦縵（鞔）履

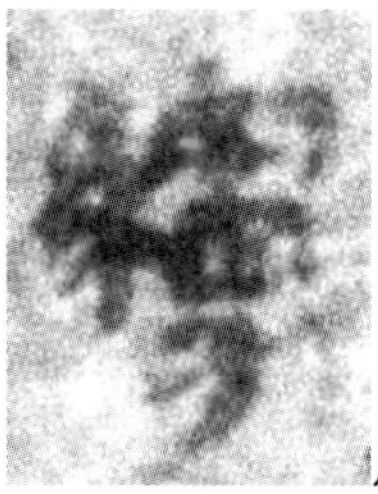
馬壹 114_21\424

○縵帛之衣

張・賜律 285

○用縵六丈四尺

金關 T04:086

○短小縵惡□

廿世紀璽印三-GP

歷代印匋封泥

○左織縵丞

漢印文字徵

○呂縵□印

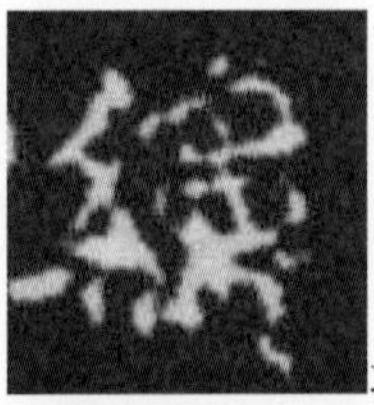
北魏・楊縵黑造像碑

○楊縵黑

北魏・楊縵黑造像碑

○楊縵黑

北齊・無量義經二

○合縵內外握

【繡】

《説文》：繡，五采備也。从糸肅聲。

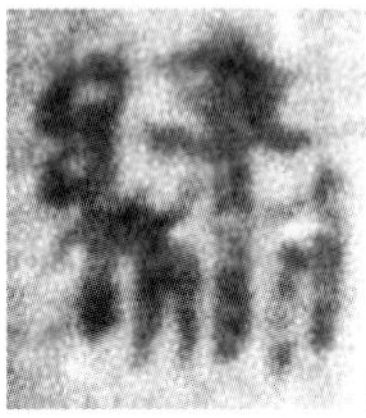
馬壹 115_29\432

○奚婢衣錦繡

馬貳 245_271

○素信期繡熏囊

漢印文字徵

北魏・元毓誌

○長源如繡

北魏・元昭誌

○委以繡衣之任

北魏・張安姬誌

○後除文繡大監

北魏・楊氏誌

○轉文繡大監

東魏・廣陽元湛誌

○繡綵成文

東魏・李挺誌

○衮衣繡裳

北齊・法懃塔銘

【絢】

《說文》：絢，《詩》云：“素以爲絢兮。”从糸旬聲。

漢印文字徵

北魏・王翊誌

北魏・元廞誌

北魏・胡明相誌

北魏・孫標誌

【繪】

《說文》：繪，會五采繡也。《虞書》曰：“山龍華蟲作繪。”《論語》曰：“繪事後素。”从糸會聲。

里・第八層 1243

○裹以繪臧（藏）

東魏・淨智塔銘

北齊・宋靈媛誌

【緀】

《說文》：緀，白文皃。《詩》曰：“緀兮斐兮，成是貝錦。”从糸妻聲。

【䋛】

《說文》：䋛，繡文如聚細米也。从糸从米，米亦聲。

【絹】

《說文》：絹，繒如麥稍。从糸肙聲。

張・奏讞書 215

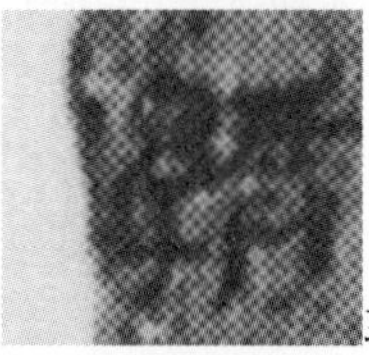
敦煌簡 0634

○絹復襦一領

秦代印風

北魏・高猛妻元瑛誌

○絹八百匹

北魏・檀賓誌

○匹絹之資

北魏・元詮誌

○絹布七百匹

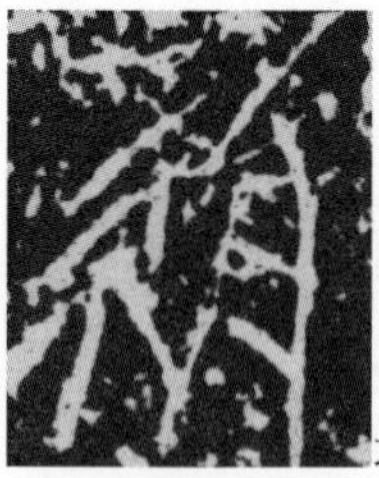
北魏・張神洛買田券

○□絹五匹

【綠】

《說文》：綠，帛青黃色也。从糸彔聲。

馬貳 287_323/342

○綠束要（腰）一

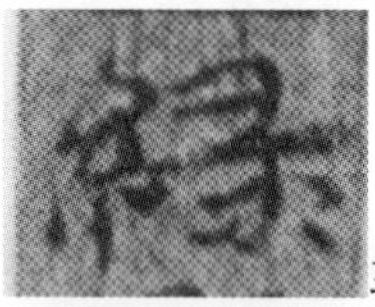
敦煌簡 0258

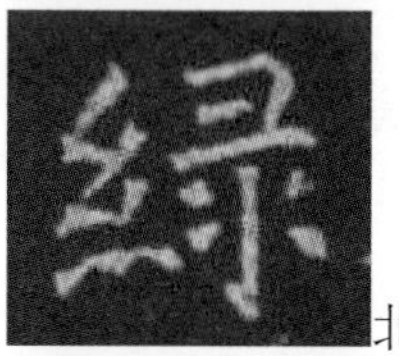
北魏・元維誌

北魏・元融誌

○恩結綠棠

北魏・公孫猗誌

北魏・元壽安誌

北魏・元崇業誌

北魏・元祐誌

北魏・元顒平妻王氏誌

○若綠葛之延谷

北齊・崔德誌

【縹】

《說文》：縹，帛青白色也。从糸票聲。

金關 T23:965

○賈賣縹一匹

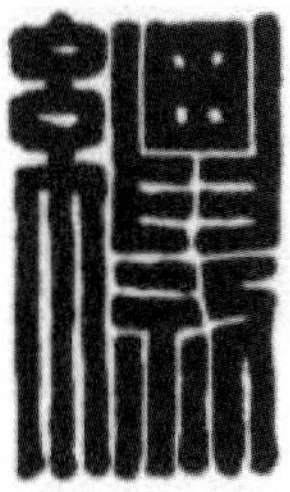
漢印文字徵

○楊縹

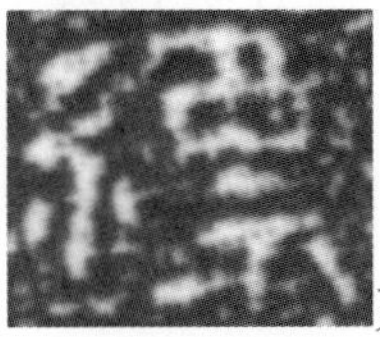
東漢・許安國墓祠題記

○迫縹有制財幣霧

【綪】

《說文》：綪，帛青經縹緯。一曰育陽染也。从糸育聲。

【絑】

《說文》：絑，純赤也。《虞書》“丹朱”如此。从糸朱聲。

馬壹 10_62 下

○食絑（朱）發（紱）

馬貳 288_337/358

○連絑（珠）合（袷）

廿世紀璽印三-SY

【纁】

《說文》：纁，淺絳也。从糸熏聲。

【絀】

《説文》：絀，絳也。从糸出聲。

秦文字編 1847

秦文字編 1847

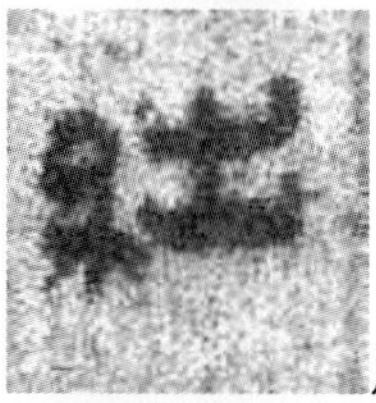
馬壹 139_14 下/156 下

北貳・老子 23

東漢・景君碑

東漢・尚博殘碑

東漢・從事馮君碑

北魏・赫連悦誌

【絳】

《説文》：絳，大赤也。从糸夅聲。

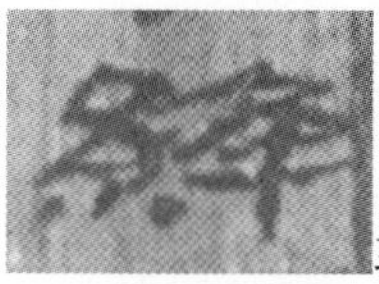
敦煌簡 0983

〇絳（降）而賊殺之

金關 T21:379

〇絳蓮勺嗇夫

廿世紀璽印三-GP

〇絳陵□丞

漢代官印選

漢印文字徵

漢印文字徵

漢印文字徵

〇絳肆唯印

漢晉南北朝印風

○絳邑冶庫督印

東漢・建寧元年殘碑

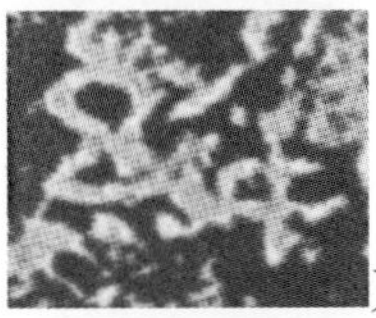
東漢・執金吾丞武榮碑

○旃旗絳天

東漢・封龍山頌

○趙仲張川絳伯王季

東晉・黃庭經

北魏・郭顯誌

○如絳既沒

北齊・徐顯秀誌

○絳灌等烈

北齊・徐之才誌

○言登絳闕

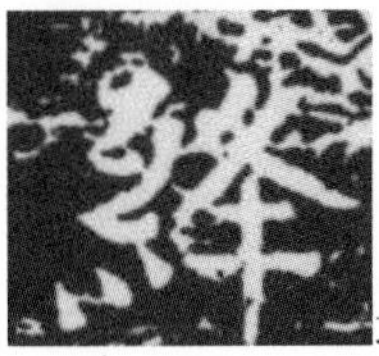
北周・祁令和造像

【綰】

《説文》：綰，惡也，絳也。从糸官聲。一曰綃也。讀若雞卵。

戰中・商鞅量

○相狀綰

秦代・始皇詔版一

秦代・始皇十六斤銅權二

秦代・始皇十六斤銅權一

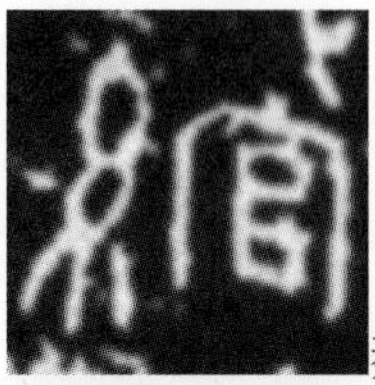
秦代・始皇十六斤銅權三

秦代・兩詔銅權三

嶽・綰等案 243

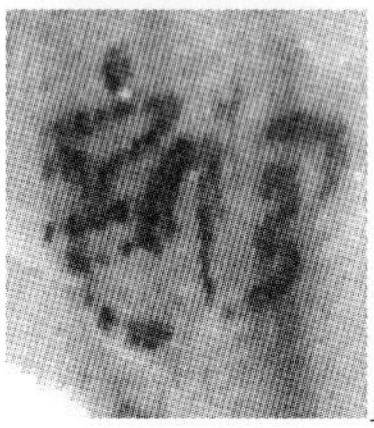
里・第八層 528

○大夫綰下

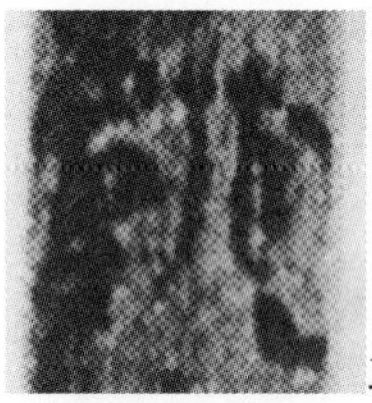
敦煌簡 1722

○世綰襦等雜搜

秦代印風

廿世紀璽印三-SY

漢印文字徵

○翟綰

漢印文字徵

漢印文字徵

漢晉南北朝印風

漢晉南北朝印風

北齊・高阿難誌

北齊・石信誌

北周・盧蘭誌

【縉】

《説文》：縉，帛赤色也。《春秋傳》“縉雲氏”，《禮》有“縉緣”。从糸晉聲。

東漢・曹全碑陽

東漢・楊著碑額

西晉・臨辟雍碑

北魏・王温誌

○邦邑縉紳

北魏・侯愔誌

北魏・于纂誌

○縉紳欽其美

北魏・盧令媛誌

北魏・封魔奴誌

○宣遣縉紳一人

北魏・堯遵誌

北魏・元彥誌

○縉紳吐歎

北齊・元子邃誌

○縉紳於是屬意

北周・崔宣靖誌

○縉紳引領

【綪】

《説文》：綪，赤繒也。从茜染，故謂之綪。从糸青聲。

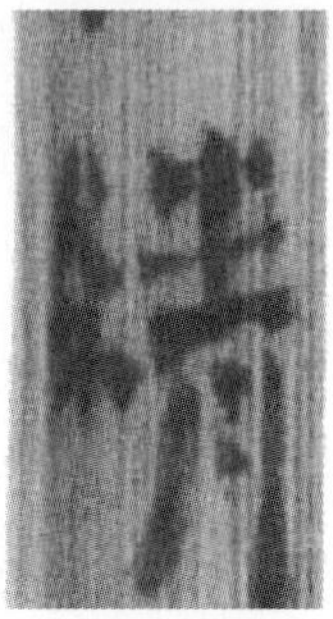
馬貳 247_288

○席一綪掾（緣）

漢印文字徵

北齊・張海翼誌

北周・宇文儉誌

【緹】

《説文》：緹，帛丹黄色。从糸是聲。

【衹】

《説文》：衹，緹或从氏。

睡・封診式 21

馬貳 294_407/407

○一緹襌便常（裳）

馬貳 279_237/36

敦煌簡 1868

○曲旃緹紺胡各一

金關 T24:117

○平邑緹里公乘丁恢

張・奏讞書 216

○鞞中衹診視

北齊・柴季蘭造像

○堂堂探衹

【縓】

《說文》：縓，帛赤黃色。一染謂之縓，再染謂之䞓，三染謂之纁。从糸原聲。

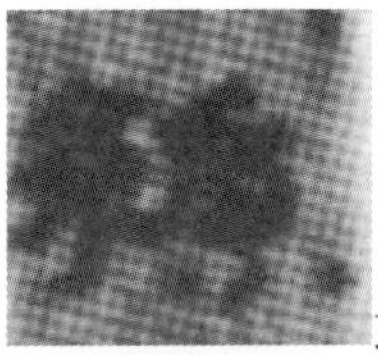
武·儀禮甲《服傳》57

○衣縓緣

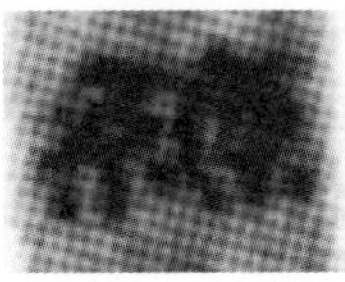
武·乙本《服傳》36

○衣縓緣

漢印文字徵

【紫】

《說文》：紫，帛青赤色。从糸此聲。

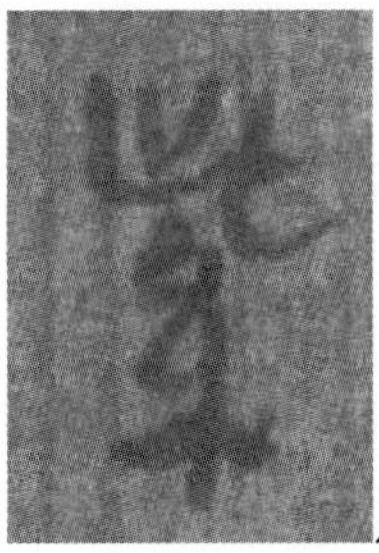
馬貳 294_407/407

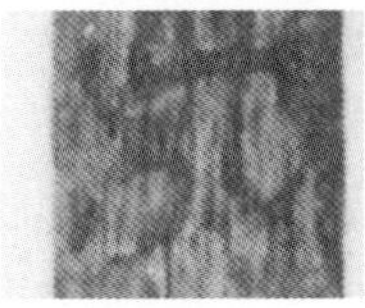
敦煌簡 0975

○符命紫閣

東漢·景君碑

○朱紫有別

東漢·曹全碑陽

○朱紫不謬

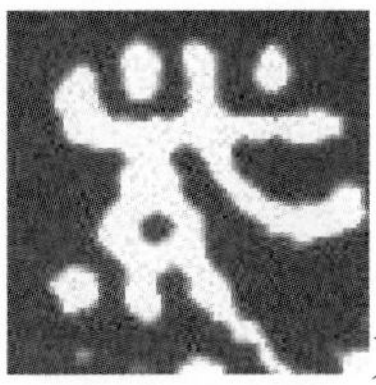
東漢·馮緄碑

○一要金紫

東漢·衛尉卿衡方碑

○□翼紫宮

北魏·元仙誌

北魏·元楨誌

北魏·元羽誌

○分華紫萼

北魏·劉華仁誌

○蒙馳紫幄

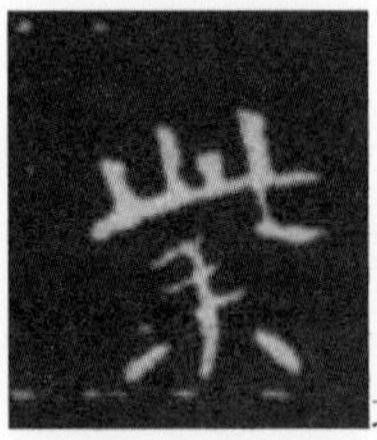
北魏・秦洪誌

○銀紫相承

北魏・寇霄誌

○歸靈紫寶

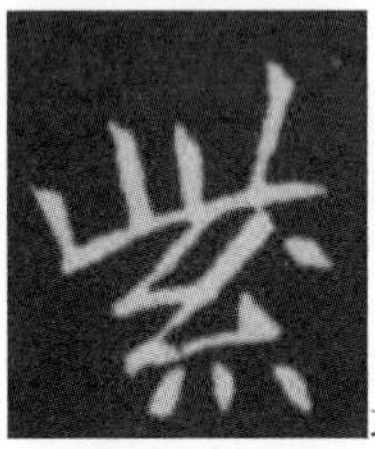
北魏・元弘嬪侯氏誌

○入嬪紫闈

東魏・劉懿誌

東魏・崔令姿誌蓋

東魏・元悰誌

○金紫光祿大夫

北齊・劉悅誌

北齊・無量義經二

○非紅非紫種種色

【紅】

《説文》：紅，帛赤白色。从糸工聲。

睡・秦律十八種 111

廿世紀璽印三-SY

漢印文字徵

○紅廷私印

漢印文字徵

北魏・元維誌

北魏・馮迎男誌

北魏・劉阿素誌

北齊・崔德誌

【繱】

《説文》：繱，帛青色。从糸蔥聲。

【紺】

《説文》：紺，帛深青揚赤色。从糸甘聲。

馬貳 258_11/20

張・奏讞書 219

○人盜紺（拑）刀

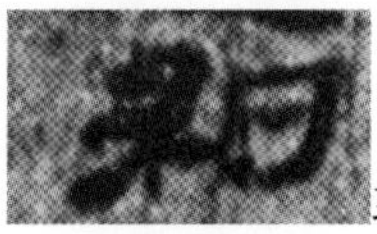
敦煌簡 1868

○旃緹紺胡各一井

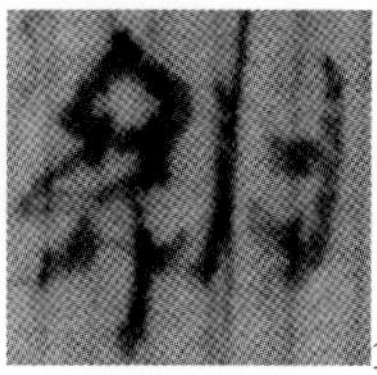
金關 T32:032A

○楊紺百五十

漢印文字徵

柿葉齋兩漢印萃

漢晉南北朝印風

北齊・無量義經二

○旋髮紺青頂肉髻

北齊・李難勝誌

【綥】

《説文》：綥，帛蒼艾色。从糸畀聲。《詩》：“縞衣綥巾。”未嫁女所服。一曰不借綥。

【綦】

《説文》：綦，綥或从其。

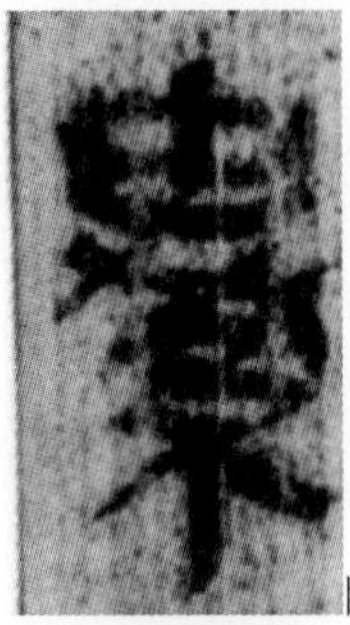
睡・封診式 78

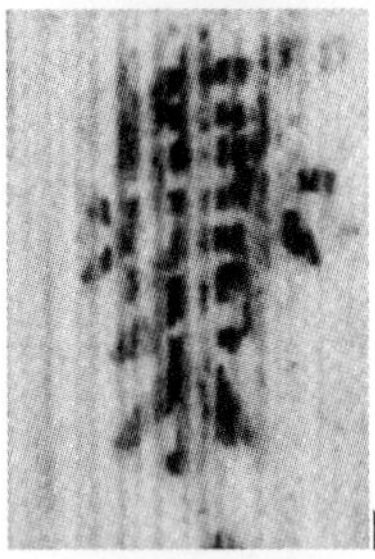
睡・為吏 36

嶽・為吏 77

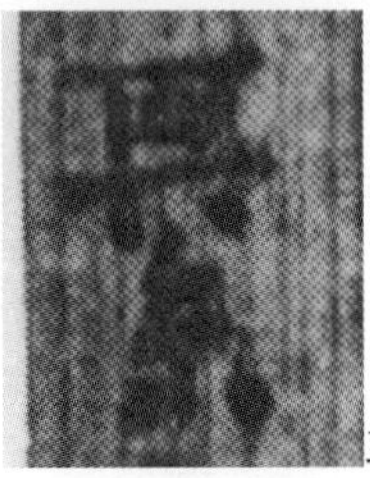
敦煌簡 0839A

○以賣綦缶

金關 T26:038

○綦毋故

廿世紀璽印三-SY

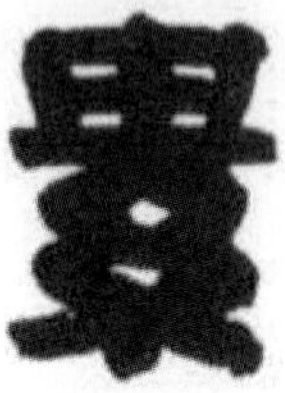
漢印文字徵

○綦毋孫印

漢印文字徵

漢印文字徵

漢印文字徵

漢印文字徵

漢印文字徵

北魏・四十一人等造像

【繰】

《説文》：繰，帛如紺色。或曰：深繒。从糸喿聲。讀若喿。

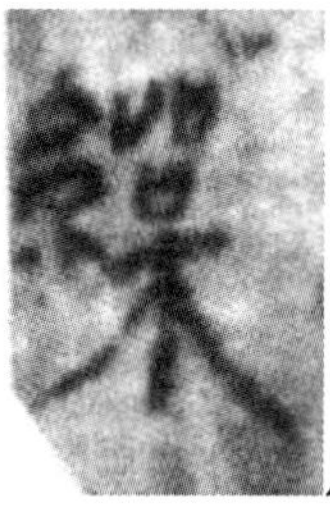
馬壹 81_31

○信田代（伐）繰去疾之

【緇】

《説文》：緇，帛黑色。从糸甾聲。

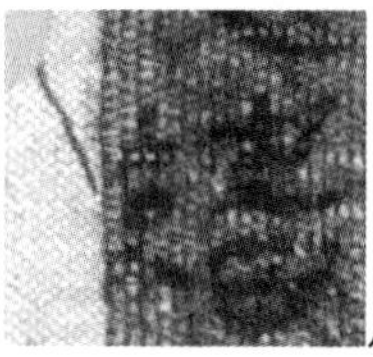
馬貳 78_203/190

○紝緇

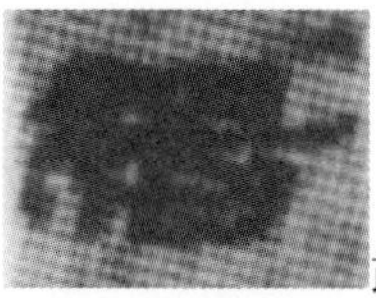
武・儀禮甲《服傳》50

○親之服皆緇也

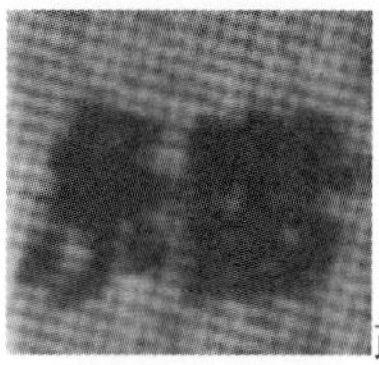
武・儀禮甲《服傳》2

○為帶緇（緦）麻

武・甲《特牲》47

○玄冠緇帶縪韠

北魏・昭玄法師誌

○道逸緇庭

北魏・元純陀誌

○緇素興嗟

北魏・元朗誌

○還復緇首

北魏・慈慶誌

○緇素同規

東魏・高歸彥造像

東魏・淨智塔銘

北齊・高淯誌

北齊・劉碑造像

○故能同率緇素

【纔】

《說文》：纔，帛雀頭色。一曰微黑色，如紺。纔，淺也。讀若讒。从糸毚聲。

張・市律 258

○纔緣朱縷

北齊・唐邕刻經記

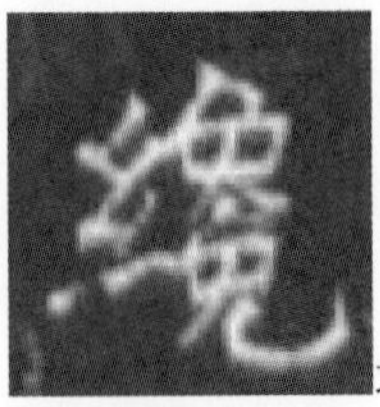
北周・王鈞誌

【綡】

《說文》：綡，帛騅色也。从糸剡聲。《詩》曰："毳衣如綡。"

【綟】

《說文》：綟，帛戾艸染色。从糸戾聲。

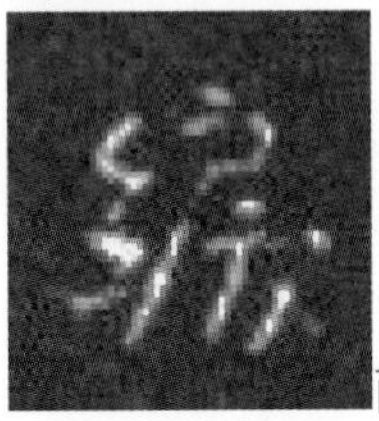
西魏・柳敬憐誌

○綠綟綢繆

【紑】

《說文》：紑，白鮮衣皃。从糸不聲。《詩》曰："素衣其紑。"

【緂】

《說文》：緂，白鮮衣皃。从糸炎聲。謂衣采色鮮也。

張・蓋盧 30

○與其緂炎焰

張・遣策 10

○緂複衾一

【繻】

《説文》：繻，繒采色。从糸需聲。讀若《易》“繻有衣”。

馬貳 279_237/36

○緹里繻掾（緣）

馬貳 244_256

○緣繻緣飭

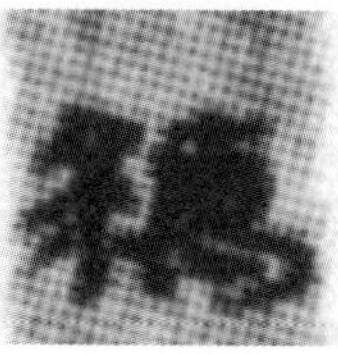
武・甲《特牲》17

○祝命繻（綆）

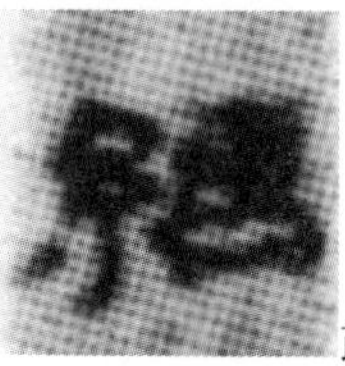
武・甲《少牢》38

○佐食繻（繻）

武・甲《有司》66

○佐食繻（綆）

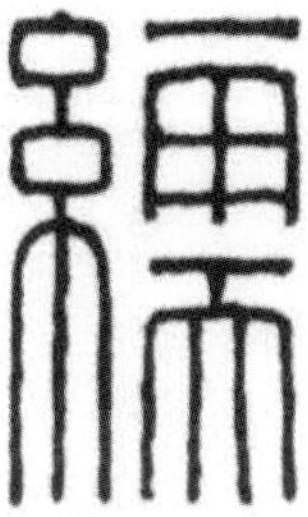
漢印文字徵

【縟】

《説文》：縟，繁采色也。从糸辱聲。

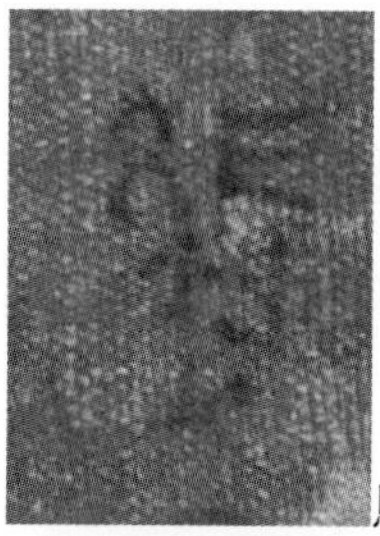
馬貳 91_468/458

○解縟（褥）

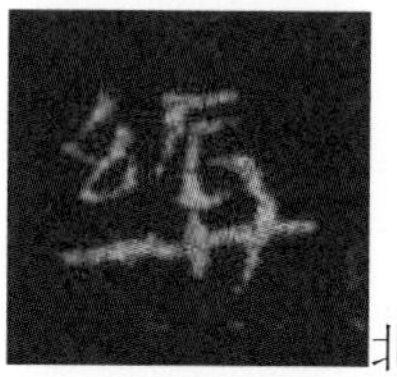
北魏・唐耀誌

○縟思雲陛

北魏・元廞誌

○縟芝白水

【纚】

《説文》：纚，冠織也。从糸麗聲。

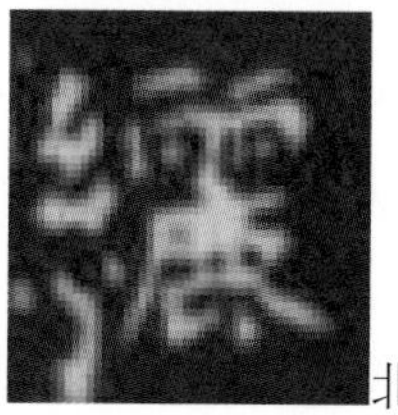
北魏・元延明誌

北魏・長孫季誌

○端纚未晨

【紘】

《説文》：，冠卷也。从糸厷聲。

【紭】

《説文》：，紘或从弘。

金關 T24:255

○睢陽紘邠里

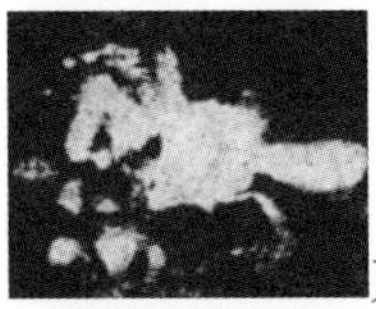
東漢・相張壽殘碑

○督郵周紘

北魏・元純陀誌

西魏・韋隆妻梁氏誌

○紘紞

【紞】

《説文》：，冕冠塞耳者。从糸冘聲。

西魏・韋隆妻梁氏誌

○紘紞女工之事

【纓】

《説文》：，冠系也。从糸嬰聲。

秦文字編 1850

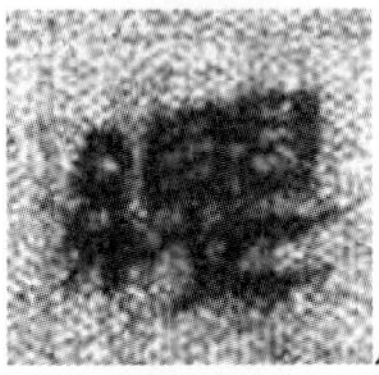
馬貳 33_14 下

○下爲纓（嬰）筋力

銀貳 2078

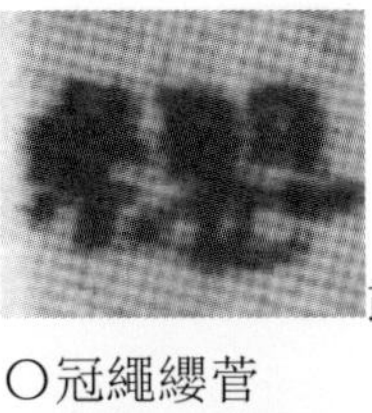
武・儀禮甲《服傳》1

○冠繩纓菅

北魏・元爽誌

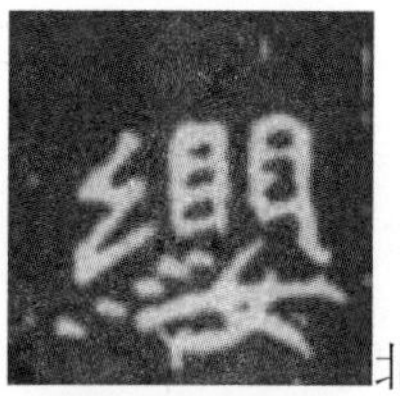
北魏・元颺誌

○雖首冠纓冕

北魏・元彥誌

○翔纓肅閣

北魏・王禎誌

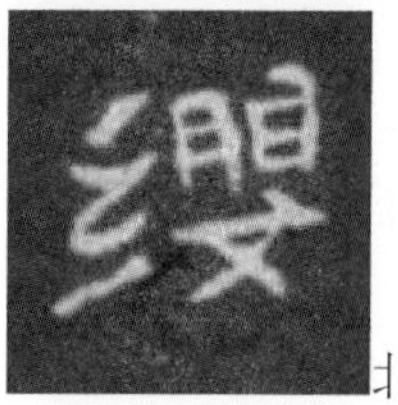
北魏・和邃誌

○世襲纓笏

北魏・元子永誌

○事絕纓冕

北魏・元詮誌

○纓紱兩禁

北魏・乞伏寶誌

○理乖纓紱

東魏・元仲英誌

○爰初濯纓

東魏・司馬昇志

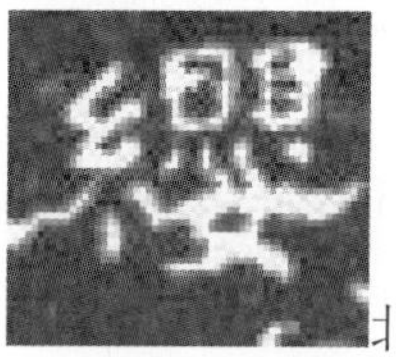
北齊・崔昂誌

北齊・傅華誌

○衣纓永慕

【紻】

《說文》：，纓卷也。从糸央聲。

【緌】

《說文》：，系冠纓也。从糸委聲。

睡・秦律十八種 110

○緌綉它物女子

武・甲《特牲》17

○人拜綏（妥）尸

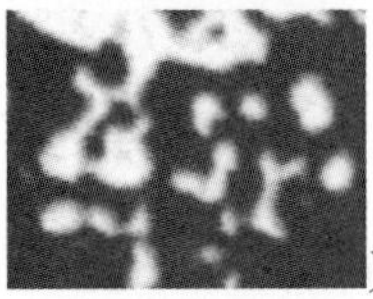
東漢・樊敏碑

○雄狐綏綏

【緄】

《説文》：緄，織帶也。从系昆聲。

東漢・樊敏碑

○當窮台緄

東漢・衛尉卿衡方碑

○將授緄職

【紳】

《説文》：紳，大帶也。从糸申聲。

金關 T28:010

○隧長紳五十丈

秦公大墓石磬

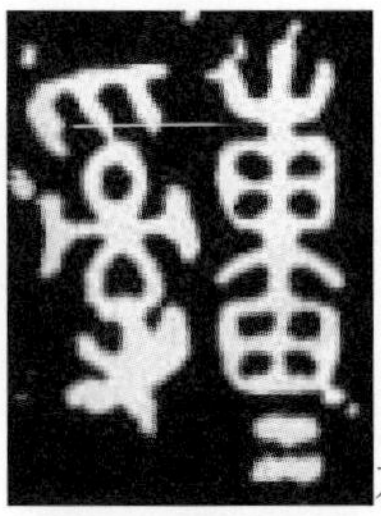
石鼓・吳人

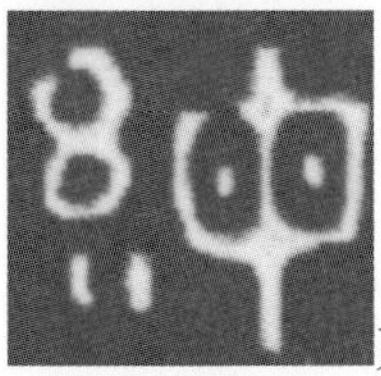
東漢・楊著碑額

○縉紳傕傷

東漢・曹全碑陽

東漢・東漢・婁壽碑陽

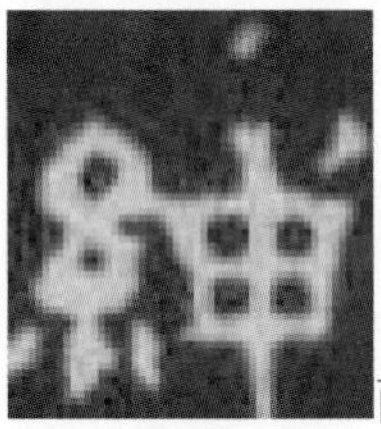
西晉・臨辟雍碑

北魏・盧令媛誌

北魏・封魔奴誌

北魏・元誨誌

北魏・元彥誌

東魏・高湛誌

東魏・元均及妻杜氏誌

東魏・趙胡仁誌

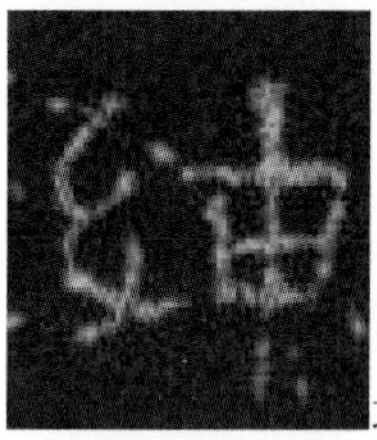
北齊・元子邃誌

○縉紳

北周・崔宣靖誌

【繟】

《說文》：繟，帶緩也。从糸單聲。

【綬】

《說文》：綬，韍維也。从糸受聲。

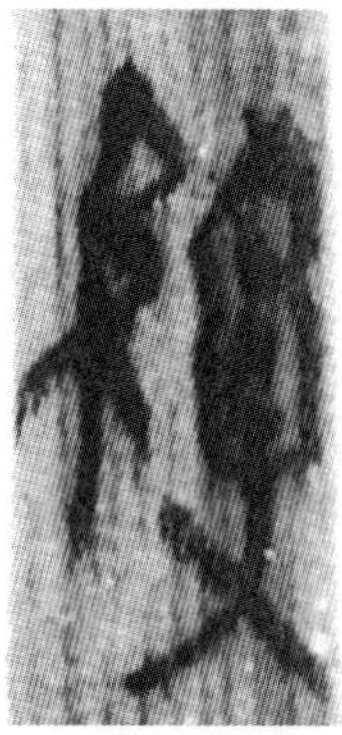
里・第八層 1169

○有綬

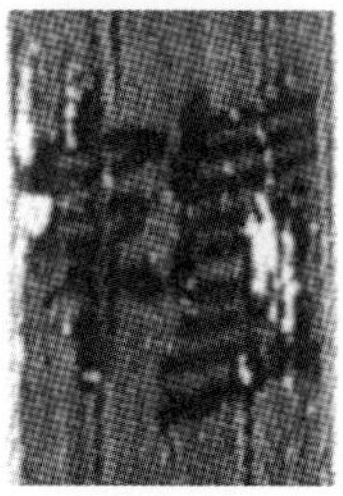
銀貳 1380

○紩綬（紂）

武・儀禮甲《服傳》31

○絰無綬（受）者

漢印文字徵

漢晉南北朝印風

○嚴綬

東漢・倉頡廟碑側

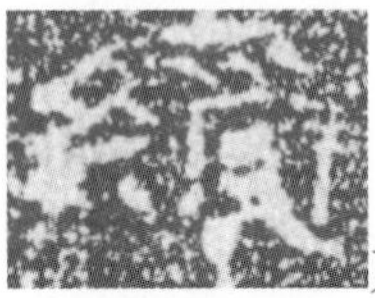
東漢・元嘉元年畫像石墓題

○學者高遷宜印綬

三國魏・王基斷碑

北魏・元延明誌

北魏・元項誌

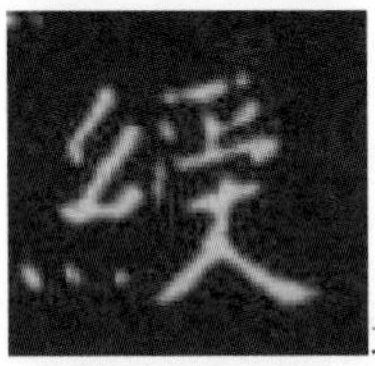
北魏・王誦誌

○紫綬金章

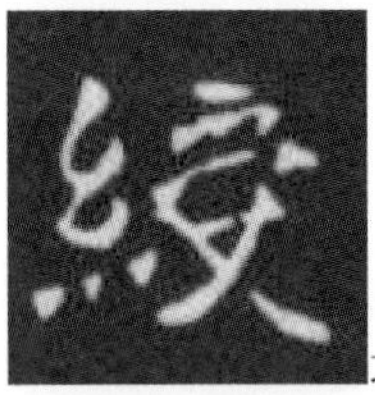
北魏・元仙誌

○紫綬明腰

東魏・叔孫固誌

○青緺紫綬

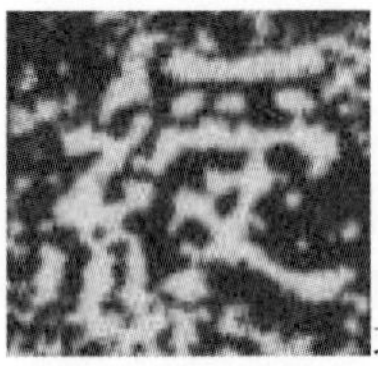
北齊・天柱山銘

【組】

《説文》：組，綬屬。其小者以爲冕纓。从糸且聲。

睡・秦律雜抄 18

睡・日甲《除》11

○明（盟）組（詛）

里・第八層 756

馬貳 245_275

○紅組帶一

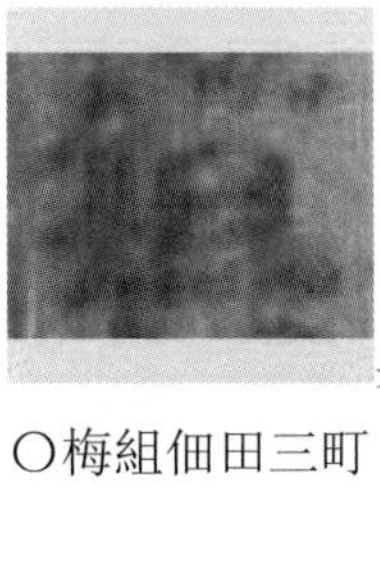
吳簡嘉禾・四・四五

○梅組佃田三町

北魏・李媛華誌

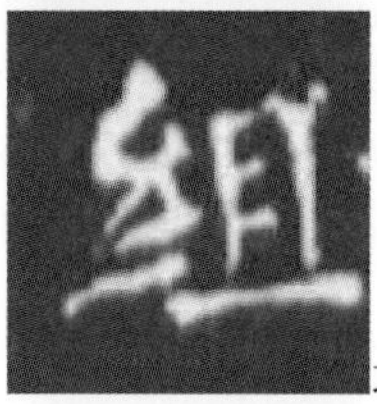
北魏・李慶容誌

北魏・穆亮誌

北魏・元彬誌

北齊・盧脩娥誌

北齊・婁黑女誌

【緺】

《說文》：，綬紫青也。从糸咼聲。

東魏・叔孫固誌

○青緺紫綬

【縌】

《說文》：，綬維也。从糸逆聲。

【纂】

《說文》：，似組而赤。从糸算聲。

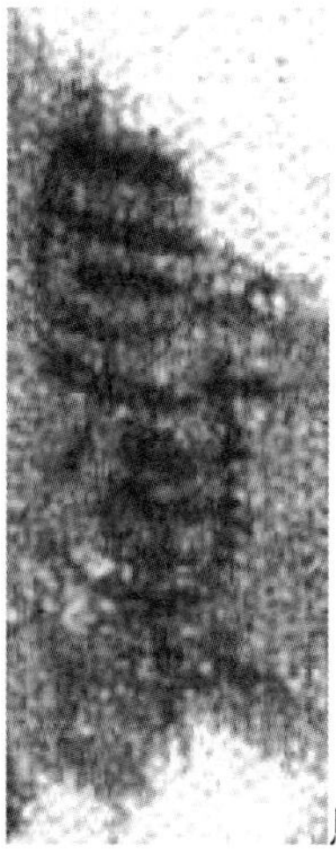
馬貳 82_271/258

○乾食雞以羽熏纂

歷代印匋封泥

○四纂

漢印文字徵

○臣纂

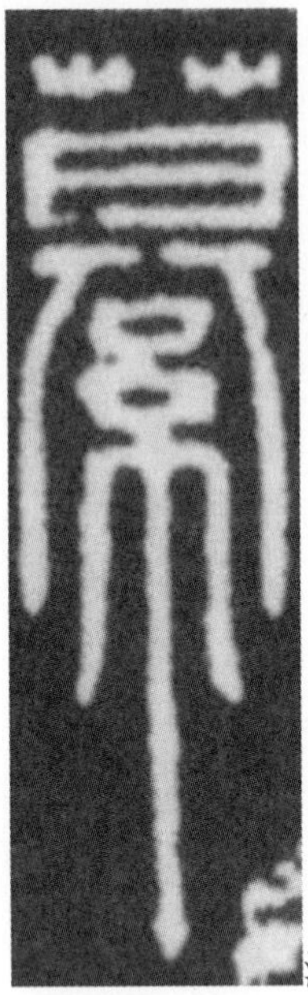
漢晉南北朝印風

○纂言疏

廿世紀璽印四-SP

○四纂

漢晉南北朝印風

○劉纂

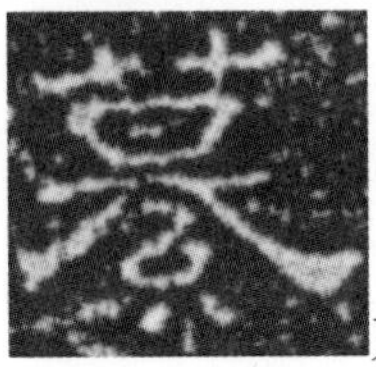
東漢・趙寬碑

○復封曾孫纂爲侯

東漢・鮮于璜碑陽

○纂乃祖

東晉・李纂武氏誌

○廣平縣李纂故妻

北魏・元彬誌

○纂世藩君

北魏・穆亮誌

○纂戎令緒

北魏・元悅誌

○綏文纂武

北魏・元纂誌

○君諱纂

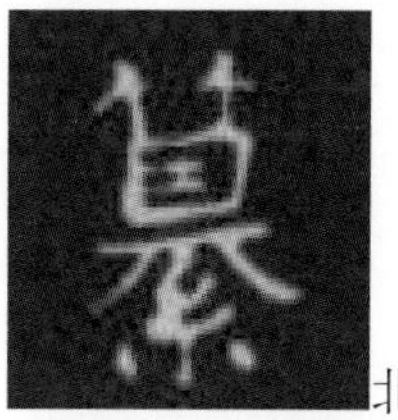
北魏・元天穆誌

○又以王纂蔭乾

北魏・元彬誌

○出纂其後

北齊・劉碑造像

○纂募鄉邦

【紐】

《說文》：紐，系也。一曰結而可解。从糸丑聲。

馬壹 171_8 上

○天維紐其下

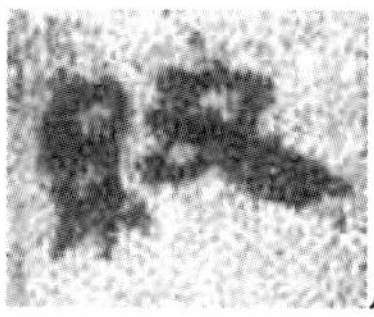
馬壹 40_8 下

○美亞(惡)不紐

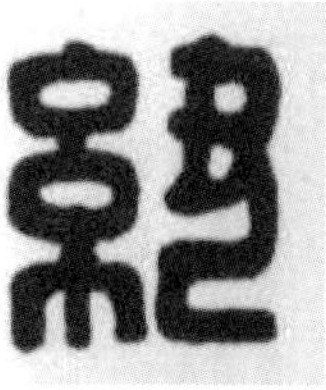
漢印文字徵

○左紐私印

漢印文字徵

廿世紀璽印四-GY

○金紐令印

東漢・景君碑

北魏・笱景誌

北魏・元彝誌

北魏・盧令媛誌

北魏・楊胤誌

北魏・元珍誌

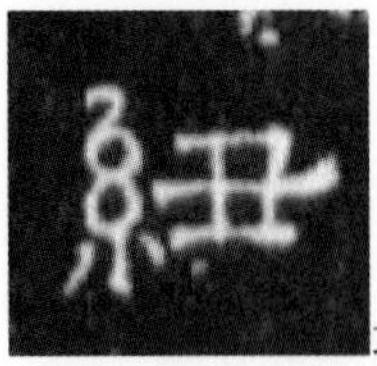
北周・宇文儉誌

【綸】

《說文》：綸，青絲綬也。从糸侖聲。

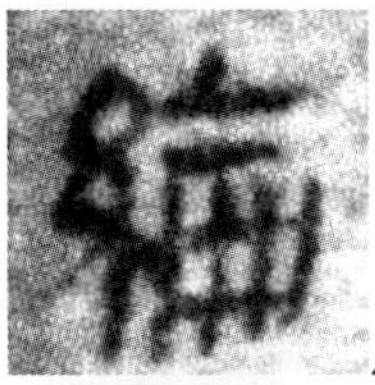
馬壹 111_9\360

馬壹 89_231

北貳・老子 187

廿世紀璽印三-SY

○妾綸

漢印文字徵

漢印文字徵

○徐綸

漢印文字徵

漢印文字徵

漢晉南北朝印風

北魏・元誘誌

北魏・盧令媛誌

北魏・元子直誌

○至於經綸輔贊之業

北魏・郭顯誌

北魏・元暐誌

北魏・元洛神誌

北魏・元誨誌

北魏・元子直誌

東魏・高湛誌

○經綸宇宙

北周・賀屯植誌

【綎】

《説文》：，系綬也。从糸廷聲。

【絙】

《説文》：，緩也。从糸亘聲。

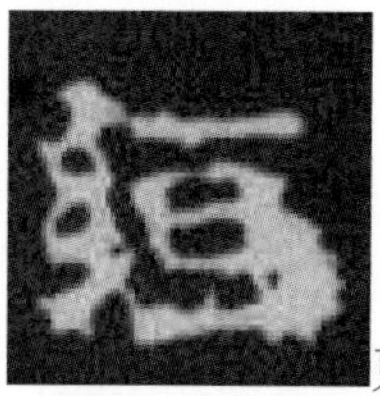
東魏・廉富等造義井頌

○彌絙千嵠

北齊・裴良誌

○汾絙堆之陽

【繐】

《説文》：，細疏布也。从糸惠聲。

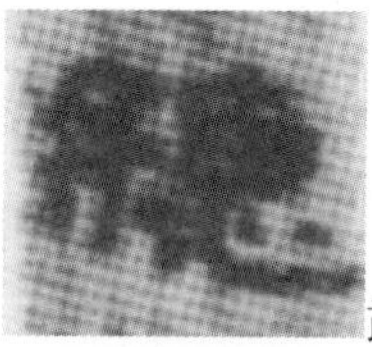
武・儀禮甲《服傳》48

○繐衰常（裳）

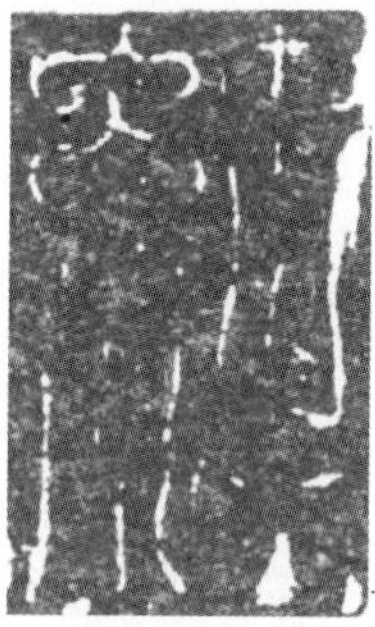
廿世紀璽印三-SY

○繐喜

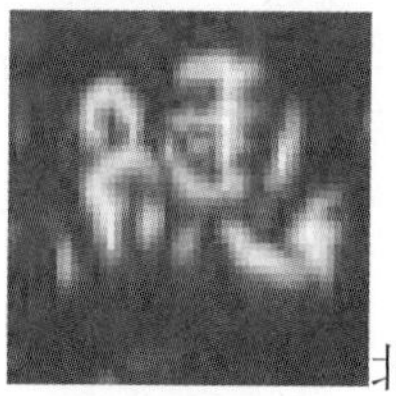
北周・鄭術誌

○繐帳徒懸

【纍】

《説文》：，頸連也。从糸，纍省聲。

【紟】

《説文》：紟，衣系也。从糸今聲。

【䋭】

《説文》：䋭，籀文从金。

漢印文字徵

○䋭孝印

【緣】

《説文》：緣，衣純也。从糸彖聲。

睡・封診式 82

○五尺緣及殿純

嶽・占夢書 6

○丘陵緣木生長

馬貳 246_280

張・賊律 19

○吏緣邊縣道得和

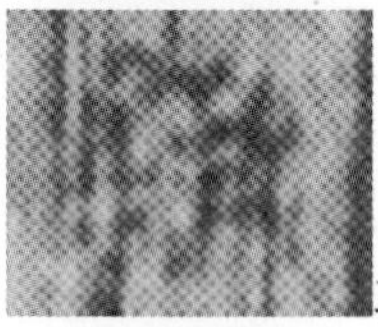
敦煌簡 1298

○邊言緣人驚

金關 T06:185

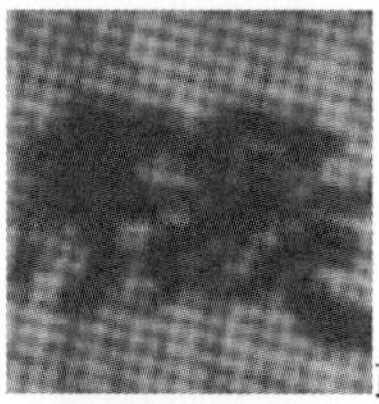
武・儀禮甲《服傳》57

○衣緆緣

東牌樓 054 正

○□□緣白

魏晉殘紙

東漢・楊震碑

東漢・西狹頌

十六國北涼・沮渠安周造像

〇非夫拔迹緣起之津

北魏・法香等建塔記

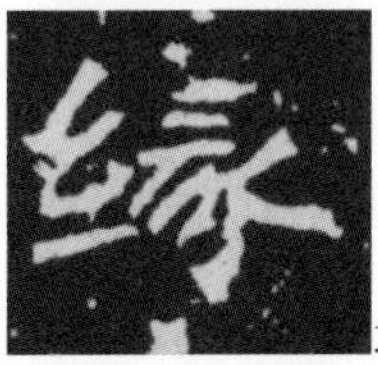
北魏・宋景妃造像

〇薄福緣淺漏生於

北魏・高英誌

北魏・緱光姬誌

東魏・高歸彥造像

西魏・陳神姜造像

〇化盡有緣

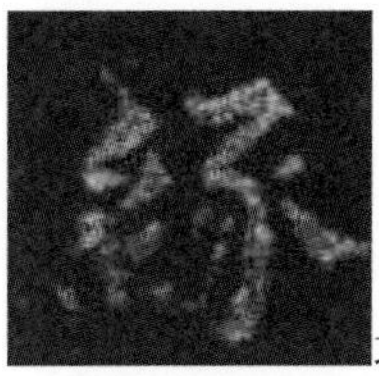
北齊・僧道建造象

〇□世因緣

北齊・張世寶造塔記

北齊・無量義經二

北齊・無量義經二

北周・張子開造像

【纀】

《説文》：纀，裳削幅謂之纀。从糸僕聲。

【絝】

《説文》：絝，脛衣也。从糸夸聲。

里・第八層 1356

〇當襦絝

馬貳 290_355/376

○素綺二

馬貳 278_230/406

○紵綺一

張・金布律 418

○四斤綺二

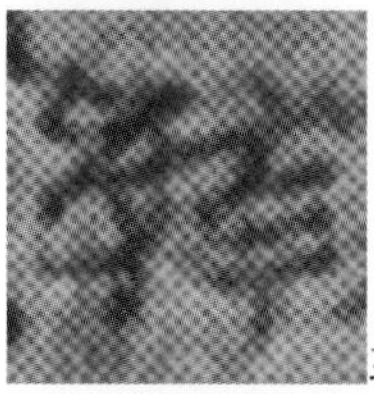
敦煌簡 1146

○羊皮綺

金關 T29:118A

○綺一直百卌

北魏・元融誌

○有聞五綺

北魏・公孫猗誌

○業峻紈袴(綺)

北魏・高貞碑

○綺繻紈綺

北齊・吐谷渾靜媚誌

○五袴(綺)之歌

【繑】

《説文》：繑，絝紐也。从糸喬聲。

【緥】

《説文》：緥，小兒衣也。从糸保聲。

西晉・孫松女誌

○在褓（緥）有淑

北魏·元壽安誌

○岐嶷異於在媬（緥）

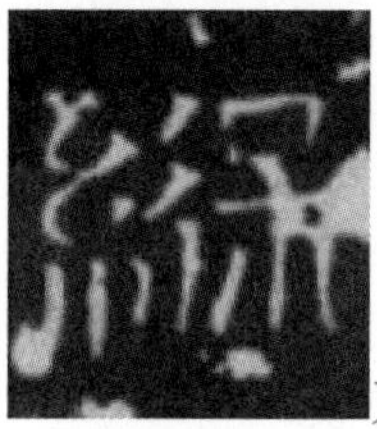
東魏·侯海誌

【繜】

《說文》：繜，薉貉中，女子無絝，以帛爲脛空，用絮補核，名曰繜衣，狀如襜褕。从糸尊聲。

【紴】

《說文》：紴，絛屬。从糸皮聲。讀若被，或讀若水波之波。

【絛】

《說文》：絛，扁緒也。从糸攸聲。

【絨】

《說文》：絨，采彰也。一曰車馬飾。从糸戉聲。

【縱】

《說文》：縱，絨屬。从糸，从從省聲。

【紃】

《說文》：紃，圜采也。从糸川聲。

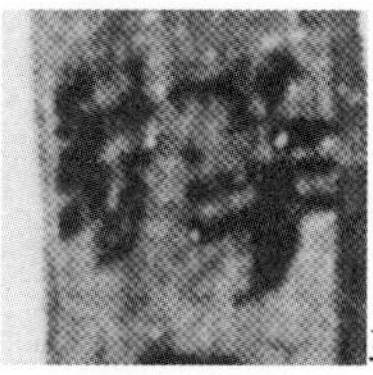
敦煌簡 0854

○複單紃各一兩

漢印文字徵

○遲紃私印

三國魏·曹真殘碑

北魏·司馬顯姿誌

北魏·馮會誌

東魏·李夫人誌

○絲繭組紃之功

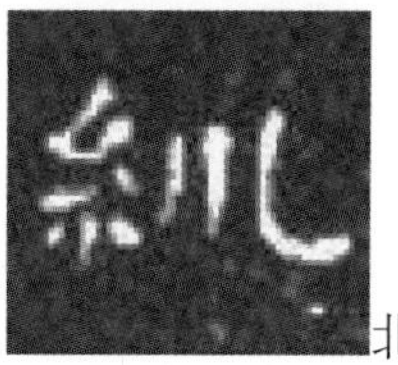
北齊·吐谷渾靜媚誌

【緟】

《說文》：緟，增益也。从糸重聲。

【纕】

《說文》：，援臂也。从糸襄聲。

【纗】

《說文》：，維綱，中繩。从糸巂聲。讀若畫，或讀若維。

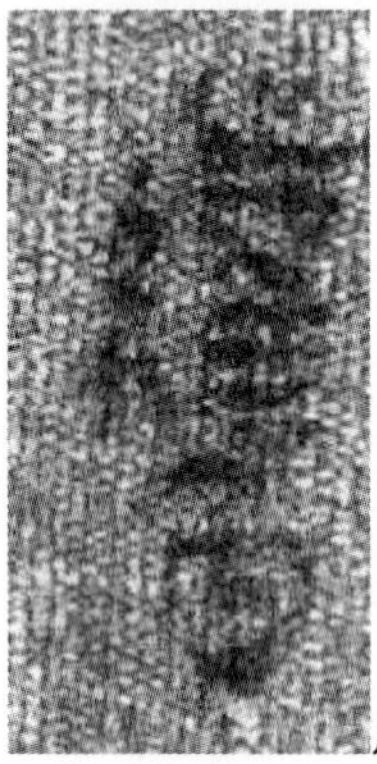
馬貳 77_179/166

○赤莖葉從（縱）纗者

【綱】

《說文》：，維紘繩也。从糸岡聲。

【㭃】

《說文》：，古文綱。

馬貳 212_2/103

○綱抵領鄉

北壹・倉頡篇 59

漢印文字徵

東漢・陽嘉殘碑陽

東漢・石門頌

東漢・尹宙碑

○綱紀本朝

西晉・臨辟雍碑

○垂道綱

北魏・元悌誌

北魏・侯掌誌

○綱維故邦

北魏・高廣誌

○人綱缺矣

北魏・爾朱紹誌

北魏・元寧誌

○世綱珠瑋

東魏・慧光誌

○綱紀緇衆

東魏・李挺誌

○於是持綱振領

東魏・元悰誌

北齊・房周陁誌

○紀綱

【縜】

《説文》：縜，持綱紐也。从糸員聲。《周禮》曰：“縜寸。”

【綅】

《説文》：綅，絳綫也。从糸，侵省聲。《詩》曰：“貝胄朱綅。”

【縷】

《説文》：縷，綫也。从糸婁聲。

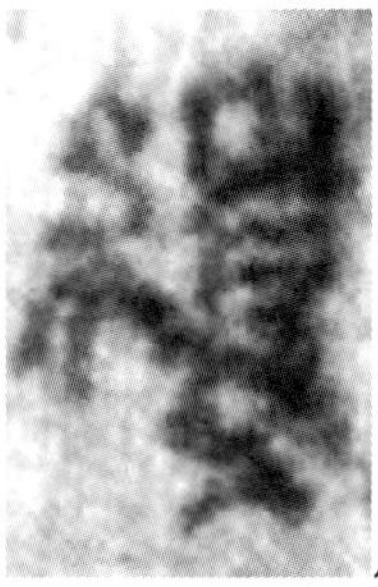
馬壹 212_56

○璧（壁）衛縷（婁）

張・市律 258

○朱縷

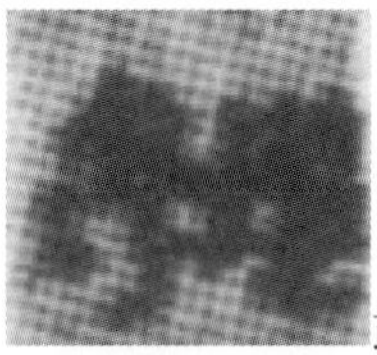
武・儀禮甲《服傳》53

○事其縷

北齊・崔宣華誌

北齊・是連公妻誌

○恪勤針縷

【綫】

《説文》：綫，縷也。从糸戔聲。

【線】

《説文》：線，古文綫。

北周・盧蘭誌

○箴管綫纊

【䋊】

《説文》：䋊，縷一枚也。从糸穴聲。

【縫】

《説文》：縫，以鍼紩衣也。从糸逢聲。

嶽・為吏 71

○織載（裁）絳（縫）可

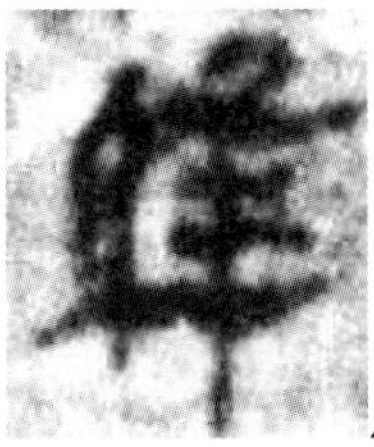
馬壹 89_224

○禾穀縫（豐）盈

銀貳 1702

○勿（物）不縫（豐）

漢印文字徵

○絳慶忌

漢印文字徵

○絳閎印信

漢印文字徵

○絳博

漢印文字徵

○絳陵□丞

北魏・馮邕妻元氏誌

東魏・公孫略誌

東魏・李憲誌

○縫掖相趨

【緁】

《説文》：緁，緶衣也。从糸疌聲。

【䌌】

《説文》：䌌，緁或从習。

馬貳 244_255

○素緁

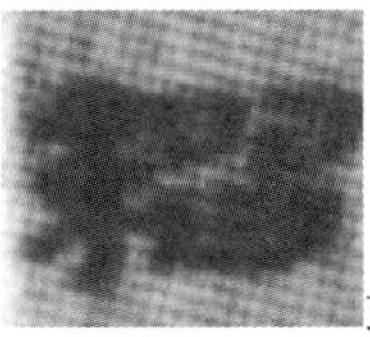
武・儀禮甲《服傳》1

○斬者不䌌（緝）也

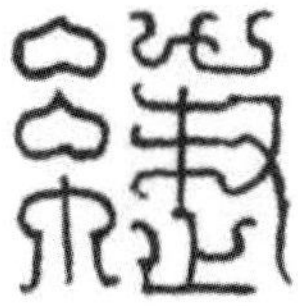
漢印文字徵

○緁伃妾綃

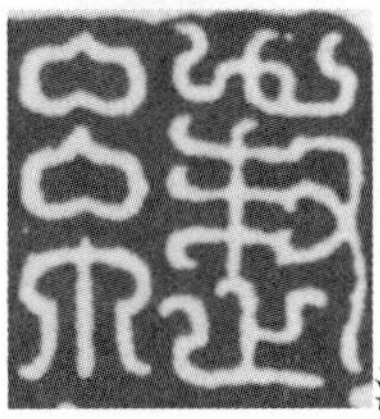
漢晉南北朝印風

○緁伃妾娟

【紩】

《説文》：紩，縫也。从糸失聲。

【緛】

《説文》：緛，衣戚也。从糸耎聲。

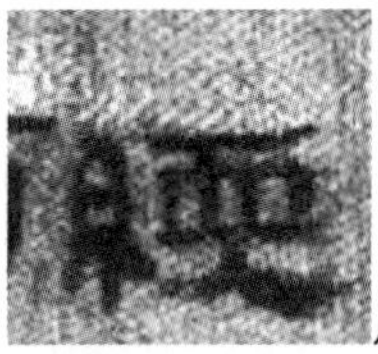
馬貳 32_1 上

○積（績）緛（繻））

【組】

《説文》：組，補縫也。从糸旦聲。

【繕】

《説文》：繕，補也。从糸善聲。

漢銘・元康鴈足鐙

漢銘・元延鈁

漢銘・五鳳熨斗

漢銘・建始元年鐙

睡・秦律十八種 86

睡・秦律雜抄 41

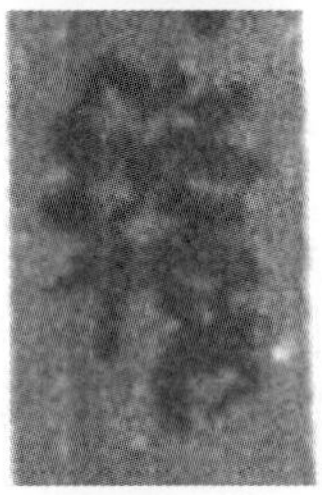
嶽・為吏 17

○當毛繕治

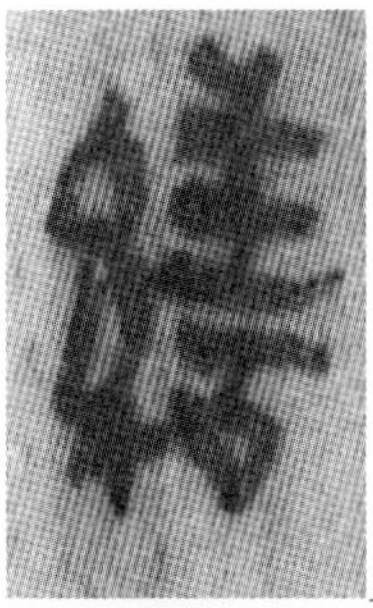
里・第八層 569

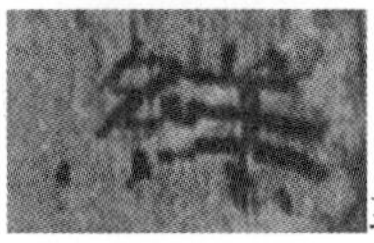
敦煌簡 1470

○日夜繕爲□

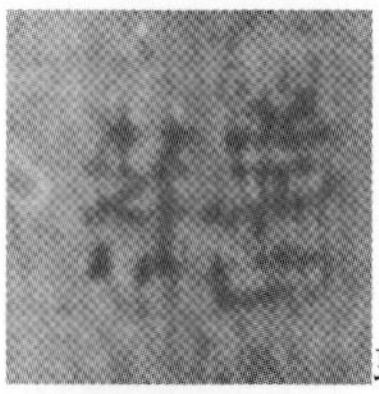
敦煌簡 1041

○毋繕書

金關 T29:092

○定繕

武・王杖 7

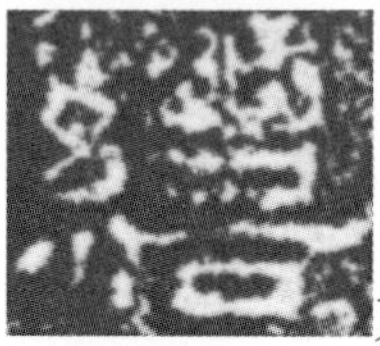
東漢・仙人唐公房碑陽

○繕廣斯廟

東漢・曹全碑陽

東漢・封龍山頌

○脩繕故祠

東魏・元均及妻杜氏誌

○乃繕甲河梁

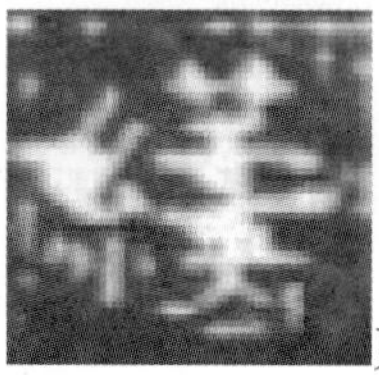
東魏・嵩陽寺碑

〇繕立天宮

【絬】

《説文》：，《論語》曰：“絬衣長，短右袂。”从糸舌聲。

馬貳 36_45 上

〇中絬

【纍（累）】

《説文》：，綴得理也。一曰大索也。从糸畾聲。

漢銘・斤十兩官纍一

漢銘・斤十兩官纍二

漢銘・二斤十兩官纍

漢銘・斤七兩官纍

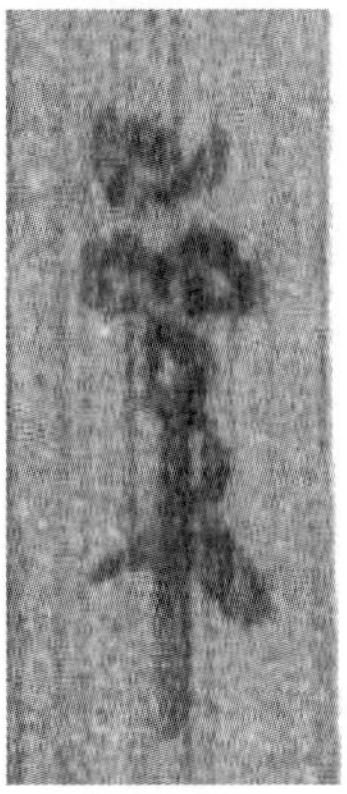
馬貳 207_55

〇長生纍迣

張・引書 41

北貳・老子 75

〇臺作於纍（蔂）土

敦煌簡 0811

〇五人累西門外

金關 T29:042

○趣作治累

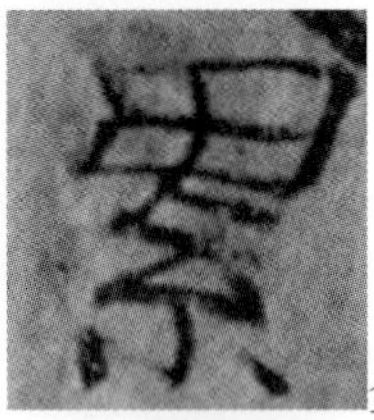
金關 T24:291

魏晉殘紙

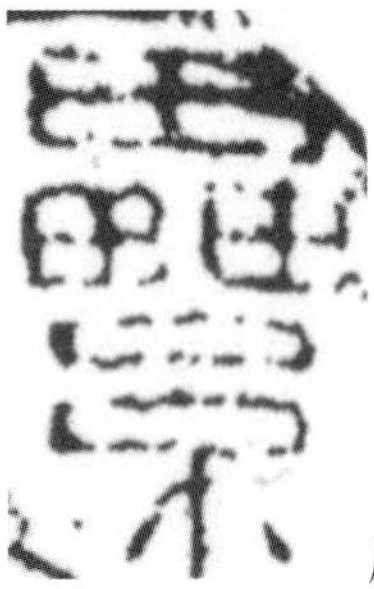
歷代印匋封泥

○累丘鄉印

漢印文字徵

○高魁纍

漢印文字徵

○管印纍私

漢印文字徵

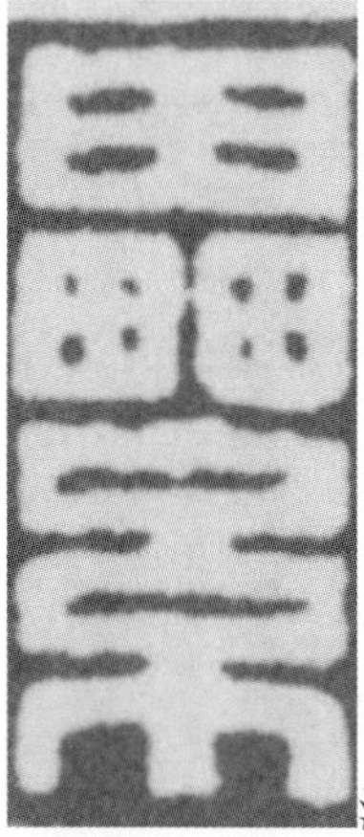
漢晉南北朝印風

○韓累

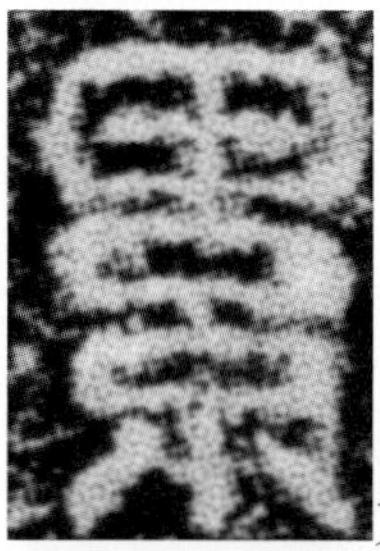
東漢・開母廟石闕銘

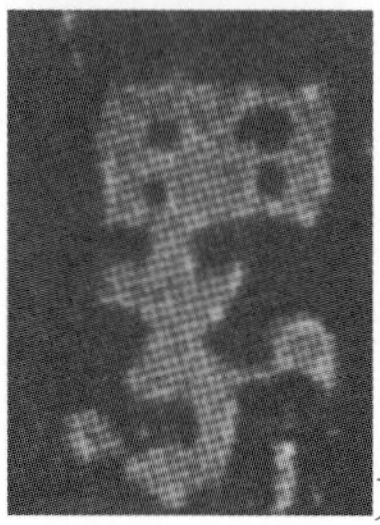
東漢・楊統碑陽

○皋（臯）司累辟

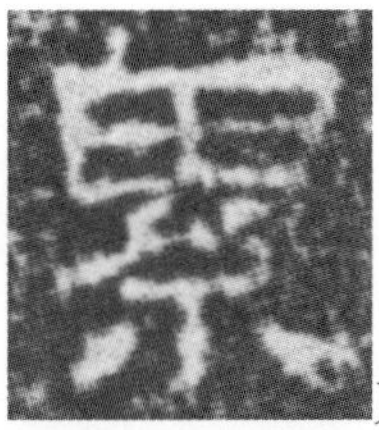
東漢・史晨前碑

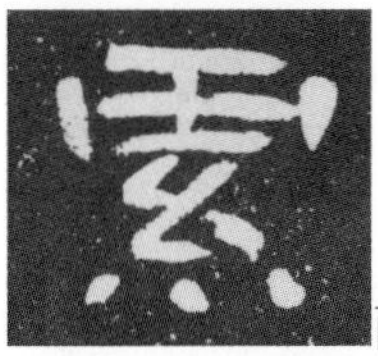
西晉・魯銓表

○都尉魯銓纍立

西晉・臨辟雍碑

十六國北涼・沮渠安周造像

北魏・元靈曜誌

○纍仞未高

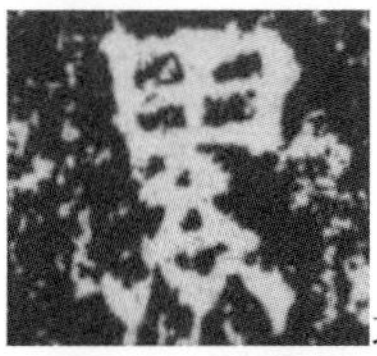
北魏・崔承宗造像

北魏・尉遲氏造像

北魏・奚真誌

北魏・公孫猗誌

○纍構成王

北魏・蘭將誌

北魏・辛穆誌

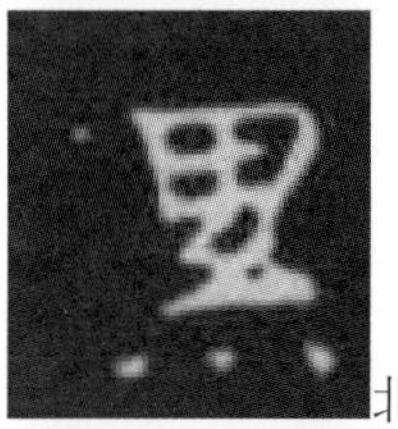
北魏・元繼誌

北魏・元項誌

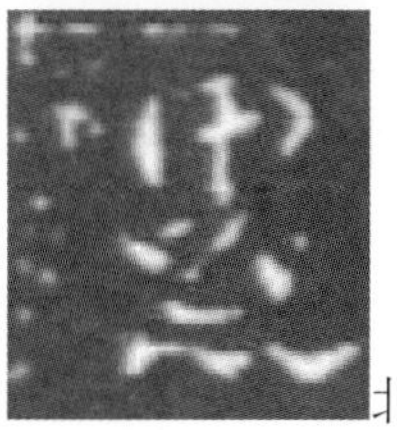
北魏・崔隆誌

○纍舉汾州刺史

東魏・元鷙誌

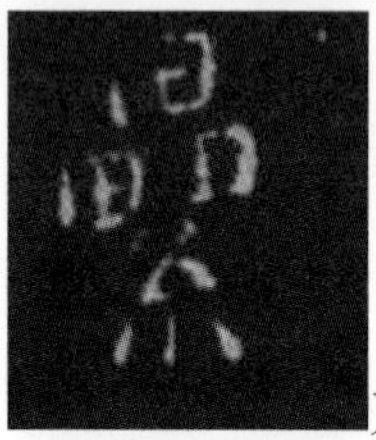
東魏・李祈年誌

東魏・王惠略造像

○重明累朗

北周・寇熾誌

○累加驪驤將軍

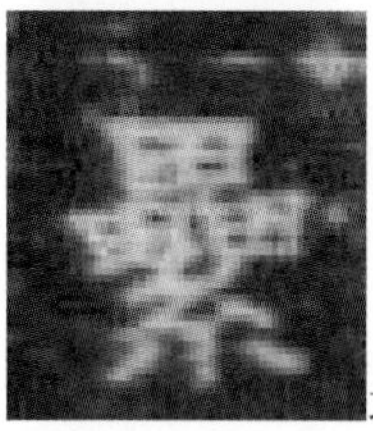
北周・王榮及妻誌

【縭】

《説文》：縭，以絲介履也。从糸离聲。

【緱】

《説文》：緱，刀劍緱也。从糸矦聲。

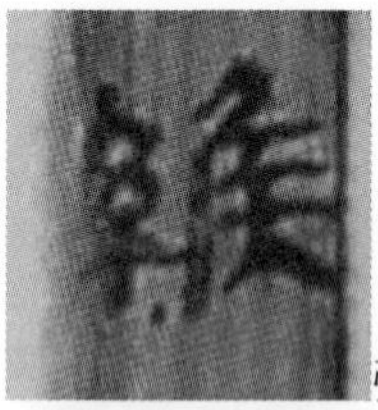
張・秩律 456

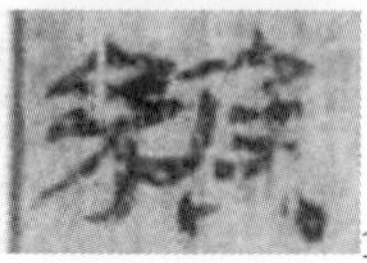
金關 T11:031B

○傳封緱氏丞印

北壹・倉頡篇 71

廿世紀璽印二-SY

秦代印風

漢印文字徵

○緱右夫

漢印文字徵

漢代官印選

東漢・作石獅題字

〇緱氏蒿聚成奴

北魏・緱靜誌

北魏・緱光姬誌

北魏・司馬悅誌

【繄】

《説文》：，戟衣也。从糸殹聲。一曰赤黑色繒。

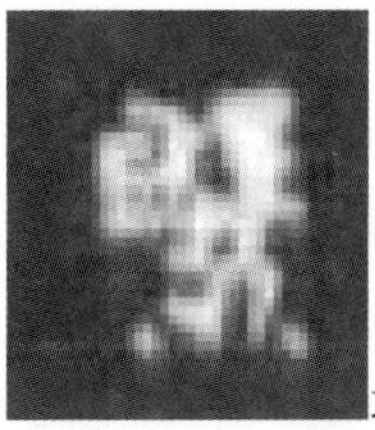
北周・尉遲運誌

〇繄賴忠貞

【縿】

《説文》：，旌旗之斿也。从糸參聲。

【徽】

《説文》：，衺幅也。一曰三糾繩也。从糸，微省聲。

魏晉殘紙

東漢・劉熊碑

〇慎徽五典

北魏・元順誌

北魏・胡明相誌

北魏・胡明相誌

〇日月迭徽

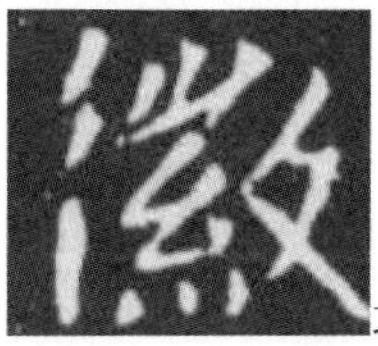
北魏・趙光誌

北魏・趙光誌

北魏・元廣誌

北魏・元顥平妻王氏誌

北魏・元鑒誌

○弈弈悠徽

北魏・元彬誌

○惟君稟徽天威

東魏・杜文雅造像

北周・寇熾誌

北周・尉遲將男誌

【䋎】

《説文》：，扁緒也。一曰弩罥鉤帶。从糸折聲。

【紉】

《説文》：，繟繩也。从糸刃聲。

北魏・弔比干文

○紉蕙芷以爲紳兮

【繩】

《説文》：，索也。从糸，蠅省聲。

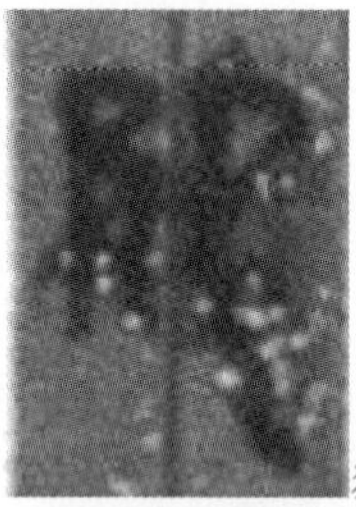
嶽・占夢書 33

○夢繩外劓

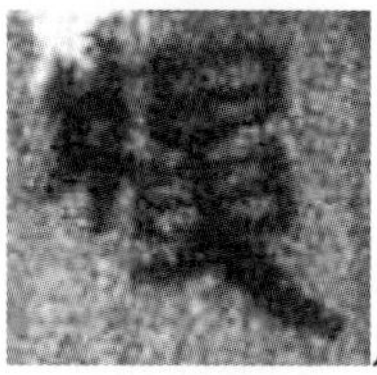
馬壹 13_87 上

○婦三歲不繩（孕）

馬壹 111_3\354

○法以繩適（謫）臣

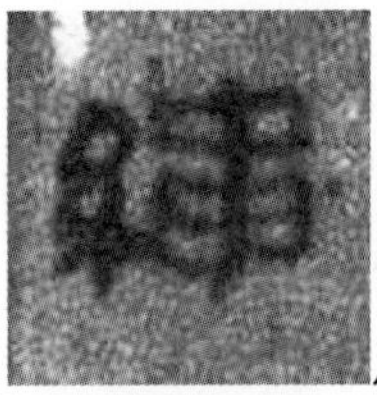
馬壹 130_8 上\85 上

○閉地繩（孕）者

北貳・老子 193

○繩約不可解

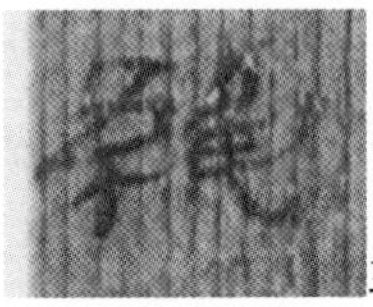
敦煌簡 1074

○檢繩遣車

金關 T04:086

○繩或短小

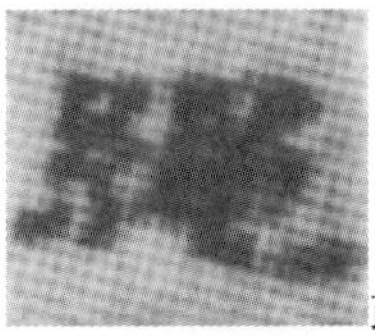
武・儀禮甲《服傳》1

北壹・倉頡篇 34

北壹・倉頡篇 23

○級約筥繩

東漢・尚博殘碑

東漢・夏承碑

北魏・元徽誌

北魏・元天穆誌

北魏・李超誌

○寢繩履程

北魏・元秀誌

北齊・崔昂誌

○平其繩準

北齊・赫連子悅誌

○絲繩並解

北周・華岳廟碑

○叩金繩而享百靈

【⿰糸爭】

《説文》：⿰糸爭，紆未縈繩。一曰急弦之聲。从糸爭聲。讀若旌。

【縈】

《説文》：縈，收韏也。从糸，熒省聲。

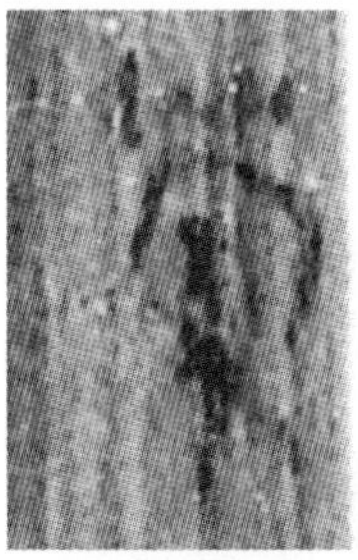
里・第八層 792

○取析縈□

北壹・倉頡篇 30

○收繳縈紆

北魏・元繼誌

北魏・陳天寶造像

北魏・元略誌

北魏・論經書詩

【絇】

《説文》：絇，纑繩絇也。从糸句聲。讀若鳩。

里・第八層 913

○梟参絇緎衺三丈四

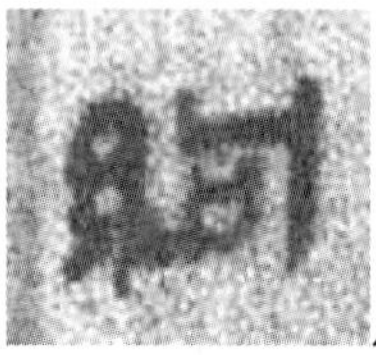
馬壹 38_6 上\30 上

○文王絇（拘）於條

馬貳 34_42 上

○名曰絇羅怒能解絇

張・引書 76

○兩手絇（鉤）兩

北壹・倉頡篇 23

○礬級絇管繩

廿世紀璽印二-SY

○壬轉絇

【縋】

《説文》：，以繩有所縣也。《春秋傳》曰："夜縋納師。"从糸追聲。

【絭】

《説文》：，攘臂繩也。从糸𢍏聲。

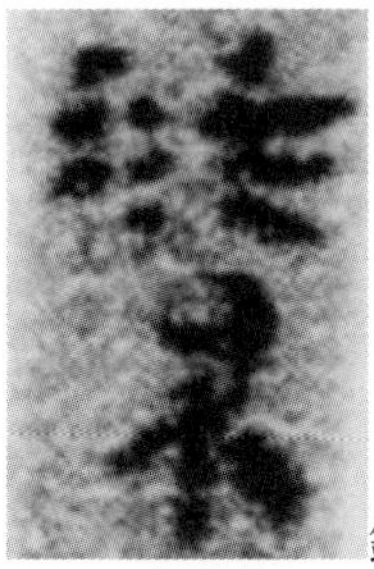
銀壹 70

○是故絭（卷）甲

秦代印風

○姚絭

漢印文字徵

漢印文字徵

○胡絭

【緘】

《説文》：，束篋也。从糸咸聲。

里・第八層 913

○參絇緘袤三丈

馬貳 245_265

○綺緘衣一

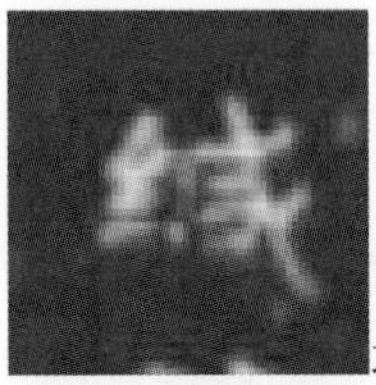
北魏・元邵誌

〇緎簷無褫

北齊・張海翼誌

【縢】

《説文》：，緎也。从糸朕聲。

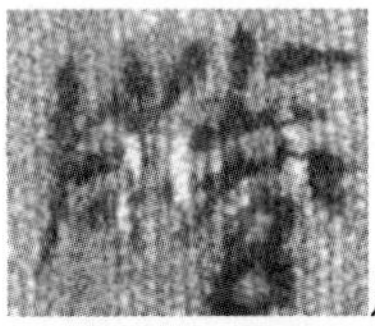
馬壹 242_1 上\9 上

〇所以縢（勝）天

北魏・元顥誌

北魏・元天穆誌

〇備記於金縢者矣

【編】

《説文》：，次簡也。从糸扁聲。

敦煌簡 0665

金關 T30:059A

金關 T24:564

漢印文字徵

漢印文字徵

秦文字編 1851

東晉・編侯磚記

〇永和六年太歲庚戌莫龍編侯之墓

北魏・元項誌

北魏・元順誌

北魏・公孫猗誌

北魏・元乂誌

○韋編易絕

東魏・張瓘誌

北齊・張海翼誌

【維】

《説文》：維，車蓋維也。从糸隹聲。

漢銘・更始泉範二

漢銘・更始泉範一

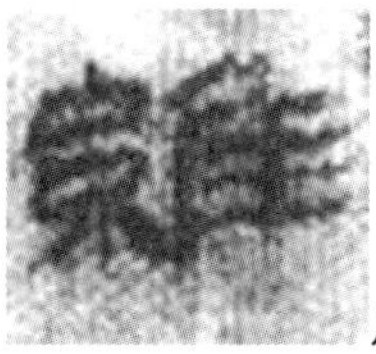
馬壹 171_8 上

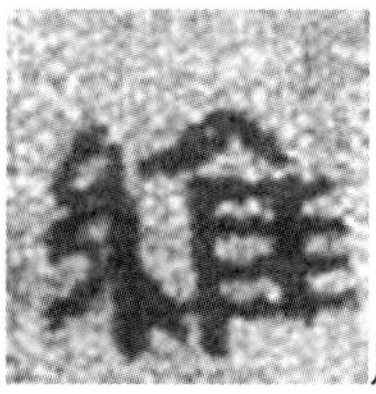
馬壹 178_71 下

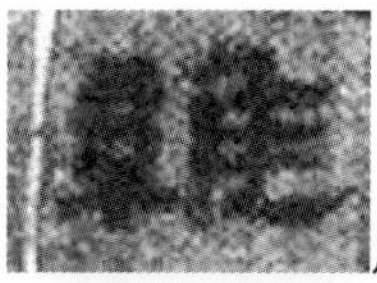
馬貳 35_35 下

張・蓋盧 6

○維斗爲擊

銀壹 686

○維文維惪

金關 T23:412

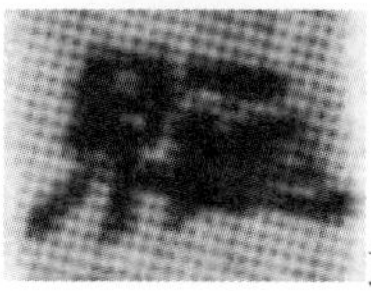
武・儀禮甲《士相見之禮》9

○布四維之結于面

北壹・倉頡篇 58

秦代印風

○維慮

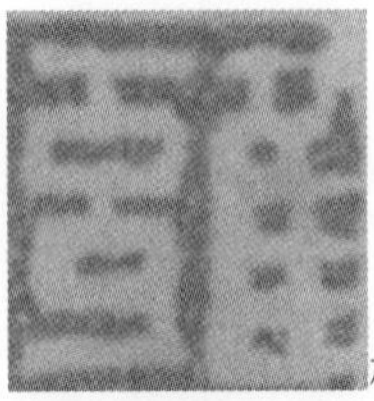
柿葉齋兩漢印萃

○維敏印信

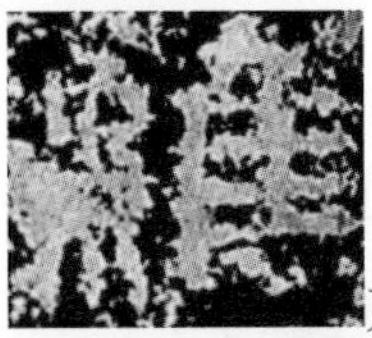
東漢・祀三公山碑

東漢・景君碑

東漢・熹平石經殘石五

東漢・營陵置社碑

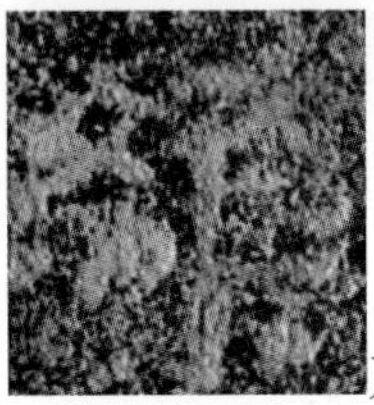
東漢・成都永元六年闕題記

○共□□□維王文康□□

三國魏・孔羨碑

北魏・司馬金龍墓表

○維大代太和八年

北魏・元誨誌

北魏・靈山寺塔銘

北魏・元詳造像

北魏・王誦妻元氏誌

北魏・元引誌

北魏・元維誌

北魏・元維誌

北魏・楊機妻梁氏誌

北魏・元徽誌

北魏・和醜仁誌

北魏・元尚之誌

○維正光四年

北齊・孫靜造像

北周・獨孤信誌

【紱】

《説文》：紱，車紱也。从糸伏聲。

【茯】

《説文》：茯，紱或从艸。

【鞴】

《説文》：鞴，紱或从革葡聲。

【紅】

《説文》：紅，乘輿馬飾也。从糸正聲。

【綊】

《説文》：綊，紅綊也。从糸夾聲。

【緐】

《説文》：緐，馬髦飾也。从糸每聲。《春秋傳》曰："可以稱旌緐乎？"

【䋣】

《説文》：䋣，緐或从弁。弁，籀文弁。

【繮】

《説文》：繮，馬紲也。从糸畺聲。

【紛】

《説文》：紛，馬尾韜也。从糸分聲。

馬壹144_18/192上

馬壹96_39

○解亓（其）紛

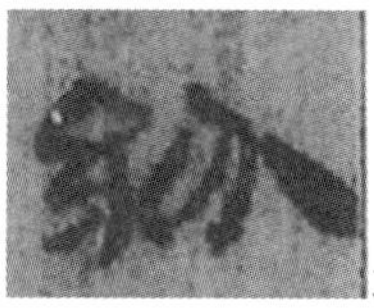
北貳・老子51

漢印文字徵

東漢・北海相景君碑陽

東漢・北海相景君碑陽

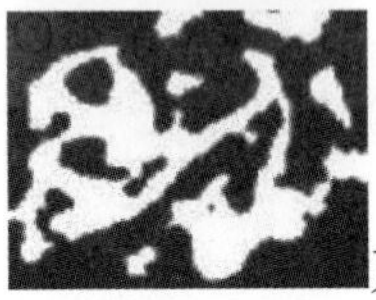
東漢・賈仲武妻馬姜墓記

○朱紫繽紛

北魏・元子永誌

○掃定紛逆

北魏・元洛神誌

○紛綸纍仁

北魏・元暐誌

北魏・元弼誌

○柎萼方紛

北魏・邸元明碑

東魏・元玕誌

【紂】

《説文》：，馬緧也。从糸，肘省聲。

馬壹 88_204

○桀紂

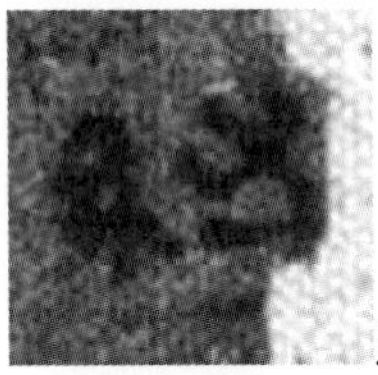
馬壹 39_16 下

○事紂乎

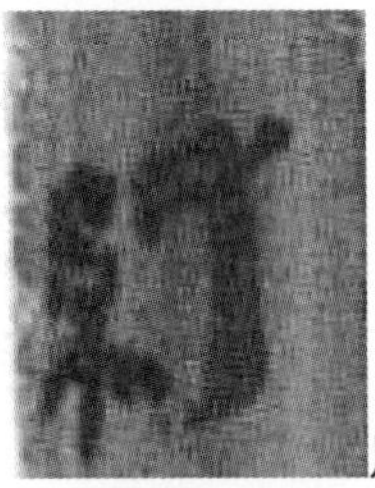
馬貳 219_41/52

○信（伸）紂（肘）者

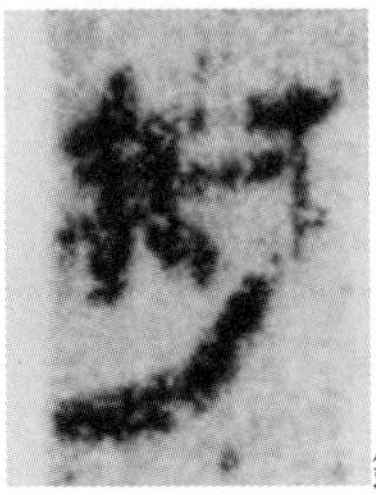
銀壹 256

○武王伐紂

銀貳 1381

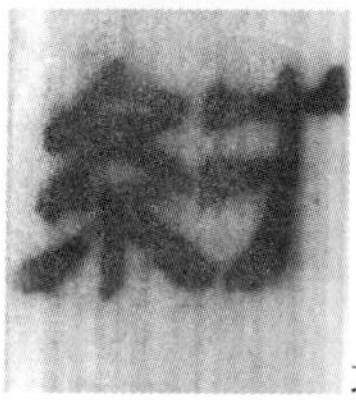
北壹・倉頡篇 1

漢印文字徵

北魏・弔比干文

東魏・司馬韶及妻侯氏誌

【緧】

《説文》：緧，馬紂也。从糸酋聲。

【絆】

《説文》：絆，馬縶也。从糸半聲。

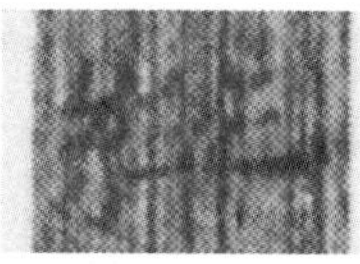
敦煌簡 0370

〇具絆一

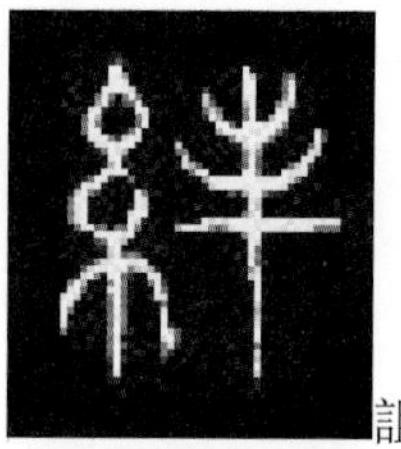
詛楚文・沈湫

東晉・爨寶子碑

〇周遵絆馬

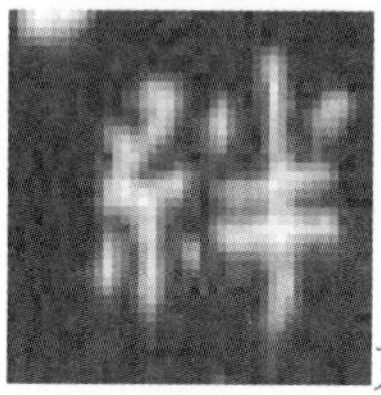
東魏・公孫略誌

〇持仁義爲羈絆

【䋺】

《説文》：䋺，絆前兩足也。从糸須聲。漢令：蠻夷卒有䋺。

【紖】

《説文》：紖，牛系也。从糸引聲。讀若矤。

張・奏讞書 110

【縼】

《説文》：縼，以長繩繫牛也。从糸旋聲。

【縻】

《説文》：，牛轡也。从糸麻聲。

【縿】

《説文》：，縻或从多。

北魏・元周安誌

北魏・于纂誌

北魏・元子直誌

北魏・鄯乾誌

東魏・馮令華誌

○並縻好爵

北齊・崔芬誌

○載縻好爵

【紲】

《説文》：，系也。从糸世聲。《春秋傳》曰："臣負羈紲。"

【緤】

《説文》：，紲或从枼。

馬壹 144_21/195 上

○直而不紲

漢印文字徵

○許緤

漢印文字徵

○商緤

漢印文字徵

○孔緤私印

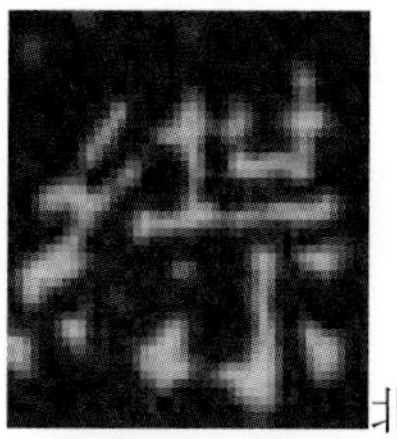
北魏·弔比干文

○暨陽周以緤駕

北魏·元繼誌

○縲緤縈而勿用

【纆】

《説文》：纆，索也。从糸黑聲。

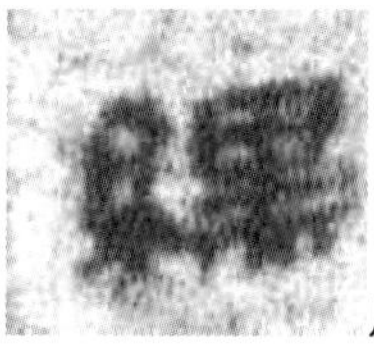
馬壹 148_68/242 上

○善結者無（无）纆約而不可解也

【緪】

《説文》：緪，大索也。一曰急也。从糸恆聲。

【繘】

《説文》：繘，綆也。从糸矞聲。

【𢇍】

《説文》：𢇍，古文从絲。

【𦅻】

《説文》：𦅻，籒文繘。

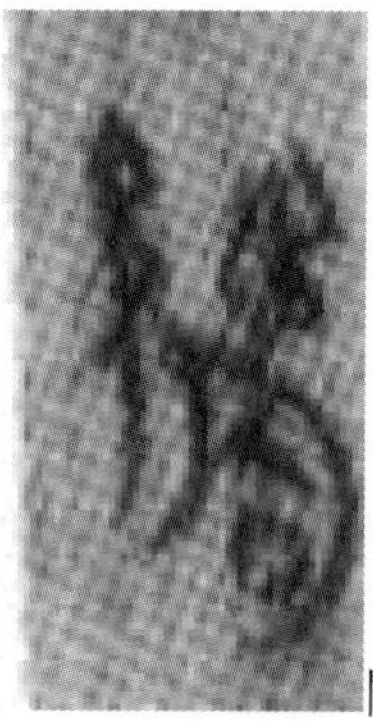
闕·病方 341

○下免繘甕

【綆】

《説文》：綆，汲井綆也。从糸更聲。

馬貳 285_305/305

○赤綆博席

漢印文字徵

【絠】

《説文》：絠，彈彄也。从糸有聲。

漢銘·弘農宮銅方鑪

【繁（緐）】

《説文》：繁，生絲縷也。从糸敫聲。

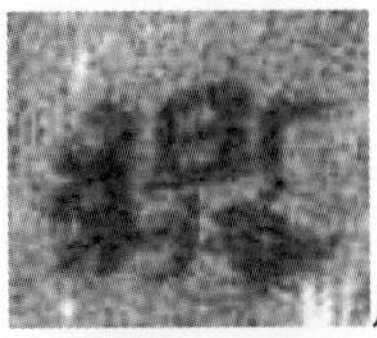
馬壹 36_31 上

○與親繳（絞）者

張・奏讞書 17

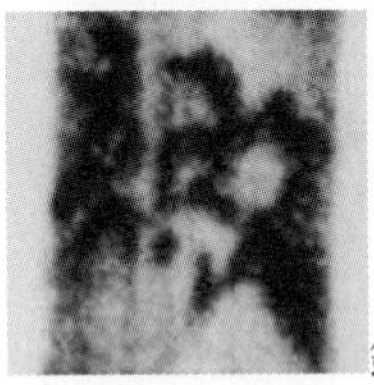
銀壹 800

○及繳張可以破蔽

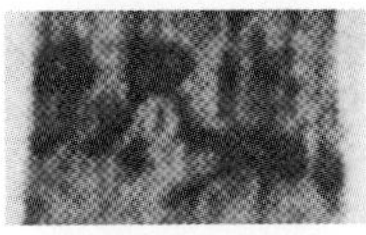
敦煌簡 1673

○立繳梟杞弦一

東牌樓 087

○游繳

北壹・倉頡篇 30

【繴】

《説文》：繴，繴謂之罿，罿謂之罬，罬謂之罦。捕鳥覆車也。从糸辟聲。

嶽・為吏 75

○內直（置）繴城門不密（閉）

【緡（緍）】

《説文》：緡，釣魚繁也。从糸昏聲。吳人解衣相被，謂之緡。

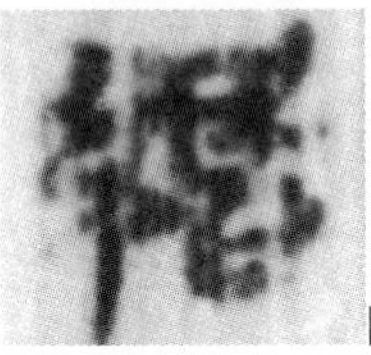
睡・秦律十八種 110

○用箴（針）為緍（文）綉（綉）

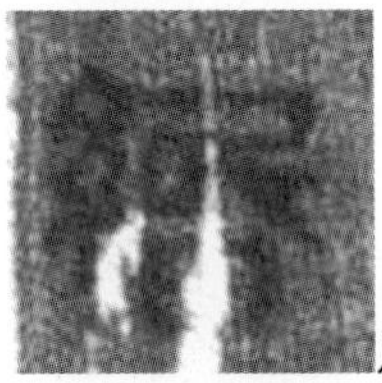
馬壹 38_13 上

○取之賜緍

銀壹 638

○緍周（調）餌

【絮】

《説文》：絮，敝緜也。从糸如聲。

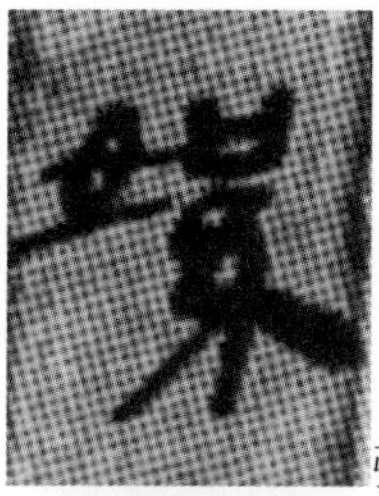
張・金布律 418

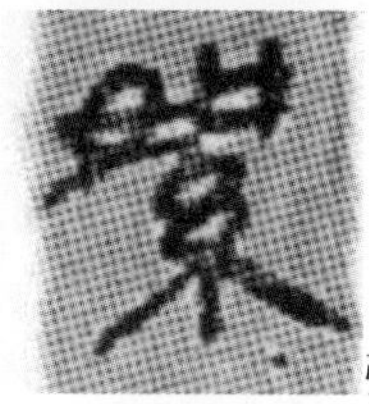
張・賜律 282

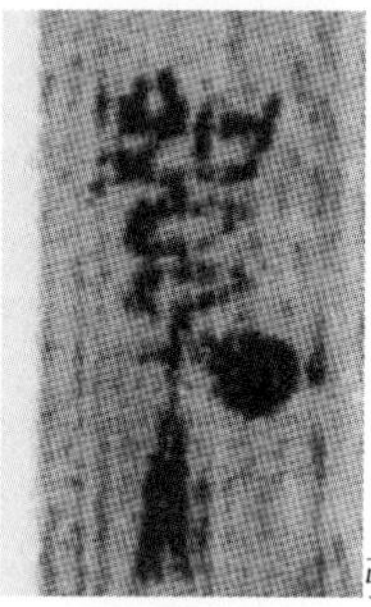
張・奏讞書 168

○麗其絮長半寸者

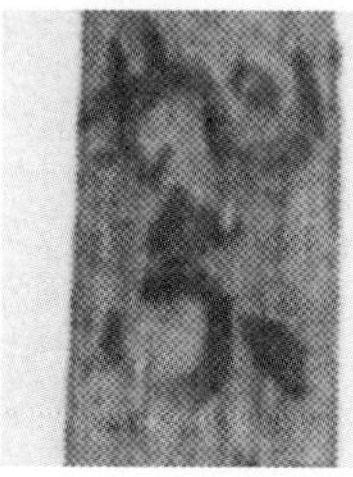
敦煌簡 0172

○橐絮著自足

金關 T24:006B

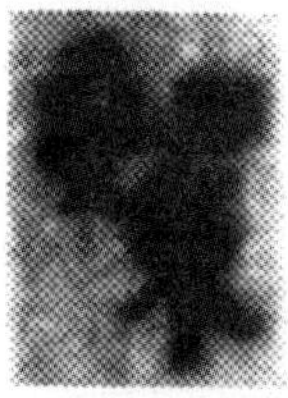
秦文字編 1851

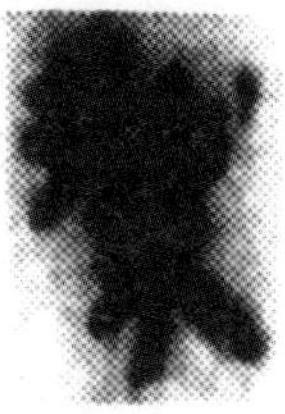
秦文字編 1851

【絡】

《説文》：絡，絮也。一曰麻未漚也。从糸各聲。

睡・秦律雜抄 17

睡・封診式 68

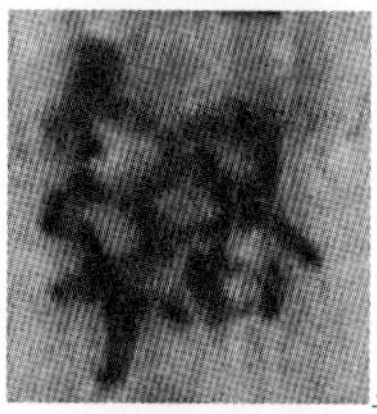
里・第八層 439

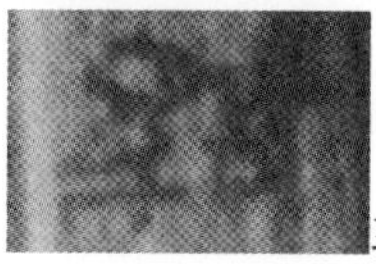
敦煌簡 1449A

○賣橐絡六枚

漢印文字徵

北魏・元洛神誌

北齊・雋敬碑

北齊・雋敬碑

【纊】

《説文》：纊，絮也。从糸廣聲。《春秋傳》曰："皆如挾纊。"

【絖】

《説文》：絖，纊或从光。

金關 T06:092

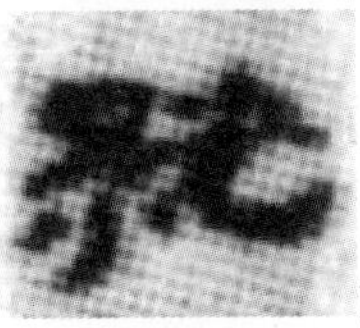
武・甲《特牲》12

○主婦纊（絖）笄（笄）

北魏・元弼誌

○恩同挾纊

北魏・元英誌

○於焉充纊

北齊・婁黑女誌

北齊・元賢誌

北周・盧蘭誌

○箴管綫纊

【紙】

《説文》：紙，絮一苫也。从糸氏聲。

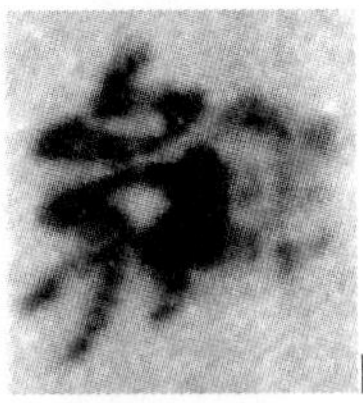
睡・日甲《詰》61

○屨以紙（抵）即

東牌樓 111

○行紙五十枚

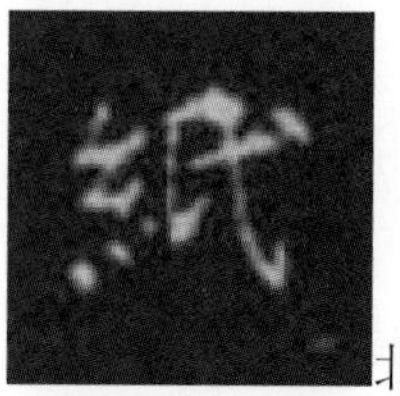
北魏・元欽誌

北齊・赫連子悅誌

北齊・唐邕刻經記

【緕】

《説文》：緕，治敝絮也。从糸音聲。

【絮】

《説文》：絮，絜緼也。一曰敝絮。从糸奴聲。《易》曰："需有衣絮。"

廿世紀璽印三-SY

○莊絮私印

【繫】

《説文》：繫，繫褫也。一曰惡絮。从糸毄聲。

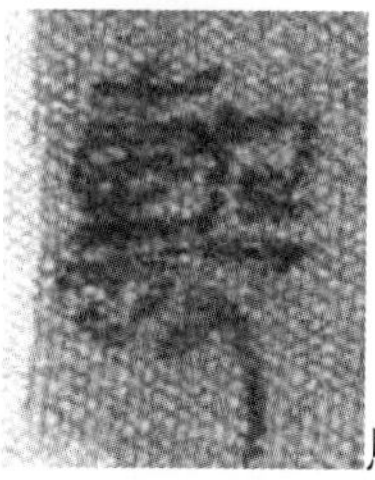
馬貳 62_13

○繫舌本

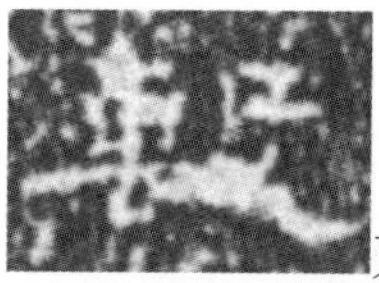
東漢・孔彪碑陽

○揆肴繫辭

北魏・元瞻誌

○公乃繫犢言歸

東魏・李挺誌

○禮樂繫其廢興

東魏・杜文雅造像

北周・寇胤哲誌

【褫】

《説文》：褫，繫褫也。一曰維也。从糸虒聲。

【緝】

《説文》：緝，績也。从糸咠聲。

東漢・燕然山銘

○惟清緝熙

東漢・孔宙碑陽

○緝熙之業既就

三國魏・曹真殘碑

○西鄉侯京兆張緝敬仲

西晉・臨辟雍碑

○緝柔學徒

北魏・元暐誌

○優柔載緝

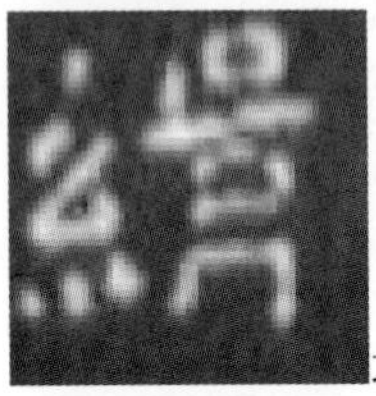
北魏・山公寺碑頌

○澄緝四瀛

北魏・元悅誌

○緝義崇仁

北魏・王普賢誌

○緝藻瓊式

北魏・楊舒誌

○三緝戎機

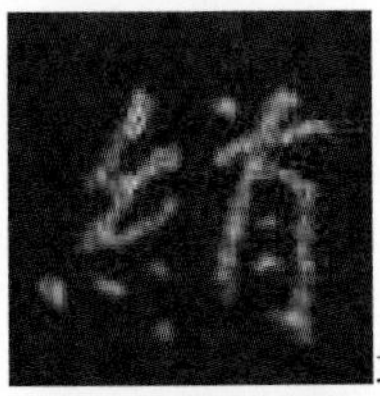
北魏・元遥誌

○緝釐樞近

北魏・常季繁誌

○緝釐陰教

北魏・元壽安誌

○於是乎緝

北魏・于纂誌

○緝熙邦宇

北魏・元誨誌

○緝熙端揆

北魏・元襲誌

○緝釐東觀

北魏・寇演誌

○緝運神英

東魏・高盛碑

東魏・侯海誌

○緝釐王猷

北齊・爾朱元靜誌

○敦親緝睦

北齊・雋敬碑

○於是緝熙前緒

北齊・赫連子悅誌

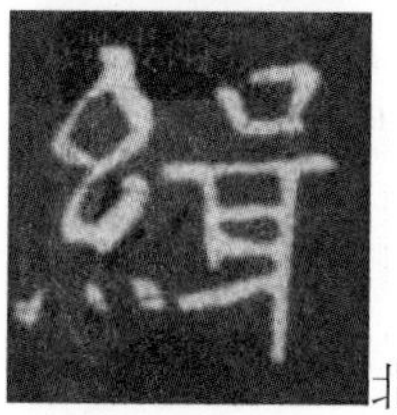
北周・寇熾誌

【絘】

《說文》：絘，績所緝也。从糸次聲。

【績】

《說文》：績，緝也。从糸責聲。

秦文字編 1852

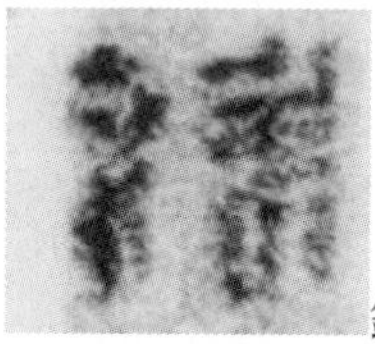
銀壹 63

○故績（刺）之

敦煌簡 0639B

○騫彭績秦參涉競夏

東漢・鮮于璜碑陰

○勳績著聞

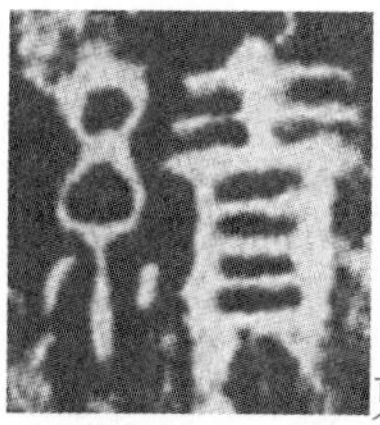
東漢・衛尉卿衡方碑

東漢・景君碑

東漢・趙寬碑

東漢・孔宙碑陽

○三載考績

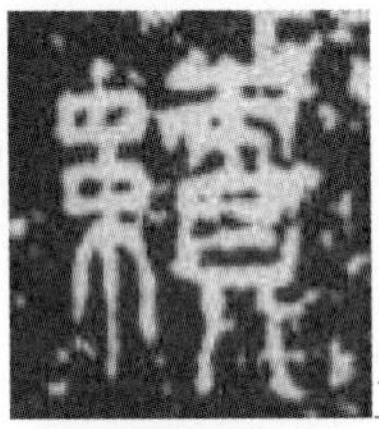
三國魏・三體石經春秋・篆文

○楚師敗績

三國魏・三體石經春秋・隸書

西晉・趙汜表

北魏・李媛華誌

○聲績允著

北魏・元弘嬪侯氏誌

北魏・元嵩誌

北魏・趙超宗誌

北魏・元璨誌

北魏・元𤩽誌

北魏・于景誌

○以燮釐著績

北魏・元子正誌

○朝廷追懷茂績

北魏・元順誌

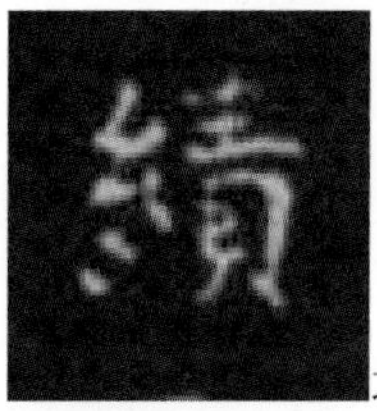
北魏・元欽誌
○績覆三元

北魏・穆彥誌

北魏・長孫盛誌

北魏・元襲誌

北魏・封魔奴誌

東魏・陸順華誌

【纑】

《說文》：纑，布縷也。从糸盧聲。

里・第八層背 66
○纑以來謝發

馬壹 104_38\207
○索纑

馬貳 33_20 下
○連如纑

【紨】

《說文》：紨，布也。一曰粗紬。从糸付聲。

金關 T08:071
○紨年廿五歲

【䌇】

《說文》：䌇，蜀細布也。从糸彗聲。

【絺】

《說文》：絺，細葛也。从糸希聲。

張・市律 258

○畀之絺緒（綌）

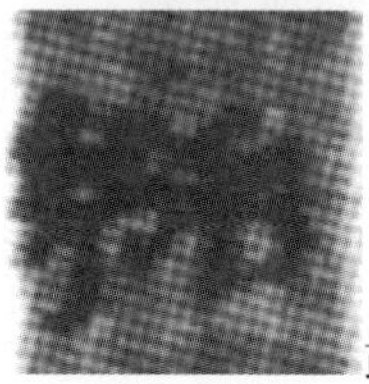
武・甲《泰射》5

○錫若絺綴

漢印文字徵

漢印文字徵

東漢・東漢・婁壽碑額

○麓絺大布之衣

北魏・元洛神誌

北魏・伏君妻咎雙仁誌

○至乃絺綌是刈之宜

北魏・李慶容誌

○絺綌在室

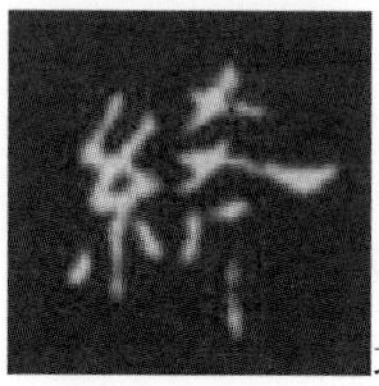
北周・盧蘭誌

○絺綌紘綖

【綌】

《説文》：綌，粗葛也。从糸谷聲。

【㠏】

《説文》：㠏，綌或从巾。

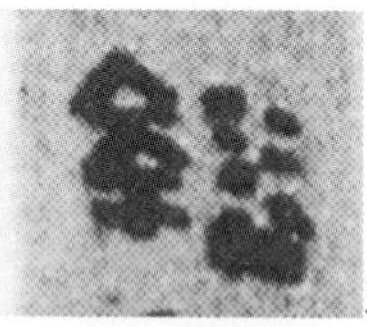
敦煌簡 2289

○綌谷南起

北魏・伏君妻咎雙仁誌

○至乃絺綌是刈之宜

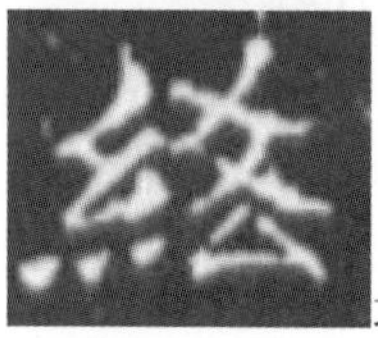
北魏・李慶容誌

○絺綌在室

東魏・元阿耶誌

○絺綌爲功

北周・盧蘭誌

○絺綌紘綖

【縐】

《説文》：縐，絺之細也。《詩》曰：“蒙彼縐絺。”一曰蹴也。从糸芻聲。

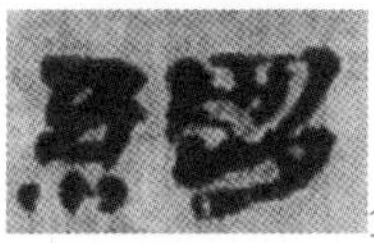
金關 T29:108

○縐襦皁布

【絟】

《説文》：絟，細布也。从糸全聲。

【紵】

《説文》：紵，檾屬。細者爲絟，粗者爲紵。从糸宁聲。

【𦁆】

《説文》：𦁆，紵或从緒省。

北魏・元略誌

○惠深贈紵

【緦】

《説文》：緦，十五升布也。一曰兩麻一絲布也。从糸思聲。

【[illegible]】

《説文》：[illegible]，古文緦从糸省。

【緆】

《説文》：緆，細布也。从糸易聲。

【𦇧】

《説文》：𦇧，緆或从麻。

【緰】

《説文》：緰，緰貲，布也。从糸俞聲。

睡・語書 10

○佐上緰（偷）隨

【縗】

《説文》：縗，服衣。長六寸，博四寸，直心。从糸衰聲。

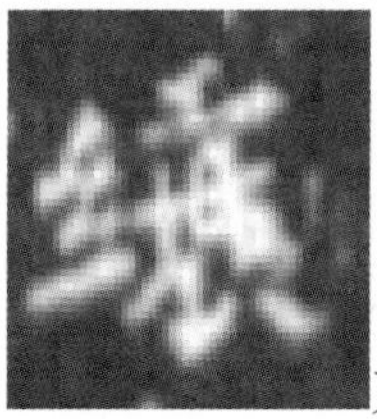
東魏・崔混誌

○縗絰不解

【絰】

《説文》：絰，喪首戴也。从糸至聲。

馬壹 105_58\227

○喪正經脩（修）領

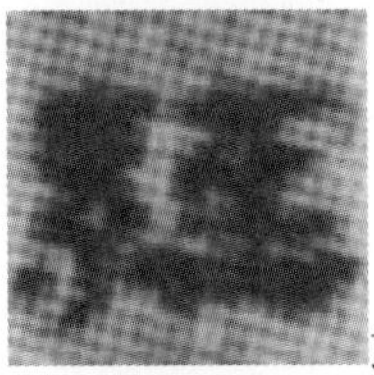
武・儀禮甲《服傳》1

○苴經杖

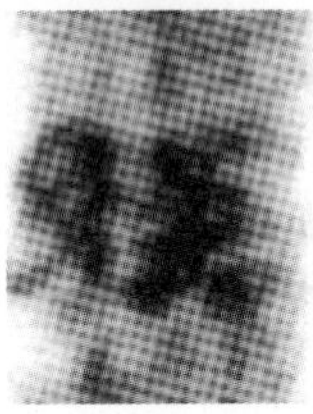
武・丙《喪服》19

○帶經

北壹・倉頡篇 13

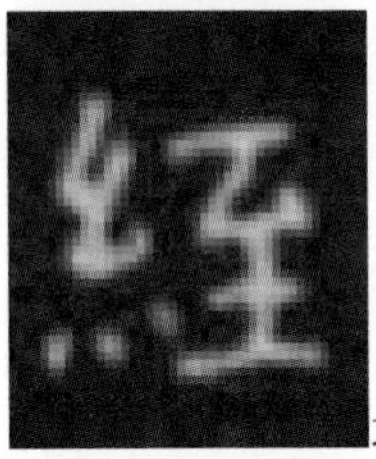
北魏・元延明誌

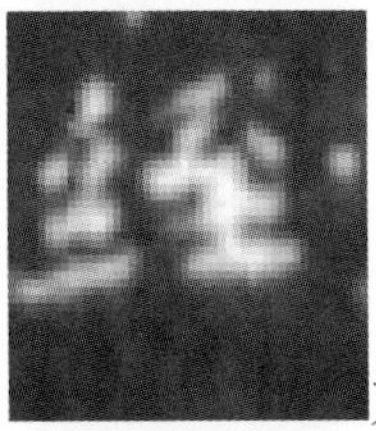
東魏・崔混誌

北周・王通誌

【緶】

《説文》：緶，交枲也。一曰緁衣也。从糸便聲。

【絝】

《説文》：絝，履也。一曰青絲頭履也。讀若阡陌之陌。从糸戶聲。

【紨】

《説文》：紨，枲履也。从糸封聲。

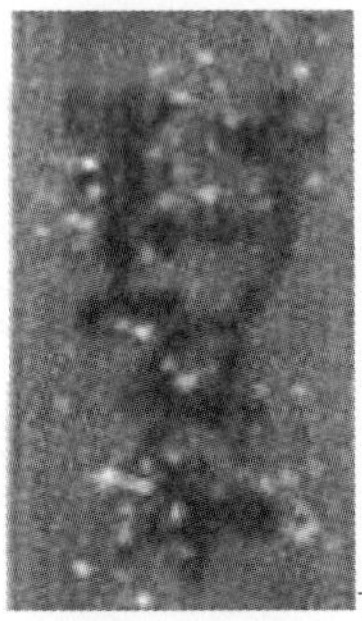
岳・為吏治官及黔首 15

○履紨麤攴（屐）

北壹・倉頡篇 13

○祁紨鐔幅

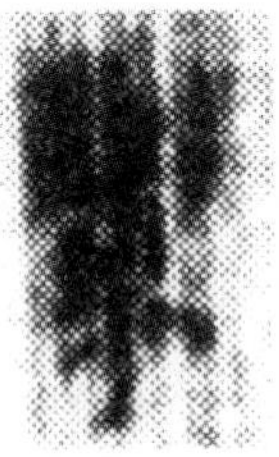
秦文字編 1852

【緉】

《説文》：緉，履兩枚也。一曰絞也。从糸从兩，兩亦聲。

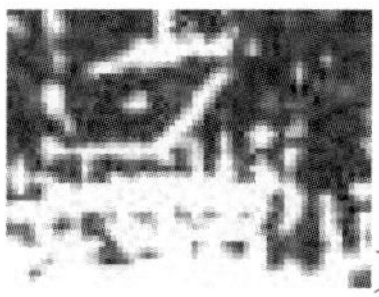
東晉・潘氏衣物券

○故斑頭女履一緉

【絜】

《説文》：，麻一耑也。从糸㓞聲。

睡・語書 9

睡・為吏 2

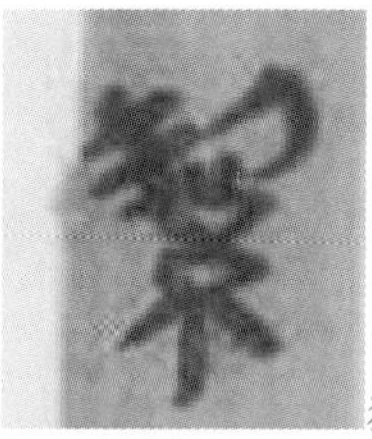
嶽・同顯案 148

張・奏讞書 228

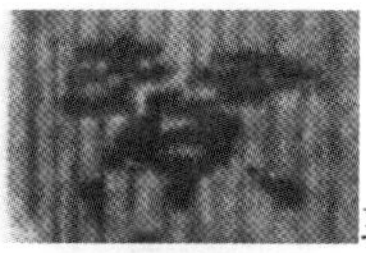
敦煌簡 1166

○八歲絜

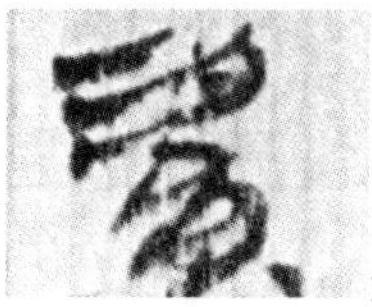
金關 T08:070

○二歲絜

東漢・白石神君碑

○絜其粢盛

東漢・夏承碑

東漢・桐柏淮源廟碑

西晉・成晃碑

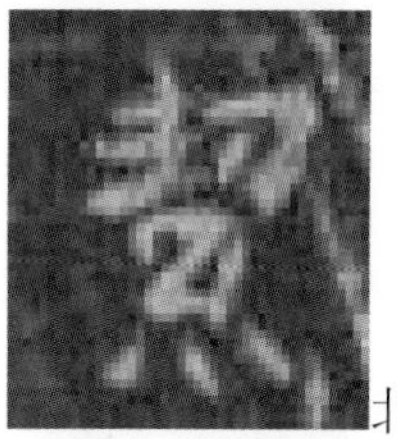
北魏・劇市誌

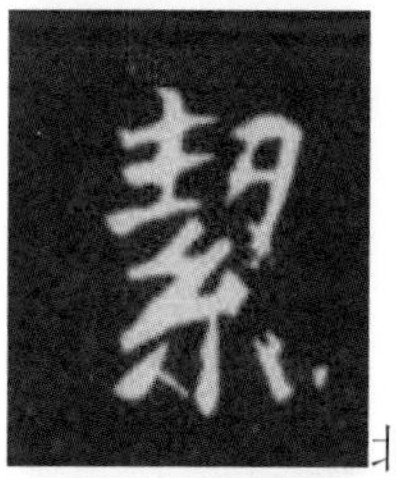
北魏・鄯乾誌

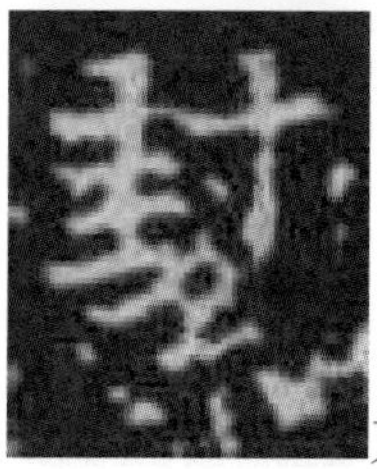
東魏・道寶碑記

○清清志絜

【繆】

《說文》：繆，枲之十絜也。一曰綢繆。从糸翏聲。

睡・效律 56

○校相繆（謬）殹

睡・封診式 83

○衣繆緣及殿

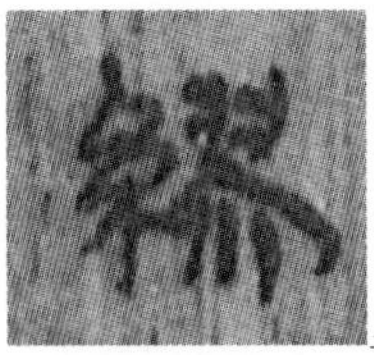
里・第八層 70

○勿令繆失

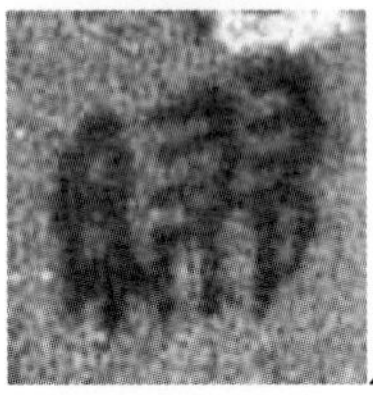
馬壹 40_1 下

○顚之繆和

張・引書 111

○府啓繆門闔

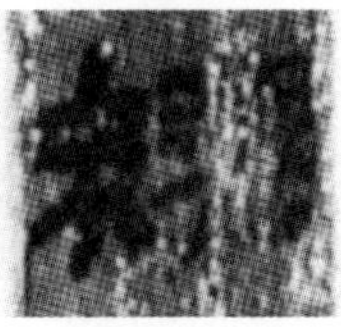
銀貳 1405

○秦繆（穆）公

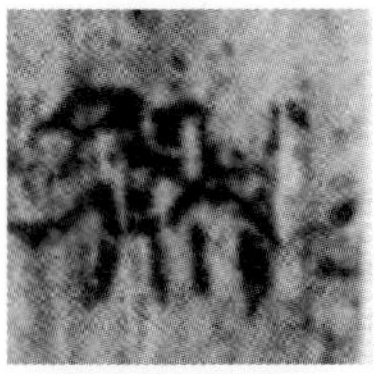
金關 T23:280

○簿多繆誤

漢印文字徵

○繆謬

漢印文字徵

詛楚文・沈湫

○繆力同心

東漢・元嘉元年畫像石墓題記

○守長繆宇

東漢・張遷碑陽

○乾道不繆

北魏・元繼誌

○至於綢繆榮慶

北魏・元融妃穆氏誌

○綢繆不已

北魏・張安姬誌

○綢繆彌久

北魏・元誘誌

○綢繆宴私

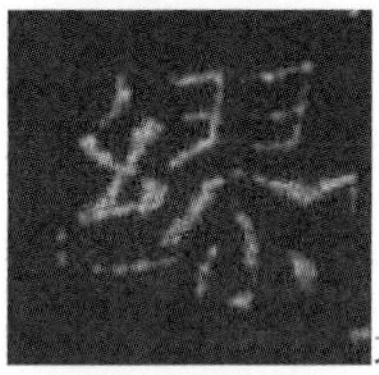
北魏・唐耀誌

○繆綢幃幄

北魏・元壽安誌

○東齊侈繆之風

東魏・元顯誌

○綢繆佐命

東魏・趙胡仁誌

○禮遇綢繆

【綢】

《説文》：綢，繆也。从糸周聲。

北魏・元鑽遠誌

北魏・張安姬誌

北魏・元融妃穆氏誌

○綢繆不已

東魏・元顯誌

【緼】

《説文》：緼，紼也。从糸昷聲。

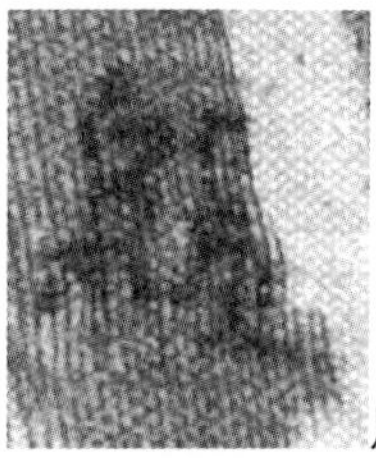
馬貳 68_18/18

○以陳緼□

北魏・赫連悅誌

○既縕則治

北齊・李難勝誌

○縕更能通

【紼】

《説文》：紼，亂系也。从糸弗聲。

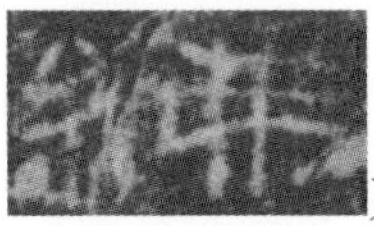
東漢・元嘉元年畫像石墓題記

○要舞黑紼

北魏・王誦妻元氏誌

東魏・高盛碑

北周・賀屯植誌

○秉綸紼於玉府

【絣】

《説文》：絣，氐人殊縷布也。从糸并聲。

敦煌簡 0838A

○賣絣一匹

北壹・倉頡篇 71

○紃絣律丸

【紕】

《説文》：紕，氐人𦄻也。讀若《禹貢》玭珠。从糸比聲。

【𦄻】

《説文》：𦄻，西胡毳布也。从糸罽聲。

【縊】

《説文》：縊，經也。从糸益聲。《春秋傳》曰："夷姜縊。"

銀壹 596

○縊而從之

【綏】

《説文》：綏，車中把也。从糸从妥。

漢銘・綏和鴈足鐙

漢銘・綏和鋗

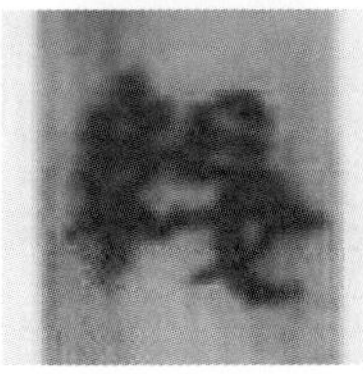
嶽・同顯案 149

○中令綏任

金關 T31:062

金關 T26:227A

○戊子綏

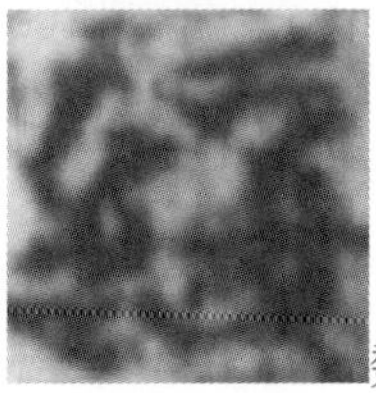
魏晋殘紙

○福綏

漢晋南北朝印風

柿葉齋兩漢印萃

漢印文字徵

漢印文字徵

○綏民長印

東漢・孔宙碑陽

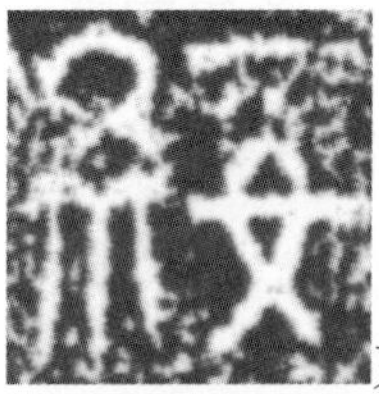
東漢・北海相景君碑陽

東漢・石門頌

東漢・封龍山頌

三國魏・上尊號碑

北魏・寇治誌

○綏以羊陸

北魏·于纂誌

○君綏民以恩惠

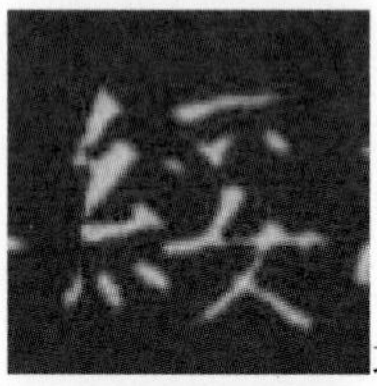
北魏·元端誌

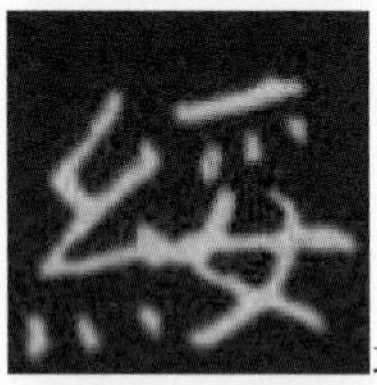
北魏·元恭誌

北魏·元弼誌

○内綏軍旅

北魏·元彧誌

北魏·元融妃穆氏誌

○洛陽之綏武里

【彝】

《説文》：，宗廟常器也。从糸；糸，綦也。廾持米，器中寶也。彑聲。此與爵相似。《周禮》：“六彝：雞彝、鳥彝、黄彝、虎彝、蟲彝、斝彝。以待祼將之禮。”

【】

《説文》：，皆古文彝。

【】

《説文》：，皆古文彝。

春晚·秦公簋

○宗彝㠯（以）卲

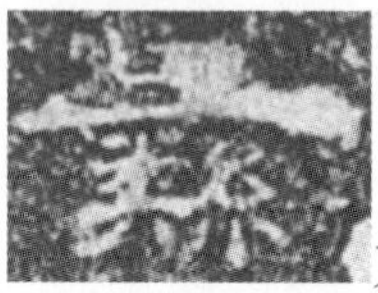
東漢·孔宙碑陽

○俾有彝式

北魏·元襲誌

○並勒名彝鼎

北魏·元誨誌

○變正彝倫

北魏·元彝誌

○王諱彝字子倫

北魏・寇偘誌

○彝倫載敘

北魏・元壽安誌

北魏・元楨誌

○葬以彝典

北齊・婁黑女誌

○昔聞彝典

北周・匹婁歡誌

○功刊彝器

【緻】

《説文》：緻，密也。从糸致聲。

北魏・元壽安誌

【緗】

《説文》：緗，帛淺黃色也。从糸相聲。

北魏・元彧誌

○英聲傳於緗素

北魏・寇治誌

北魏・于纂誌

東魏・元均及妻杜氏誌

北齊・唐邕刻經記

【緋】

《説文》：緋，帛赤色也。从糸非聲。

【緅】

《説文》：緅，帛青赤色也。从糸取聲。

【繖】

《説文》：繖，蓋也。从糸散聲。

【練】

《說文》：綀，布屬。从糸束聲。

【縡】

《說文》：縡，事也。从糸宰聲。

【繾】

《說文》：繾，繾綣，不相離也。从糸遣聲。

北魏・元珍誌

東魏・元顯誌

○繾綣龍顔

北齊・高潤誌

【綣】

《說文》：綣，繾綣也。从糸卷聲。

北魏・元隱誌

北魏・元珍誌

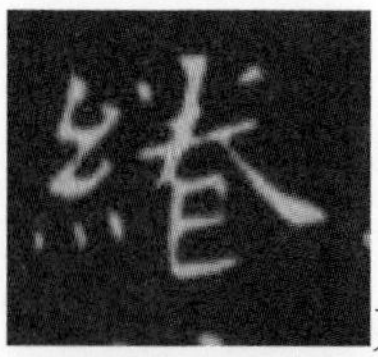
東魏・元顯誌

東魏・元鷙誌

北齊・高潤誌

〖⿰糸丰〗

秦文字編 1853

〖紜〗

北魏・元延明誌

○智力紛紜

〖⿰糸市〗

張・脈書 37

○夾⿰糸市旁

〖⿰糸止〗

漢印文字徵

〇路紕

〖紗〗

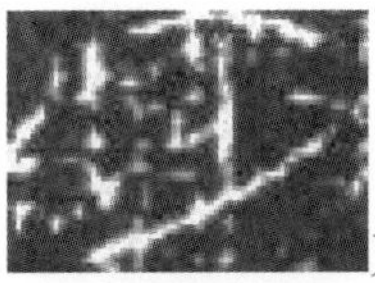東晉・潘氏衣物券

〇故紫紗縠羅一領

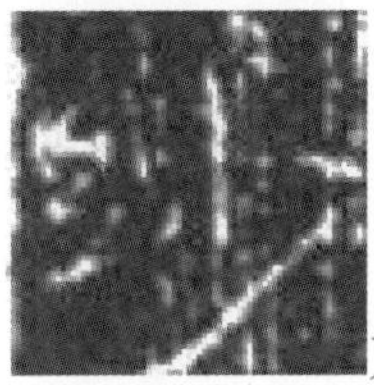東晉・潘氏衣物券

〇故紫紗袷裙一要

〖紒〗

睡・秦律十八種 5

廿世紀璽印三-SY

〇紒佅

〖紋〗

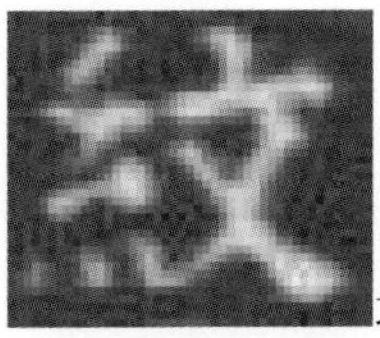北朝・千佛造像碑

〇容體衣紋

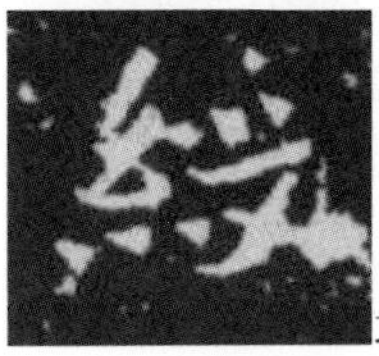北魏・吐谷渾氏誌

〇終言悴紋

〖紽〗

北魏・元㢋誌

〇紽緎表容

〖絃〗

銀壹 836

〇造絃（弦）弩三

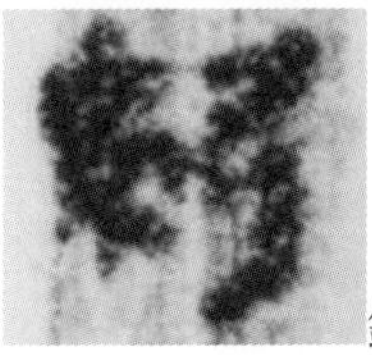銀壹 620

〇絃（弦）歌

〖紓〗

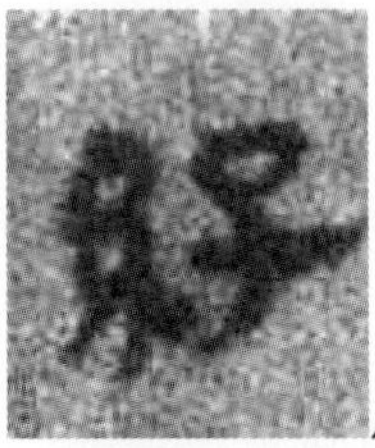
馬壹 137_64 下/141 下

○紓也毛也

〖紱〗

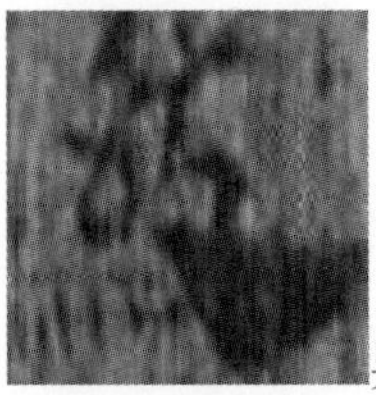
吳簡嘉禾·五·二六三

○男子苗紱

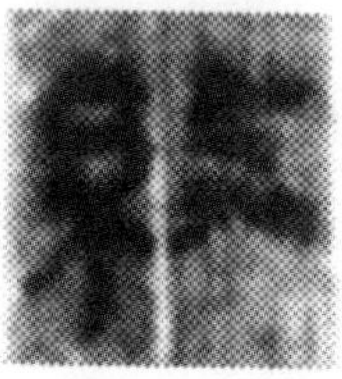
秦文字編 1853

〖系〗

馬壹 113_1\404

○系（奚）若才（哉）

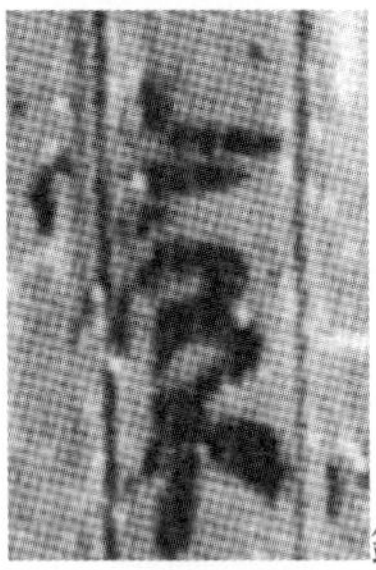
銀貳 1111

○十一曰系（溪）

漢印文字徵

○系

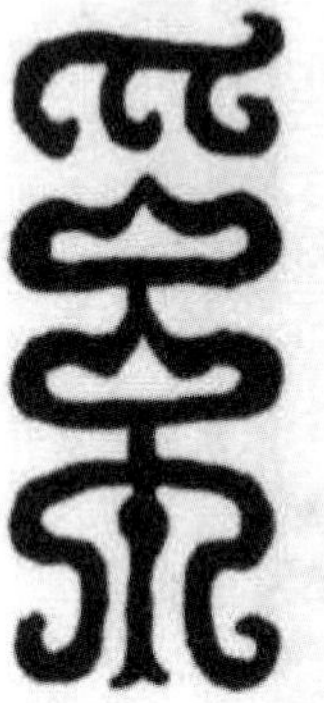
漢印文字徵

○系截

〖絑〗

居·EPT51.66

○布絑一兩

〖結〗

睡·封診式 74

廿世紀璽印三-SP

廿世紀璽印三-SP

○結

秦文字編 1853

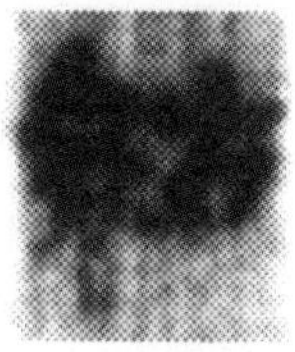
秦文字編 1853

〖紱〗

銀壹 898

○補（黼）紱（黻）

敦煌簡 0981

○校尉印紱

東漢・熹平石經殘石五

○朱紱方來（来）

東漢・夏承碑

○印紱典據（攄）

北魏・乞伏寶誌

○理乖纓紱

北魏・元詮誌

○纓紱兩禁

北魏・穆亮誌

○組紱斯繁

北齊・崔頠誌

○衮紱璁珩

〖紿〗

漢印文字徵

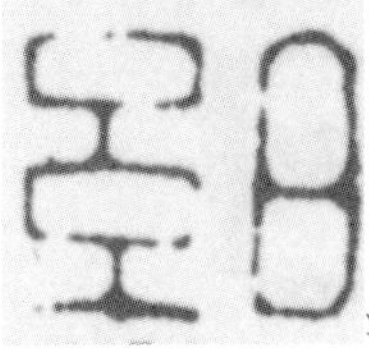
漢晉南北朝印風

○大利鐘長紿

漢晉南北朝印風

○張紿

〖絃〗

西晉・臨辟雍碑

○述造絃歌

北魏・元顥誌

北魏・元颺誌

北周・王榮及妻誌

○並韻管絃

〖紵〗

北魏・李璧誌

○遥深紵縞

〖綒〗

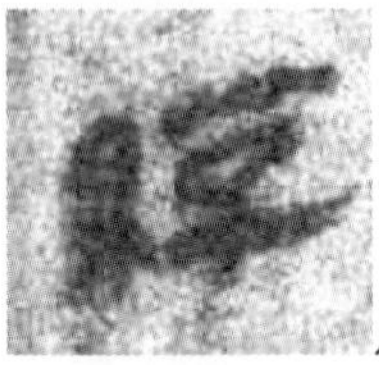馬壹 134_47 上/124 上

○民之所宜綒

〖䙳〗

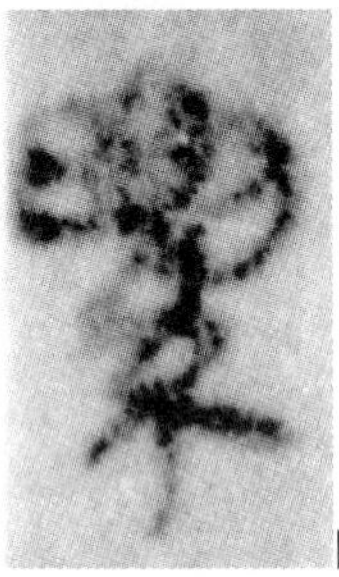睡・日甲《盜者》80

○疵在䙳（要）

〖𦂅〗

馬貳 294_407/407

○齊𦂅（緁）禪衣

〖絛〗

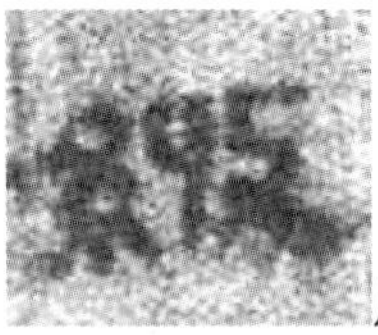馬貳 34_31 上

〖絪〗

馬貳 243_252

○郭(椁)中絪（茵）度

〖綖〗

北魏・元純陀誌

北周・盧蘭誌

○綈綌紘綖

〖絡〗

廿世紀璽印二-GP

○十四年十一月師絡

〖⿰糸羽〗

漢印文字徵

漢晉南北朝印風

○皇⿰糸羽

〖綍〗

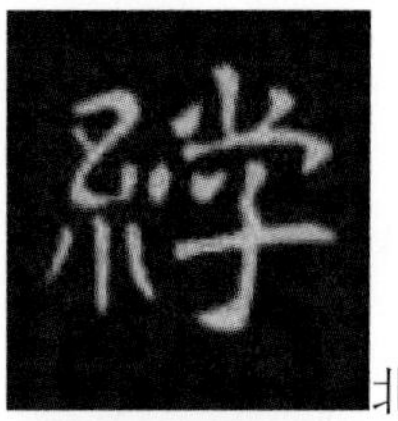
北魏・元誨誌

○綸綍望隆

北魏・元壽安誌

○入華金綍

〖絚〗

秦文字編 1853

〖⿰糸甫〗

漢印文字徵

○⿰糸甫官之印

〖⿰糸足〗

銀貳 1209

○有急而心⿰糸足（促）者

〖綉〗

馬貳 280_243/53

○青綺綉（韜）素

〖縗〗

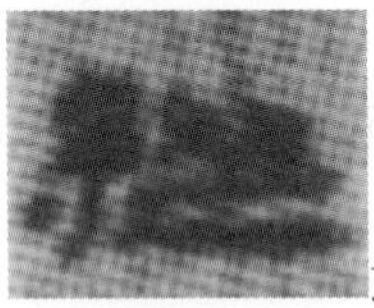
武・儀禮甲《服傳》7

○縗（髽）衰三年

〖紘〗

北齊・雲榮誌

○將織八紘

〖絨〗

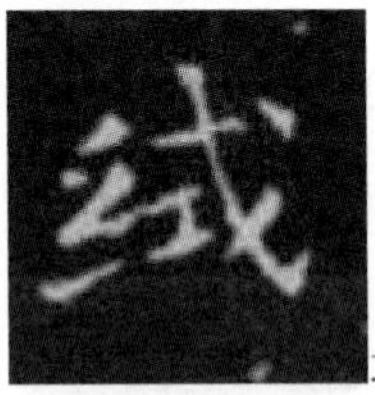
北魏・元廞誌

○紽絨表容

〖縝〗

居・EPT56.182

○枲縝中封

〖縒〗

漢印文字徵

○惠縒私印

〖絿〗

北魏・元洛神誌

北魏・公孫猗誌

北魏・元尚之誌

○屬辭韻絿

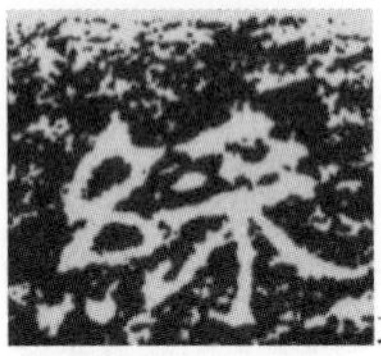
北魏・觀海童詩刻石

北魏・元羽誌

東魏・廣陽元湛誌

〖繃〗

馬貳 243_251

〖綷〗

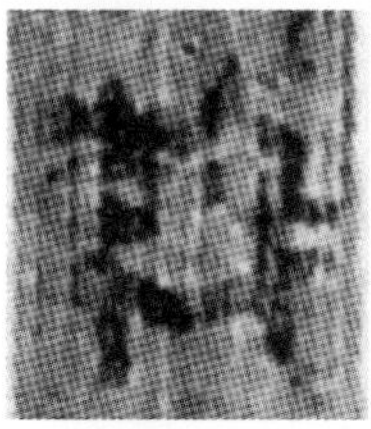
張・遣策 9

○四綷

〖緌〗

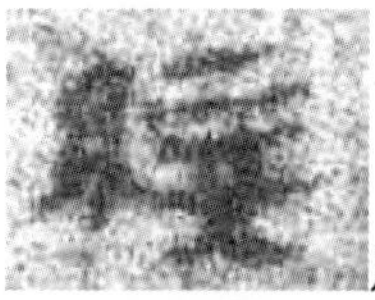
馬壹 15_17 上\110 上

○廣德而下緌（接）民也

馬壹 11_72 上

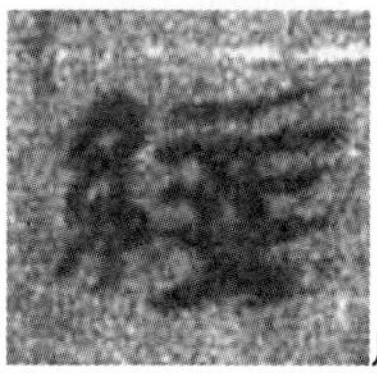
馬壹 130_6 上\83 上

○緌（接）乃正於事

〖綻〗

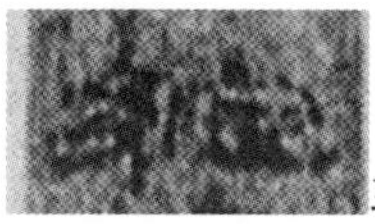
敦煌簡 1725

○服綻者

〖緮〗

馬壹 13_84 上

○車說緮（輹）夫妻

〖緈〗

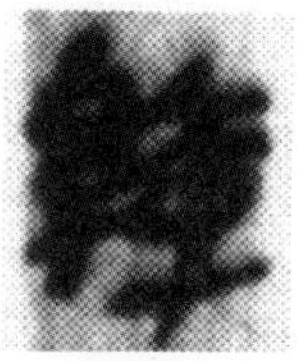
秦文字編 1853

〖綰〗

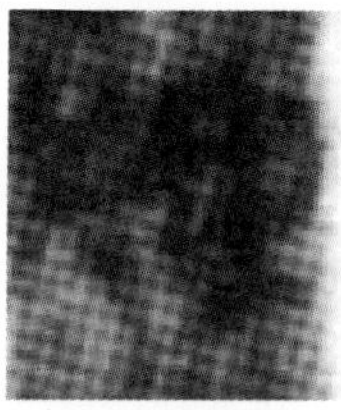
武・甲《燕禮》31

○綰（卷）耳

〖緡〗

晉・大中正殘石

○緡連

北魏・緱光姬誌

○終然允緡

〖縞〗

漢晉南北朝印風

○左縣

〖縈〗

睡・封診式 82

○縈繆繒五尺

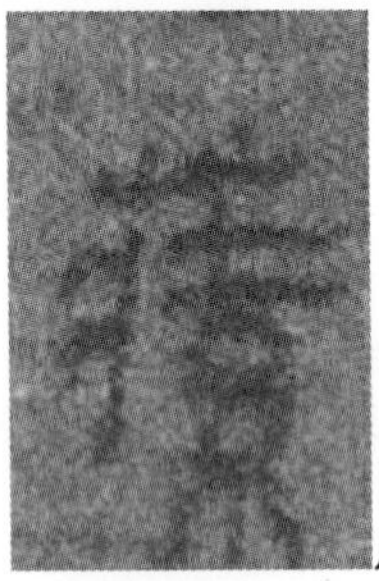
馬貳 115_115/114

○以繒縈之

〖縺〗

東漢・張遷碑陽

○蓋其繵縺

〖縝〗

北齊・斛律昭男誌

○玉縝芳臭

〖縃〗

馬貳 245_266

○千金縃（縧）

漢印文字徵

○莊縃

〖縏〗

銀壹 839

○其縏（系）尺

銀壹 839

○其縏（系）尺

〖縌〗

漢印文字徵

〇臣纆

〖纆〗

北魏・元隱誌

〇纆（纏）綣戎幃

〖縲〗

東牌樓 035 背

〇分別縲磨不數承莀

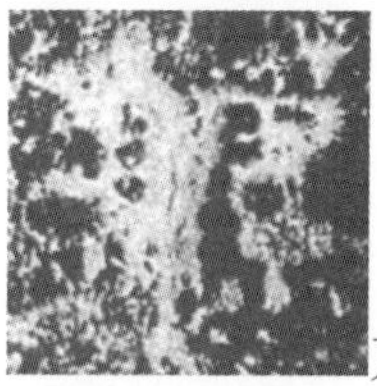
東漢・孟孝琚碑

〇鈐下任縲

北魏・元繼誌

〇縲紲縈而勿用

〖緐〗

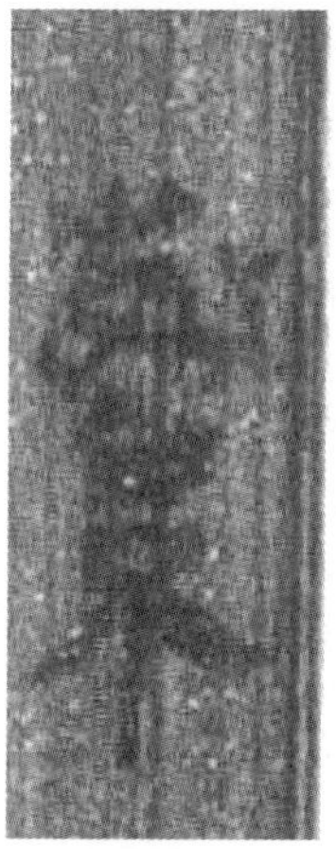
馬貳 207_49

〇不能緐生

金關 T06:150

〇魏郡緐陽

漢印文字徵

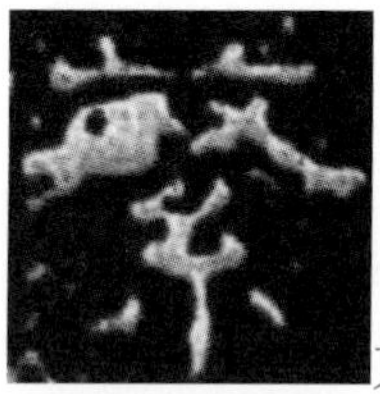
東漢・楊震碑

東漢・從事馮君碑

東漢・夏承碑

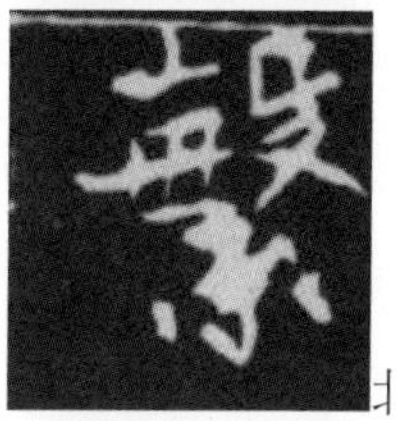
北魏・薛孝通敘家世券

〇緐興未艾

北魏・穆亮誌

北魏・□伯超誌

北魏・李媛華誌

○將繁宿莽

北魏・元寶月誌

○繁彩璿池

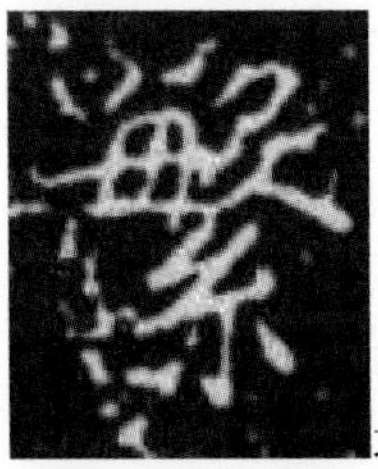
北魏・常季繁誌

東魏・鄭氏誌

北齊・張海翼誌

北齊・徐顯秀誌

北周・李府君妻祖氏誌

〖⿰糸商〗

張・遣策 32

○⿰糸商（綈）韉（襪）一

〖繳〗

北壹・倉頡篇 25

○穀極繳鐃飽

〖⿰糸屠〗

張・市律 258

○⿰糸屠（紵）

〖⿰糸萬〗

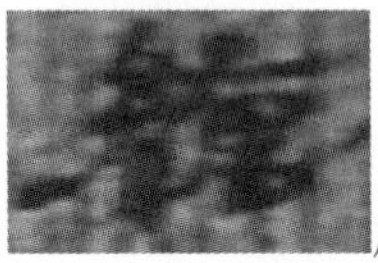
居・EPT52.93

○行⿰糸萬二枚卪

〖⿰糸鼓〗

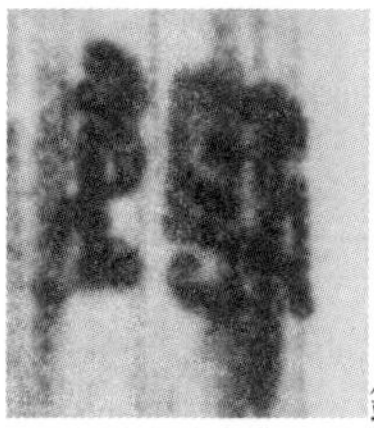
銀壹 839

○緻長四尺

〖繡〗

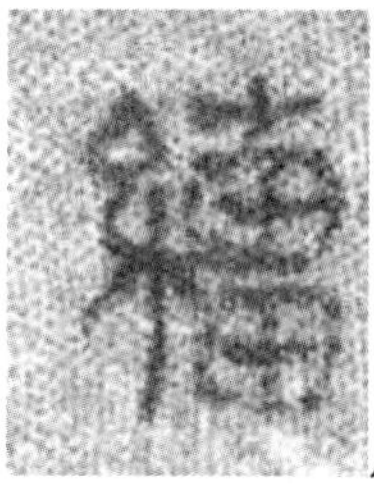
馬壹 265_9

○必三繡日

〖纍〗

張・奏讞書 181

○鐵纍其足

〖繈〗

東漢・曹全碑陽

北魏・元純陀誌

○爰以孩繈

北魏・元舉誌

北魏・緱光姬誌

東魏・侯海誌

○越自繈緥

北齊・雲榮誌

北齊・吳遷誌

〖繲〗

秦文字編 1853

〖繵〗

東漢・張遷碑陽

○蓋其繵緷

〖繒〗

馬壹 83_81

○必將來綰（管）子之請

〖繽〗

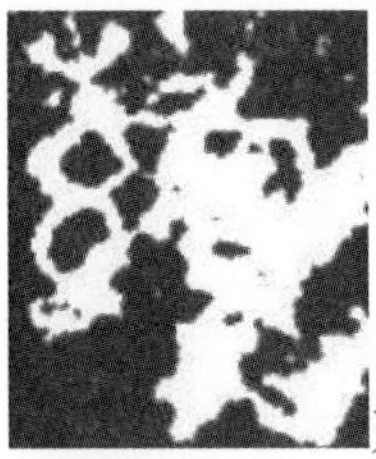
東漢・賈仲武妻馬姜墓記

○朱紫繽紛

大趙・王真保誌

○爵命繽紛

〖纋〗

漢印文字徵

○趙纋

〖纆〗

銀壹 954

○蒹（鐮）纆得入

〖⿱微糸〗

嶽・為吏 58

○犯⿱微糸（徽）蝕齊

〖⿱敫糸〗

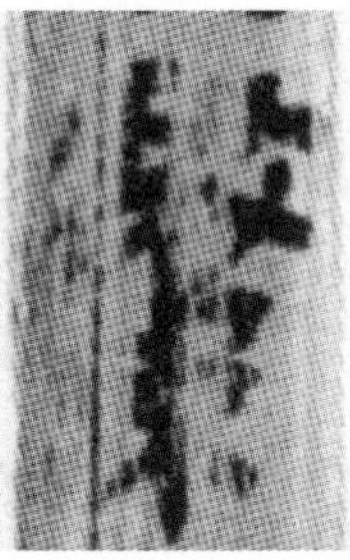
張・蓋盧 6

○爲地⿱敫糸（約）月

〖⿰系鼠〗

張・賊律 18

○⿰系鼠（鼷）毒（毒）

〖緐〗

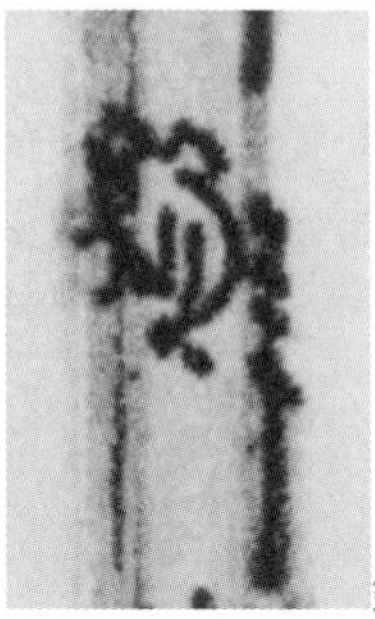
銀壹 898

○緐（纂）組

〖繐〗

漢印文字徵

○郭繐

素部

【素】

《説文》：素，白緻繒也。从糸、𠂹，取其澤也。凡素之屬皆从素。

馬貳 289_343/364

○素掾（緣）

張・奏讞書 183

○丁母素夜喪環棺

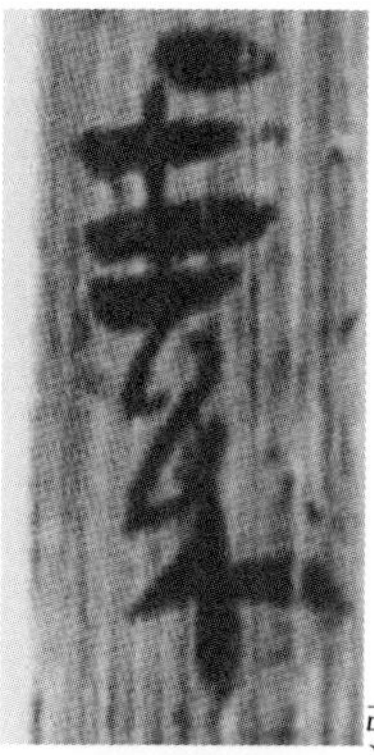
張・遣策 25

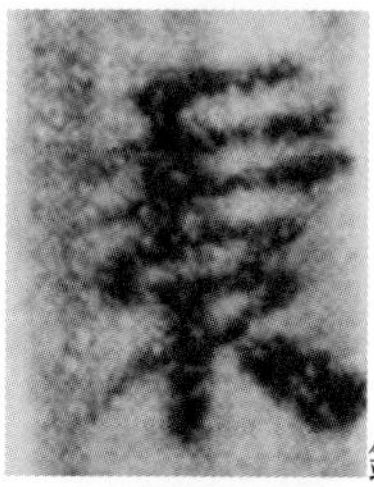
銀壹 268

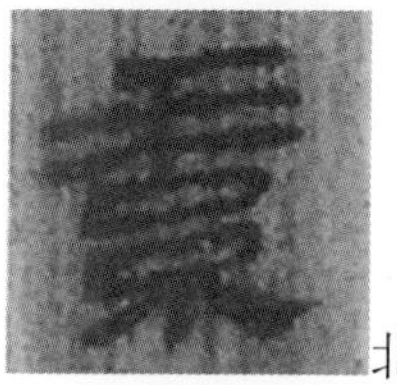
北貳・老子 169

敦煌簡 0073

○人民素惠共奴尚隱

金關 T29:114B

○幸甚素毋補益

漢印文字徵

漢印文字徵

○素霸

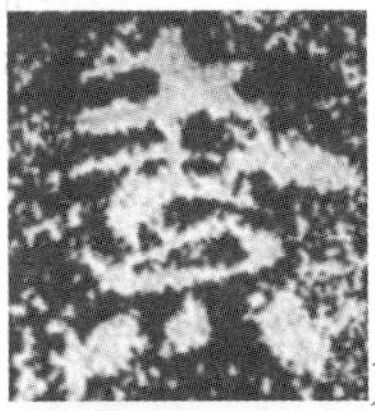
東漢・孟孝琚碑

○勉崇素意

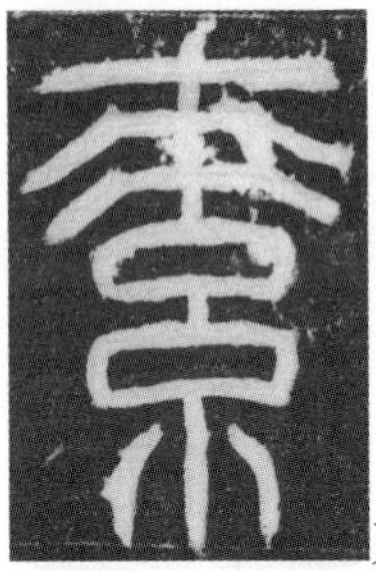
東漢・應遷等字殘碑

○君素下

東漢・張遷碑陽

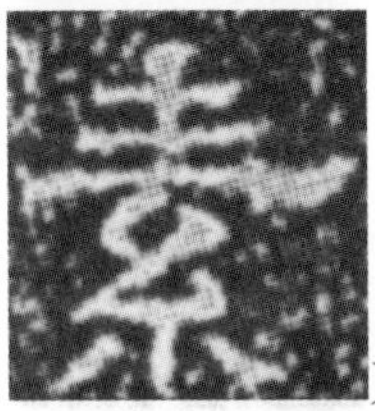
東漢・白石神君碑

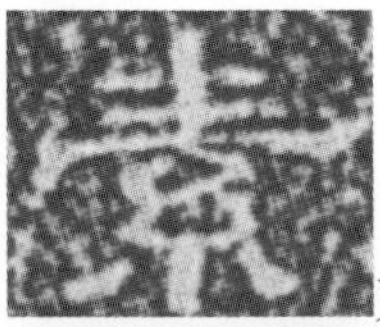
東漢・趙寬碑

東漢・建寧元年殘碑

東漢・史晨前碑

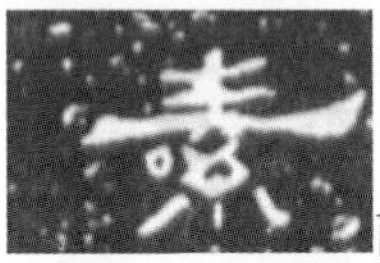
西晉・孫松女誌

北魏・張正子父母鎮石

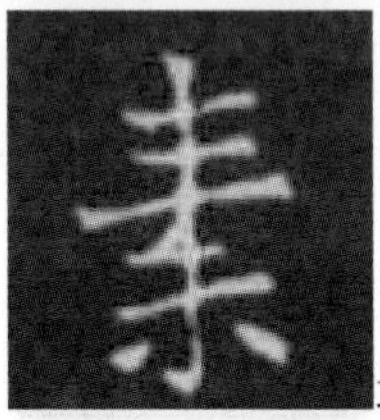
北魏・元朗誌

北魏・元弘嬪侯氏誌

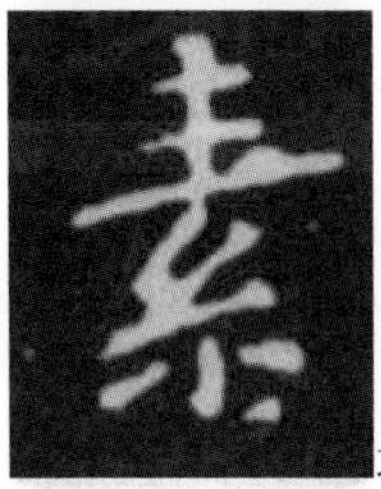
北魏・李蕤誌

北魏・穆纂誌

北魏・胡明相誌

北魏・赫連悦誌

北魏・石婉誌

東魏・元仲英誌

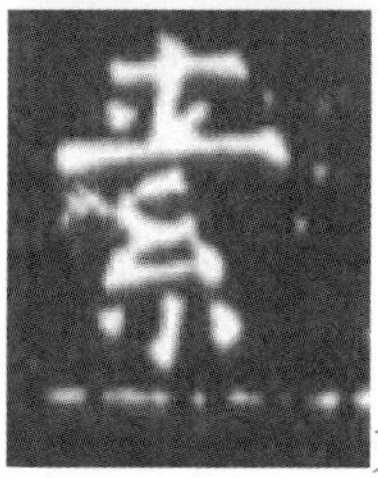
東魏・吕覎誌

○志閑沖素

東魏・元季聰誌

○縑素易朽

北周・寇熾誌

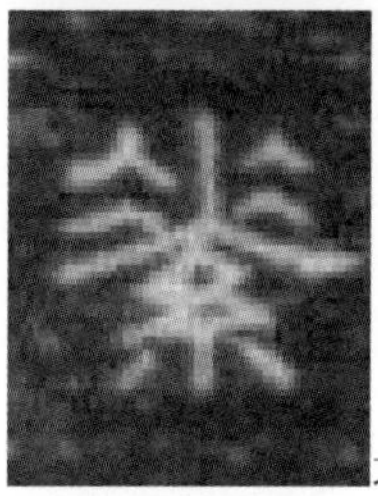
北周・王榮及妻誌

○君弘規素範

【𦃃】

《說文》：，素屬。从素収聲。

【𦅫】

《說文》：，白約，縞也。从素勺聲。

【𦆀】

《說文》：，素屬。从素率聲。

【繛】

《說文》：，緩也。从素卓聲。

【綽】

《說文》：，繛或省。

里・第八層 1515

歷代印匋封泥

○綽衡里附城

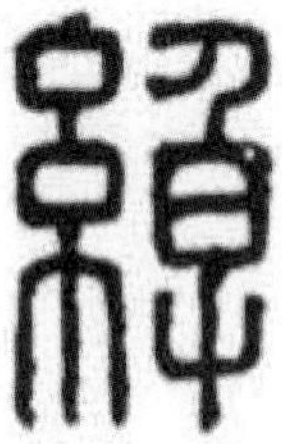
漢印文字徵

北魏・侯剛誌

北魏・元靈曜誌

○衿抱綽綽

東魏・李挺誌

北周・寇嶠妻誌

【⿰素爰】

《説文》：⿰素爰，繛也。从素，爰省。

【緩】

《説文》：緩，⿰素爰或省。

睡・為吏 43

○攻之緩

里・第八層 39

○歜佐⿰素爰已死丗年

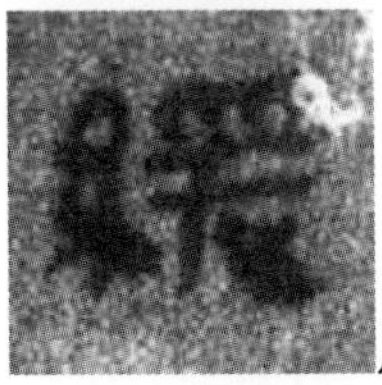
馬壹 133_23 下\100 下

馬貳 32_18 上

張・蓋盧 51

○攻之緩

張・脈書43

○綬帶被髮

北壹・倉頡篇4

秦代印風

○趙綬

秦代印風

○綬

廿世紀璽印三-SY

○孔綬

漢印文字徵

漢印文字徵

漢印文字徵

漢印文字徵

漢印文字徵

漢印文字徵

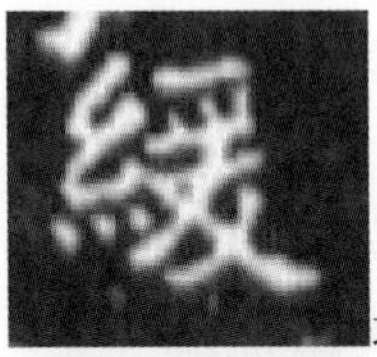
北魏・楊濟誌

北魏・元寶月誌

東魏・元悰誌

北齊・赫連子悅誌

北周・華岳廟碑

○清歌緩節

〖紷〗

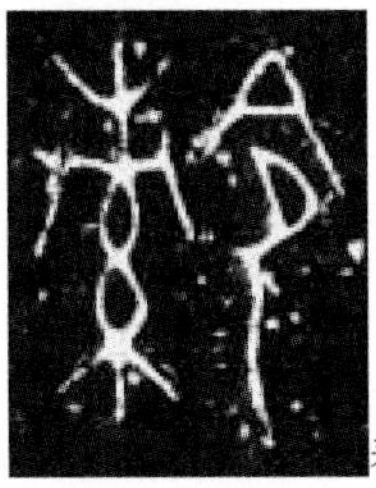
春早・秦公鎛

○畯紷才立

絲部

【絲】

《説文》：絲，蠶所吐也。从二糸。凡絲之屬皆从絲。

睡・日甲《衣》119

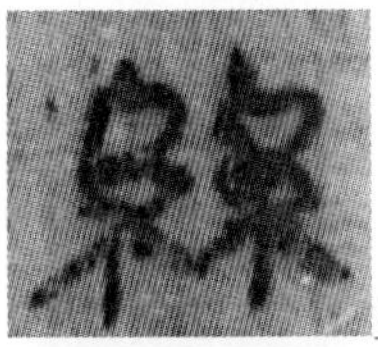
里・第八層254

馬貳291_372/391

○絲履一兩

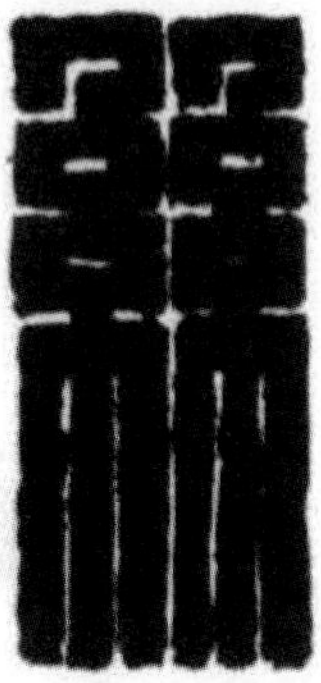
漢印文字徵

○曹絲

漢印文字徵

北魏・元鑽遠誌

北魏・元恭誌

北魏・元禮之誌

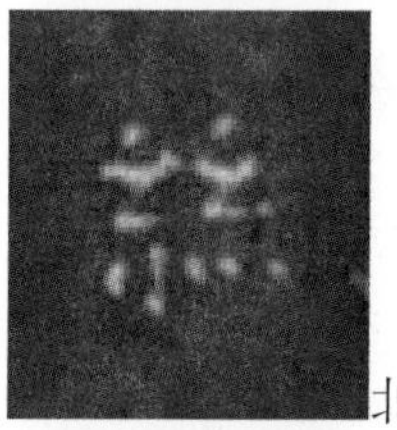
北魏・元欽誌

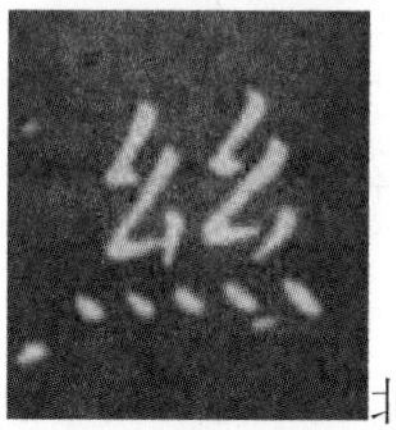
北魏・元誘誌

北魏・郭顯誌

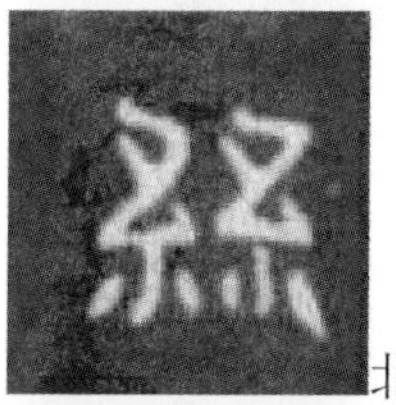
北魏・元子直誌

北齊・傅華誌

北齊・張海翼誌

【轡】

《説文》：轡，馬轡也。从絲从叀。與連同意。《詩》曰："六轡如絲。"

歷代印匋封泥

○轡

石鼓・鑾車

東漢・夏承碑

○輶軒六轡

北魏・爾朱紹誌

○駿轡將騁

北魏・元子永誌

○方期遠驅長轡

北魏・元暐誌

○總轡褰帷

北魏・源延伯誌

○總轡腰劍

北魏・元乂誌

○委轡而四牡調

北魏・郭顯誌

○六轡耳耳

北魏・封魔奴誌

○攬轡馳風

北魏・元孟輝誌

○宜控雲轡

北魏・李蕤誌

○逸轡方驟

北魏・元楨誌

○鑾和歇轡

北齊・崔昂誌

○恪居直轡

北周・須蜜多誌

○日轡西迴

【𢇇】

《説文》：𢇇，織絹从糸貫杼也。从絲省，丱聲。

率部

【率】

《説文》：率，捕鳥畢也。象絲罔，上下其竿柄也。凡率之屬皆从率。

戰中・商鞅量

○齊率卿大夫

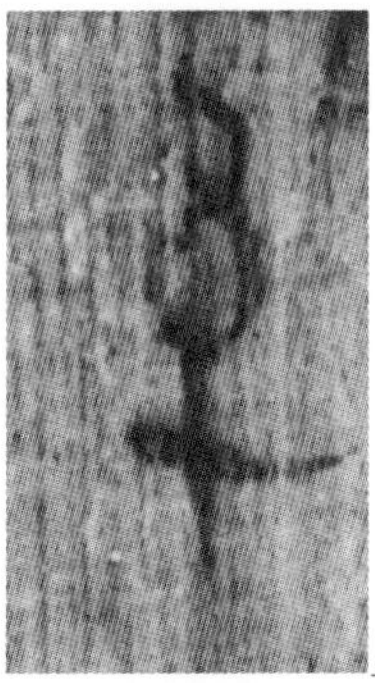
里・第八層 205

○告子率子

敦煌簡 1584

○天田率人畫若干里

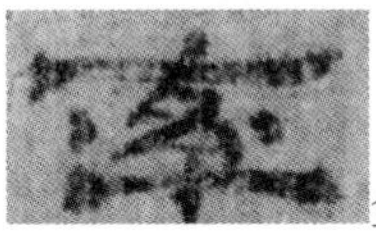
金關 T26:023

○率匹

金關 T30:018

○率亭

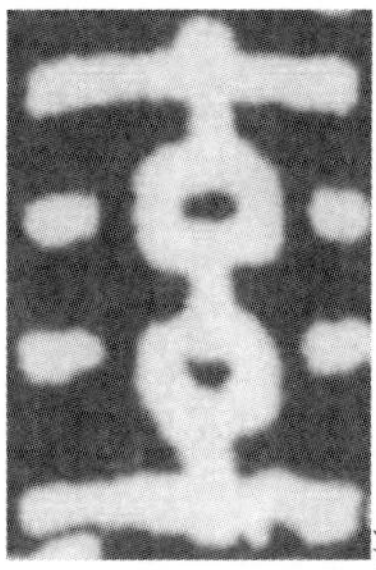
漢晉南北朝印風

歷代印匋封泥

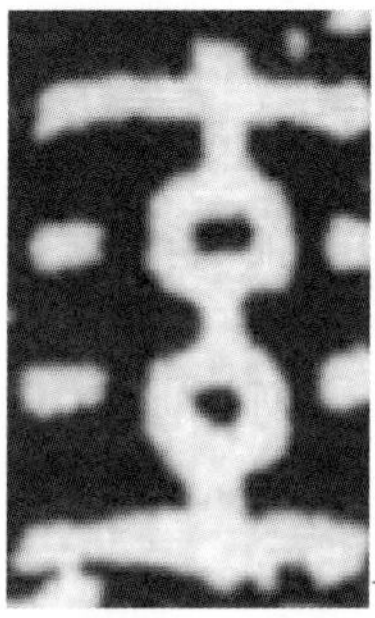
廿世紀璽印三-GY

漢晉南北朝印風

廿世紀璽印三-GY

柿葉齋兩漢印萃

漢印文字徵

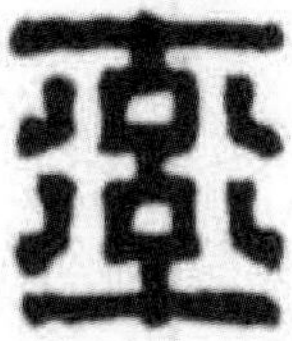
漢印文字徵

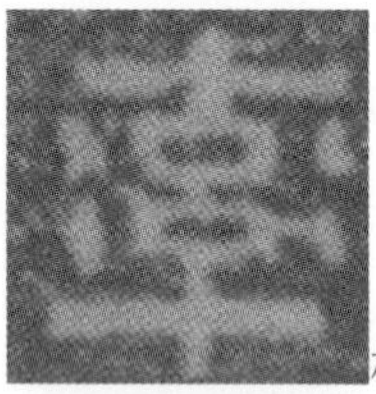
柿葉齋兩漢印萃

柿葉齋兩漢印萃

廿世紀璽印四-GY

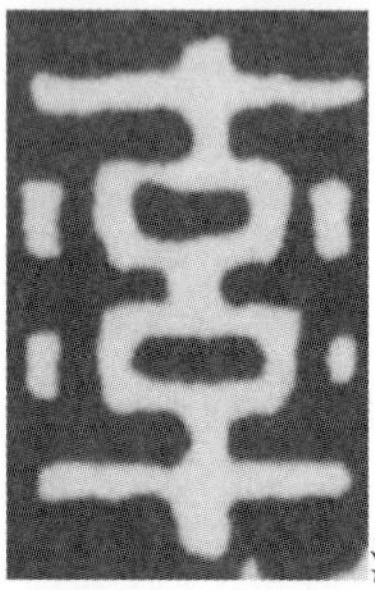
漢晉南北朝印風

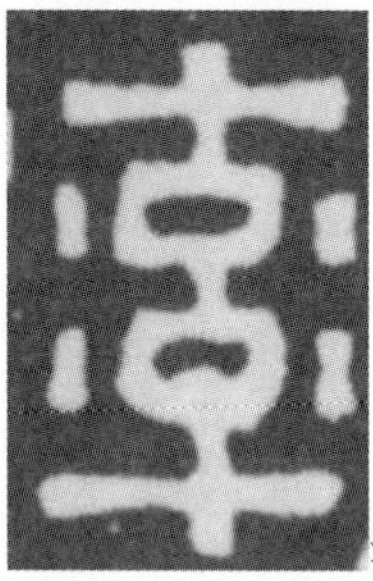
漢晉南北朝印風

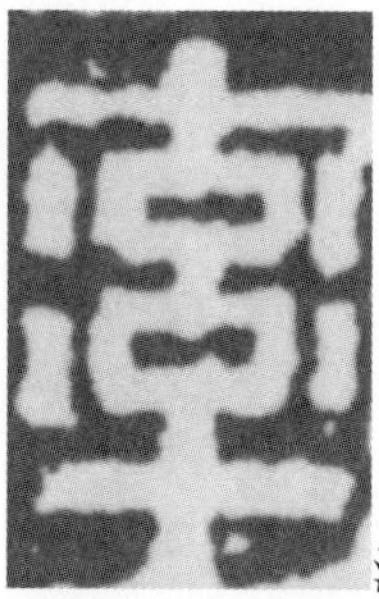
漢晉南北朝印風

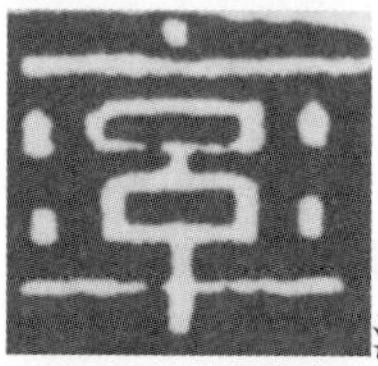
漢晉南北朝印風

廿世紀璽印四-GY

廿世紀璽印四-GY

漢晉南北朝印風

漢晉南北朝印風

漢晉南北朝印風

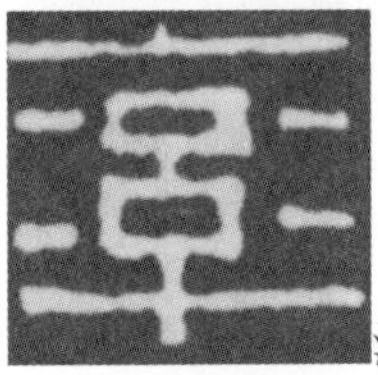
漢晉南北朝印風

東漢・成陽靈臺碑

西晉・石定誌

西晉・石尠誌

北魏・韓顯祖造像

○迭相罄率

北魏・爾朱襲誌

○遂自率部曲數百騎

北魏・元融誌

北魏・吐谷渾璣誌

○率衆歸朝

北齊・婁黑女誌

北齊・暴誕誌

虫部

【虫】

《説文》：，一名蝮，博三寸，首大如擘指。象其臥形。物之微細，或行，或毛，或蠃，或介，或鱗，以虫爲象。凡虫之屬皆从虫。

漢銘・大富虫王器

睡・日甲《詰》39

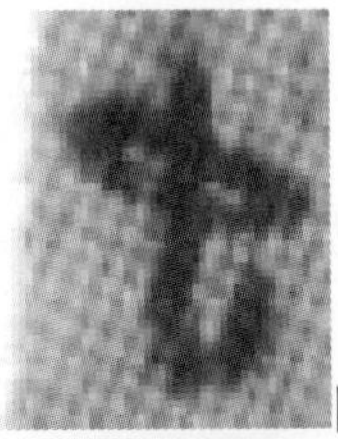
關・病方 328

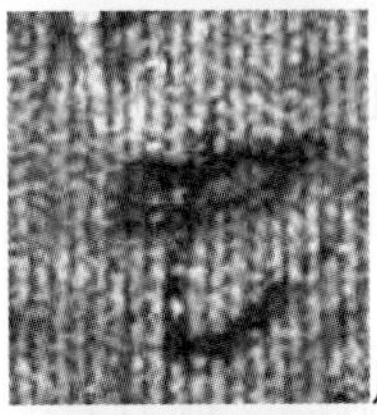
馬貳 80_236/223

銀貳 1659

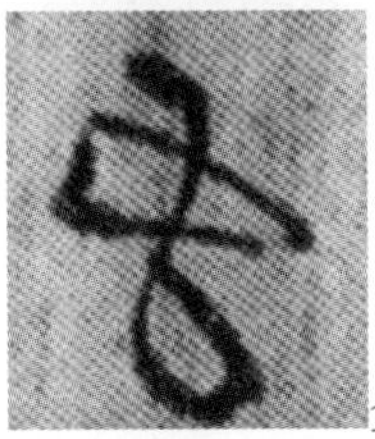
金關 T24:710

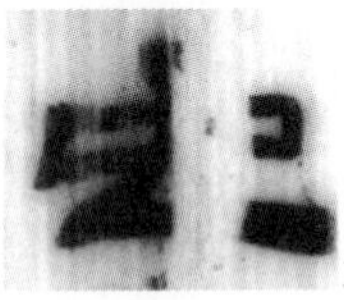
北壹・倉頡篇 29

○蛟龍虫蛇

漢印文字徵

漢印文字徵

漢印文字徵

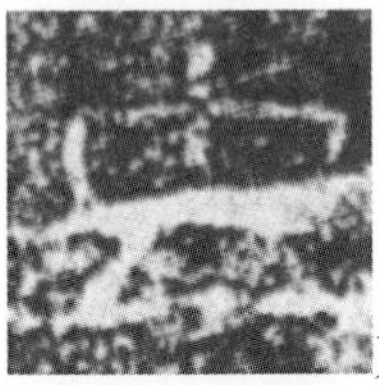
東漢・石門頌

○惡虫蔣（蔽）狩

北魏・元譚誌

○出言而可雕虫

北魏・郭顯誌

○既被華虫

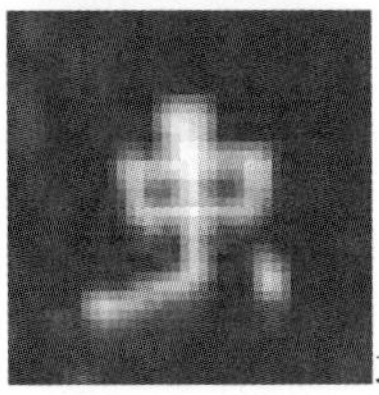
北周・尉遲運誌

○衣拂華虫

【蝮】

《説文》：，虫也。从虫复聲。

【螣】

《説文》：，神蛇也。从虫朕聲。

馬貳 118_174/173

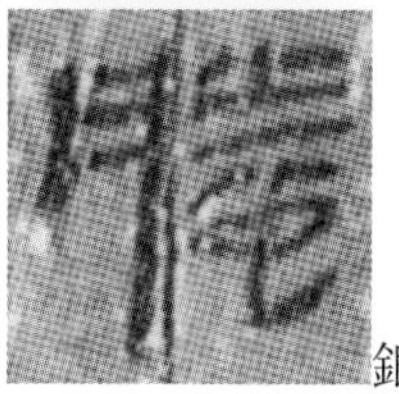
銀貳 1760

漢印文字徵

【蚺】

《說文》：蚺，大蛇。可食。从虫冄聲。

【蠸】

《說文》：蠸，螾也。从虫堇聲。

【螾】

《說文》：螾，側行者。从虫寅聲。

【蚓】

《說文》：蚓，螾或从引。

【螉】

《說文》：螉，蟲，在牛馬皮者。从虫翁聲。

【蜙】

《說文》：蜙，螉蜙也。从虫從聲。

【蠁】

《說文》：蠁，知聲蟲也。从虫鄉聲。

【蚼】

《說文》：蚼，司馬相如：蠁从向。

【蛁】

《說文》：蛁，蟲也。从虫召聲。

【蟸】

《說文》：蟸，蟲也。从虫㲋聲。

【蛹】

《說文》：蛹，繭蟲也。从虫甬聲。

【螝】

《說文》：螝，蛹也。从虫鬼聲。讀若潰。

【蛕】

《說文》：蛕，腹中長蟲也。从虫有聲。

張・脈書 6
○爲馬蛕在胃管

【蟯】

《說文》：，腹中短蟲也。从虫堯聲。

馬貳 81_267/254

○數竅蟯白徒道出者

【雖】

《說文》：，似蜥蜴而大。从虫唯聲。

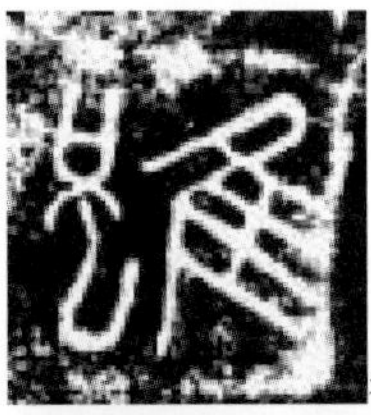
春晚・秦公簋

戰晚・新郪虎符

春晚・秦公鎛

睡・效律 24

睡・法律答問 98

睡・為吏 8

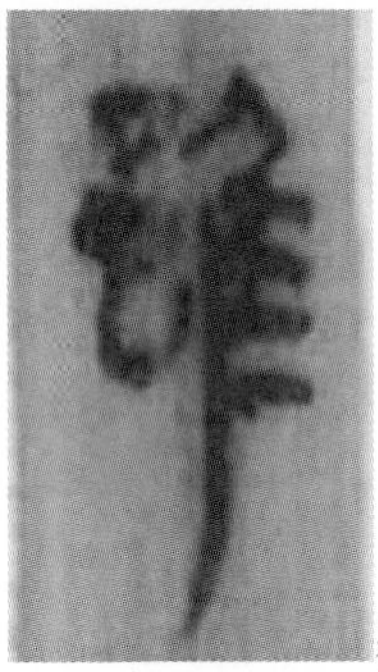
嶽・學為偽書案 222

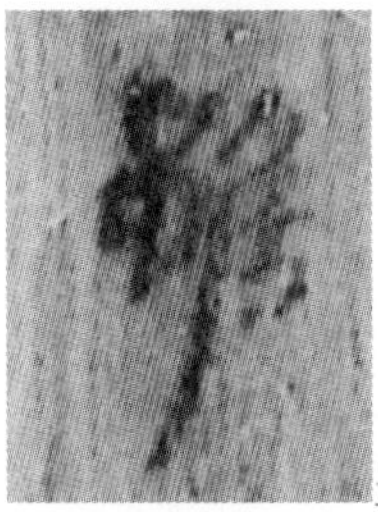
里・第八層 1290

馬壹 124_46 上

馬壹 112_34\385

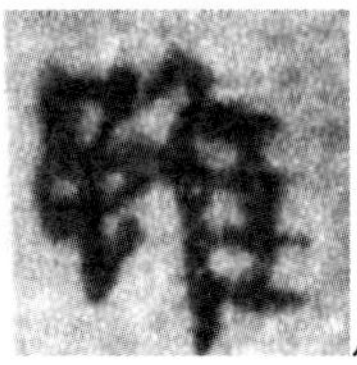
馬壹 109_153\322

馬壹 82_59

馬貳 109_20/20

張・賊律 31

張・奏讞書 188

○捕者雖弗案

張・算數書 16

○雖有百分

敦煌簡 0042

○起居雖後

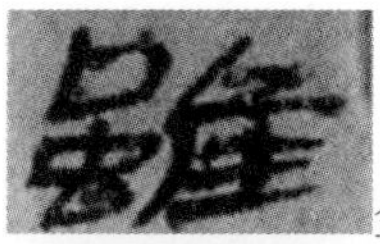
金關 T23:566

東牌樓 012

○自今雖有赦令

魏晉殘紙

漢印文字徵

漢晉南北朝印風

東漢・肥致碑

東漢・司馬芳殘碑額

○雖五德迭興

西晉・管洛誌

○雖生自出於督孝之門

西晉・臨辟雍碑

北魏・韓顯宗誌

○仕雖未達

北魏・元恩誌

○雖在朝日淺

北魏・元顯俊誌

北魏・楊舒誌

○雖顔丁之居憂

北魏・元新成妃李氏誌

北魏・王遺女誌

○雖罹禁隸

北魏・楊氏誌

○雖遭流離

北魏・鮮于仲兒誌

北魏・高廣誌

○罪驗雖窮

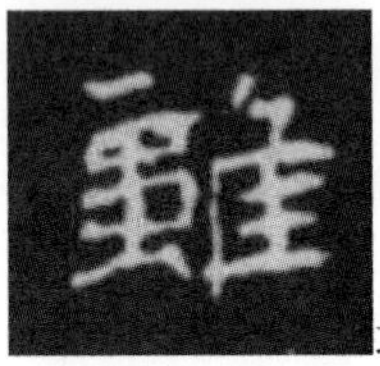
北魏・元宥誌

○雖寵望稍崇

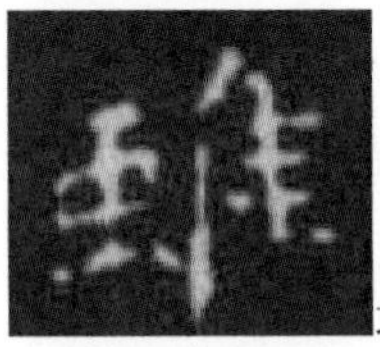
北魏・元端誌

○金石雖朽

北魏・卌一人造像

○像法雖隆

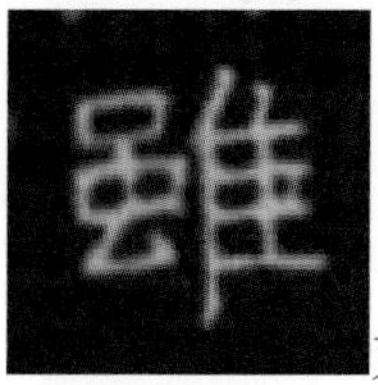
東魏・廣陽元湛誌

【虺】

《説文》：，虺以注鳴。《詩》曰："胡爲虺蜥。"从虫兀聲。

廿世紀璽印二-SY

○趙虺

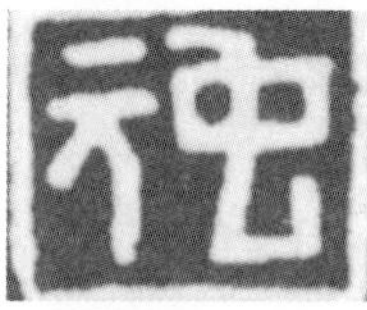
秦代印風

○連虺

北魏・薛慧命誌

○唯虺猶神

北魏・元略誌

○唯虺斯應

【蜥】

《説文》：，蜥易也。从虫析聲。

【蝘】

《説文》：，在壁曰蝘蜓，在艸曰蜥易。从虫匽聲。

【䗺】

《説文》：，蝘或从蚰。

【蜓】

《説文》：，蝘蜓也。从虫廷聲。一曰螾蜓。

【蚖】

《説文》：，榮蚖，蛇醫，以注鳴者。从虫元聲。

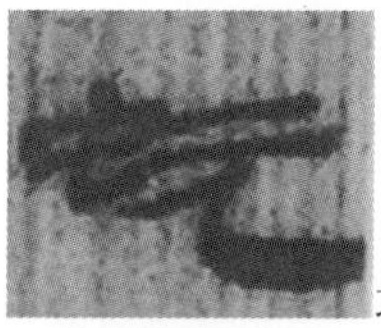
北貳・老子 48

○蠭蠆蚖蛇

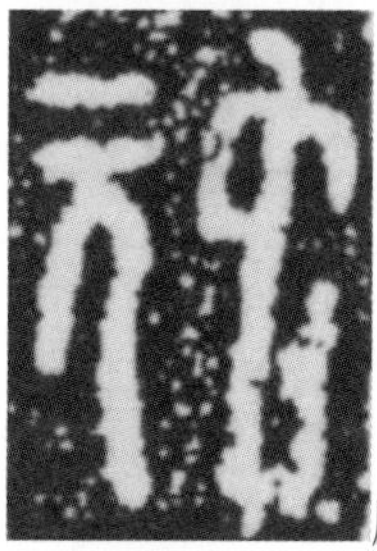
歷代印匋封泥

○王蚖

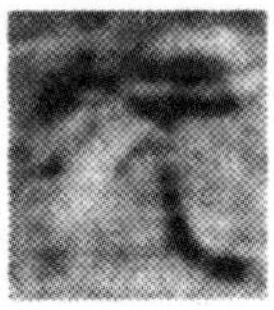
秦文字編 1856

【蠸】

《説文》：，蟲也。一曰大螫也。讀若蜀都布名。从虫雚聲。

馬貳 114_95/95

○頡蠸

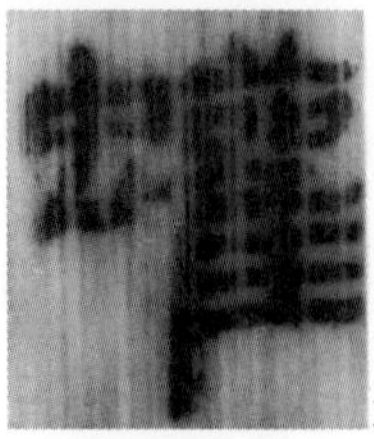
北壹・倉頡篇 42

【螟】

《說文》：，蟲食穀葉者。吏冥冥犯法卽生螟。从虫从冥，冥亦聲。

銀貳 1920

○時多螟虫（蟲）

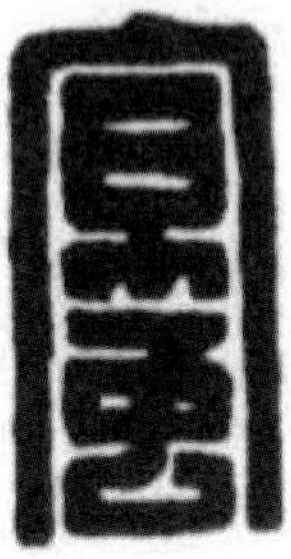
漢印文字徵

○螟越

【蟘】

《說文》：，蟲，食苗葉者。吏乞貸則生蟘。从虫从貸，貸亦聲。《詩》曰："去其螟蟘。"

【蟣】

《說文》：，蝨子也。一曰齊謂蛭曰蟣。从虫幾聲。

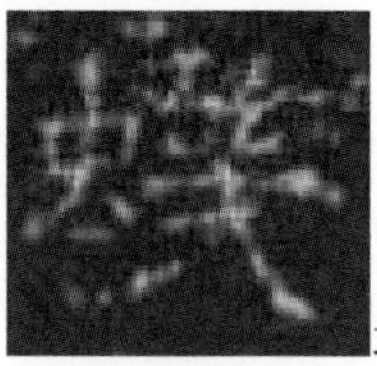
北周・豆盧恩碑

○介冑蟣蝨

【蛭】

《說文》：，蟣也。从虫至聲。

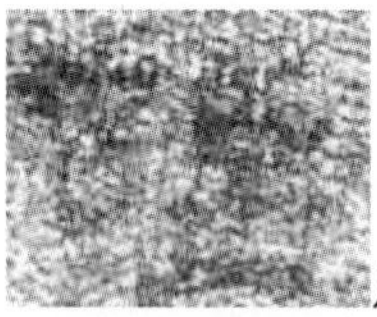
馬貳 72_85/85

○蛭食（蝕）人胻股

東漢・石門頌

【蝚】

《說文》：，蛭蝚，至掌也。从虫柔聲。

【蛣】

《說文》：，蛣蚍，蝎也。从虫吉聲。

【蚍】

《說文》：，蛣蚍也。从虫出聲。

【蟫】

《說文》：，白魚也。从虫覃聲。

【蛵】

《說文》：，丁蛵，負勞也。从虫巠聲。

【蛁】

《說文》：，毛蠹也。从虫㐁聲。

【蟜】

《說文》：，蟲也。从虫喬聲。

秦代印風

〇蟜

廿世紀璽印三-SP

〇蟜堪私印

漢印文字徵

〇蟜房印

漢印文字徵

〇蟜遂

漢印文字徵

漢印文字徵

〇張子蟜

【蛓】

《說文》：，毛蟲也。从虫𢦔聲。

【蛙】

《說文》：，蠆也。从虫圭聲。

【蚳】

《說文》：，蛙也。从虫氏聲。

【蠆】

《說文》：，毒蟲也。象形。

【蠇】

《說文》：，蠆或从䖵。

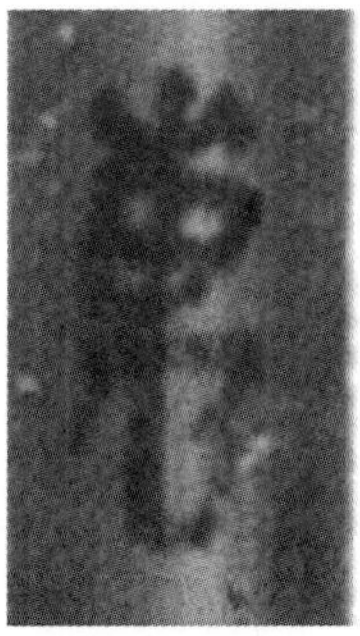
嶽・占夢書 19

〇則蜂蠆赫（螫）之

銀貳 1739

○虺蠆不螫

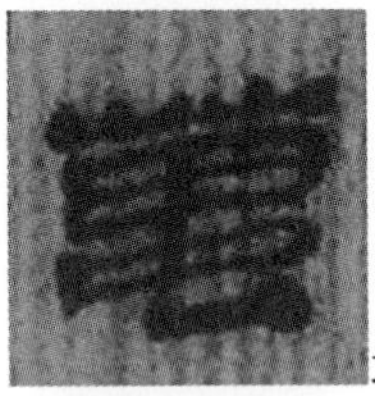
北貳・老子 48

○蜂蠆虺蛇

北魏・元乂誌

○蠆芥未曾經懷

【蝤】

《説文》：，蝤蠐也。从虫酋聲。

【蠐】

《説文》：，蠐螬也。从虫齊聲。

北壹・倉頡篇 26

○肸蠐尼

【蝎】

《説文》：，蝤蠐也。从虫曷聲。

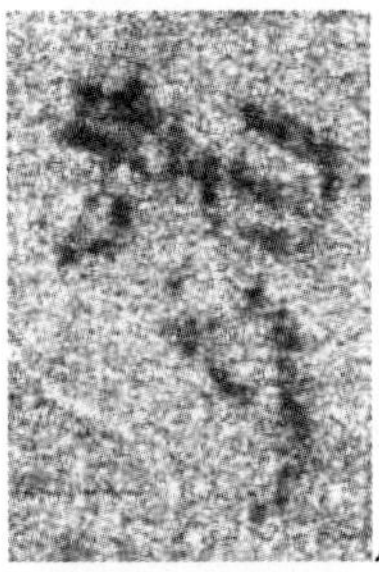
馬貳 31_62

○與蝎事恐有敗

北魏・高洛周造象

○高蝎妻王阿香

【強】

《説文》：，蚚也。从虫弘聲。

【彊】

《説文》：，籀文强从蚰从彊。

睡・秦律十八種 31

睡・封診式 28

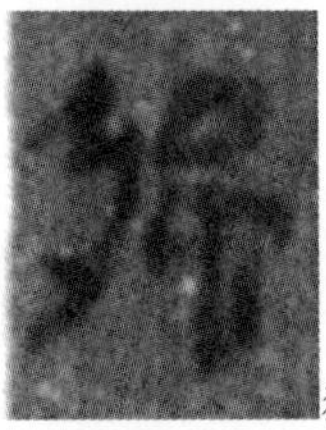
嶽・為吏 37

○勝者強

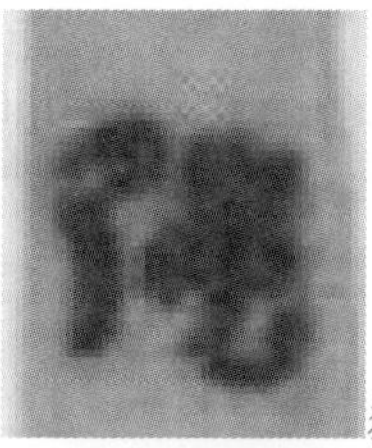
嶽・得之強與棄妻奸案 176

里・第八層 1824

馬壹 109_133\302

馬壹 89_233

馬貳 216_10/21

張・襍律 193

○强與人奸者府（腐）

張・蓋盧 25

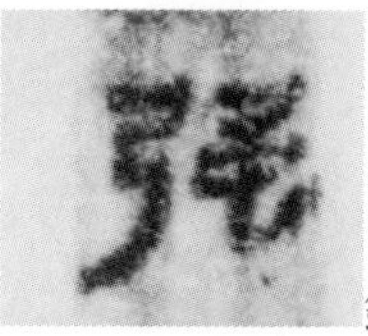
銀壹 261

銀貳 1561

北貳・老子 50

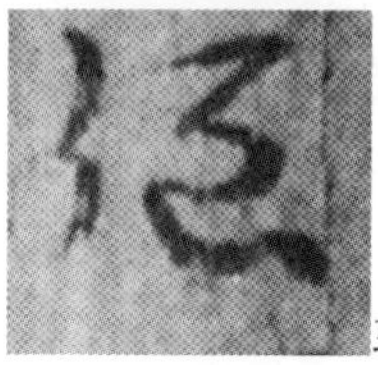
敦煌簡 0243B

○強餐飯

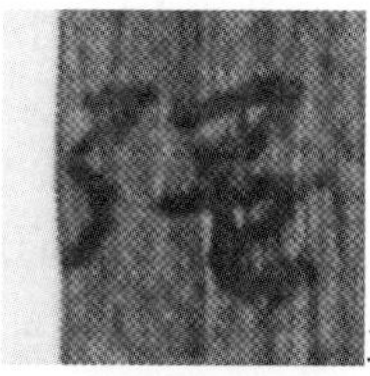
敦煌簡 0174

金關 T05:013

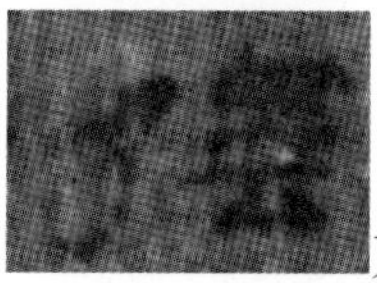
東牌樓 005

○昔何緣強奪建田

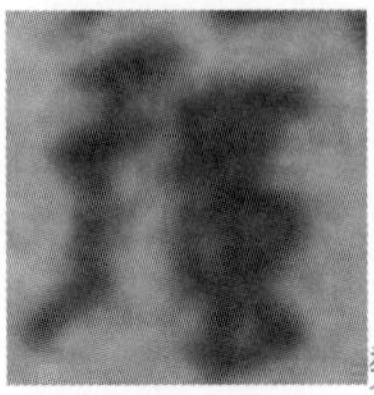
魏晉殘紙

○抴強出

歷代印匋封泥

○宮強

秦代印風

廿世紀璽印三-SY

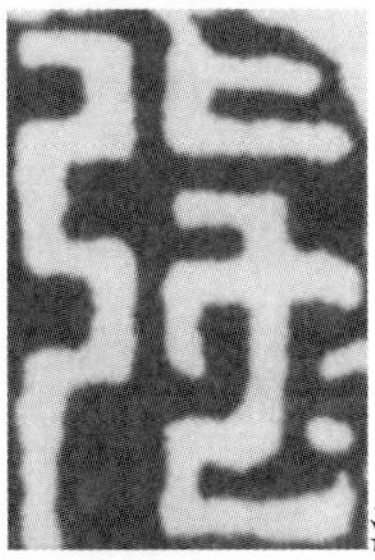
漢晉南北朝印風

漢晉南北朝印風

廿世紀璽印三-SY

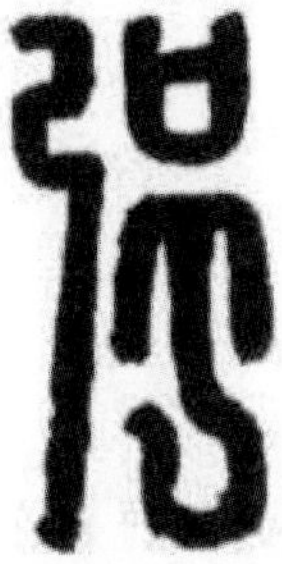
漢印文字徵

漢代官印選

歷代印匋封泥

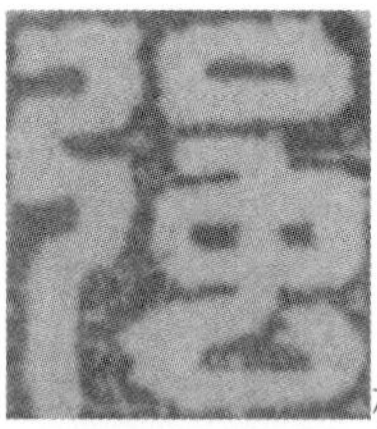
柿葉齋兩漢印萃

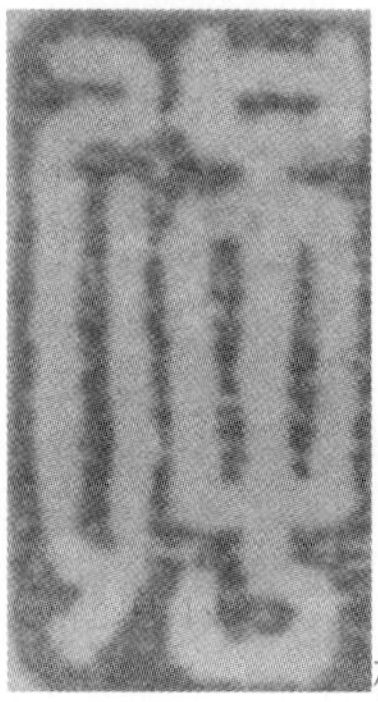
柿葉齋兩漢印萃

漢印文字徵

漢印文字徵

漢印文字徵

○張漢強印

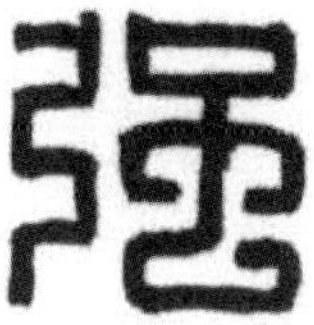
漢印文字徵

漢印文字徵

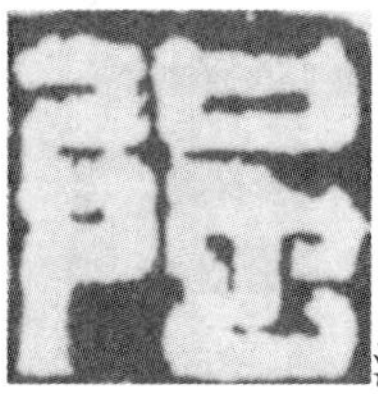
漢晉南北朝印風

漢晉南北朝印風

漢晉南北朝印風

漢晉南北朝印風

○張強

漢晉南北朝印風

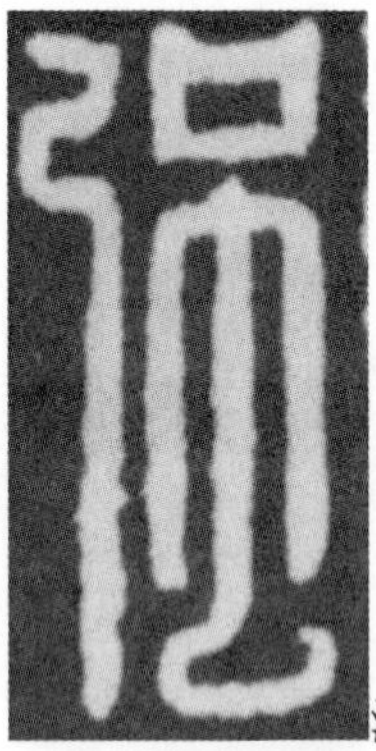
漢晉南北朝印風

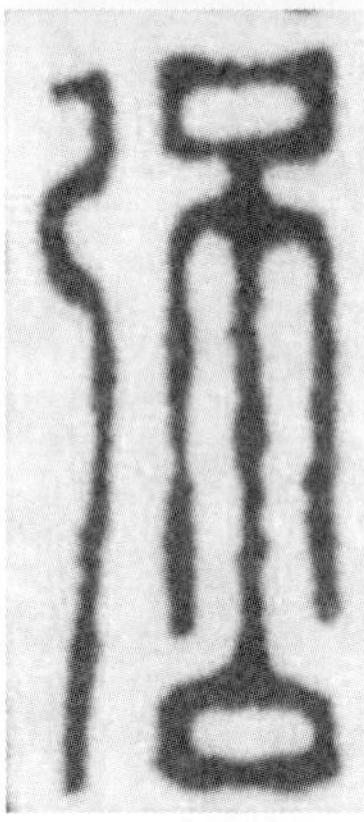
漢晉南北朝印風

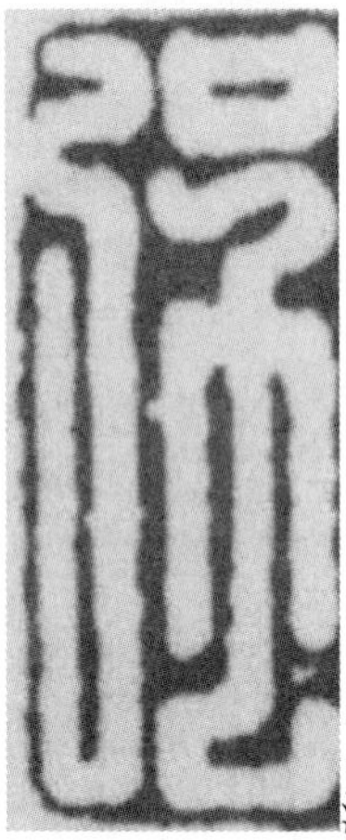
漢晉南北朝印風

○鄧強

漢晉南北朝印風

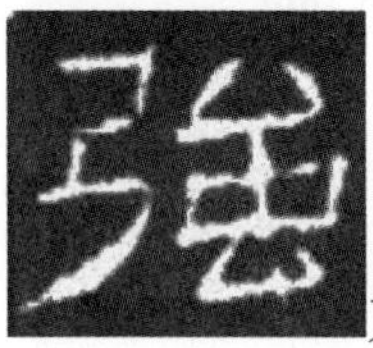
東漢・李固殘碑

北魏・爾朱襲誌

東魏・李次明造像

【蚚】

《説文》：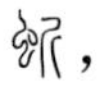，强也。从虫斤聲。

【蜀】

《説文》：，葵中蠶也。从虫，上目象蜀頭形，中象其身蜎蜎。《詩》曰：“蜎蜎者蜀。”

戰晚・九年呂不韋戈

○造蜀守

戰晚・九年呂不韋戈

○造蜀守

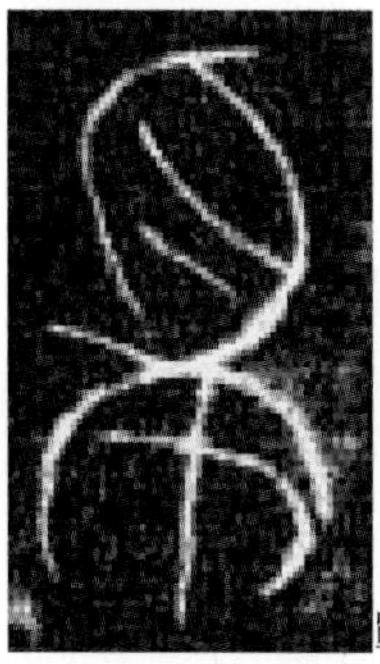
戰晚・二十六年蜀守武戈

○蜀守

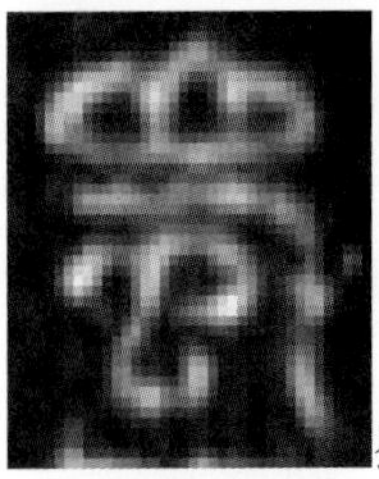
蜀西工戈・秦銅圖版 206

漢銘・蜀郡成都何師作洗

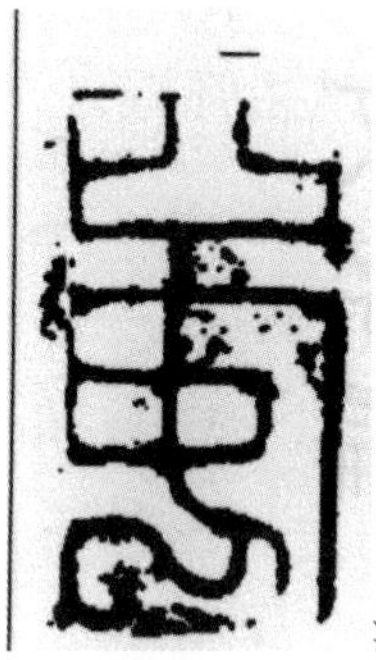
漢銘・蜀郡嚴氏富昌洗

漢銘・蜀郡嚴氏洗二

漢銘・蜀郡嚴氏洗一

漢銘・蜀郡董氏洗

漢銘・二年酒鋗

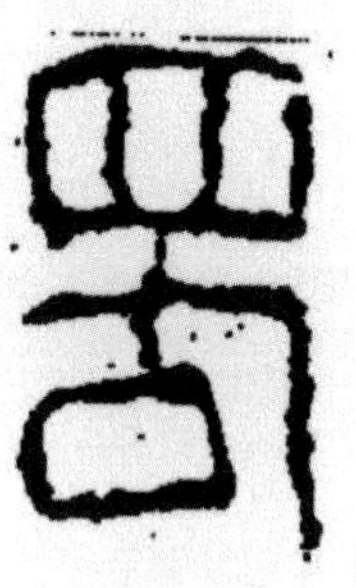
漢銘・蜀郡董是洗

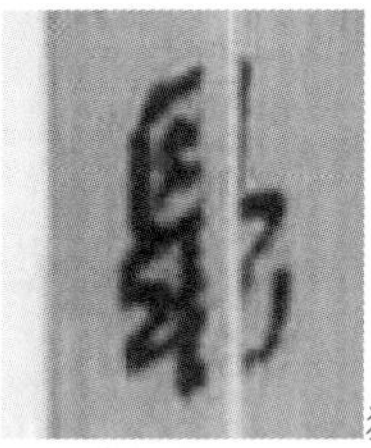
嶽・識劫案 136

○足輸蜀

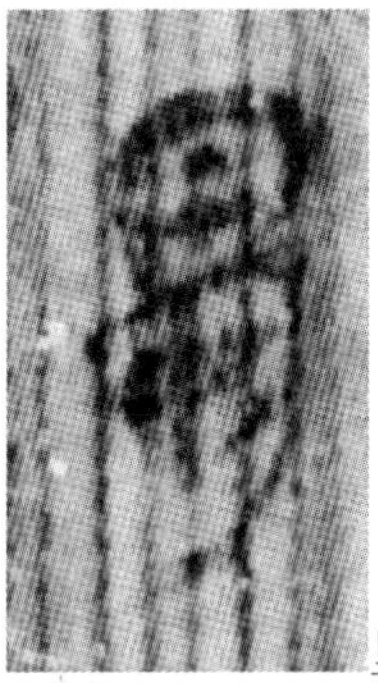
里・第八層 1041

○蜀歜

里・第八層背 660

○鄉守蜀以來瘳

馬壹 246_3 上

○獄訟蜀（獨）甚

馬壹 90_255

○戰於蜀潰

張・行書律 268

○復蜀巴

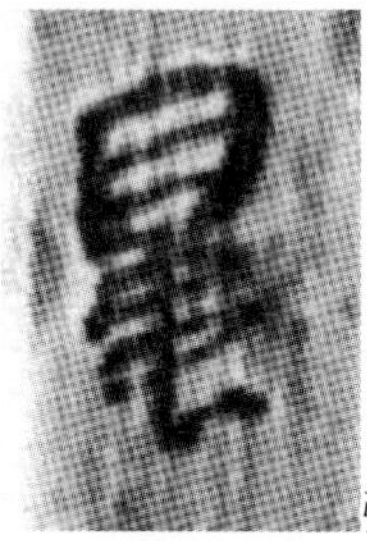
張・奏讞書 56

○蜀守

北貳・老子 173

敦煌簡 0563A

○黄岑蜀署

敦煌簡 0981

○人之蜀名曰勞庸

金關 T30:193

北壹・倉頡篇 11

○巴蜀筴竹

廿世紀璽印三-GP

○蜀大府丞

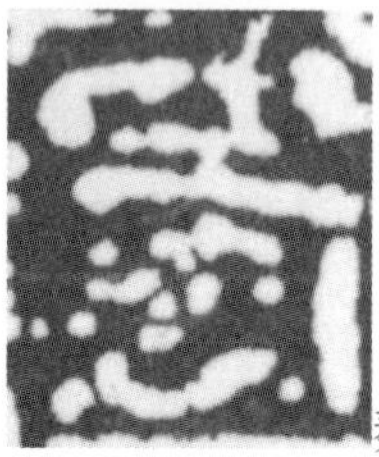
秦代印風

○蜀邸倉印

廿世紀璽印三-GP

廿世紀璽印三-SY

○朱蜀印

漢代官印選

歷代印匋封泥

〇蜀郡太守

歷代印匋封泥

漢印文字徵

〇李蜀之印

漢印文字徵

〇王蜀私印

漢印文字徵

石鼓・車工

東漢・何君閣道銘

北魏・元賄誌

北齊・元賢誌

〇似王居蜀

北齊・張起誌

【蠲】

《説文》：，馬蠲也。从虫、目，益聲。纼，象形。《明堂月令》曰：“腐艸爲蠲。”

漢印文字徵

○蠲奴

漢印文字徵

東漢・孔彪碑陽

○抍馬蠲害

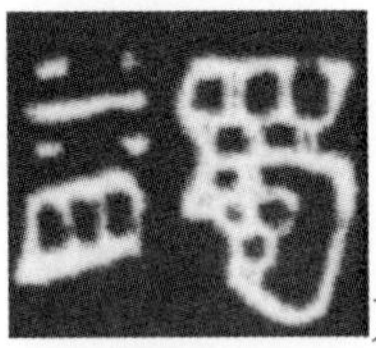
東漢・楊著碑額

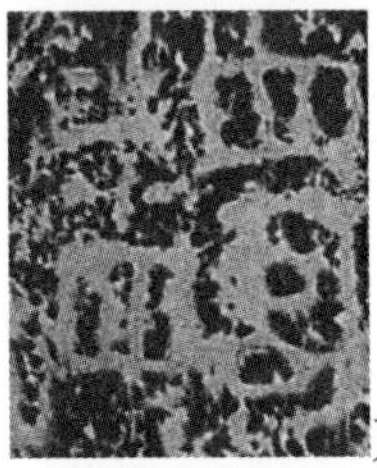
東漢・裴岑紀功碑

○蠲四郡之害

北魏・于仙姬誌

【蜫】

《說文》：，蟚牛蟲也。从虫昆聲。

【蠖】

《說文》：，尺蠖，屈申蟲。从虫蒦聲。

馬貳 213_15/116

○三曰斥（尺）蠖

東魏・李挺誌

○加以尺蠖居身

【蝝】

《說文》：，復陶也。劉歆說，蝝，蚍蜉子。董仲舒說，蝗子也。从虫彖聲。

北魏・席盛誌

○蝝蝗去境

【螻】

《說文》：，螻蛄也。从虫婁聲。一曰螜、天螻。

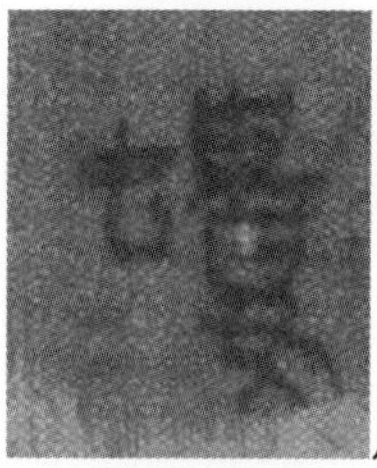
馬貳 114_92/92

○棗牡螻首

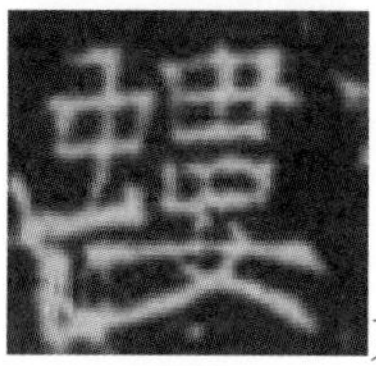
東魏・元悰誌

【蛄】

《説文》：，螻蛄也。从虫古聲。

【蠪】

《説文》：，丁螘也。从虫龍聲。

馬壹 36_34 上

○飛蠪（龍）在天

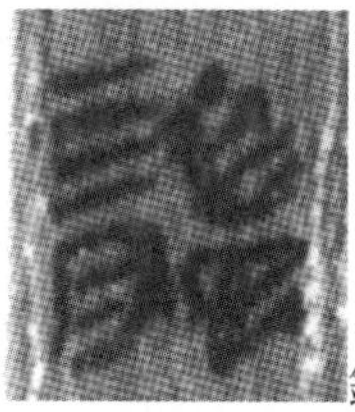
銀貳 1659

○陰者蠪（龍）蛇

秦代印風

○江蠪

漢印文字徵

○趙蠪

漢印文字徵

○莢蠪

漢印文字徵

○臣蠪

漢印文字徵

○桐蠪

漢印文字徵

〇趙蠪

漢印文字徵

〇董蠪

漢印文字徵

〇蠪印莫如

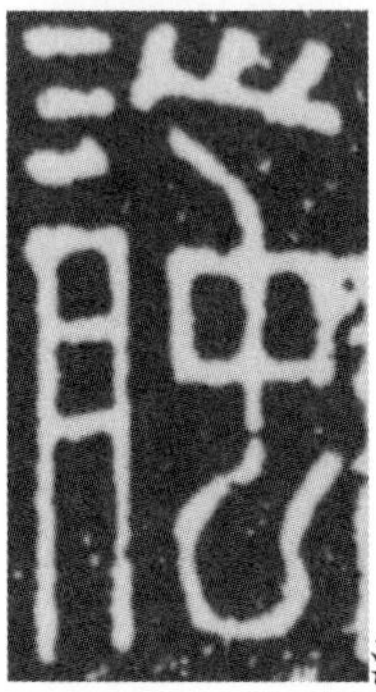
漢晉南北朝印風

〇趙蠪

漢晉南北朝印風

〇張蠪

【蛾】

《説文》：，羅也。从虫我聲。

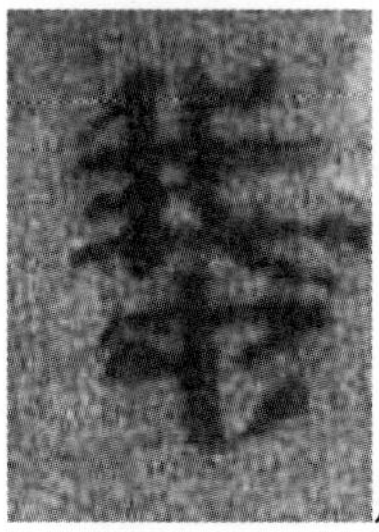
馬貳 141_16

〇令虫蛾（蟻）能入

漢印文字徵

〇蛾□私印

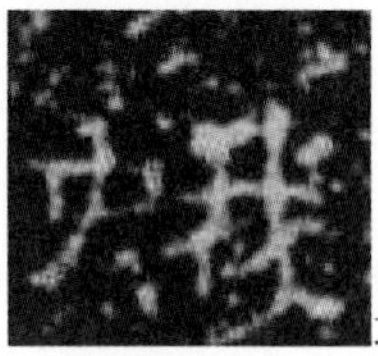
北齊・天柱山銘

【螘】

《説文》：，蚍蜉也。从虫豈聲。

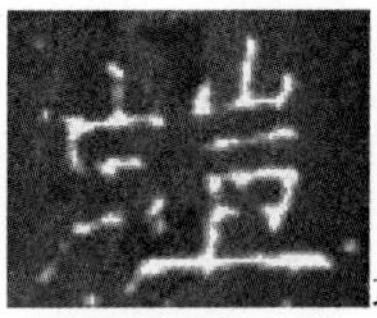
北齊・李德元誌

○忽從螻螘

【蚔】

《説文》：，螘子也。从虫氏聲。《周禮》有蚔醢。讀若祁。

【䖝】

《説文》：，古文蚔从辰、土。

【蝱】

《説文》：，籀文蚔从䖵。

【蠜】

《説文》：，自蠜也。从虫樊聲。

【蟀】

《説文》：，悉蟀也。从虫帥聲。

【蝒】

《説文》：，馬蜩也。从虫面聲。

【蟷】

《説文》：，蟷蠰，不過也。从虫當聲。

【蠰】

《説文》：，蟷蠰也。从虫襄聲。

【蜋】

《説文》：，堂蜋也。从虫良聲。一名蚚父。

【蛸】

《説文》：，蟲蛸，堂蜋子。从虫肖聲。

【蛢】

《説文》：，蟠蟥，以翼鳴者。从虫并聲。

【蟠】

《説文》：，蟠蟥也。从虫矞聲。

【蟥】

《説文》：，蟠蟥也。从虫黄聲。

北魏・檀賓誌

○自非浮虎卻蟥

【䗐】

《説文》：，蛄䗐，强芈也。从虫施聲。

【蛄】

《説文》：，蛄斯，墨也。从虫占聲。

【蜆】

《説文》：，縊女也。从虫見聲。

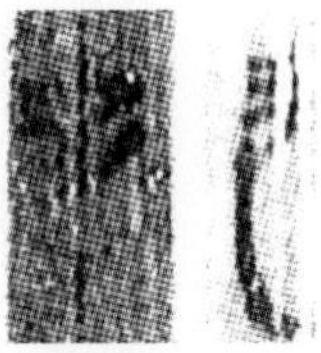
銀貳 1938

○剋朝蜆魚

【蜰】

《說文》：，盧蜰也。从虫肥聲。

【蝍】

《說文》：，渠蝍。一曰天社。从虫却聲。

【蠣】

《說文》：，蠣蠃，蒲盧，細要土蠭也。天地之性，細要，純雄，無子。《詩》曰：“螟蠕有子，蠣蠃負之。”从虫𩃬聲。

【蜾】

《說文》：，蠣或从果。

【蠃】

《說文》：，蜾蠃也。从虫𣎆聲。一曰虒蝓。

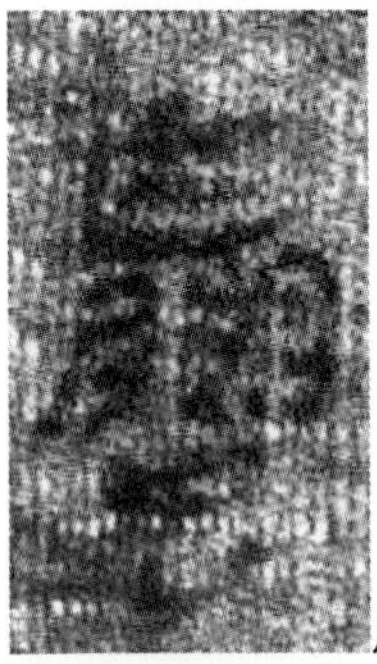
馬貳 78_195/182

○一取蠃牛

銀貳 1659

○蠃虫（蟲）

【蠕】

《說文》：，螟蠕，桑蟲也。从虫需聲。

【蛺】

《說文》：，蛺蜨也。从虫夾聲。

【蜨】

《說文》：，蛺蜨也。从虫疌聲。

【蚩】

《說文》：，蟲也。从虫之聲。

馬貳 109_21/21

○望取蚩鄉軵者入籥

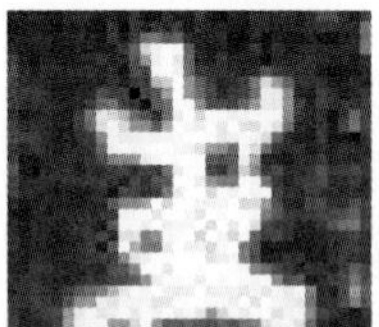
北齊・高叡修定國寺碑

○蚩(嗤)郭賀之荊州

【螌】

《說文》：，螌蝥，毒蟲也。从虫般聲。

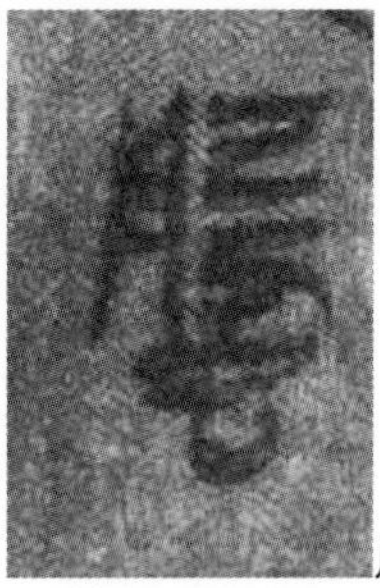
馬貳 113_81/81

○盤廿以美

【蝥】

《說文》：，盤蝥也。从虫敄聲。

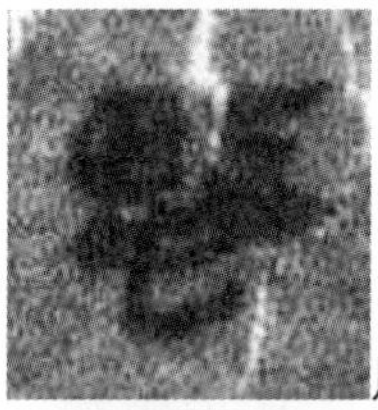
馬壹 46_57 下

○古蛛蝥作罔（網）

東漢・朝侯小子殘碑

○除其蝥賊

【蟠】

《說文》：，鼠婦也。从虫番聲。

北魏・元純陀誌

北魏・秦洪誌

○靜愍龍蟠

北魏・翟普林造像

【蛜】

《說文》：，蛜威，委黍。委黍，鼠婦也。从虫，伊省聲。

【蜙】

《說文》：，蜙蝑，以股鳴者。从虫松聲。

【蚣】

《說文》：，蜙或省。

北魏・元恭誌

○蚣（螽）斯之福已繁

【蝑】

《說文》：，蜙蝑也。从虫胥聲。

西魏・韋隆妻梁氏誌

○蚣蝑

【蟅】

《說文》：，蟲也。从虫庶聲。

【蝗】

《說文》：，螽也。从虫皇聲。

馬貳 213_15/116

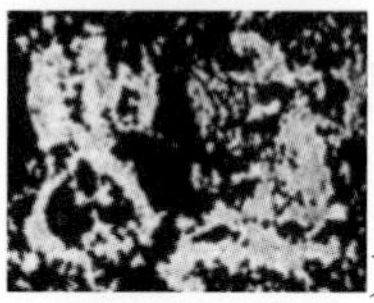
東漢・祀三公山碑

○蝗旱鬲并

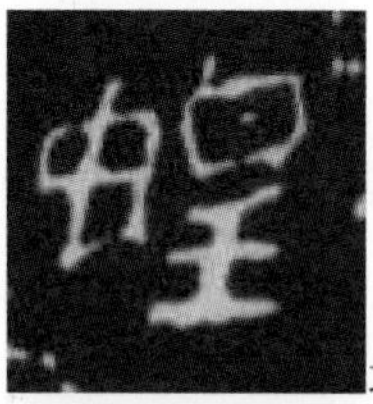
北魏・元襲誌

北魏・元悌誌

【蜩】

《説文》：蜩，蟬也。从虫周聲。《詩》曰："五月鳴蜩。"

【蚒】

《説文》：蚒，蜩或从舟。

【蟬】

《説文》：蟬，以旁鳴者。从虫單聲。

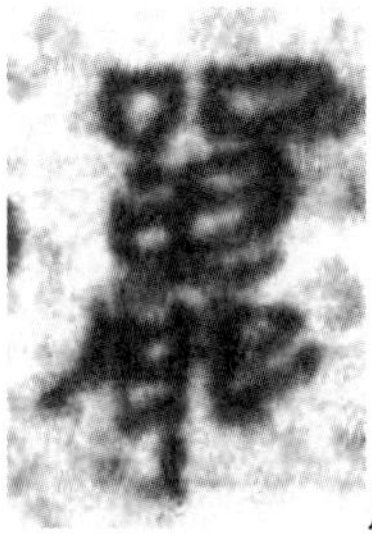
馬壹 86_146

○衛（衛）效蠱（單）尤（父）

馬貳 218_31/42

○二曰蟬付（附）思

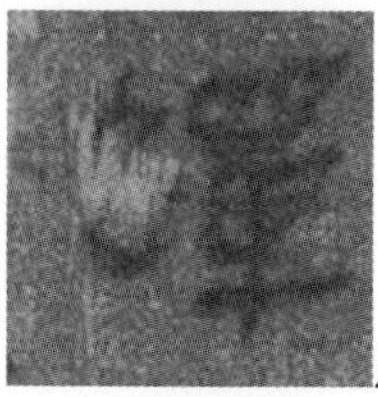
馬貳 119_202/201

○三曰蟬傅

銀貳 1740

○蟬鳴日未至

敦煌簡 2179B

○榆壉蟬木

廿世紀璽印三-GP

漢印文字徵

東漢・秥蟬縣平山神祠碑

〇□佑秥蟬

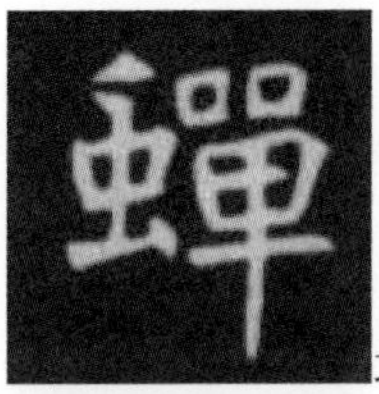
北魏・胡明相誌

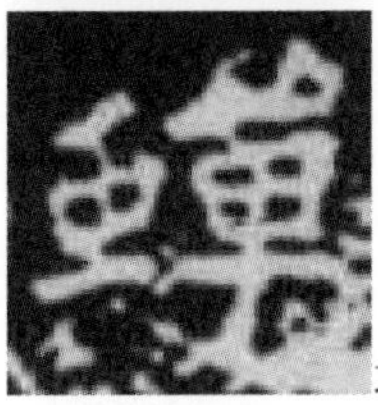
北魏・王紹誌

〇服兼蟬組

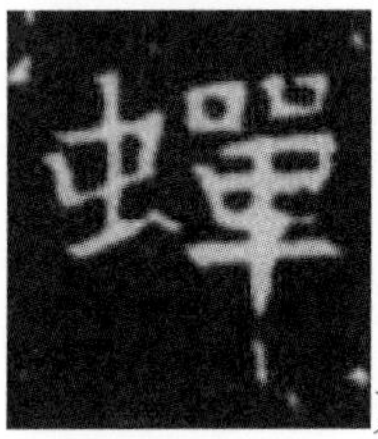
東魏・盧貴蘭誌

【蜺】

《説文》：，寒蜩也。从虫兒聲。

北周・韋彪誌

〇蜺感女樞

【螇】

《説文》：，螇鹿，蛁蟟也。从虫奚聲。

【蚗】

《説文》：，蚜蚗，蛁蟟也。从虫夬聲。

【蚵】

《説文》：，蚜蚗，蟬屬。讀若周天子赧。从虫丏聲。

【蛚】

《説文》：，蜻蛚也。从虫列聲。

【蜻】

《説文》：，蜻蛚也。从虫青聲。

北魏・韓震誌

〇影響蜻翼之奇

【蛉】

《説文》：，蜻蛉也。从虫令聲。一名桑根。

馬貳 218_32/43

〇九曰青（蜻）蛉思外

東魏・鄭君殘碑

【蠓】

《説文》：，蠛蠓也。从虫蒙聲。

【蟓】

《説文》：，蟲蟓也。一曰蜉游。朝生莫死者。从虫㝔聲。

【蚋】

《説文》：蚋，秦晉謂之蚋，楚謂之蚊。从虫芮聲。

【蟰】

《説文》：蟰，蟰蛸，長股者。从虫肅聲。

【蛸】

《説文》：蛸，蟲也。从虫省聲。

【蛶】

《説文》：蛶，商何也。从虫寽聲。

【蜡】

《説文》：蜡，蠅胆也。《周禮》：“蜡氏掌除骴。”从虫昔聲。

【蝡】

《説文》：蝡，動也。从虫耎聲。

【蚑】

《説文》：蚑，行也。从虫支聲。

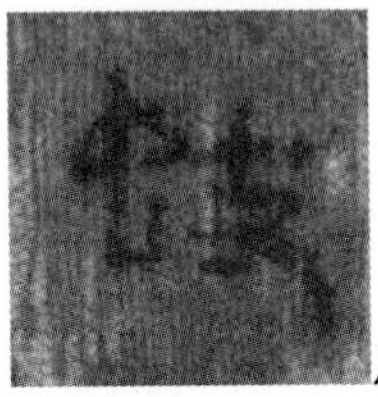
馬貳 134_13/68

○處土者爲蚑

【蠉】

《説文》：蠉，蟲行也。从虫睘聲。

北壹・倉頡篇 41

○頫壞蠉虢

【蚩】

《説文》：蚩，蟲曳行也。从虫屮聲。讀若騁。

【螸】

《説文》：螸，螽醜螸，垂腴也。从虫欲聲。

【蝙】

《説文》：蝙，蠅醜蝙，搖翼也。从虫扇聲。

【蛻】

《説文》：蛻，蛇蟬所解皮也。从虫，捝省。

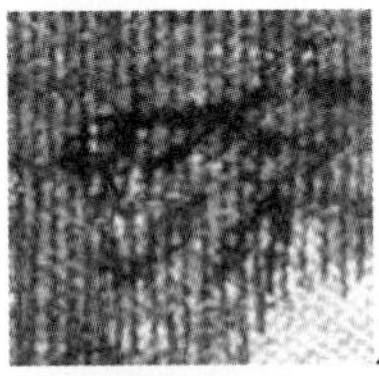
馬貳 80_236/223

○全虫蛻一

北魏・元寧誌

○獨蛻孤群

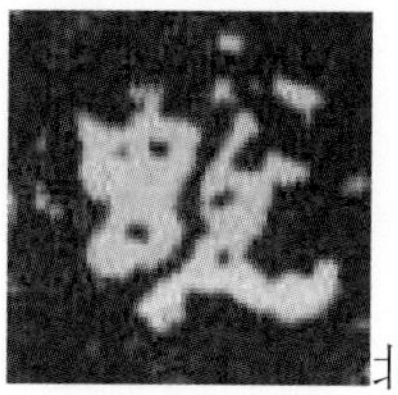
北魏・暉福寺碑

○蛻神豈緬

【蓄】

《説文》：，螫也。从虫，若省聲。

【螫】

《説文》：，蟲行毒也。从虫赦聲。

馬壹 96_36

○弗螫攫（擢）鳥

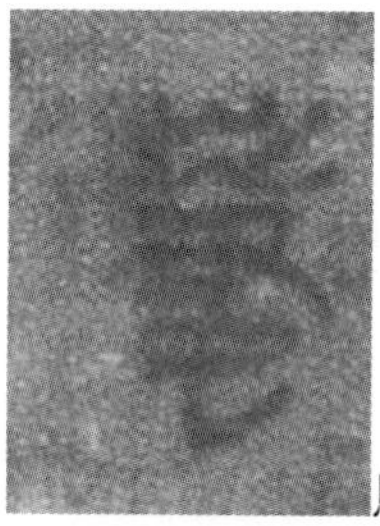
馬貳 113_78/78

○令蠭螫之

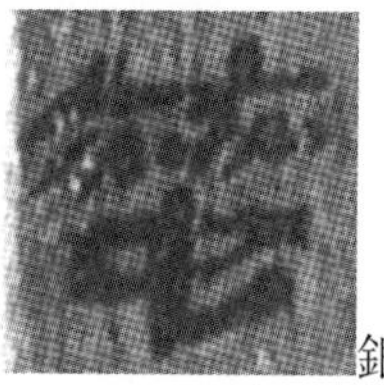
銀貳 1659

○諸螫虫（蟲）皆陰

【蝁】

《説文》：，蚗也。从虫亞聲。

【蛘】

《説文》：，搔蛘也。从虫羊聲。

【蝕（蝕）】

《説文》：，敗創也。从虫、人、食，食亦聲。

睡・法律答問 65

○人未蝕（食）奸

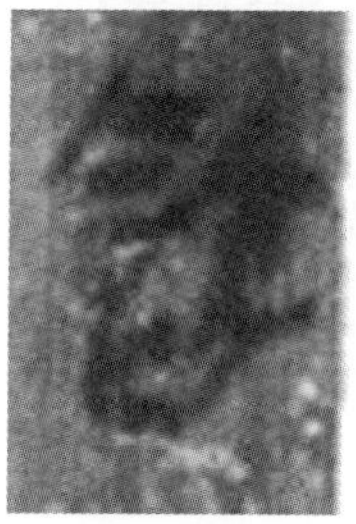
嶽・為吏 58

馬壹 174_17 下

○月蝕歲星不出

馬貳 88_411/401

○蟲蝕取禹竈

【蛟】

《説文》：，龍之屬也。池魚滿三千六百，蛟來爲之長，能率魚飛。置笱水中，即蛟去。从虫交聲。

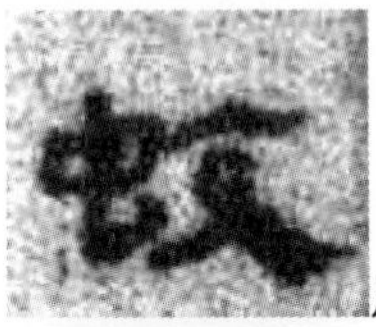馬壹 13_2 上\95 上

○魚蛟先後

銀貳 1659

○黿蛟鼉也

北壹・倉頡篇 29

○蛟龍虫蛇

北齊・朱曇思等造塔記

北齊・元賢誌

【螭】

《説文》：，若龍而黃，北方謂之地螻。从虫离聲。或云無角曰螭。

東漢・燕然山銘

○螭虎之士

【虯】

《説文》：，龍子有角者。从虫丩聲。

北魏・王悅及妻郭氏誌

○虯鱗方泳

北魏・元珍誌

○虬申豹變

東魏・曹全造像

○爲亡夫己息虬

東魏・高湛誌

○丹虬降祉

北齊・令狐氏等造像

○像主吳白虯妻令狐氏等

【蜦】

《説文》：，蛇屬，黑色，潛于神淵，能興風雨。从虫侖聲。讀若戾艸。

【蜧】

《説文》：，蜦或从戾。

【蠊】

《説文》：，海蟲也。長寸而白，

可食。从虫兼聲。讀若嗛。

【蜃】

《説文》：，雉入海，化爲蜃。从虫辰聲。

北魏・爾朱襲誌

○君於是受蜃（脤）廟堂

【盒】

《説文》：，蜃屬。有三，皆生於海。千歲化爲盒，秦謂之牡厲。又云百歲燕所化。魁盒，一名復累，老服翼所化。从虫合聲。

【螷】

《説文》：，階也。脩爲螷，圜爲蠇。从虫、庳。

【蝸】

《説文》：，蝸蠃也。从虫咼聲。

【蚌】

《説文》：，蜃屬。从虫丰聲。

【蠇】

《説文》：，蚌屬。似螊，微大，出海中，今民食之。从虫萬聲。讀若賴。

【蝓】

《説文》：，虒蝓也。从虫俞聲。

【蜎】

《説文》：，蜎也。从虫肙聲。

北壹・倉頡篇 5

○嬛䓞蜎黑

【蟺】

《説文》：，夗蟺也。从虫亶聲。

【蠗】

《説文》：，蠗蟉也。从虫幽聲。

【蟉】

《説文》：，蠗蟉也。从虫翏聲。

【蟄】

《説文》：，藏也。从虫執聲。

銀貳 1800

○以入蟄虫（蟲）

【蚨】

《説文》：，青蚨，水蟲，可還錢。从虫夫聲。

【蜩】

《説文》：，蜩蠅，詹諸，以脰鳴者。从虫匊聲。

【蝦】

《説文》：，蝦蟆也。从虫叚聲。

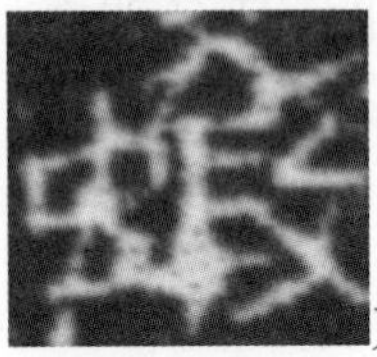
東漢・石祠堂石柱題記

○山陽蝦丘榮保

北魏・元寶月誌

○天降純蝦（蝦）

【蟆】

《説文》：，蝦蟆也。从虫莫聲。

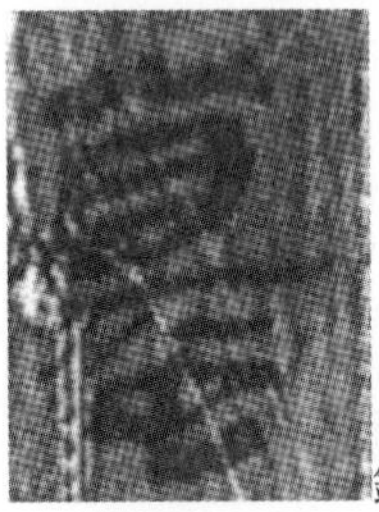
銀貳 1659

○陰者瑕（蝦）蟆也

【蠵】

《説文》：，大龜也。以胃鳴者。从虫巂聲。

【蝮】

《説文》：，司馬相如説，蠵从夐。

【螹】

《説文》：，螹離也。从虫，漸省聲。

【蠏】

《説文》：，有二敖八足，旁行，非蛇鮮之穴無所庇。从虫解聲。

【蟹】

《説文》：，蟹或从魚。

北壹・倉頡篇 20

○鮒蟹鮪鱣

【蛫】

《説文》：，蟹也。从虫危聲。

【蜮】

《説文》：，短狐也。似鼈，三足，以气䠶害人。从虫或聲。

【蟈】

《説文》：，蜮又从國。

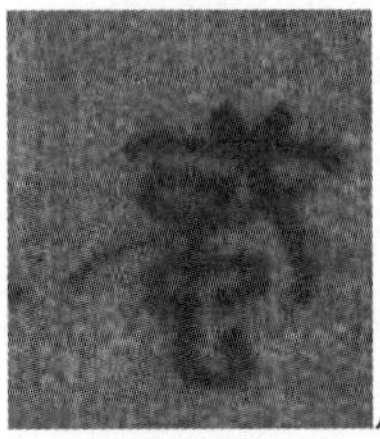
馬貳 134_11/66

○衣令蜮及蟲（虫）

【蛘】

《説文》：，似蜥易，長一丈，水潛，吞人卽浮，出日南。从虫屰聲。

【蜩】

《說文》：，蛧蜽，山川之精物也。淮南王說，蛧蜽，狀如三歲小兒，赤黑色，赤目，長耳，美髮。从虫网聲。《國語》曰："木石之怪夔蛧蜽。"

【蜽】

《說文》：，蛧蜽也。从虫兩聲。

【蝯】

《說文》：，善援，禺屬。从虫爰聲。

【蠗】

《說文》：，禺屬。从虫翟聲。

【蜼】

《說文》：，如母猴，卬鼻，長尾。从虫隹聲。

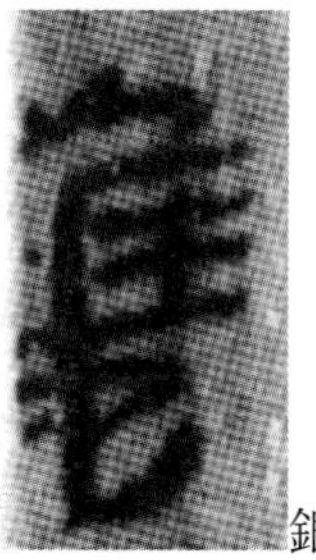
銀貳 1739

〇駒犢蜼（虺）蘲

【蚼】

《說文》：，北方肓蚼犬，食人。从虫句聲。

【蛩】

《說文》：，蛩蛩，獸也。一曰秦謂蟬蛻曰蛩。从虫巩聲。

【蟨】

《說文》：，鼠也。一曰西方有獸，前足短，與蛩蛩、巨虛比，其名謂之蟨。从虫厥聲。

【蝙】

《說文》：，蝙蝠也。从虫扁聲。

【蝠】

《說文》：，蝙蝠，服翼也。从虫畐聲。

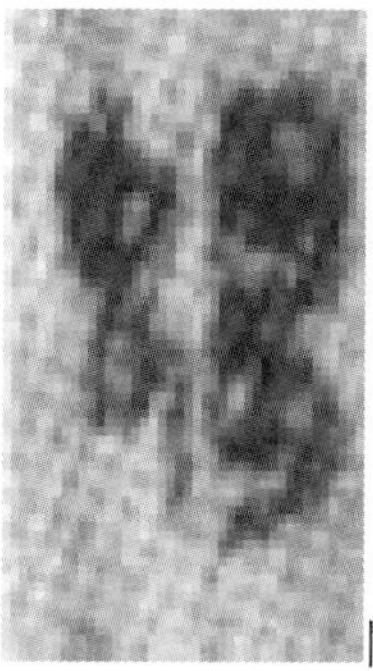
關・病方 321

〇大如扁（蝙）蝠矢（屎）而乾之

【蠻】

《說文》：，南蠻，蛇穜。从虫䜌聲。

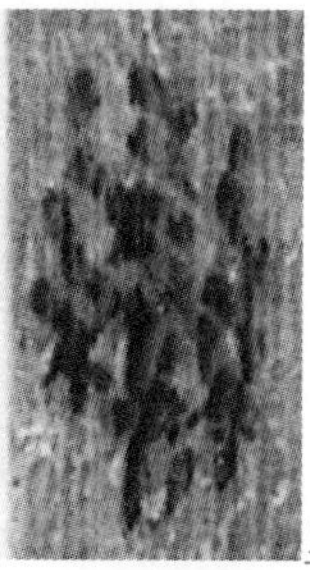
里・第八層 1449

〇毋蠻更者敢言之

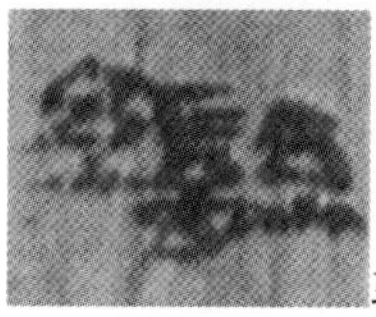
敦煌簡 0983

○蠻夷

北壹・倉頡篇 40

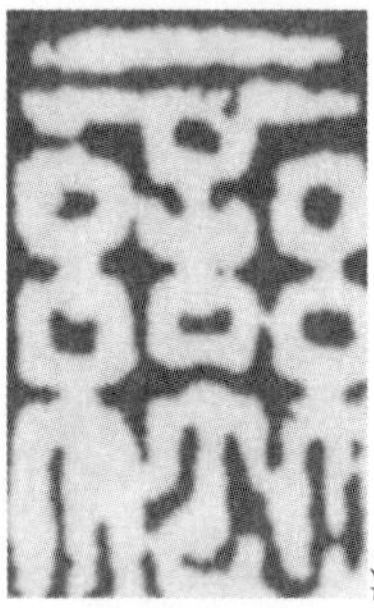
漢晉南北朝印風

漢印文字徵

柿葉齋兩漢印萃

○晉蠻夷率善仟長

漢印文字徵

廿世紀璽印四-GY

廿世紀璽印四-GY

廿世紀璽印四-GY

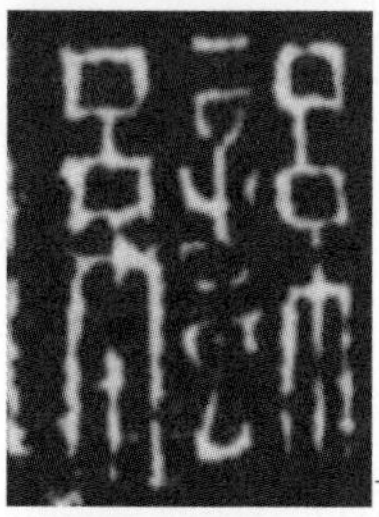
廿世紀璽印四-GY

漢晉南北朝印風

○晉蠻夷率善仟長

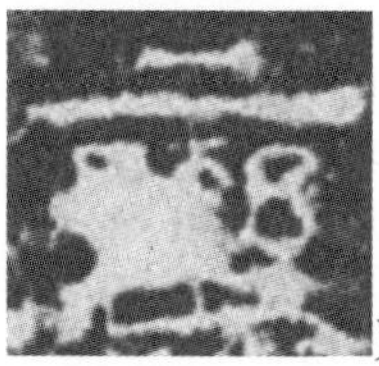
東漢・衛尉卿衡方碑

○綏來王之蠻

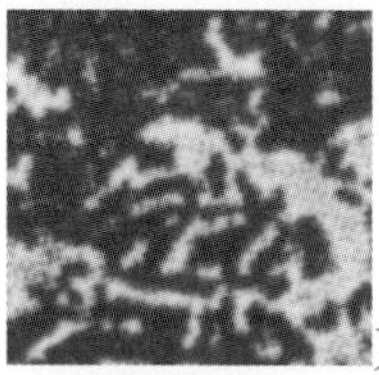
東漢・張遷碑陽

○南苞八蠻

東漢・馮緄碑

○南征五溪蠻夷

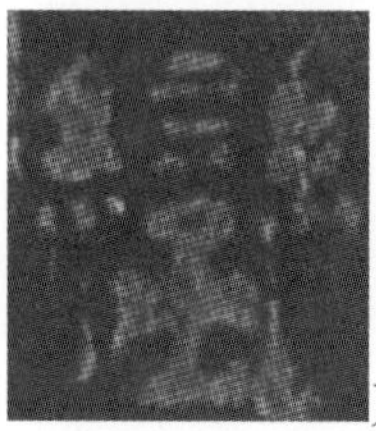
東漢・楊統碑陽

北魏・寇憑誌

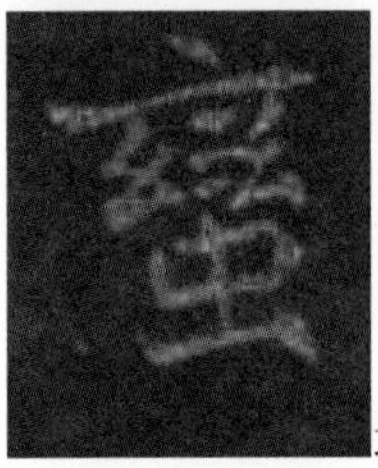
北魏・寇演誌

○南蠻校尉

北齊・元賢誌

○砥躡蠻荊

北齊・吴遷誌

【閩】

《說文》：閩，東南越，蛇種。从虫門聲。

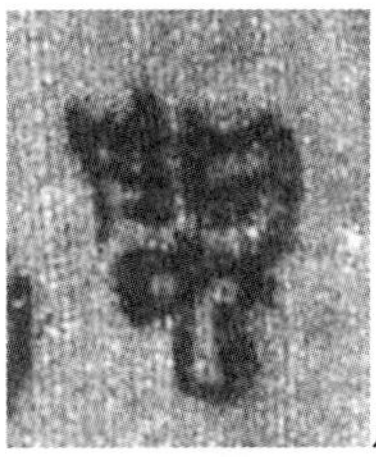
馬壹 77_86

馬壹 5_28 上

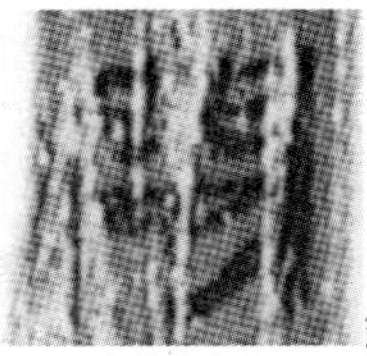
銀貳 1739

○有報閩（蚊）

柿葉齋兩漢印萃

東晉・宋和之誌

東魏・蕭正表誌

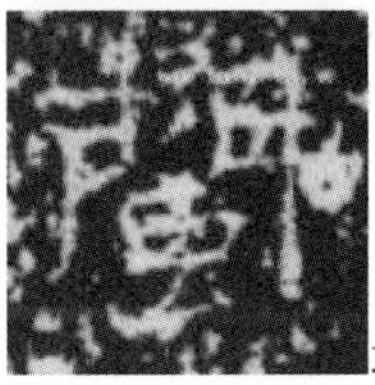
北齊・魏懿誌

○閩越之逵衢

【虹】

《說文》：虹，螮蝀也。狀似蟲。从虫工聲。《明堂月令》曰："虹始見。"

【蚺】

《說文》：蚺，籀文虹从申。申，電也。

馬貳 12_8

○白虎虹宮上立

廿世紀璽印三-GP

○虹丞之印

歷代印匋封泥

○虹丞之印

廿世紀璽印三-GY

○虹之左尉

漢晉南北朝印風

○虹之左尉

石鼓・馬薦

○虹□皮□

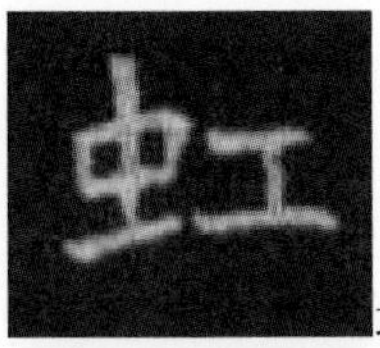
北魏・元項誌

北魏・胡明相誌

【螮】

《說文》：，螮蝀，虹也。从虫帶聲。

【蝀】

《說文》：，螮蝀也。从虫東聲。

【蠥】

《說文》：，衣服、歌謠、艸木之怪，謂之祥。禽獸、蟲蝗之怪，謂之蠥。从虫辥聲。

【蜑】

《說文》：，南方夷也。从虫延聲。

【蟪】

《說文》：，蟪蛄，蟬也。从虫惠聲。

【蠛】

《說文》：，蠛蠓，細蟲也。从虫蔑聲。

【虴】

《說文》：，虴蜢，艸上蟲也。从虫乇聲。

【蜢】

《說文》：，虴蜢也。从虫孟聲。

【蟋】

《說文》：，蟋蟀也。从虫悉聲。

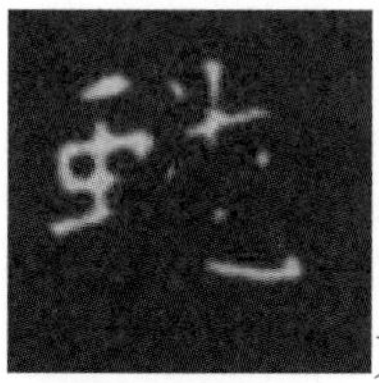
東魏・元顯誌

○庭吟蟋蟀

【螳】

《說文》：，螳蜋也。从虫堂聲。

〖虱〗

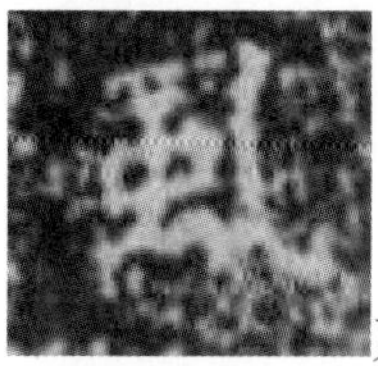
東魏・鄭君殘碑

○懸虱之心

〖蚤〗

睡・秦律十八種 2

馬壹 149_71/245 下

○不道蚤（早）巳（已）

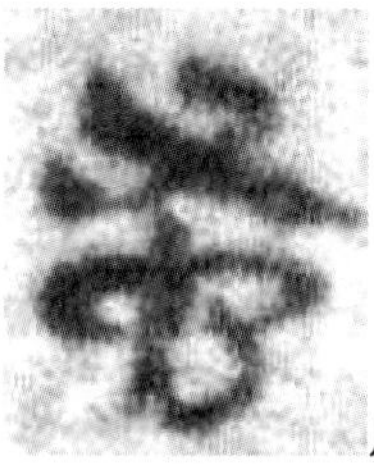
馬壹 96_26

○亓（其）蚤（爪）兵无所容

北貳・老子 36

○革虎無所錯（措）其蚤（爪）

〖虽〗

漢印文字徵

○虽崇私印

漢印文字徵

〖虴〗

北齊・道明誌

○祖虴昌黎郡

〖蚥〗

漢印文字徵

○周蚥

〖蚠〗

漢印文字徵

○杜蚠

〖蚉〗

北齊・李祖牧誌

○蔽蚉(蚊)嘗吐

〖虻〗

漢印文字徵

○虻喜私印

〖虻〗

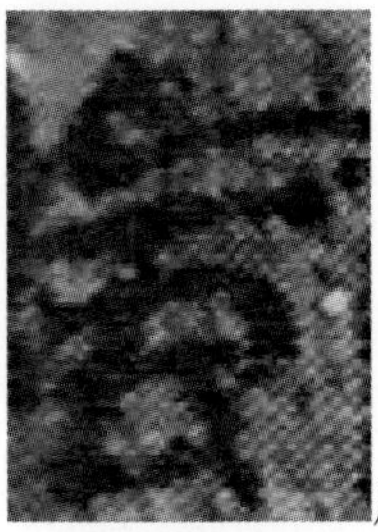
居・EPT48.69

○虻矢三百五

居・EPF22.183

○虻矢千八百五十

居・EPF25.8

○受虻矢服

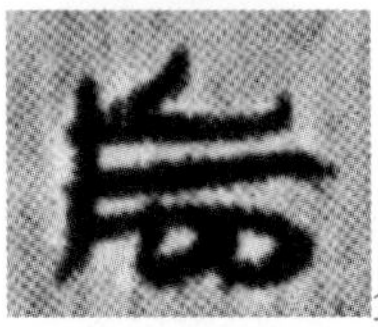
金關 T10:131

○虻矢一差折負

〖虵〗

北壹・倉頡篇 12

○虵（虮）隝

〖蚩〗

漢印文字徵

○□蚩

〖蜄〗

北魏・王温誌

○専據蜄城

北齊・報德像碑

○竊以石槨蜄炭

〖蝁〗

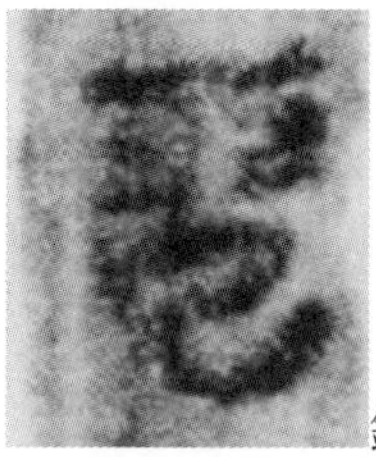
銀壹 271

○蝁（渠）塞也

〖蜯〗

北魏・檀賓誌

○蜯不隱珠

〖蜴〗

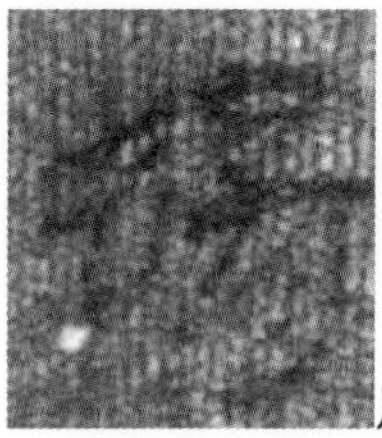
馬貳 85_350/340

○刑赤蜴以血涂

〖蜫〗

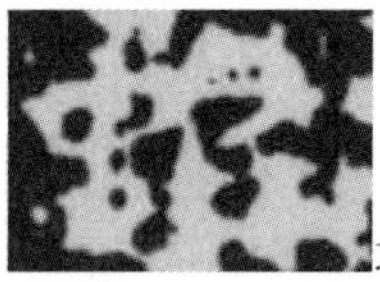
北魏・韓貞造象

○下及蜫虫

〖蜲〗

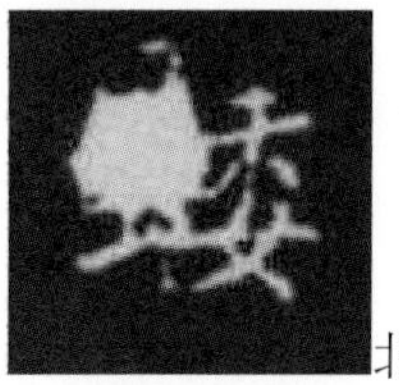
北魏・元廞誌

○蜲蛇顯足

〖蜿〗

北魏・弔比干文

○躍八龍之蜿蜿兮

北魏・弔比干文

○躍八龍之蜿蜿兮

〖蜻〗

銀壹 295

○所以當蠎（溝）池也

〖蝊〗

馬壹 96_36

○逢（蜂）蝲蝊（虺）地（蛇）

〖蝣〗

北魏・元理誌

○郎之子君寄蜉蝣於天地，

〖螯〗

北魏・元子直誌

〖螛〗

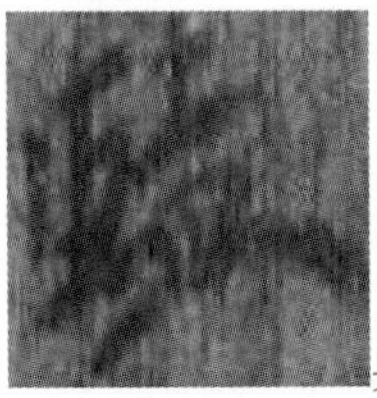
吳簡嘉禾・五・一七一

○男子螛兵

〖蟦〗

張・脈書 3

○爲蟦（蟘）食

〖螑〗

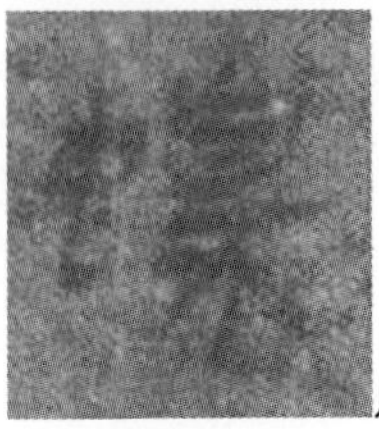
馬貳 118_172/171

○燔螑冶裹

〖螢〗

北齊・唐邕刻經記

○非待螢雪

〖蟃〗

東漢・石門頌

○蛇（虵）蛭毒蟃

〖蟀〗

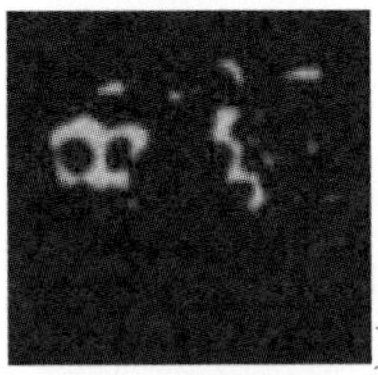
東魏・元顯誌

○庭吟蟋蟀

〖蟖〗

北魏・司馬顯姿誌

○螽蟖再訓

北魏・司馬顯姿誌

〇使螽蟖重作

〖螭〗

北魏・宋靈妃誌

〇車蔚龍螭

北魏・元略誌

〇螭（摛）藻樞中

〖蟾〗

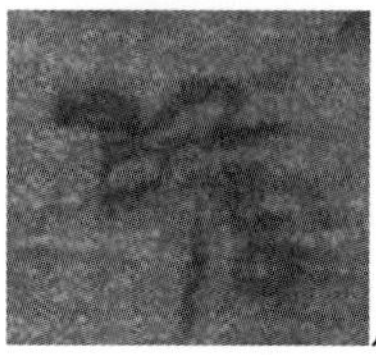
馬貳 119_202/201

〇四曰蟾者（諸）

北齊・是連公妻誌

〇蟾光易缺

〖蟻〗

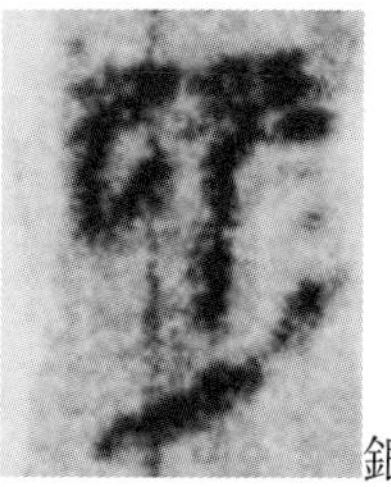
銀壹 243

〇直將蟻傳（附）

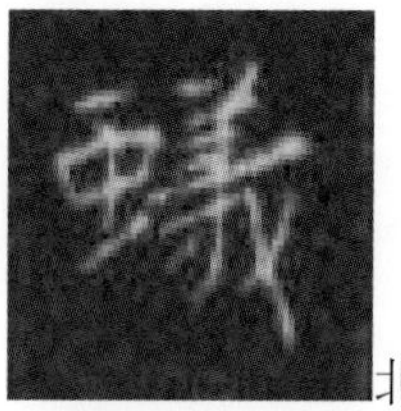
北魏・源延伯誌

〇蟻徒冰泮

北魏・楊舒誌

〇敢率蟻徒

〖蠕〗

北魏・崔隆誌

〇蠕蠕寇邊

〖蠆〗

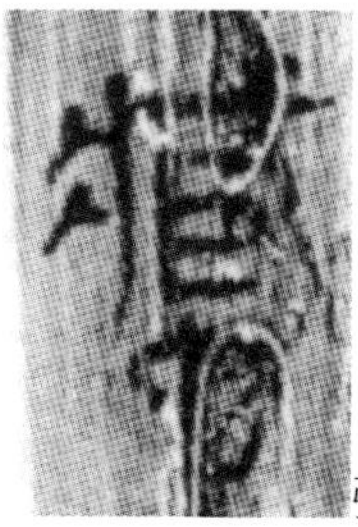
張・脈書 4

〇掌中爲蠆在

〖蠟〗

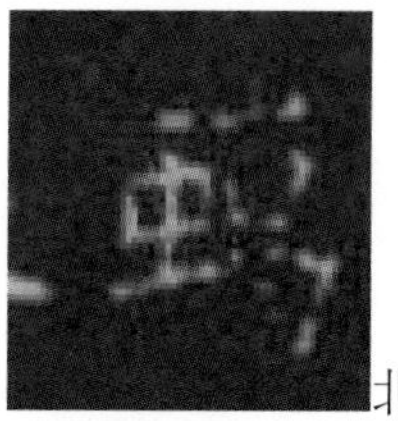
北魏・元乂誌

〇蠟三百斤

〖蠷〗

北魏・元新成妃李氏誌

○狀蠷(䖥)淵而獨邃

䖵部

【䖵】

《說文》：，蟲之總名也。从二虫。凡䖵之屬皆从䖵。讀若昆。

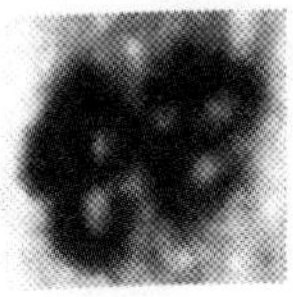
秦文字編 1859

【蠶】

《說文》：，任絲也。从䖵朁聲。

馬貳 80_228/215

○以原蠶穜（種）方

銀貳 1170

○皃桑蠶巨

北壹・倉頡篇 43

○蠶繅

漢印文字徵

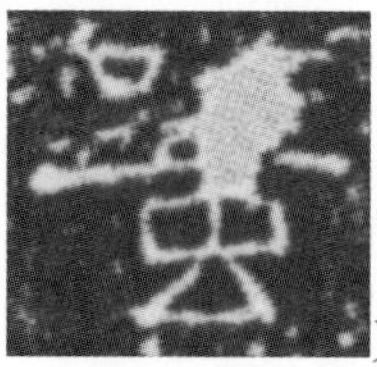
東漢・張遷碑陽

○蠶月之務

北周・須蜜多誌

○躬勞蠶月

【蛾】

《說文》：，蠶化飛蟲。从䖵我聲。

【蛾】

《說文》：，或从虫。

【蝨】

《說文》：，齧人跳蟲。从䖵叉聲。叉，古爪字。

【蚤】

《說文》：，蝨或從虫。

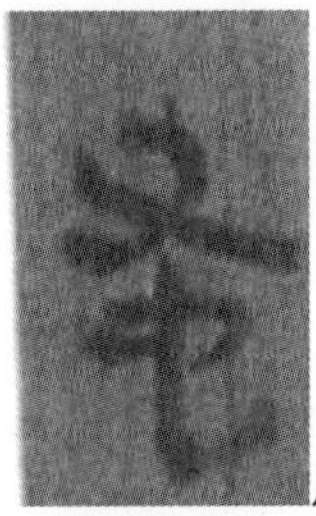
馬貳 211_90

張・奏讞書 117

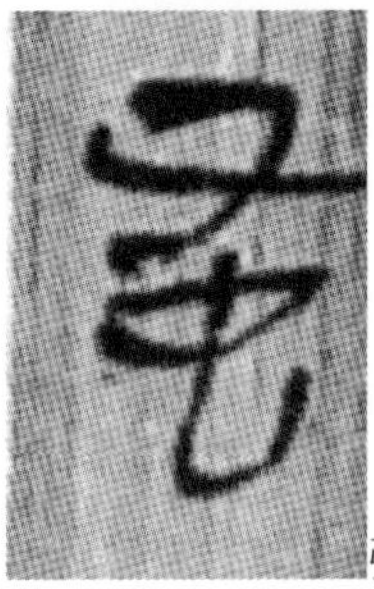
張・脈書 13

○艮（眼）蚤（爪）黄弱（溺）

張・引書 2

○春日蚤（早）起

銀貳 1786

金關 T23:196B

武・儀禮甲《士相見之禮》12

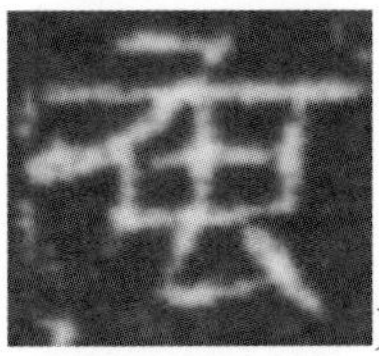
東漢・石祠堂石柱題記

○蚤（早）失賢子

東漢・石祠堂石柱題記

○不幸蚤終

東漢・石堂畫像石題記

【蝨】

《説文》：，齧人蟲。从䖵卂聲。

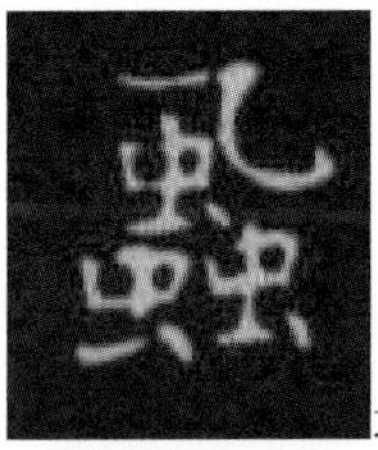
北魏・韓震誌

○髣髴蝨心之妙

北齊・梁子彦誌

○破蝨啼猿之伎

【蜂】

《說文》：，蝗也。从䖵夂聲。夂，古文終字。

【螽】

《說文》：，螽或从虫眾聲。

張・奏讞書 222

○田救螽邑

北魏・司馬顯姿誌

○使螽蟖重作

東魏・馮令華誌

○成此螽斯之業

【蝨】

《說文》：，齧人蟲。从䖵，卂聲。

【䗴】

《說文》：，小蟬蜩也。从䖵截聲。

【蠿】

《說文》：，蠿蟊，作罔蛛蟊也。从䖵㡭聲。㡭，古絕字。

【蟊】

《說文》：，蠿蟊也。从䖵矛聲。

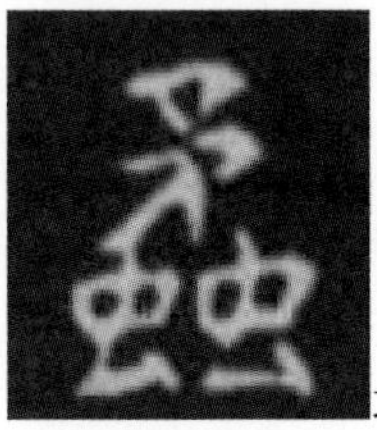
北魏・赫連悅誌

○銷革蟊蠹

【蠠】

《說文》：，蟲也。从䖵宓聲。

【䗬】

《說文》：，𧖴䗬也。从䖵曹聲。

【𧓍】

《說文》：，螻蛄也。从䖵𡪢聲。

【蠡】

《說文》：，蟲蛸也。从䖵卑聲。

【蜱】

《說文》：，蠡或从虫。

【蠭（蜂）】

《說文》：，飛蟲螫人者。从䖵逢聲。

【𧉫】

《說文》：，古文省。

馬壹 143_16/190 下

○赤子螽蠆虫蛇

馬貳 134_12/67

○蜮蟲蛇螽

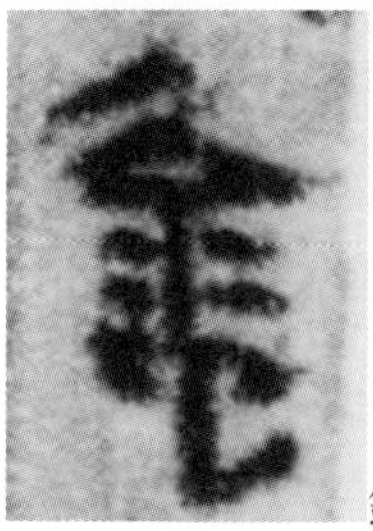
銀壹 353

○故有蜂（鋒）

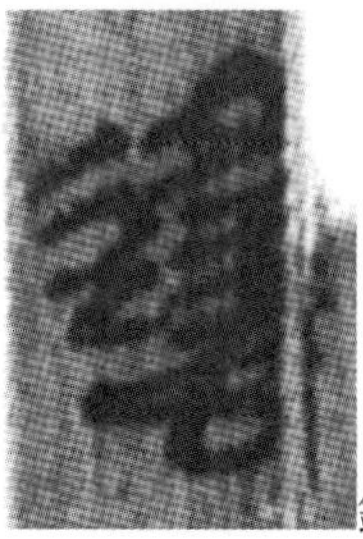
銀貳 1707

○大暑螽治

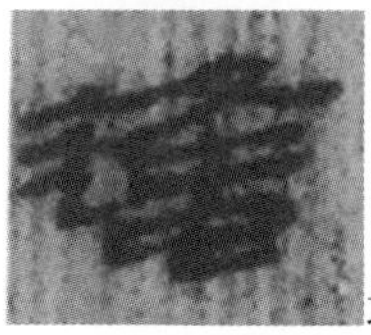
北貳・老子 48

○赤子螽蠆蚖

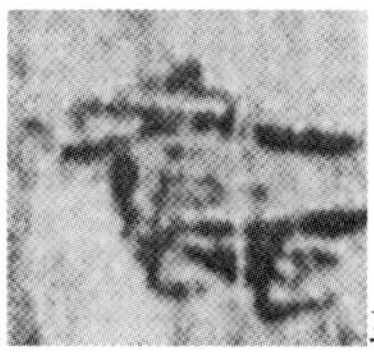
敦煌簡 1683

○宜禾部螽第

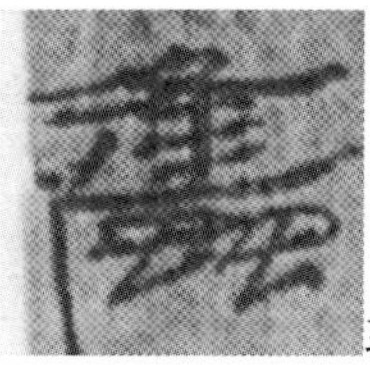
敦煌簡 1362

○畢去輒下蜂

晉・大中正殘石

○檄螽迮

北齊・高潤誌

○稷蜂爲之不起

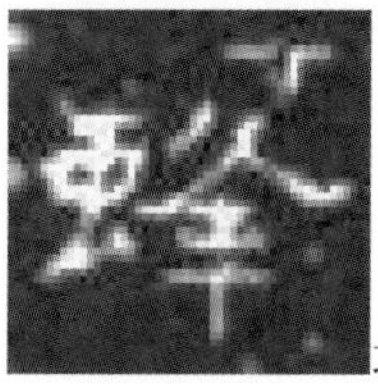
北齊・堯峻誌

○蟻附蜂起

【蠠】

《說文》：，螽甘飴也。一曰螟子。从蚰鼏聲。

【蜜】

《說文》：，蠠或从宓。

馬貳 129_26

○以蠠(蜜)和之

東牌樓 015 背

○并䖶(蜜)其上

漢晉南北朝印風

○蜜雲太守章

北齊・鼓山佛經刻石

北周・須蜜多誌

【蝨】

《説文》：，蝨蟟也。从蚰巨聲。

【蟁】

《説文》：，齧人飛蟲。从蚰民聲。

【䖧】

《説文》：，蟁或从昏，以昏時出也。

【蚊】

《説文》：，俗蟁从虫从文。

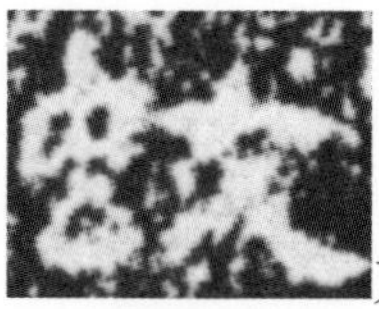
東漢・仙人唐公房碑陽

○春夏毋蚊蚋

【蝱】

《説文》：，齧人飛蟲。从蚰亡聲。

【蠹】

《説文》：，木中蟲。从蚰橐聲。

【螙】

《説文》：，蠹或从木，象蟲在木中形，譚長說。

睡・效律 42

○有蠹突者

北壹・倉頡篇 30

○敗蠹臭腐

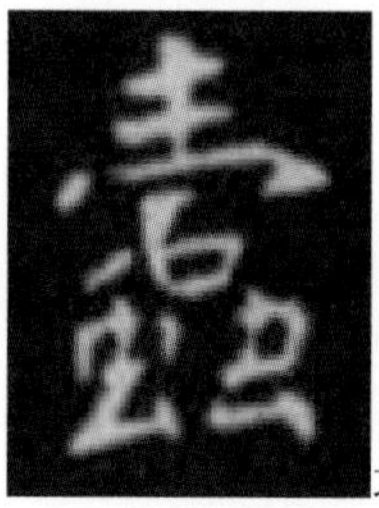
北魏・赫連悅誌

〇銷革蝨蠹

北魏・元壽安誌

〇秦川桂蠹

【蠡】

《說文》：，蟲齧木中也。从䖵彖聲。

【𧒂】

《說文》：，古文。

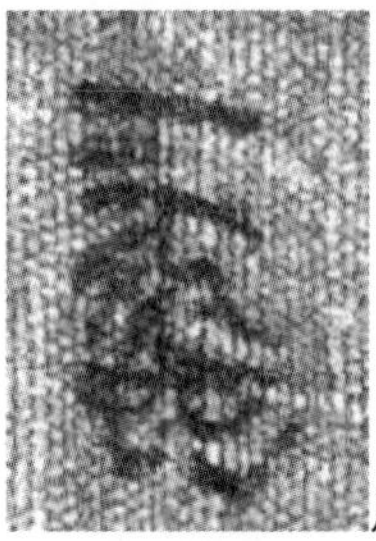
馬貳 72_97/97

〇入奚蠡中左拯

金關 T07:016

〇嫛蠡洛

漢晉南北朝印風

〇蠡國吾相

漢印文字徵

〇蠡國吾相

東漢・成陽靈臺碑

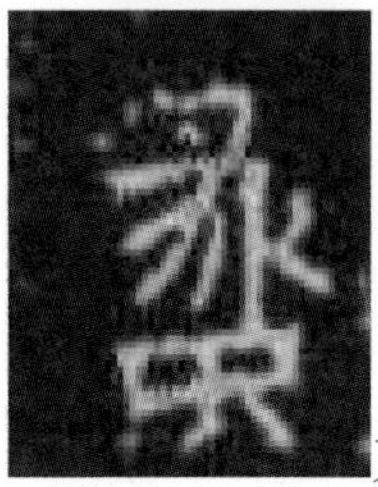
東魏・程哲碑

〇程蠡（蠡）字士璉

【蝨】

《說文》：，多足蟲也。从䖵求聲。

【蛷】

《說文》：，蝨或从虫。

【蠹】

《說文》：，蚍蠹也。从䖵橐聲。

【蜉】

《說文》：，蠹或从虫从孚。

北魏・元理誌

【蠵】

《說文》：，蟲食也。从䖵雋聲。

【蠢】

《說文》：，蝨動也。从䖵春聲。

【䗨】

《說文》：，古文蠢从𢦏。《周書》曰："我有䗨于西。"

睡·日甲《詰》47

○室𤎩蠢（鬊）及

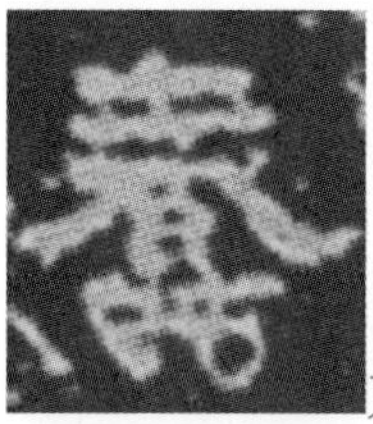
東漢·鮮于璜碑陽

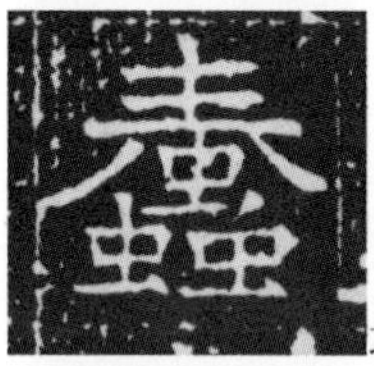
北齊·孟阿妃造像

○蠢蠢四生

北齊·劉碑造像

○蠢動普沾

北齊·邢多等造像

○蠢兹黎庶

〖朁〗

秦文字編 1859

蟲部

【蟲】

《說文》：，有足謂之蟲，無足謂之豸。从三虫。凡蟲之屬皆从蟲。

睡·日甲《盜者》74

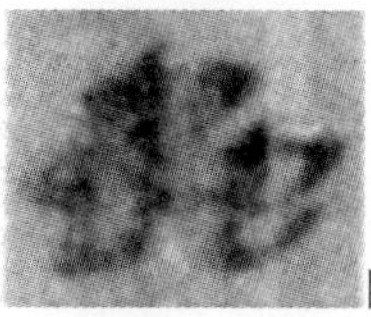
睡·日甲《詰》53

馬貳 69_28/28

○蟲葷

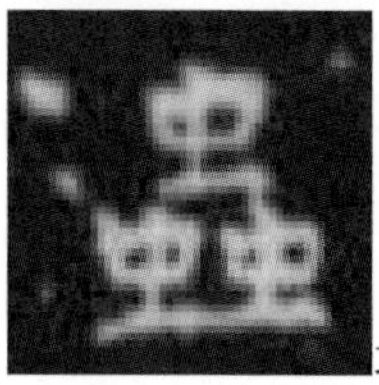
北魏·元延明誌

北齊・赫連子悅誌

【蠹】

《說文》：，蟲食艸根者。从蟲，象其形。吏抵冒取民財則生。

【蝥】

《說文》：，蟊或从敄。臣鉉等按：虫部已有，莫交切。作盤蝥蟲。此重出。

【蛑】

《說文》：，古文蟊从虫从牟。

【蠶】

《說文》：，蚍蜉，大螘也。从蟲䑛聲。

【蚍】

《說文》：，蠶或从虫比聲。

【蠠】

《說文》：，蝨也。从蟲靣聲。

【蠹】

《說文》：，臭蟲，負蠜也。从蟲非聲。

【蜚】

《說文》：，蠹或从虫。

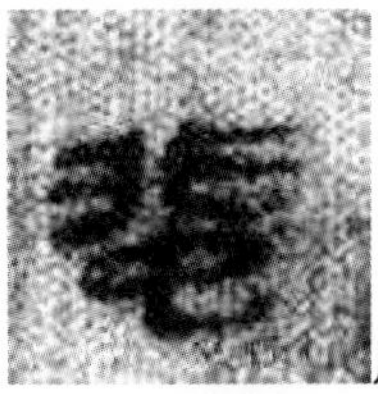
馬貳 33_18 下

○無蜚（飛）安得

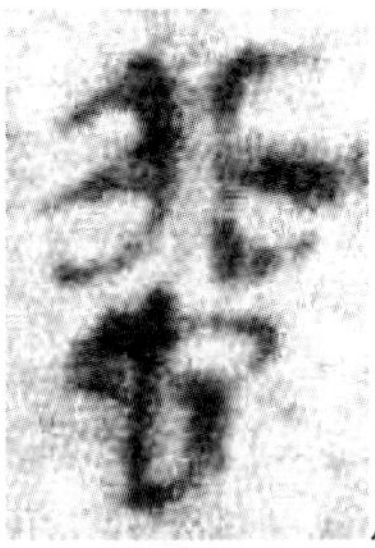
馬壹 103_16\185

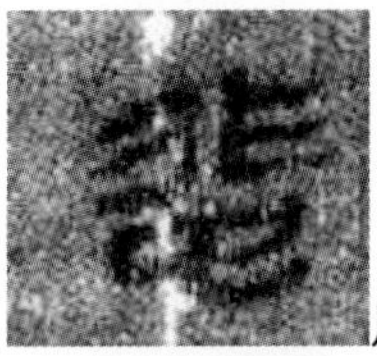
馬壹 16_17 下\110 下

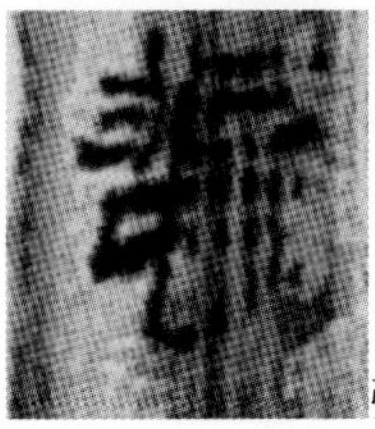
張・奏讞書 171

○故能蜚（飛）人

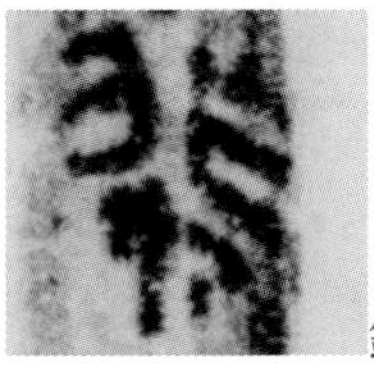
銀壹 863

○起如蜚（飛）鳥

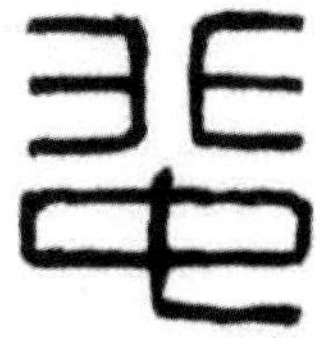
漢印文字徵

○大利周蜚卿

漢印文字徵

【蠱】

《説文》：，腹中蟲也。《春秋傳》曰："皿蟲爲蠱。""晦淫之所生也。"梟桀死之鬼亦爲蠱。从蟲从皿。皿，物之用也。

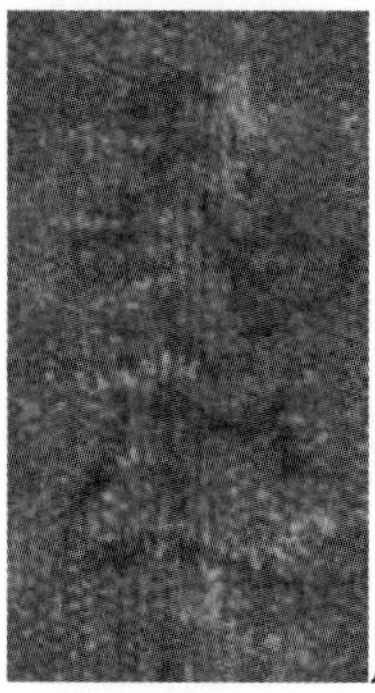
馬貳 90_445/435

○□蠱者

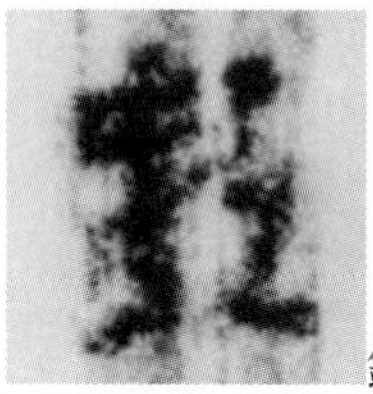
銀壹 620

○以蠱(蛊)世弦歌

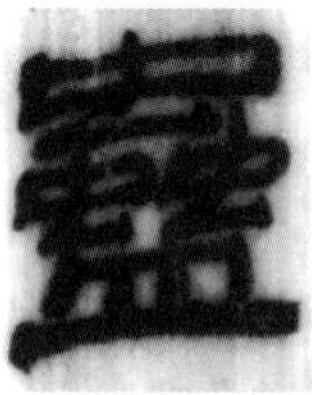
北壹・倉頡篇 70

漢印文字徵

○蠱餘

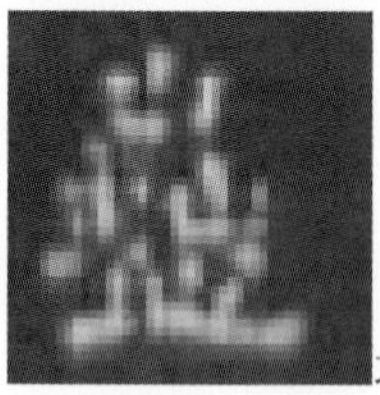
北周・田弘誌

風部

【風】

《説文》：，八風也。東方曰明庶風，東南曰清明風，南方曰景風，西南曰涼風，西方曰閶闔風，西北曰不周風，北方曰廣莫風，東北曰融風。風動蟲生。故蟲八日而化。从虫凡聲。凡風之屬皆从風。

【凬】

《説文》：，古文風。

睡・效律 42

睡・日甲《詰》64

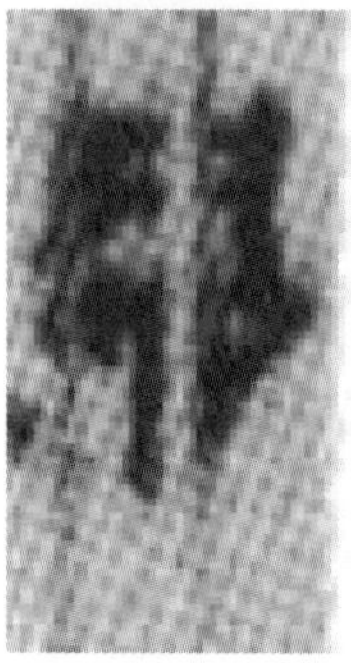
關・病方 333

○毋見風雨

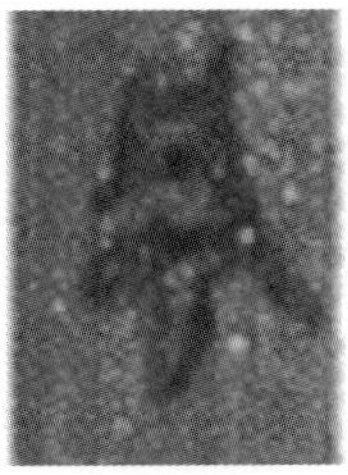
嶽・為吏 86

○勿舍風（諷）庸

馬壹 219_131

馬壹 212_49

馬貳 240_217

馬貳 4_10

張・蓋盧 31

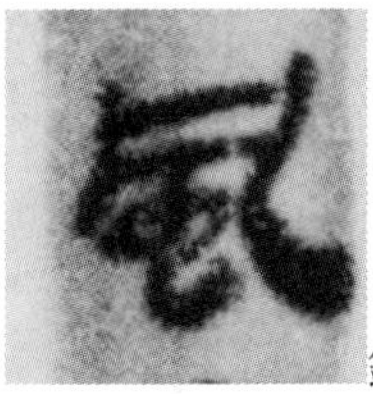
銀壹 344

銀貳 1713

北貳・老子 182

敦煌簡 1179

○疾病風從東方來

金關 T08:064

○秋風至

北壹・倉頡篇 16

歷代印匋封泥

○八解風

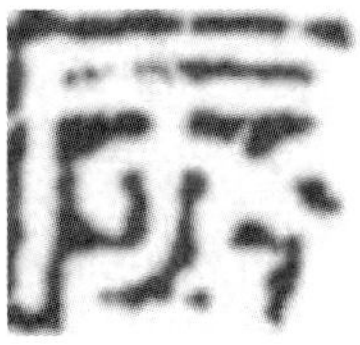
廿世紀璽印三-SY

○曹風私印

漢代官印選

漢代官印選

東漢・鮮于璜碑陰

○萬里同風

東漢・三老諱字忌日刻石

○猶元風力射

東漢・孟孝琚碑

○涼風滲淋

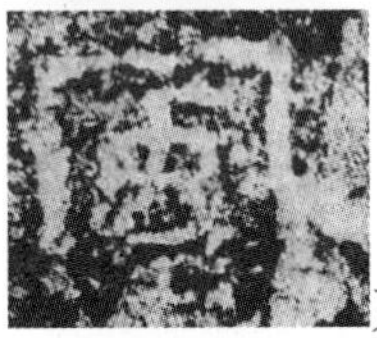
東漢・李禹通閣道記

○右扶風

東漢・北海太守爲盧氏婦刻石

東漢・熹平殘石

東漢・西狹頌

東漢・夏承碑

○風俗改易

東漢・肥致碑

○畢先風

東漢・西岳華山廟碑陽

北魏・唐雲誌

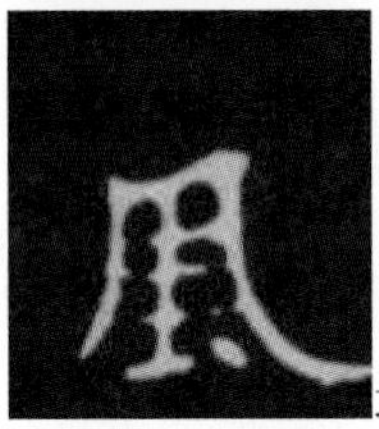
北魏・李蕤誌

○和風里人也

北魏・趙超宗誌

○除扶風太守

北魏・張宜誌

○將相之風

北魏・元徽誌

北魏・鄯乾誌

○長述風芳

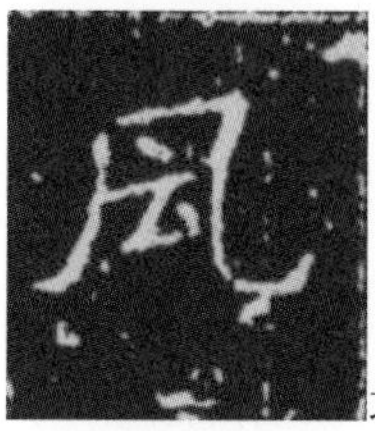
北齊・張起誌

○風謠尚武

北周・高妙儀誌蓋

【䬁】

《説文》：，北風謂之䬁。从風，涼省聲。

【颵】

《説文》：，小風也。从風朮聲。

【飆】

《説文》：，扶搖風也。从風猋聲。

【颮】

《説文》：，飆或从包。

北魏・馮季華誌

○如飆之往

北魏・元譿誌

○風飆秀起

北魏・李端誌

○驚飆拂木

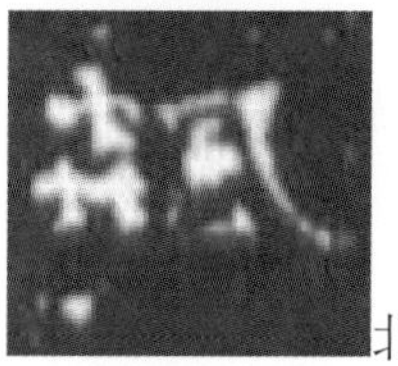
北周・康業誌

○風飆已滅

【飄】

《説文》：，回風也。从風票聲。

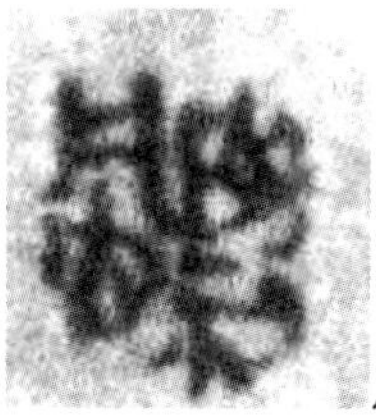
馬壹 101_138

○飄風不冬（終）朝

東漢・武氏左石室畫像題字

○飄風暴雨

東漢・楊著碑額

〇飄然輕舉

北魏・張寧誌

〇風飄千仞

北魏・元瑱誌

北魏・侯掌誌

〇風飄電逝

北魏・元譚妻司馬氏誌

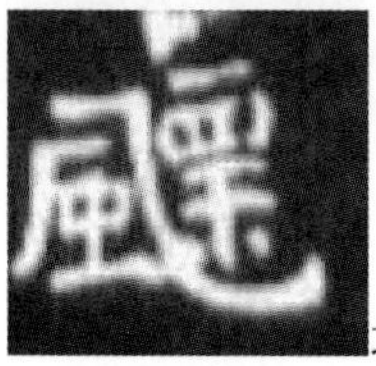
北魏・元冏誌

〇凝飄春馳

【颯】

《説文》：，翔風也。从風立聲。

漢印文字徵

漢印文字徵

北魏・弔比干文

〇颯翾袂而上浮

北魏・元誘誌

〇颯沓牆柳

【飂】

《説文》：，高風也。从風翏聲。

北周・董榮暉誌

〇昔飂叔安之裔

【颮】

《説文》：，疾風也。从風从忽，忽亦聲。

【颹】

《説文》：，大風也。从風胃聲。

【颶】

《説文》：，大風也。从風日聲。

【颺】

《説文》：，風所飛揚也。从風昜

聲。

漢印文字徵

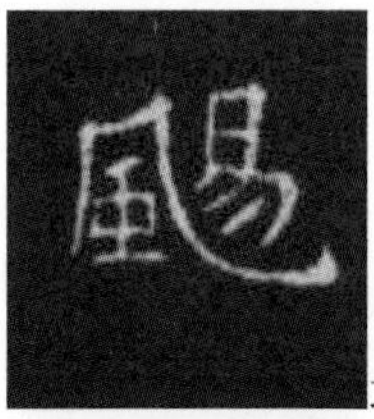
北魏・元颺妻王氏誌

北魏・元颺妻王氏誌

北魏・元詳誌

東魏・廣陽元湛誌

【𩗗】

《説文》：，風雨暴疾也。从風利聲。讀若栗。

【颲】

《説文》：，烈風也。从風𠛱聲。讀若𠛱。

【颸】

《説文》：，涼風也。从風思聲。

北魏・王基誌

○氣咽寒颸

北魏・元詮誌

○松颸屑屑

【颼】

《説文》：，颼飂也。从風叜聲。

【颭】

《説文》：，風吹浪動也。从風占聲。

〖飄〗

北魏・弔比干文

○循海波而漂飄兮

北周・盧蘭誌

〖颻〗

東魏・趙氏妻姜氏誌

〇泣飄風之長往

〖飉〗

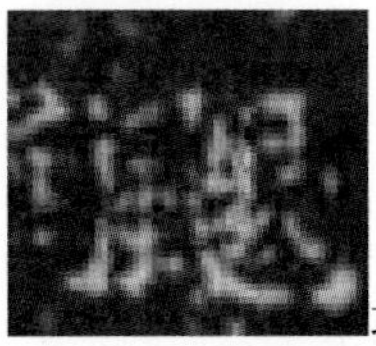
北魏・弔比干文

〇聆廣莫之飂飉兮

它部

【它】

《説文》：，虫也。从虫而長，象冤曲垂尾形。上古艸居患它，故相問無它乎。凡它之屬皆从它。

【蛇】

《説文》：，它或从虫。

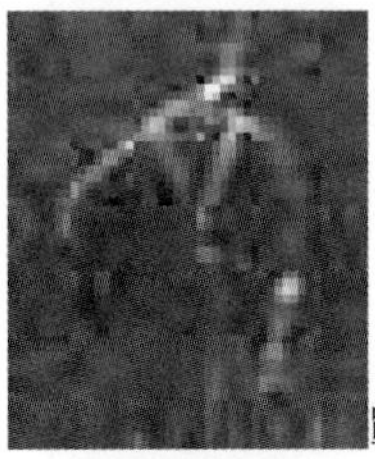
戰晚・春成左庫戈

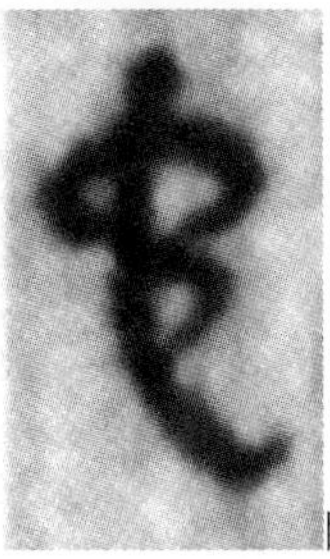
睡・秦律十八種 2

睡・法律答問 177

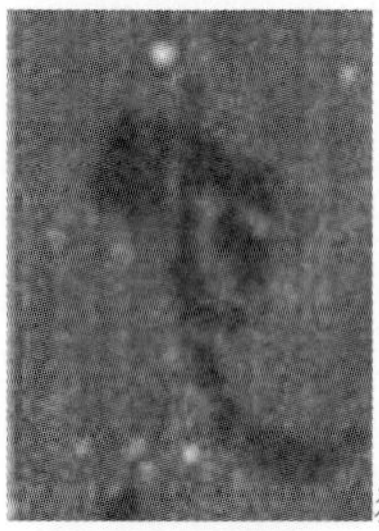
嶽・為吏 17

〇監它人求盜備

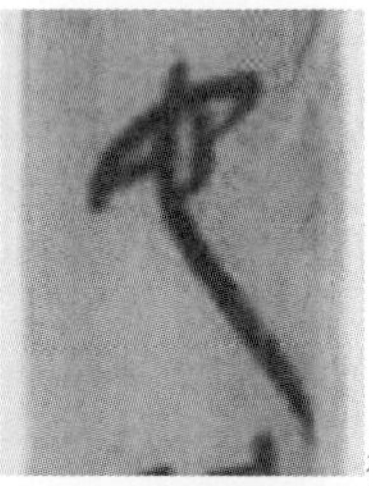
嶽・猩敞案 54

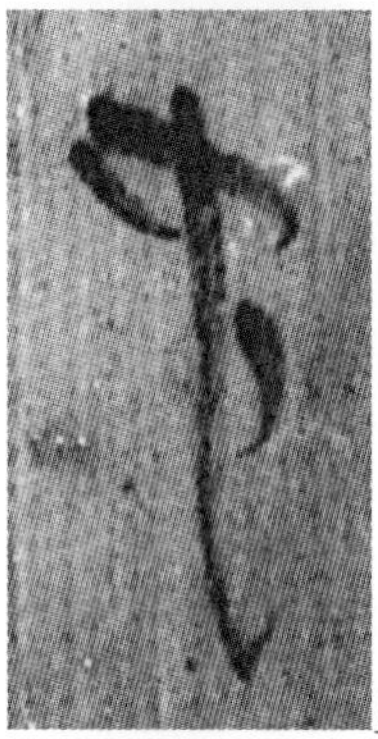
里・第八層 1107

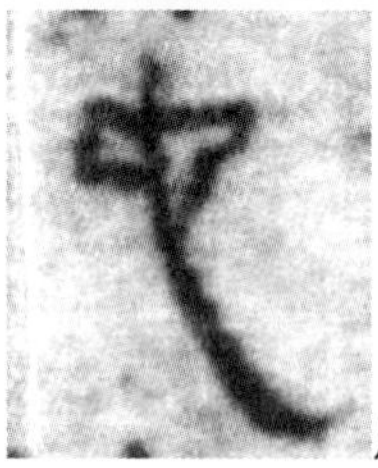
馬壹 81_27

〇臣而它人取齊必害

張・亡律 163

張・奏讞書 11

銀壹 840

銀貳 1051

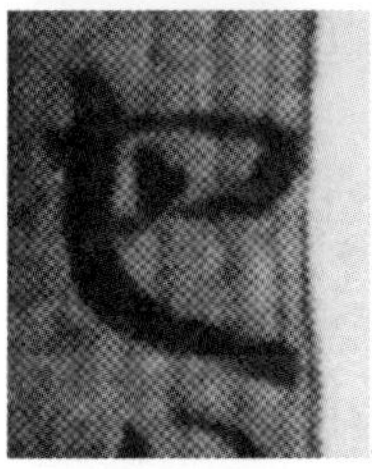
敦煌簡 0243B

金關 T24:011

○毋有它今府問故卒

睡・日甲《盜者》74

○而黑蛇

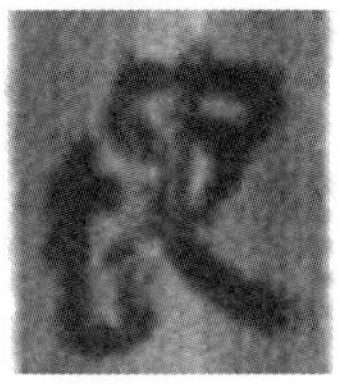
嶽・占夢書 19

○吉夢蛇

馬壹 36_30 上

○蛇身僂豊（曲）

馬壹 82_52

○五相(伯)蛇(弛)政

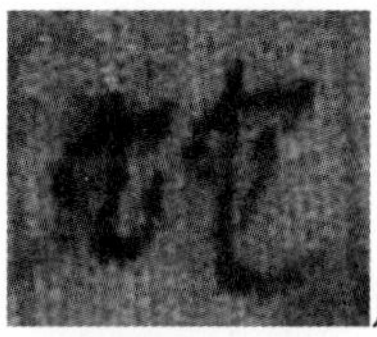
馬貳 129_20

○巴叔（菽）蛇牀

張・引書 99

○恆脈蛇甄以利距

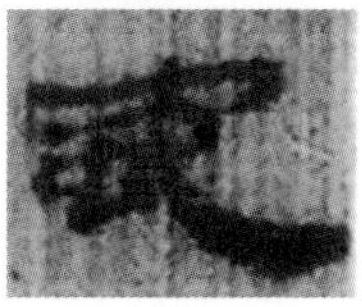
北貳・老子 48

○蠭蠆蚖蛇

北壹・倉頡篇 29

○蛟龍虫蛇

秦代印風

秦代印風

○王它人

漢印文字徵

漢印文字徵

○張它人

漢印文字徵

○祭它私印

漢印文字徵

○蕢它

漢印文字徵

漢印文字徵

○陳它私印

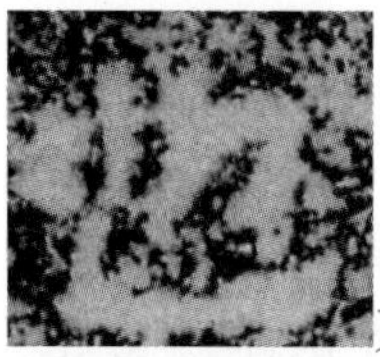
東漢・買田約束石券

○它如約束

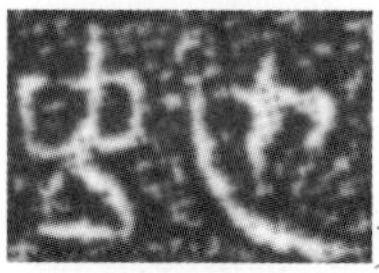
東漢・許安國墓祠題記

○交龍委蛇

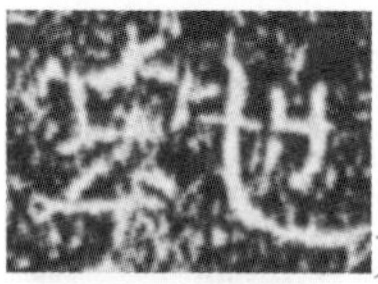
東漢・石門頌

○虵蛭毒蝘

北魏・元馗誌

○長虵邀路

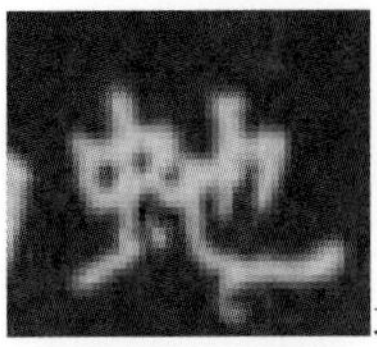
北魏・元延明誌

〇固使素虵縈經

北魏・源延伯誌

〇長虵滿道

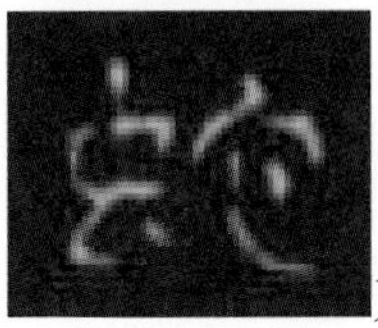
東魏・李憲誌

〇于時長蛇洊食

龜部

【龜】

《説文》：，舊也。外骨内肉者也。从它，龜頭與它頭同。天地之性，廣肩無雄；龜鼈之類，以它爲雄。象足甲尾之形。凡龜之屬皆从龜。

【𪚦】

《説文》：，古文龜。

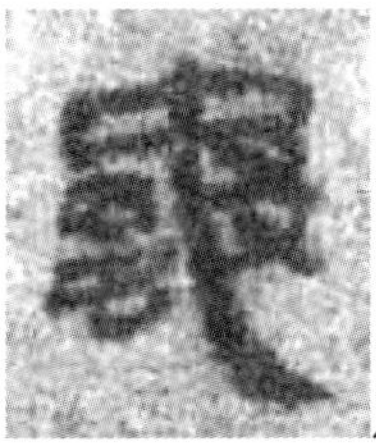
馬壹 4_13 下

〇十朋（倗）之龜弗克

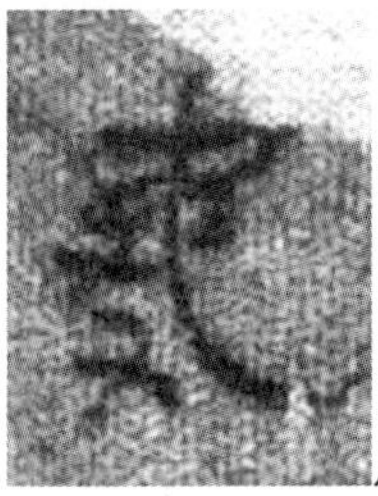
馬貳 81_259/246

〇弗能剝（劙）龜（𡰱）與地

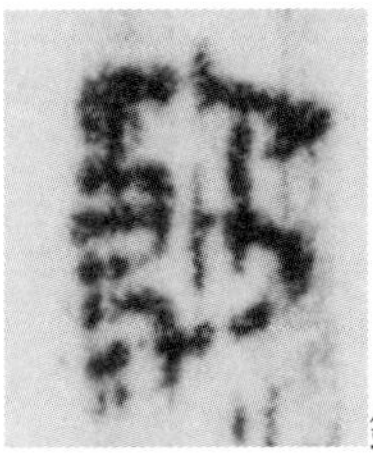
銀壹 813

〇於龜民不親

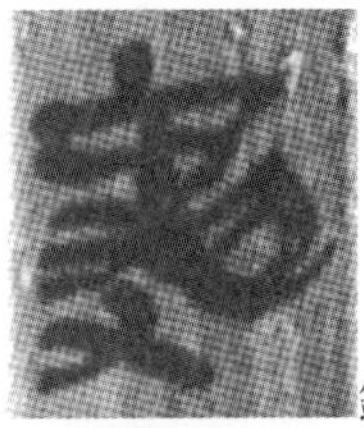
銀貳 1659

〇龜蛟鼈也

漢印文字徵

〇龜洛長印

東漢・桐柏淮源廟碑

〇靈龜十四

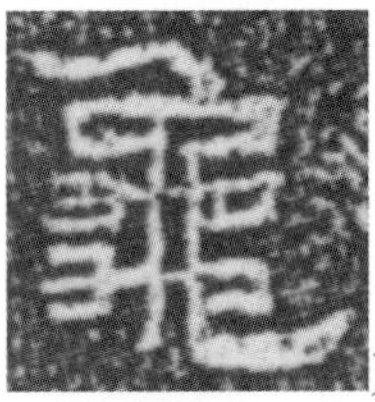
東漢・鮮于璜碑陰

東漢・成陽靈臺碑

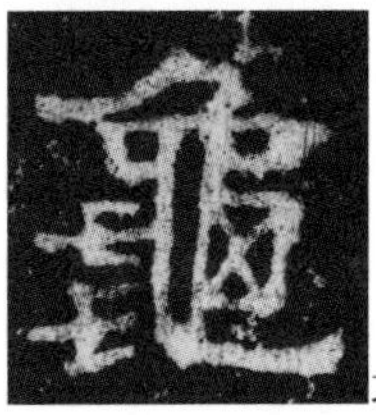
北魏・趙阿歡造像

北魏・元誘妻馮氏誌

北魏・元廣誌

○筮龜啓吉

北魏・李榘蘭誌

○神龜元年

北魏・耿壽姬誌

○神龜

北魏・慧靜誌

○神龜二年

北魏・元譿誌

○以神龜三年

北魏・盧令媛誌

○龜符相迭

北魏・元瑹誌

○至神龜中

北魏・胡明相誌

○龜組蟬聯

北魏・元昉誌

○龜筮既從

北魏・笱景誌

○金龜是紐

北魏・尉氏誌

○神龜二年

北齊・雲榮誌

〇當方窮龜鵠之壽

北周・馬龜誌

〇征子馬神龜者

南朝宋・王佛女買地券

【𪚮】

《說文》：，龜名。从龜夂聲。夂，古文終字。

【𪚯】

《說文》：，龜甲邊也。从龜冄聲。天子巨𪚯，尺有二寸，諸侯尺，大夫八寸，士六寸。

黽部

【黽】

《說文》：，鼃黽也。从它，象形。黽頭與它頭同。凡黽之屬皆从黽。

【䵶】

《說文》：，籀文黽。

漢銘・上林共府升

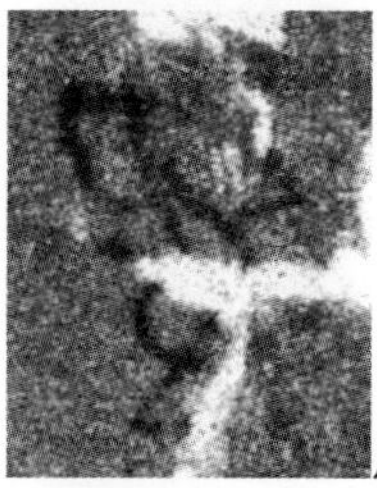
馬貳 31_65

〇水黽至

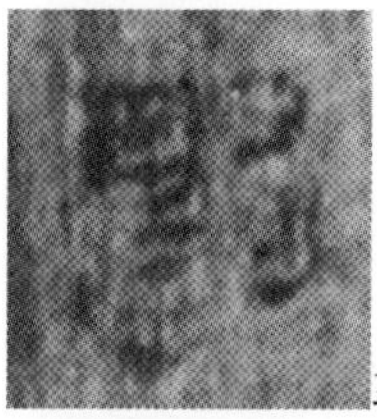
敦煌簡 0832

〇當黽隧卒

秦代印風

〇王黽

秦代印風

漢印文字徵

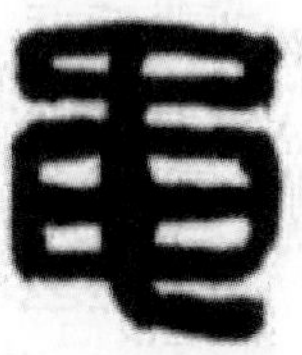
漢印文字徵

東漢・五瑞圖摩崖

○君昔在黽池

【鼈】

《説文》：鼈，甲蟲也。从黽敝聲。

睡・秦律十八種 5

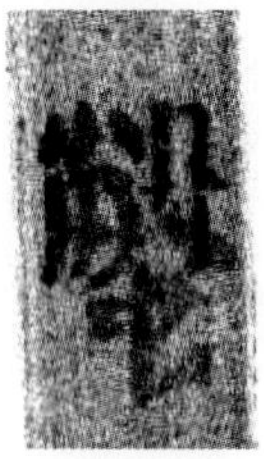
馬貳 210_86

○魚鼈

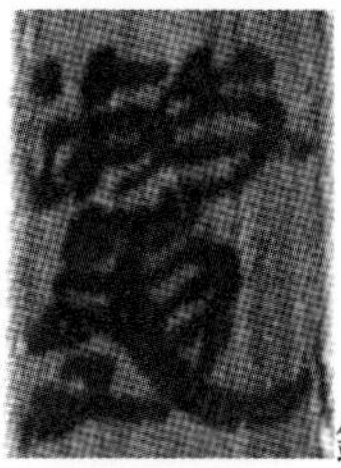
銀貳 1659

○鼂蛟鼈也

北壹・倉頡篇 29

【黿】

《説文》：黿，大鼈也。从黽元聲。

北壹・倉頡篇 29

○黿鼉（䵲）鼈魚

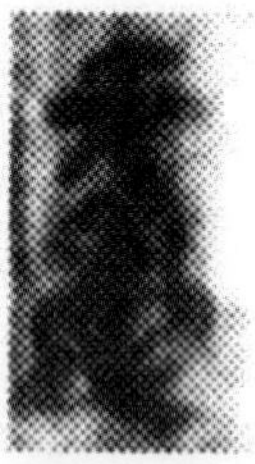
秦文字編 1863

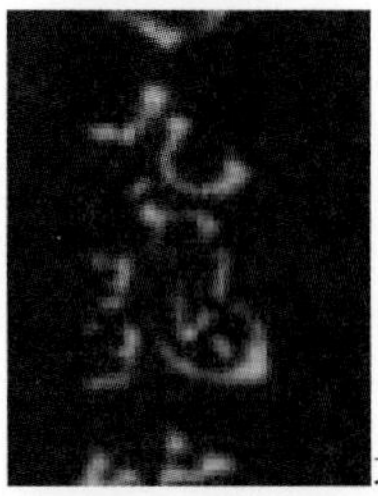
北魏・元欽誌

○黿鼉不悖

北齊・元賢誌

○及運在天黿

【鼃】

《説文》：鼃，蝦蟇也。从黽圭聲。

張・脈書 8

〇鳴如鼃音

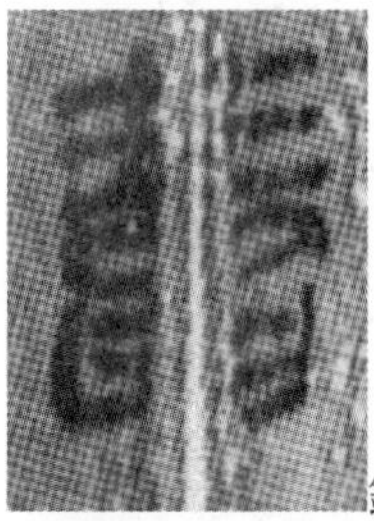
銀貳 1771

〇始靁鼃

東魏・李挺誌

【鼀】

《説文》：鼀，圥鼀，詹諸也。其鳴詹諸，其皮鼀鼀，其行圥圥。从黽从圥，圥亦聲。

【䵷】

《説文》：䵷，鼀或从酋。

【䵴】

《説文》：䵴，䵷䵴，詹諸也。《詩》曰："得此䵷䵴。"言其行䵴䵴。从黽爾聲。

【鼉】

《説文》：鼉，水蟲。似蜥易，長大。从黽單聲。

北壹・倉頡篇 29

〇黿鼉鼈魚

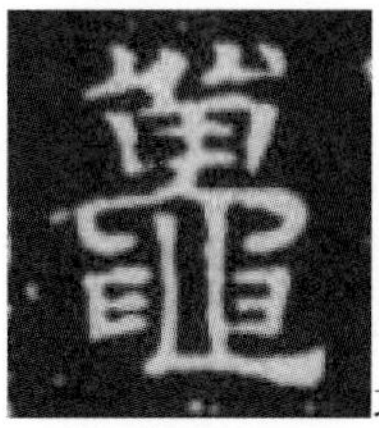
北齊・暴誕誌

〇鼉鼓辰鳴

【鼆】

《説文》：鼆，水蟲也。薉貉之民食之。从黽奚聲。

【鼩】

《説文》：鼩，鼆屬，頭有兩角，出遼東。从黽句聲。

【蠅】

《説文》：蠅，營營青蠅。蟲之大腹者。从黽从虫。

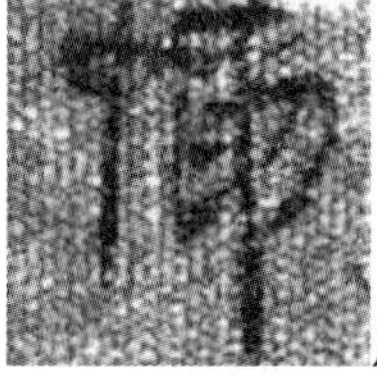
馬貳 70_54/54

〇如蠅羽者

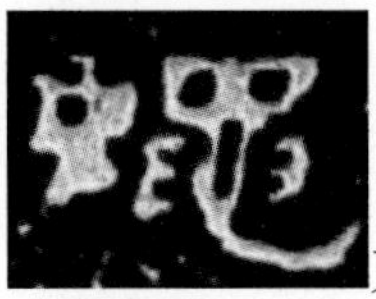
東漢・楊震碑

【鼅】

《說文》：，鼅鼄，蝥也。从黽，𣌭省聲。

【蜘】

《說文》：，或从虫。

【鼄】

《說文》：，鼅鼄也。从黽朱聲。

【蛛】

《說文》：，鼄或从虫。

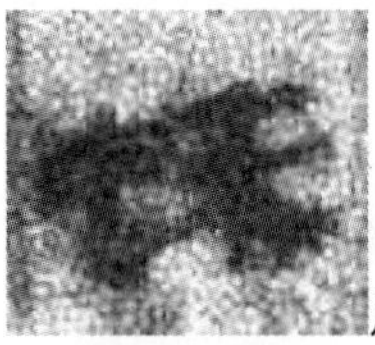
馬壹 45_58 上

○古者蛛蝥作罔（網）

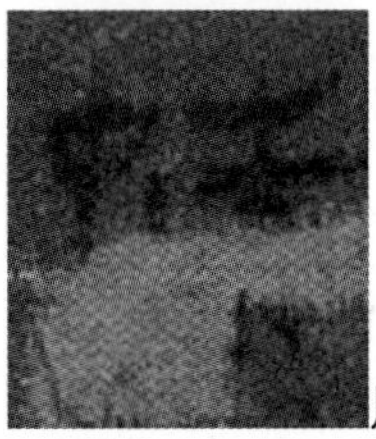
馬貳 112_62/62

○蛛罔（網）

【鼂】

《說文》：，匽鼂也。讀若朝。楊雄說，匽鼂，蟲名。杜林以爲朝旦，非是。从黽从旦。

【鼂】

《說文》：，篆文从皀。

戰晚・四十八年上郡假守鼂戈

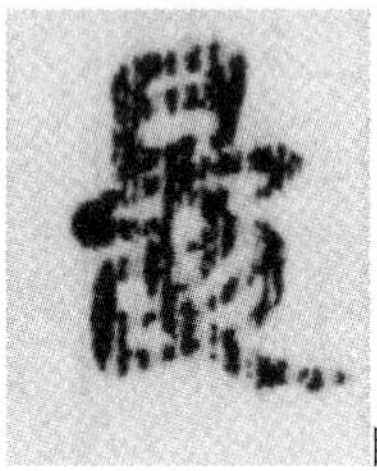
睡・為吏 20

○安其鼂（朝）

里・第八層 179

○寅田鼂感敢言之

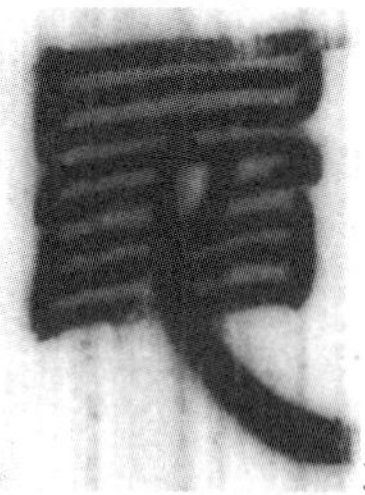
北壹・倉頡篇 62

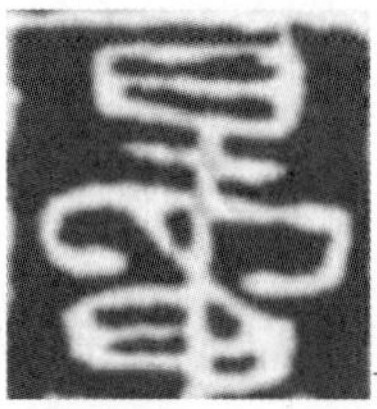
廿世紀璽印二-SY

○鼂陽

漢印文字徵

○黿女

漢印文字徵

漢印文字徵

○黿中意

漢印文字徵

○莊黿

漢印文字徵

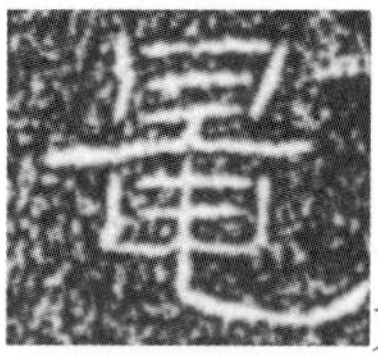
東漢・石門頌

○屬褒中黿漢彊

【鼇】

《說文》：，海大鼇也。从黽敖聲。

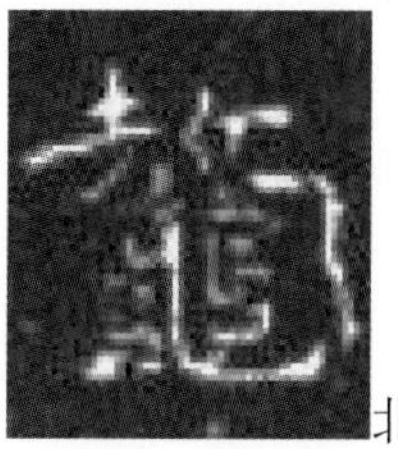
北齊・高顯國妃敬氏誌

○妃稟神鼇地

卯部

【卯】

《說文》：，凡物無乳者卯生。象形。凡卯之屬皆从卯。

馬貳 232_124

○卯資笥三合

馬貳 130_44

○一卵

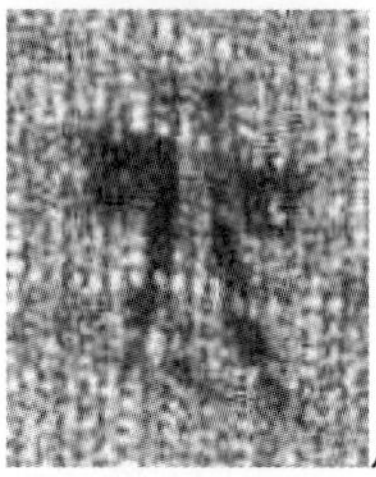
馬貳 79_215/202

○破卵音（杯）醯

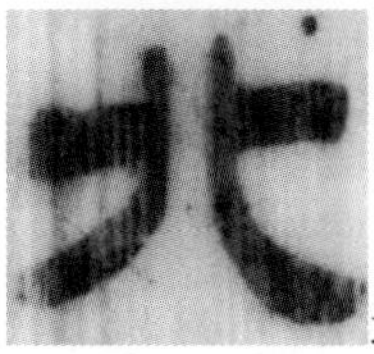
北壹・倉頡篇 28

○芸卵

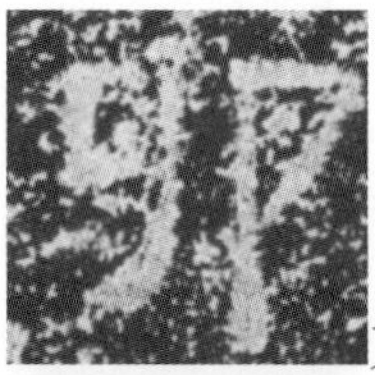
東漢・析里橋郙閣頌

北魏・元暐誌

○卵亦俱剖

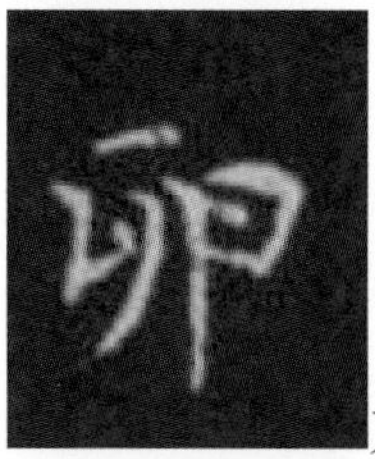
東魏・元玕誌

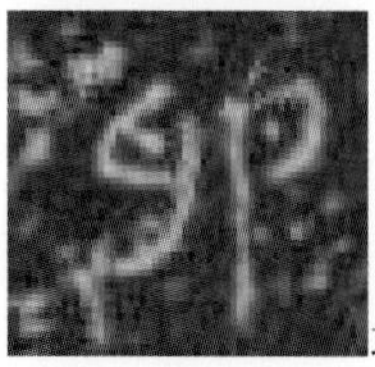
北齊・司馬遵業誌

【毈】

《說文》：毈，卵不孚也。从卵段聲。

〖⿱䜌卵〗

睡・秦律十八種 4

○麛⿱䜌卵㲉

二部

【二】

《說文》：二，地之數也。从偶一。凡二之屬皆从二。

【弍】

《說文》：弍，古文。

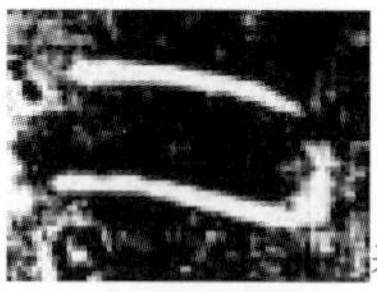
春晚・秦公簋

戰中・商鞅量

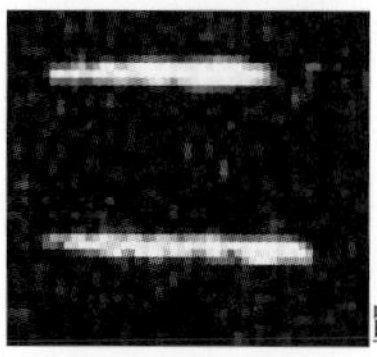
戰晚・十二年上郡守壽戈

漢銘・壽成室鼎一

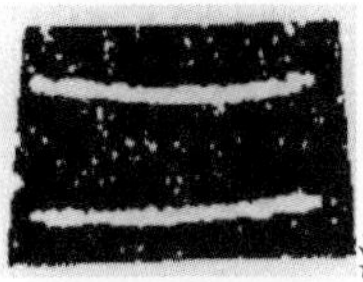
漢銘・陶陵鼎二

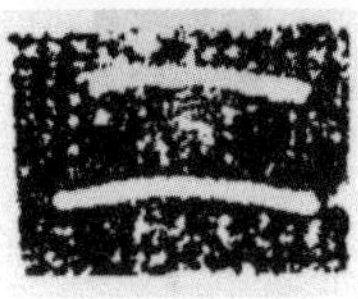
漢銘・中山內府鍾二

漢銘・苦宮行燭定

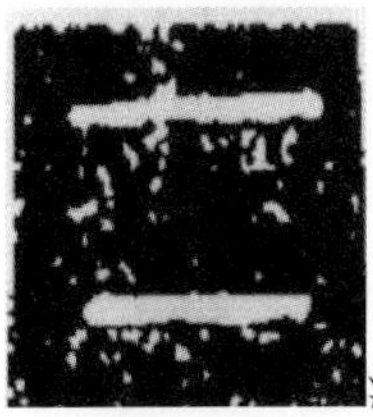
漢銘・驕嬰博局

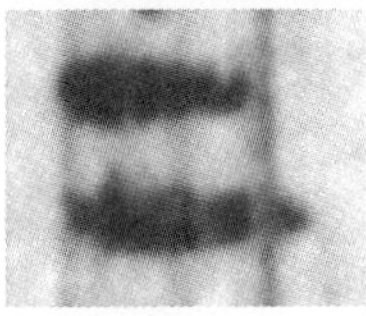
睡・編年記 45

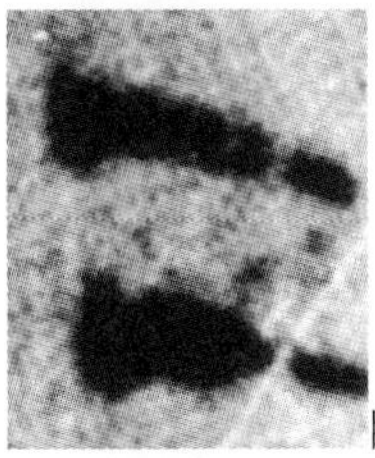
睡・編年記 29

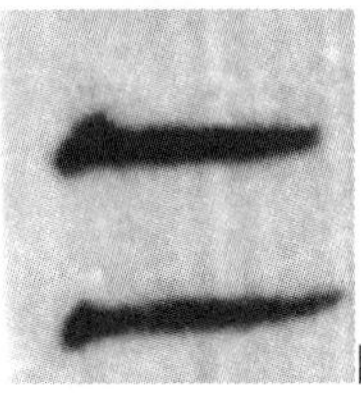
睡・效律 57

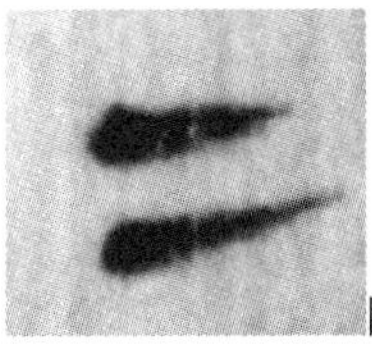
睡・秦律雜抄 2

睡・法律答問 208

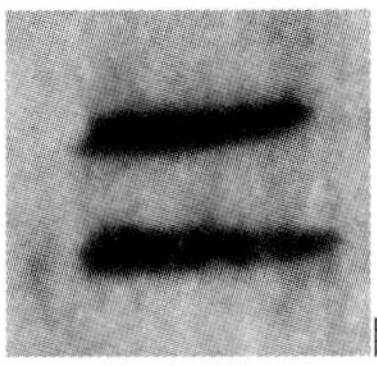
睡・封診式 65

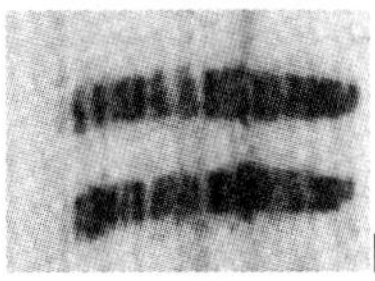
睡・為吏 8

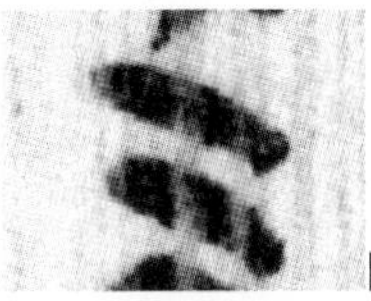
睡・為吏 22

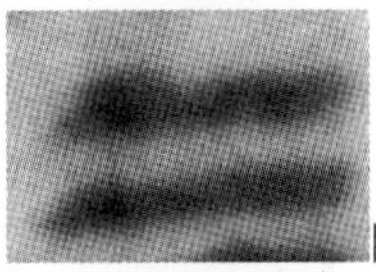
睡・日甲《歸行》133

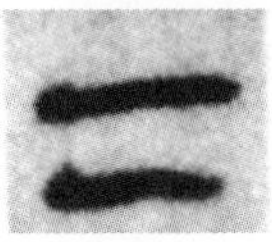
睡・日甲 4

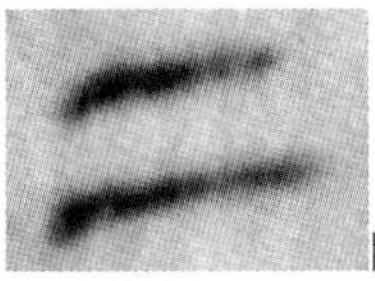
睡・日甲《毀弃》118

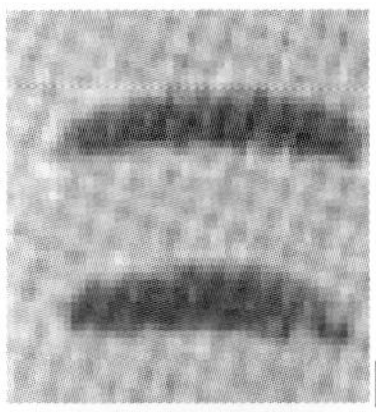
關・日書 263

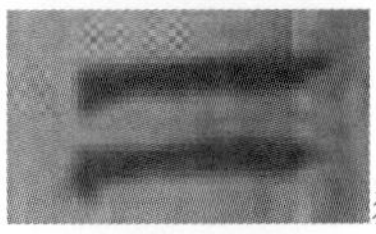
嶽・得之案 187

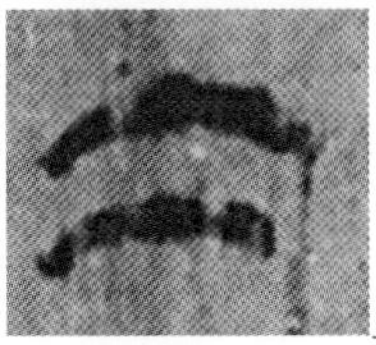
里・第六層 15

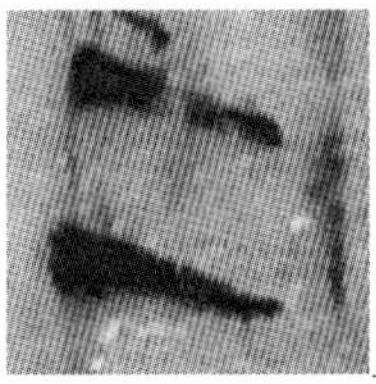
里・第八層 672

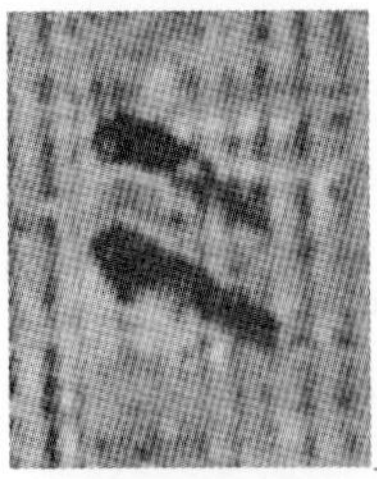
里・第八層背 1514

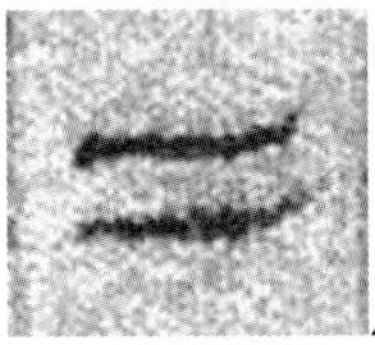
馬壹 183_138 上

馬貳 232_131

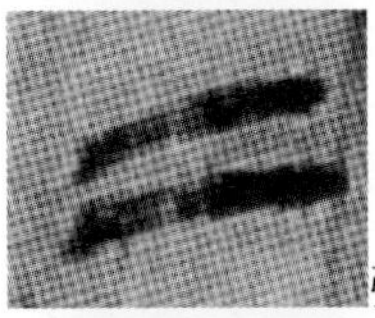
張・賊律 7

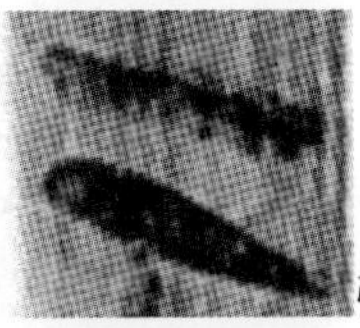
張・遣策 38

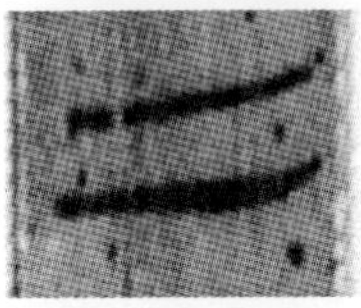
銀貳 1006

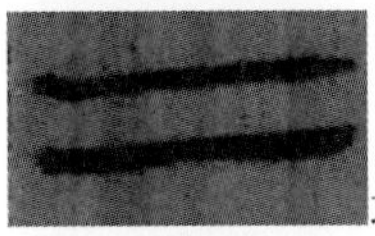
北貳・老子 86

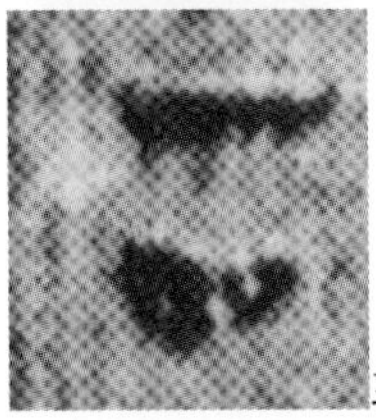
敦煌簡 1686

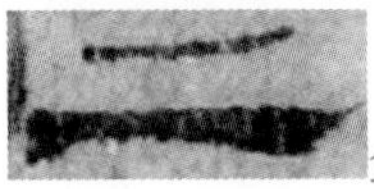
金關 T21:137

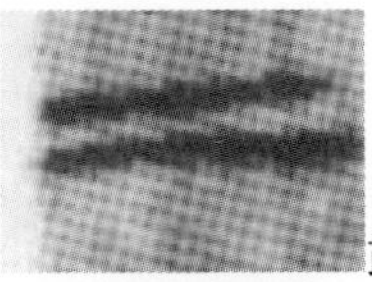
武・儀禮甲《服傳》56

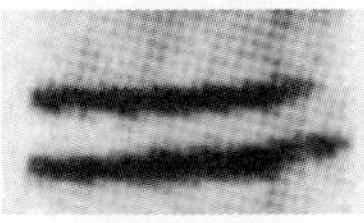
武・甲《特牲》52

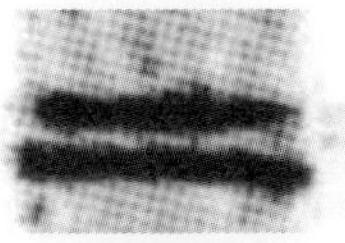
武・甲《有司》16

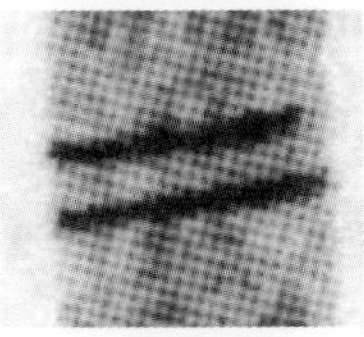
武・甲《泰射》60

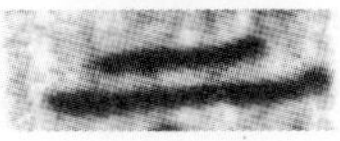
武・王杖 3

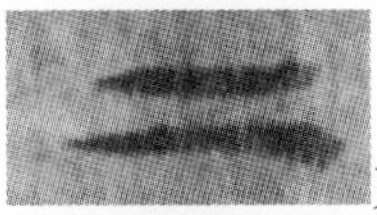
東牌樓 113

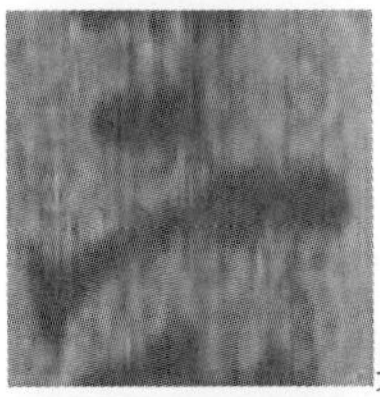
吴簡嘉禾・四・四三六

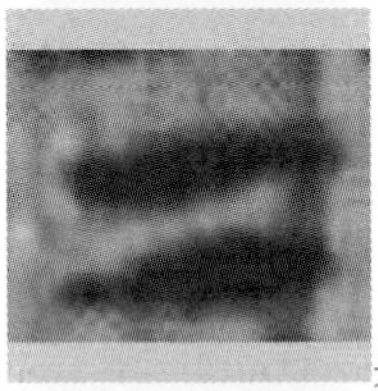
吴簡嘉禾・四・一七六

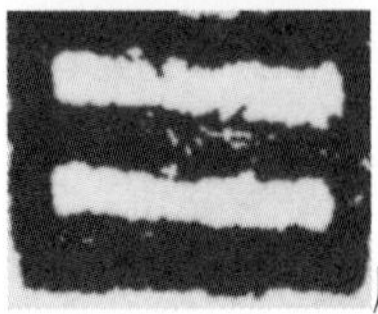
歷代印匋封泥

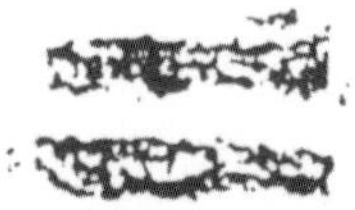
歷代印匋封泥

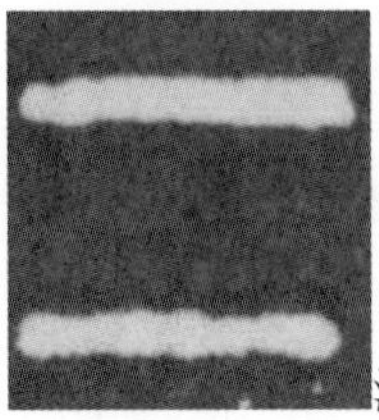
漢晉南北朝印風

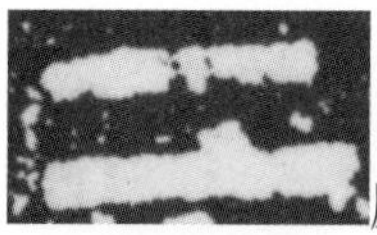
歷代印匋封泥

漢印文字徵

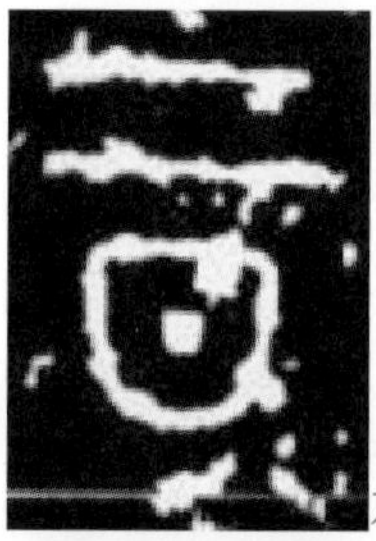
石鼓・作原

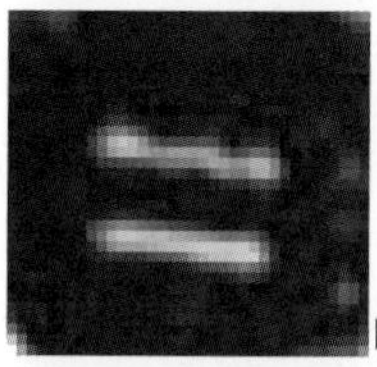
明瓊

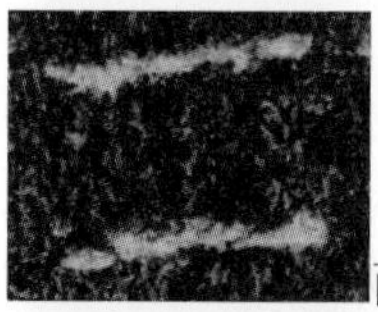
西漢・李后墓塞石

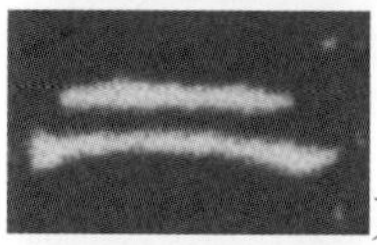
東漢・曹全碑陽

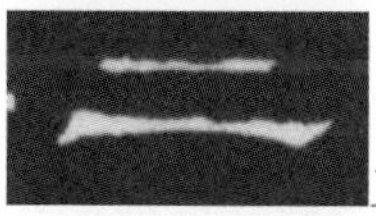
三國魏・三體石經春秋・隸書

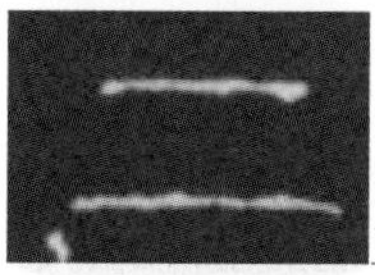
三國魏・三體石經春秋・篆文

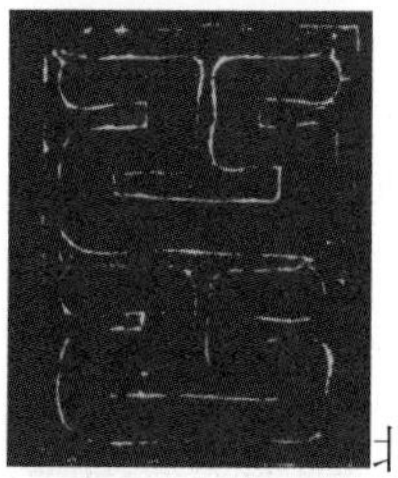
北魏・公孫猗誌蓋

○并夏二州

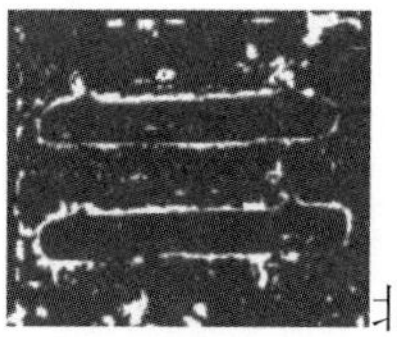
北齊・高建誌蓋

【亟】

《説文》：亟，敏疾也。从人从口，从又从二。二，天地也。

睡・秦律十八種 16

○亟謁死所

睡・法律答問 102

○當環（原）亟執勿失

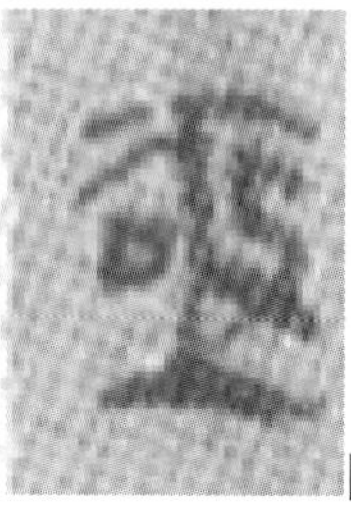
關・日書 240

○來者亟至

里・第八層 673

○令官亟

里・第八層背 1523

○遷陵亟日

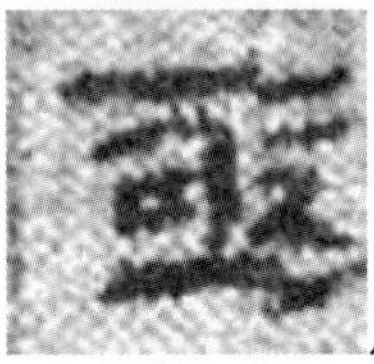
馬壹 174_24 下

○亟發者

張・賊律 20

○亟盡孰（熟）

張・奏讞書 172

張・引書 83

○印（仰）之亟（極）而巳（已）

敦煌簡 1490

○□亟□

北壹・倉頡篇 5

○便疌巧亟景桓

石鼓・吳人

○吳人憐亟

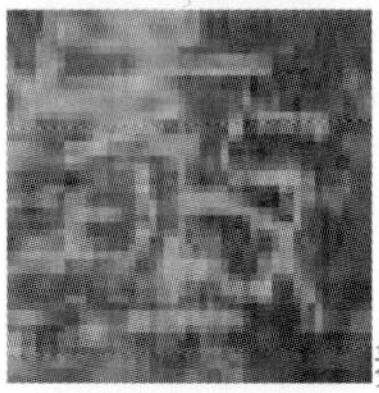
秦駰玉版

○天地第亟（極）三光

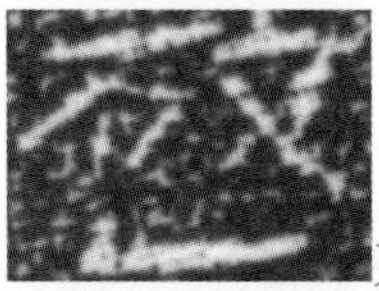
東漢・許安國墓祠題記

○功扶無亟

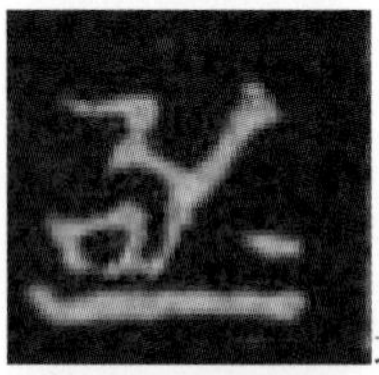
北魏・元液誌

北魏・元順誌

北魏・殷伯姜誌

○孟母亟遷

北魏・元孟輝誌

北魏・鄭君妻誌

○亟聞義讓

北魏・山徽誌

【恆】

《説文》：恆，常也。从心从舟，在二之閒上下。心以舟施，恆也。

【𠄨】

《説文》：𠄨，古文恆从月。《詩》曰："如月之恆。"

睡・秦律十八種 84

睡・為吏 12

睡・日甲《詰》67

里・第八層 154

○恒以朔日上

馬壹 5_22 上

○恒无咎

張・蓋廬 46

○無有恒親

張・引書 37

銀壹 325

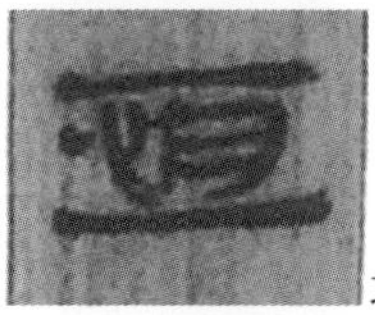
北貳・老子 220

北貳・老子 38

秦代印風

○恒播

秦代印風

○智恒

漢印文字徵

漢晉南北朝印風

○恒崇私印

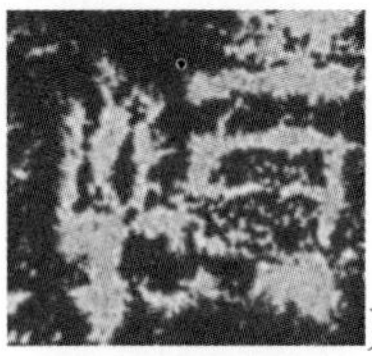
東漢・析里橋郙閣頌

○恒失日晷

北魏・法香等建塔記

北魏・元纂誌

北魏・馮邕妻元氏誌

北魏・杜永安造像

北魏・楊胤誌

○恒農

北魏・□伯超誌

○恒州刺史

北魏・穆亮誌

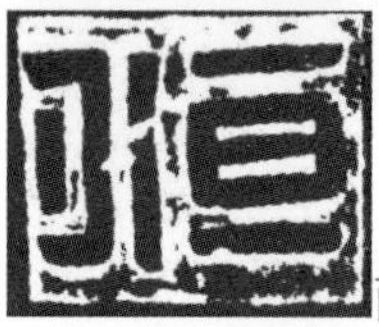
西魏・和照誌蓋

○恒州刺史

北齊・婁叡誌

北齊・堯峻誌

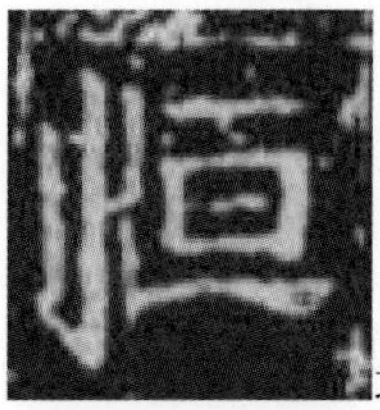
北齊・劉悅誌

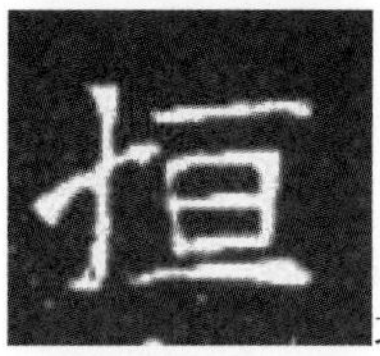
北齊・常文貴誌

北齊・石信誌

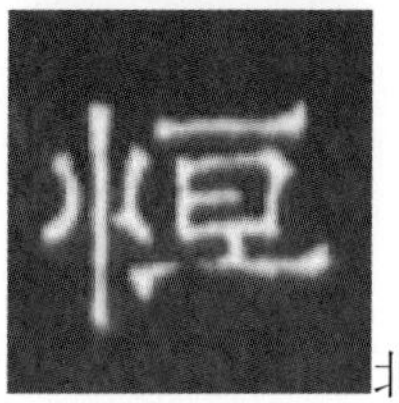
北周・宇文儉誌

【亘】

《説文》：亘，求亘也。从二从回。回，古文回，象亘回形。上下，所求物也。

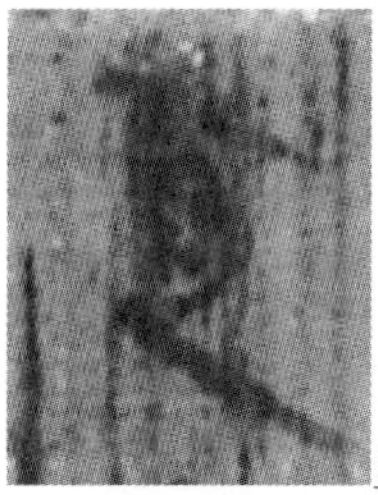
里・第八層 130

○官亘（恒）

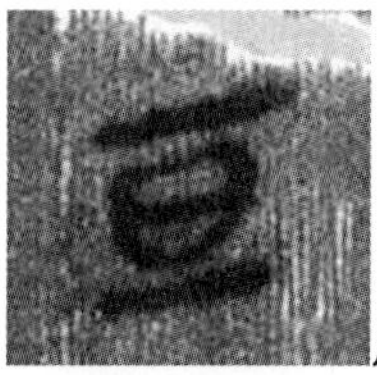
馬壹 77_70

金關 T24:520

○程亘年廿六

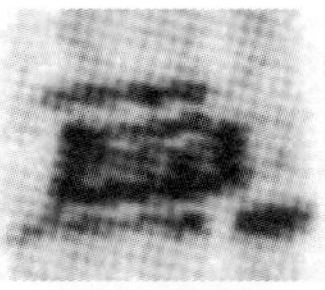
武・甲《特牲》48

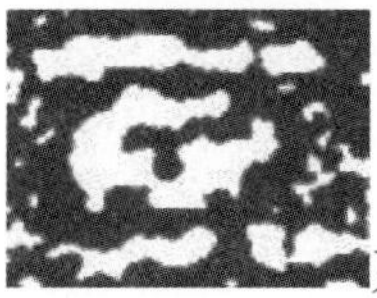
東漢・燕然山銘

【竺】

《説文》：竺，厚也。从二竹聲。

馬壹 90_236

馬壹 89_224

○怨竺（毒）積怒

漢印文字徵

○竺進奏事

漢印文字徵

○竺朝

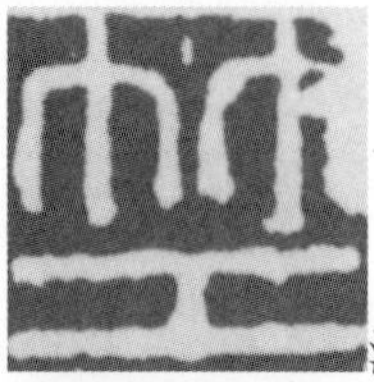
漢晉南北朝印風

〇竺進奏事

三國魏・曹真殘碑

東魏・元季聰誌

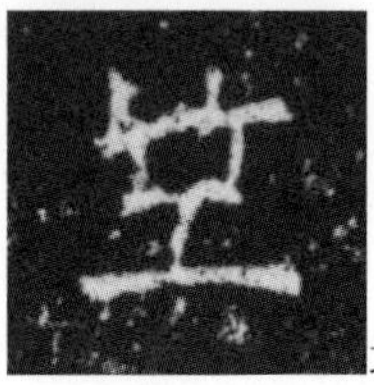
北齊・等慈寺殘塔銘

〇天竺

【凡】

《説文》：，最括也。从二，二，偶也。从㇉，㇉，古文及。

戰晚・新郪虎符

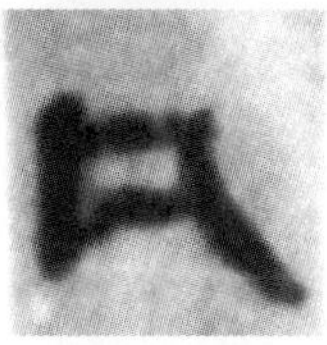
睡・日甲 6

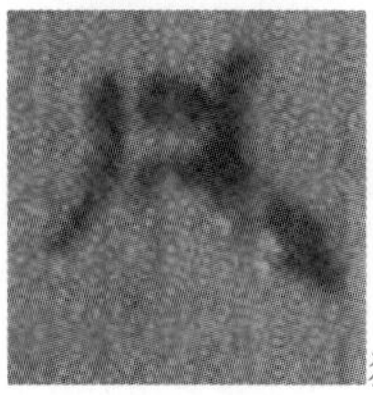
嶽・數 139

里・第五層 18

〇凡口數六十五

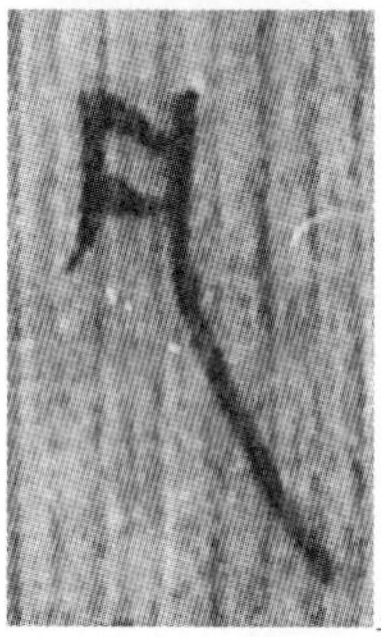
里・第八層 1221

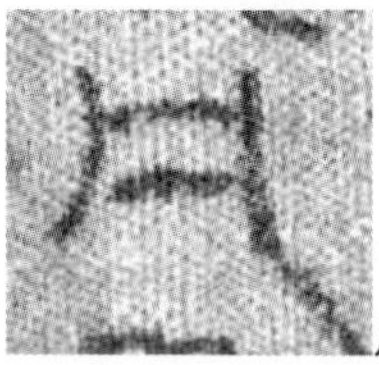
馬壹 245_2 下\10 下

馬壹 129_77 下

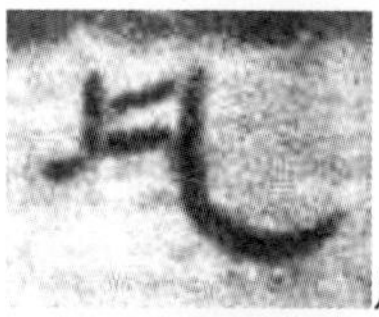
馬貳 8_13 中\17

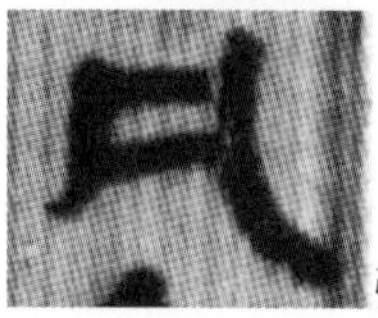
張・蓋盧 11

銀壹 350

銀貳 2150

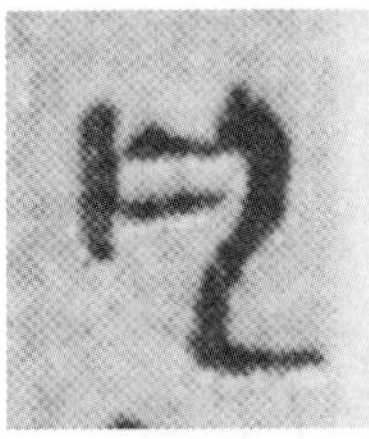
敦煌簡 2157

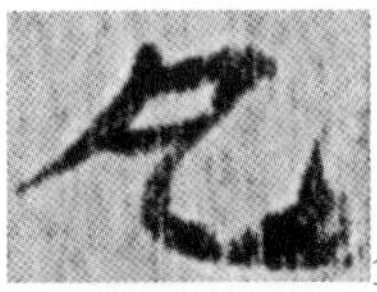
金關 T05:008A

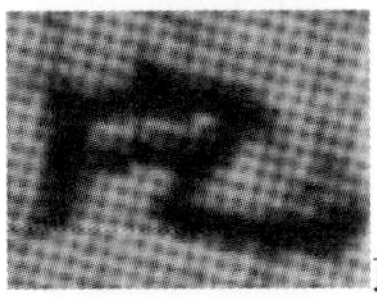
武・儀禮甲《士相見之禮》16

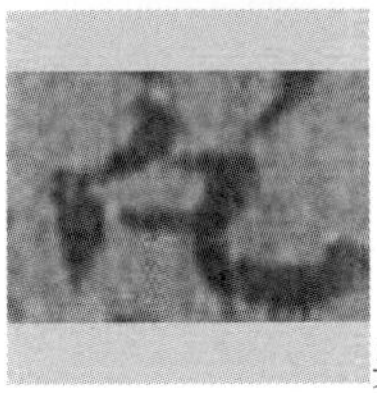
吳簡嘉禾・五・一〇一

〇凡十二畝

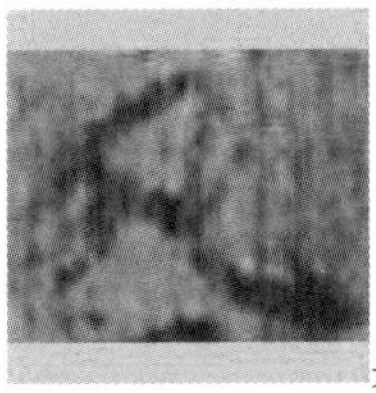
吳簡嘉禾・五・一〇一四

〇凡四畝

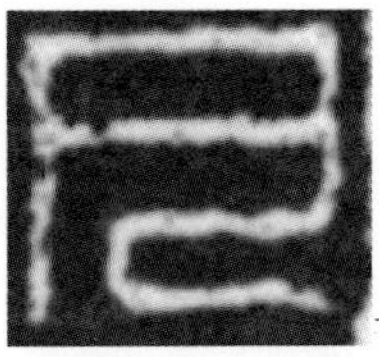
廿世紀璽印三-SY

漢印文字徵

漢印文字徵

漢印文字徵

東漢・楊著碑額

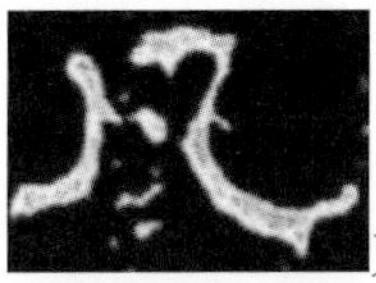
東漢・楊震碑

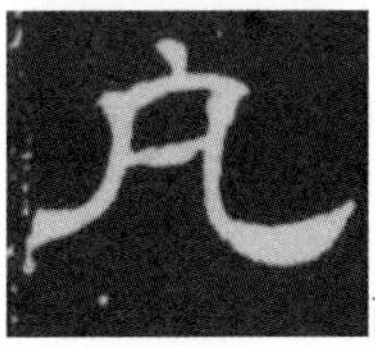
西晉・石定誌

〇凡我邦族

北魏・寇臻誌

○凡所逕歷

北魏・皇甫驎誌

○猶若凡素

北魏・馮邕妻元氏誌

北魏・鮮于仲兒誌

○凡我疏屬

北魏・元謐誌

東魏・李祈年誌

○凡厥士友

〖耇〗

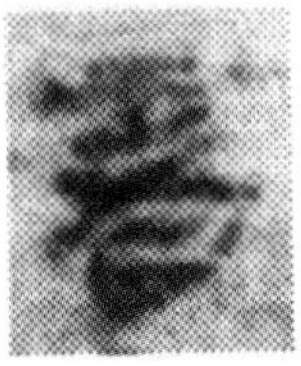
秦文字編 1879

土部

【土】

《説文》：土，地之吐生物者也。二象地之下、地之中，物出形也。凡土之屬皆从土。

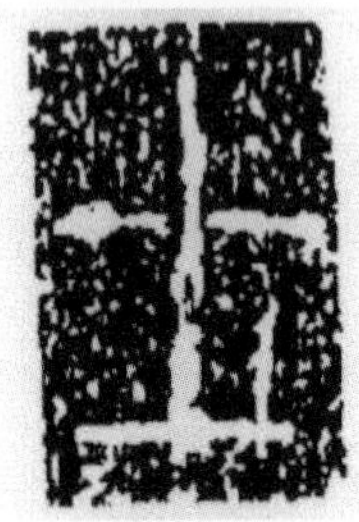
漢銘・新嘉量一

漢銘・新衡杆

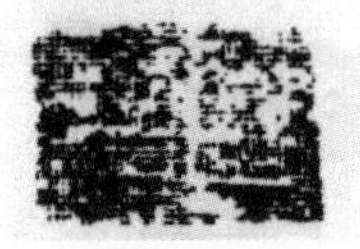
漢銘・土孫夫人銅鐙

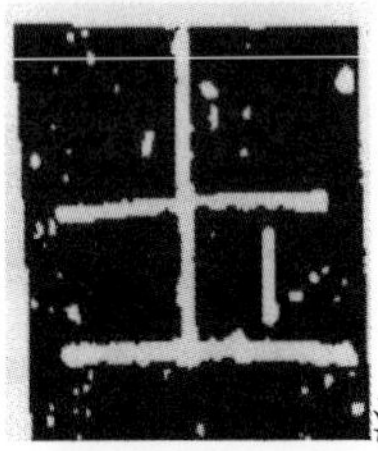
漢銘・新嘉量二

漢銘・土軍侯高燭豆

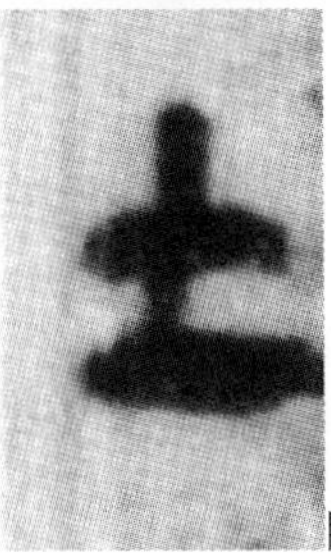
睡・秦律十八種 119

睡・日甲《土忌》132

睡・日甲《詰》58

關・病方 346

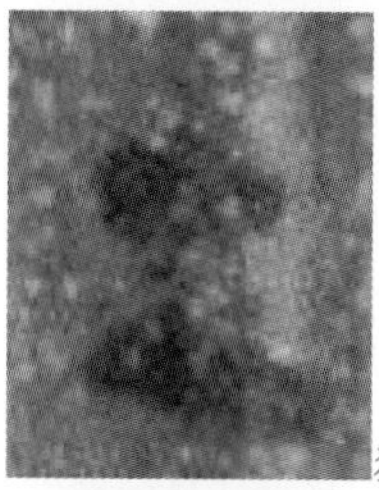
嶽・質日 3531

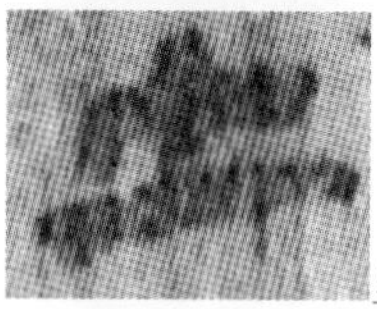
里・第八層 1327

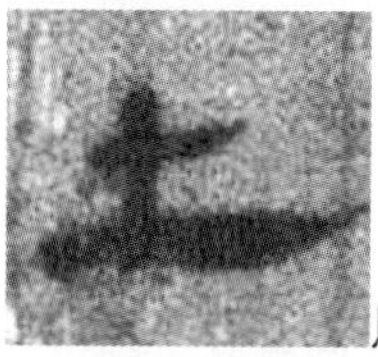
馬壹 46_57 下

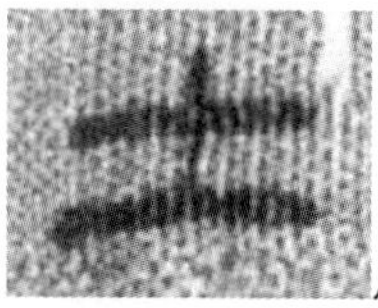
馬壹 258_5 上\21 上

馬貳 284_297/295

張・蓋盧 21

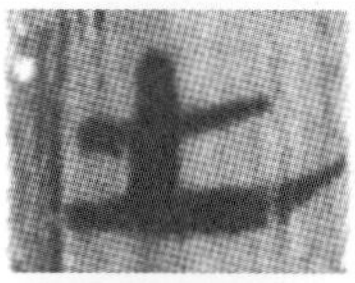
銀貳 1702

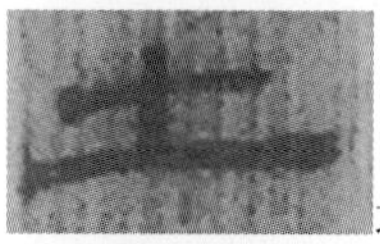
北貳・老子 75

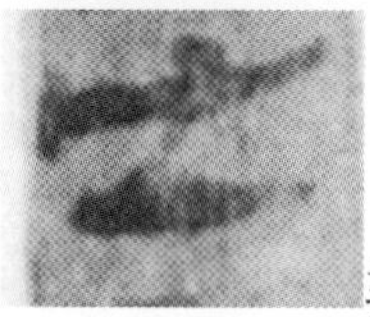
敦煌簡 0118

○尉糞土臣

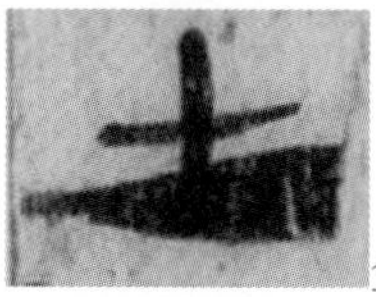
金關 T21:308

○史糞土

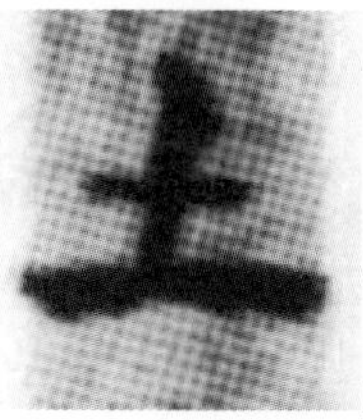
武・甲《少牢》43

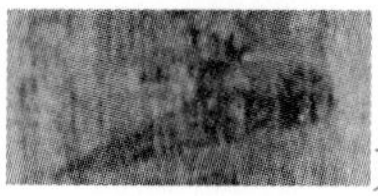
東牌樓 076

○□收土受賞惠

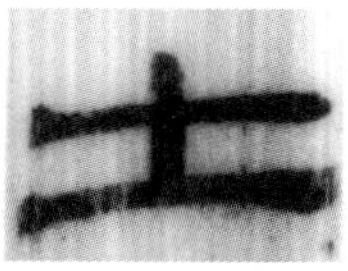
北壹・倉頡篇 16

○猜常衮土橘蕬

国家出版基金项目
NATIONAL PUBLICATION FOUNDATION

上海高校服务国家重大战略出版工程

汉魏六朝字形谱

第十三卷

臧克和 郭瑞 主编

华东师范大学出版社

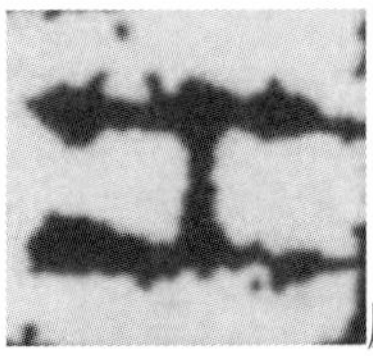
歷代印匋封泥

○匋工土

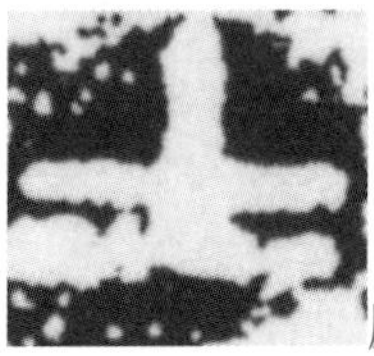
歷代印匋封泥

漢印文字徵

漢印文字徵

漢代官印選

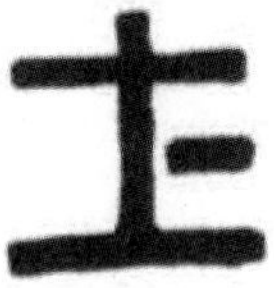
漢印文字徵

○土霸私印

秦駰玉版

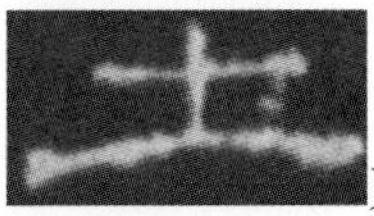
東漢・劉熊碑

○出省揚土

東漢・曹全碑陽

○世宗廓土斥竟

東漢・鮮于璜碑陽

三國魏・三體石經春秋・古文

○土陳侯

三國魏・三體石經春秋・篆文

○土陳侯如會

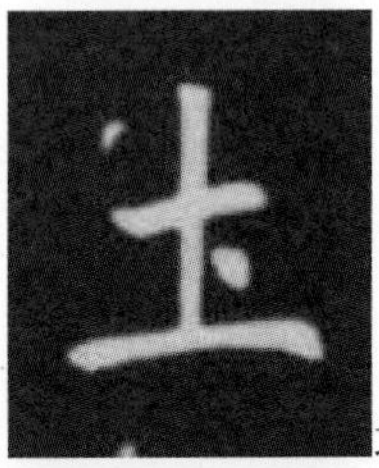
北魏・胡明相誌

北魏・元恭誌

北魏・韓顯祖造像

○敷根闍土

北齊・唐邕刻經記

○同於淨土

北齊・狄湛誌

○故能闢土以承家

北周・大比丘佛經摩崖

○佛土俱來集會

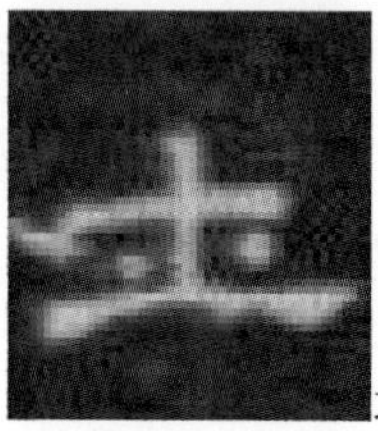
北周・王榮及妻誌

○還歸本土

北周・馬龜誌

○昔土以去

南朝齊・劉覬買地券

○黄神后土

【地】

《説文》：，元气初分，輕清陽爲天，重濁陰爲地。萬物所陳列也。从土也聲。

【墬】

《説文》：，籒文地从隊。

戰晚・四年呂不韋矛

漢銘・楊鼎

漢銘・新常樂衛士飯幘

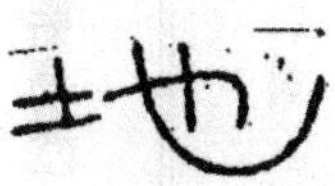
漢銘・伏地鼎蓋

睡・日甲《土忌》134

○謂地衝

睡・日甲《詰》40

○去地五尺

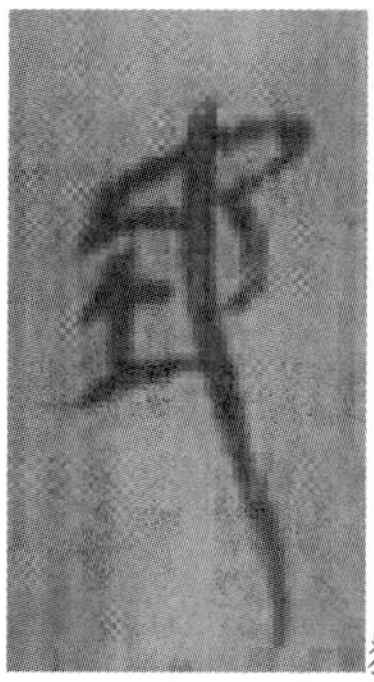
嶽・芮盜案 85

○治公地

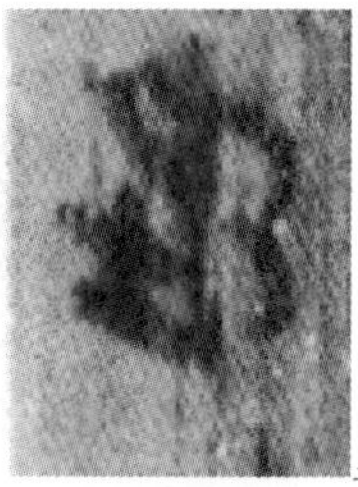
里・第八層 412

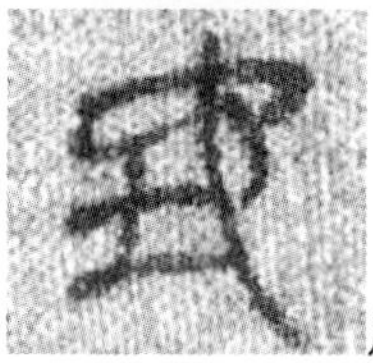
馬壹 259_4 下\30 下

○亡地百里

馬壹 176_49 下

○出亡地三百里

馬壹 131_9 下\86 下

○察力地毋陰

馬壹 82_68

○皆效地欲以取勺（趙）

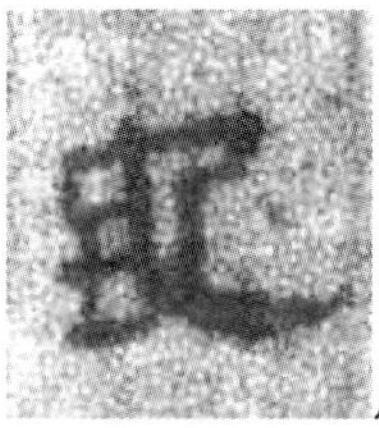
馬壹 44_40 下

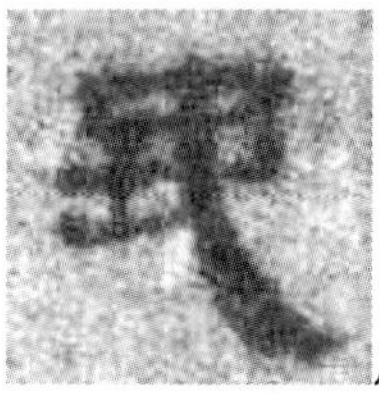
馬壹 15_10 上\103 上

馬貳 212_3/104

○與天地牟（侔）存

銀壹 66

○因地而制

銀貳 1080

○以守地

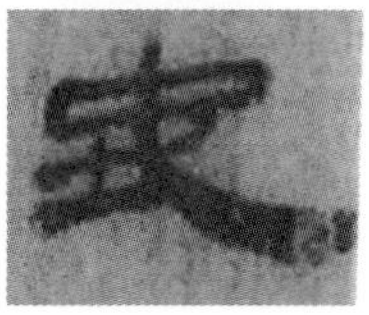
北貳・老子 141

〇居善地

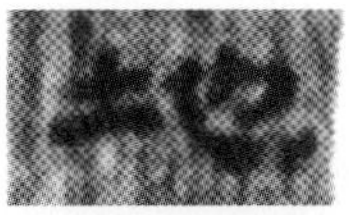
敦煌簡 0339

金關 T30:028A

〇宣伏地言

金關 T21:282

武・王杖 8

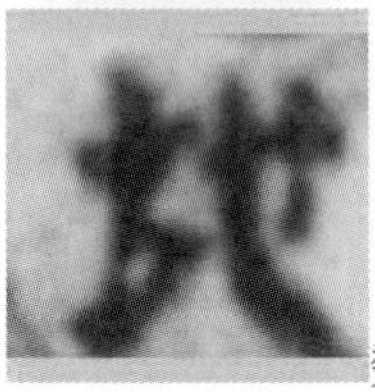
魏晉殘紙

〇晉地

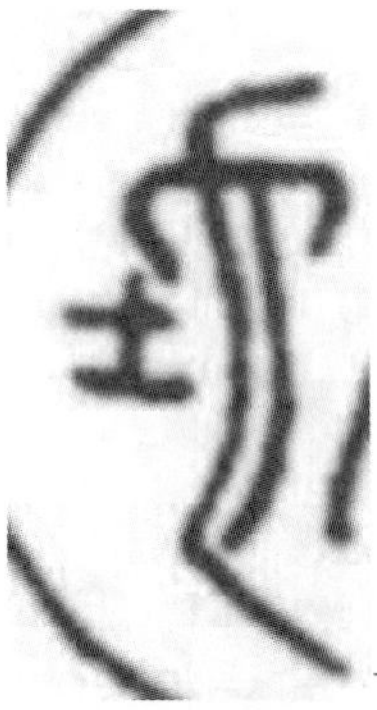
廿世紀璽印二-SY

秦代印風

廿世紀璽印三-SY

〇解地餘

廿世紀璽印三-GY

漢晉南北朝印風

漢代官印選

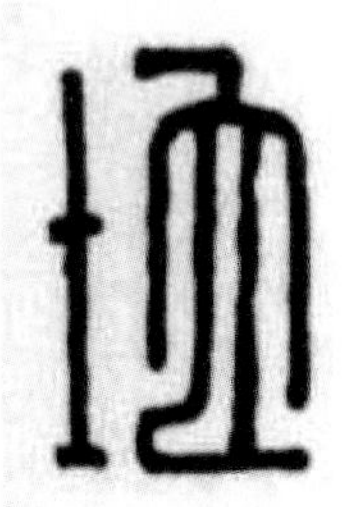
漢印文字徵

漢印文字徵

〇地世之印

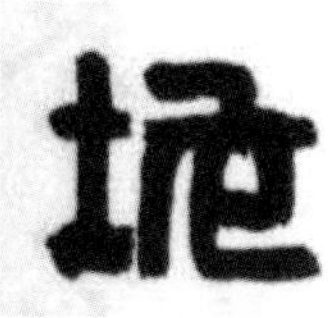
漢印文字徵

○萇地行印

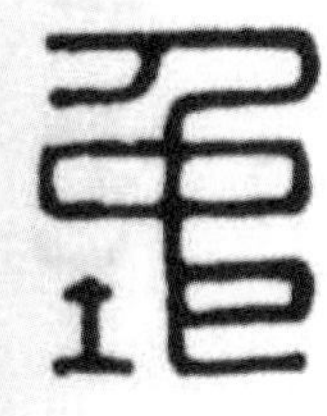
漢印文字徵

○利郭益地

漢印文字徵

○地匽

漢印文字徵

漢印文字徵

漢晉南北朝印風

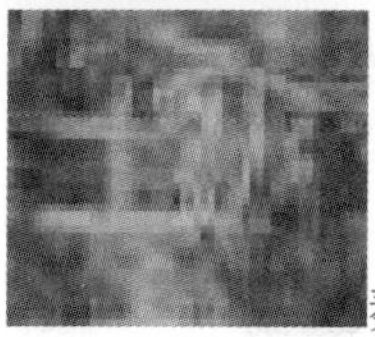
秦駰玉版

○天地

東漢・成陽靈臺碑

東漢・向壽碑

東漢・桐柏淮源廟碑

東漢・桐柏淮源廟碑

東漢・西岳華山廟碑陽

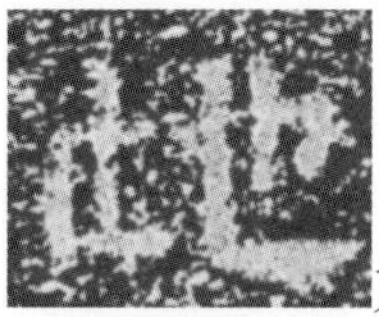
東漢・析里橋郙閣頌

東漢・熹平石經殘石四

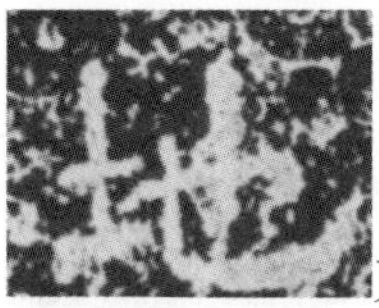
東漢・尹宙碑

東漢・白石神君碑

東漢・乙瑛碑

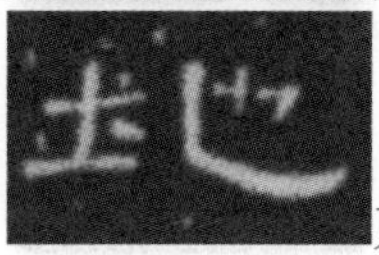
東漢・曹全碑陽

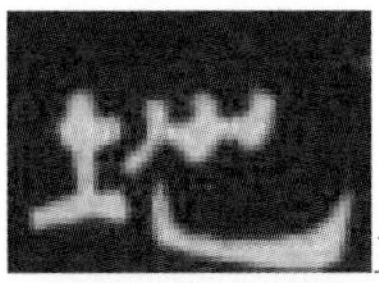
三國魏・曹真殘碑

○北地

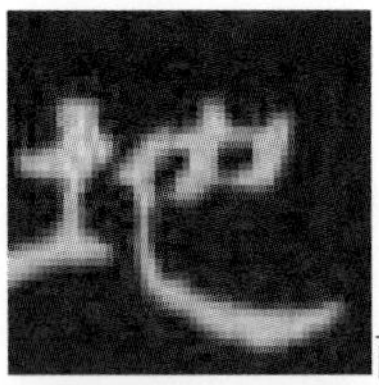
西晉・臨辟雍碑

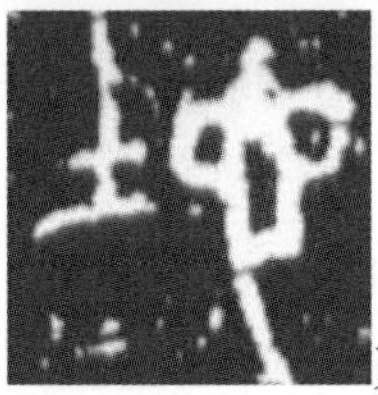
東晉・朱曼妻薛氏買地券

○從天買地

北魏・元理誌

北魏・馮會誌

北魏・爾朱紹誌

北魏・元肅誌

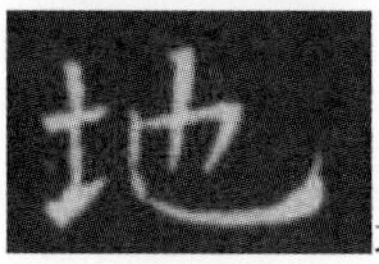
北齊・婁黑女誌

【坤】

《説文》：坤，地也。《易》之卦也。从土从申。土位在申。

北魏・寇霄誌

北魏・常季繁誌

【垓】

《説文》：垓，兼垓八極地也。《國語》曰：“天子居九垓之田。”从土亥聲。

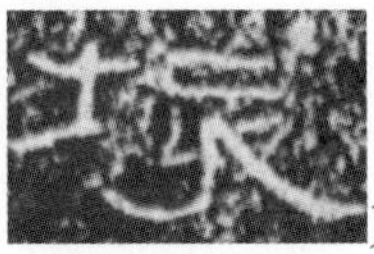
東漢・石門頌

○垓鬲尤艱

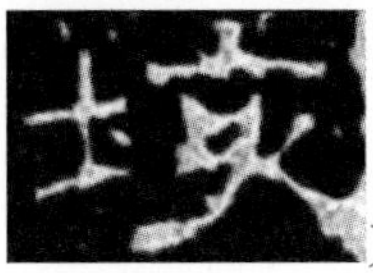
東漢・楊震碑

○克項於垓

【墺】

《説文》：墺，四方土可居也。从土奥聲。

【𡋟】

《説文》：𡋟，古文墺。

【堣】

《説文》：堣，堣夷，在冀州陽谷。立春日，日值之而出。从土禺聲。《尚書》曰：“宅堣夷。”

北魏・胡明相誌

【坶】

《説文》：坶，朝歌南七十里地。《周書》："武王與紂戰于坶野。"从土母聲。

【坡】

《説文》：坡，阪也。从土皮聲。

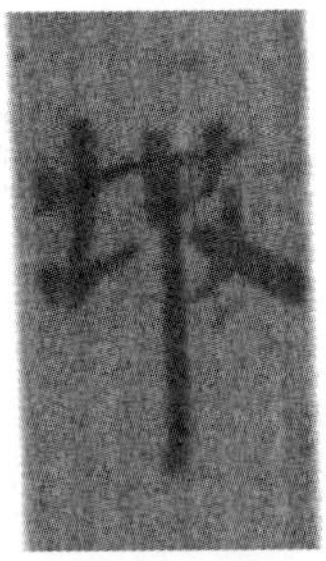
馬貳 204_16

○侍（待）坡（彼）合氣

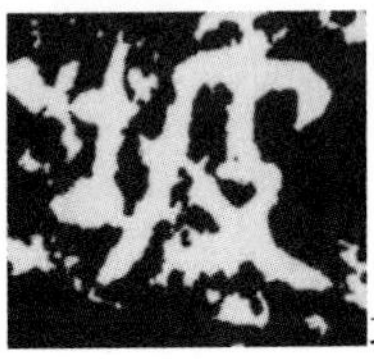
北齊・邸明玉造像

【坪】

《説文》：坪，地平也。从土从平，平亦聲。

【均】

《説文》：均，平徧也。从土从匀，匀亦聲。

漢銘・大司農權

漢銘・光和斛一

漢銘・光和斛一

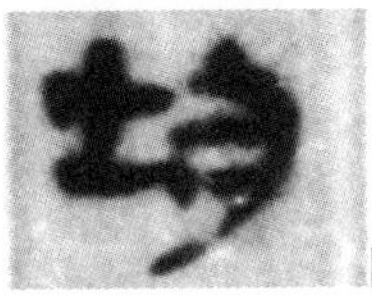
睡・秦律十八種 113

○僕養均

睡・法律答問 187

○宮均人

里・第八層 197

○佐均史佐日有泰

馬壹 46_63 下

○而欲均荊方城

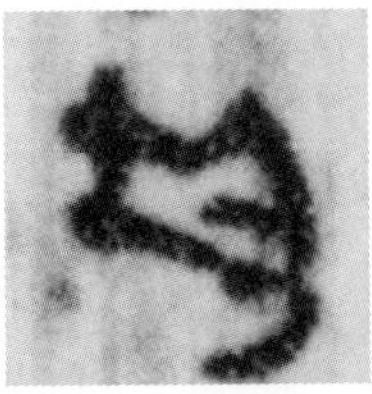
銀壹 879

○能平均下吏

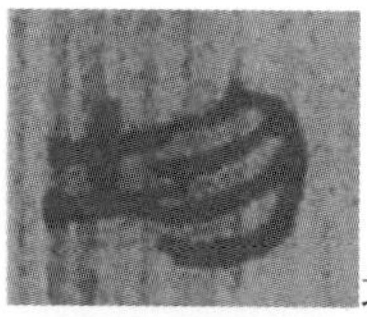
北貳·老子 210

○而自均安（焉）

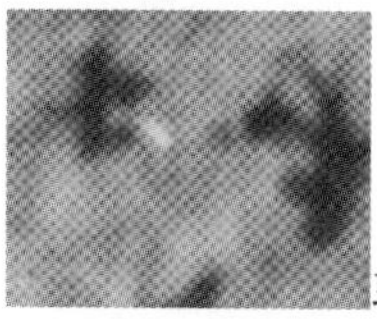
敦煌簡 0831

○子均食盡

金關 T23:053

○夫馮均年廿四

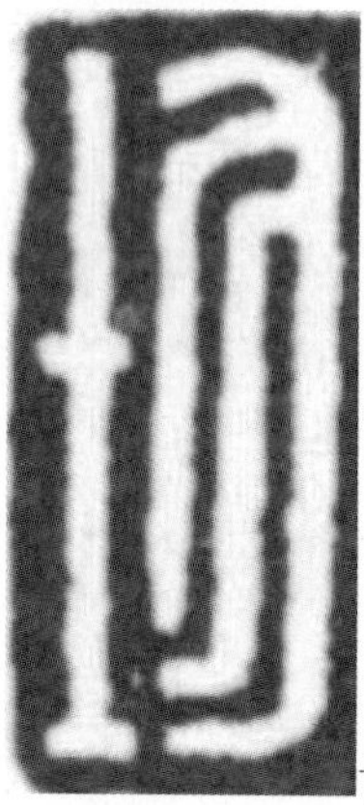
廿世紀璽印三-SY

○耿均

漢晉南北朝印風

漢印文字徵

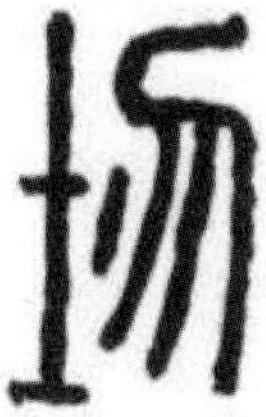
漢印文字徵

○倉嗇夫張均印

漢印文字徵

○赫均信印

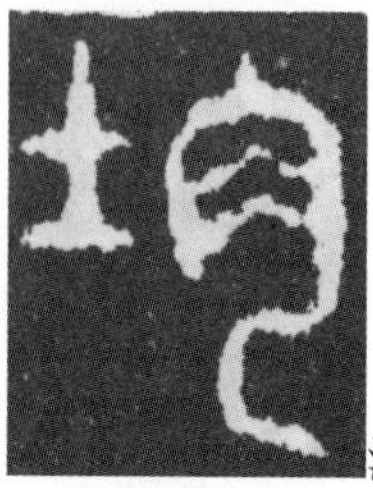
漢代官印選

○河南均輸長

東漢·成陽靈臺碑

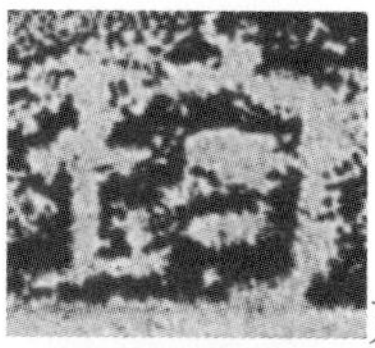
東漢·析里橋郙閣頌

北魏·楊乾誌

○稟均兩義

北魏·李超誌

○均治禮世

北魏·元繼誌

北魏・和醜仁誌

北魏・元璨誌

○愛均冬景

東魏・元均及妻杜氏誌

北齊・高百年誌

【壤】

《説文》：壤，柔土也。从土襄聲。

睡・封診式 78

○外壤

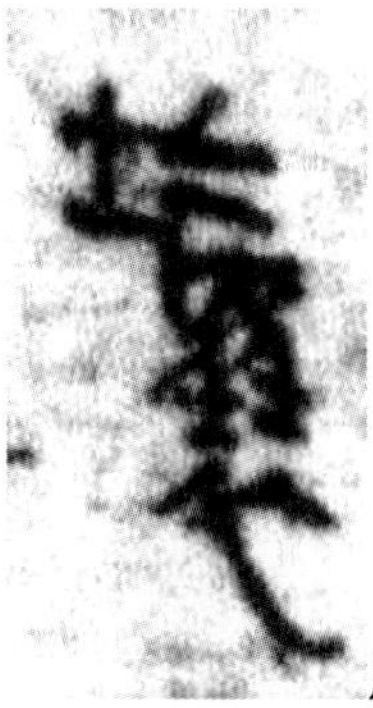
馬壹 89_232

○分趙壤

銀壹 346

○莎五壤之勝青

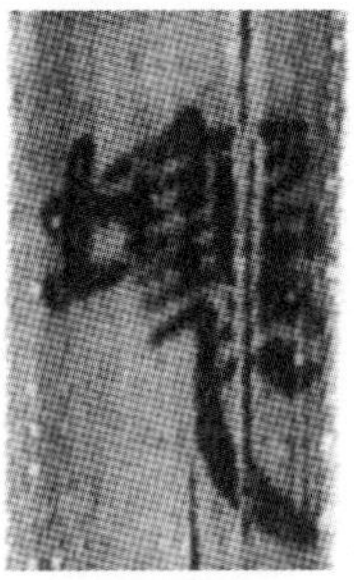
銀貳 1930

○居壤動列(裂)

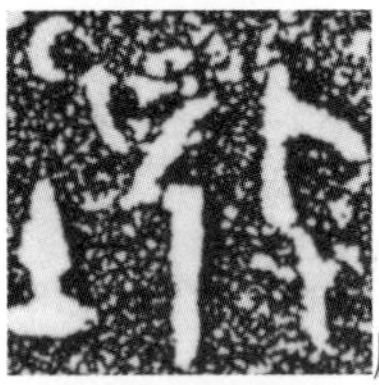
歷代印匋封泥

○豆里富壤□支

北魏・郭顯誌

○分星晝壤

北魏・檀賓誌

北魏・元秀誌

北魏・王基誌

〇玉質沈壤

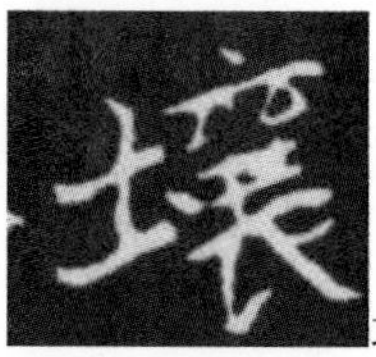
北魏・劉華仁誌

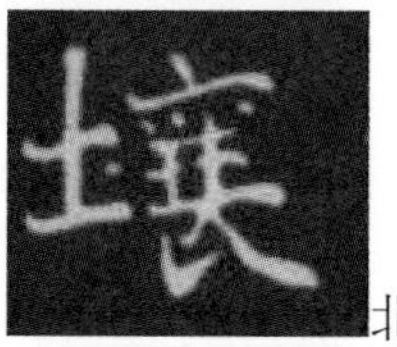
北魏・寇憑誌

北魏・元思誌

〇移牧魏壤

【墝】

《説文》：墝，堅不可拔也。从土高聲。

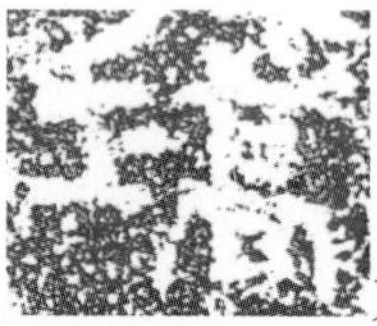
東漢・建墝刻石

〇天墝建立

【墽】

《説文》：墽，磽也。从土敫聲。

【壚】

《説文》：壚，剛土也。从土盧聲。

北魏・元汎略誌

〇黄壚一啓

北魏・元汎略誌

〇悲黄壚之永閇

北魏・元楨誌

〇銘德熏壚

【垟】

《説文》：垟，赤剛土也。从土，觲省聲。

【埴】

《説文》：埴，黏土也。从土直聲。

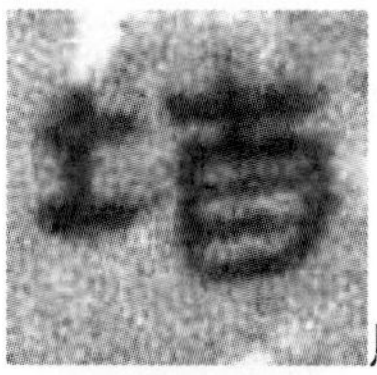
馬壹 146_52/226 上

〇埏埴而爲器

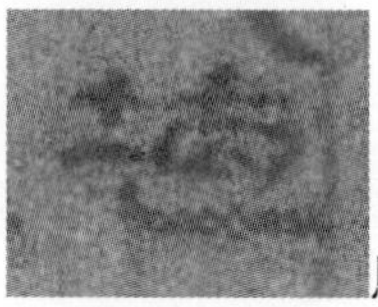
馬貳 141_1

〇我欲埴（殖）人産

北齊·柴季蘭造像

北齊·赫連子悅誌

○陶治埏埴之緒

【坴】

《説文》：坴，土塊坴坴也。从土先聲。讀若逐。一曰坴梁。

【𡋯】

《説文》：𡋯，土也。洛陽有大𡋯里。从土軍聲。

【墣】

《説文》：墣，塊也。从土菐聲。

【圤】

《説文》：圤，墣或从卜。

戰晚·二年宜陽戈一

○右庫工師長圤

【甴】

《説文》：甴，墣也。从土，一屈象形。

【塊】

《説文》：塊，甴或从鬼。

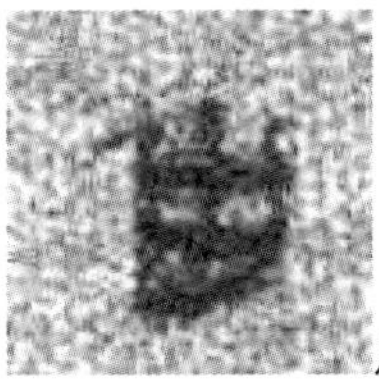
馬貳 73_105/105

○先以甴置室後

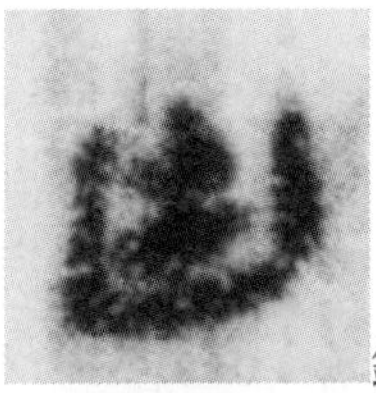
銀壹 628

○諸臣甴（諂）臾

敦煌簡 2337B

○東堂塊

金關 T29:098

○堅塊不脩

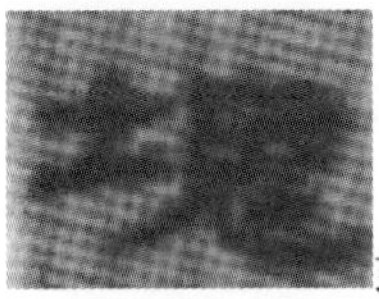
武·儀禮甲《服傳》4

○寢蕈（苫）枕塊

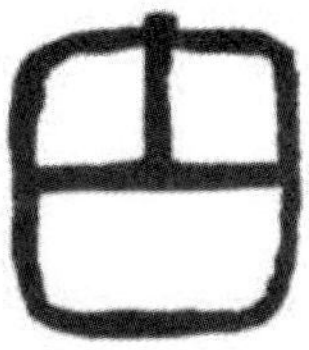
漢印文字徵

○段甴印信

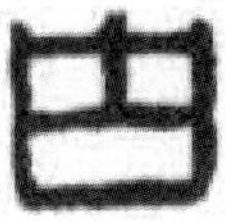
漢印文字徵

漢印文字徵

北魏·元朗誌

【墨】

《說文》：墨，由也。从土畐聲。

【墣】

《說文》：墣，穜也。一曰内其中也。从土㚇聲。

【塍】

《說文》：塍，稻中畦也。从土朕聲。

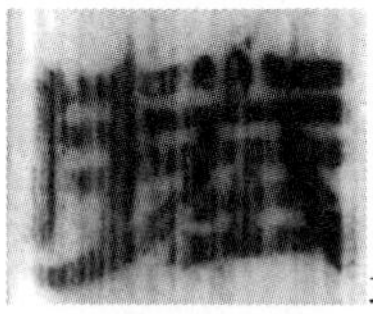
北壹·倉頡篇 19

○塍（縢）籥陘沙

【坺】

《說文》：坺，治也。一曰臿土謂之坺。《詩》曰："武王載坺。"一曰塵皃。从土犮聲。

【坄】

《說文》：坄，陶竈窻也。从土，役省聲。

【基】

《說文》：𡊅，牆始也。从土其聲。

馬壹 256_2 上\8

○□坪基疾病

馬壹 124_46 上

○至（基）守

銀壹 870

○深基

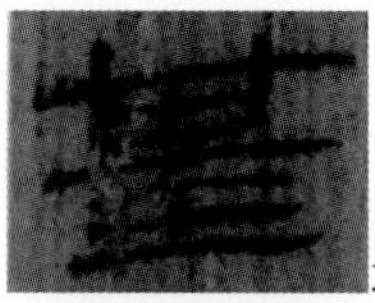
北貳·老子 9

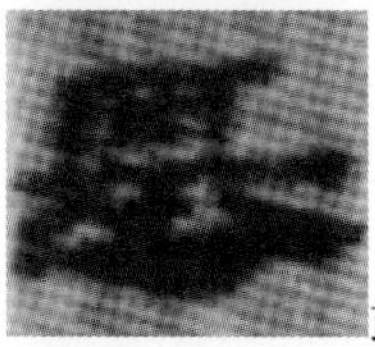
武·儀禮甲《服傳》18

○何以基（期）也

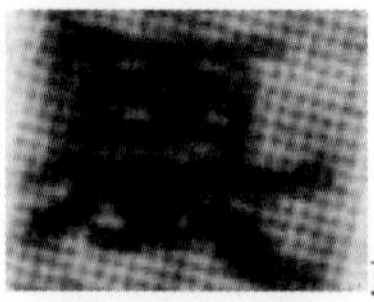
武·乙本《服傳》11

○何以基（期）也

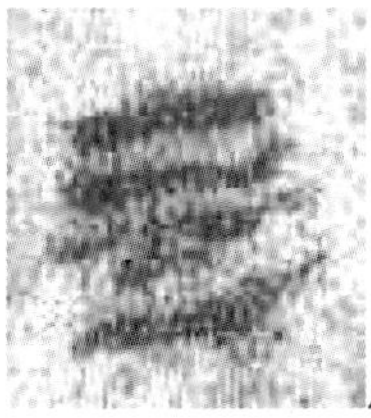
馬壹 36_45 上

漢印文字徵

○弓基印信

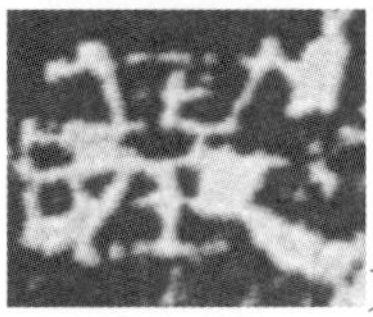
東漢・西岳華山廟碑陽

○尊脩靈基

東漢・石門頌

○萬世之基

三國魏・三體石經尚書・篆文

【垣】

《説文》：垣，牆也。从土亘聲。

【𩫖】

《説文》：𩫖，籀文垣从𩫖。

戰晚・十二年上郡守壽戈

○垣工師

戰晚・漆垣戈

○漆垣

戰晚・口年上郡守戈

戰晚・七年上郡閒戈

○漆垣工師

睡・秦律十八種 59

睡・為吏 15

睡・日甲《土忌》137

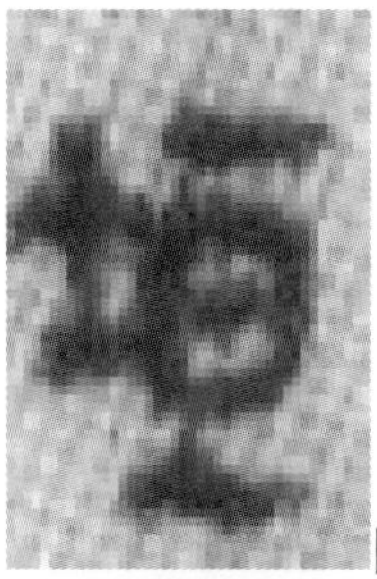
關・病方 326

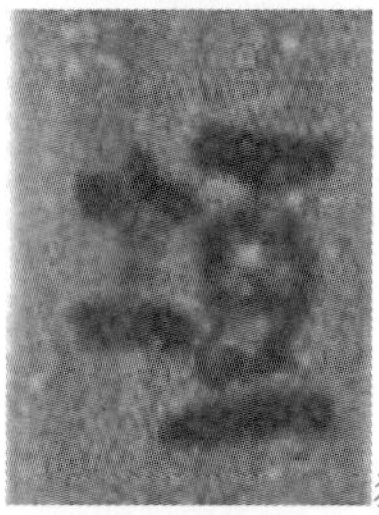
嶽・為吏 1

馬貳 32_18 上

張・秩律 452

銀貳 1863

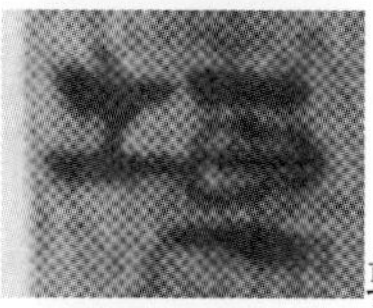
敦煌簡 0813

金關 T01:037

北壹・倉頡篇 53

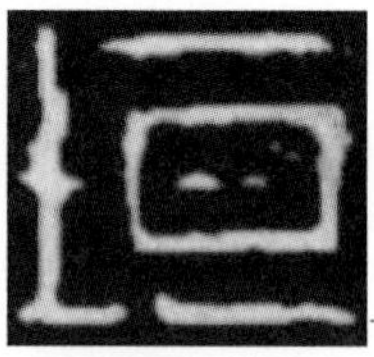
廿世紀璽印三-SY

秦代印風

漢晉南北朝印風

漢印文字徵

○垣騰之印信

漢印文字徵

漢印文字徵

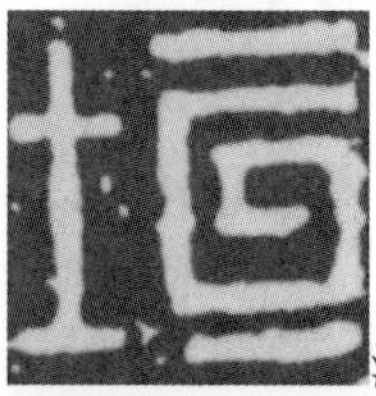
漢晉南北朝印風

東漢・營陵置社碑

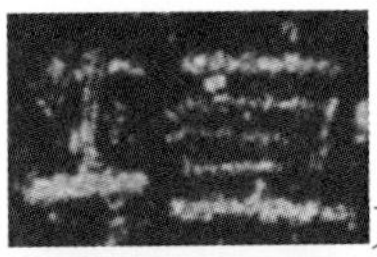
東漢・李孟初神祠碑

東漢・西岳華山廟碑陽

東漢・史晨後碑

北魏・元恪嬪李氏誌

北魏・元孟輝誌

北齊・司馬遵業誌

【圪】

《説文》：圪，牆高也。《詩》曰：“崇墉圪圪。”从土乞聲。

【堵】

《説文》：堵，垣也。五版爲一堵。从土者聲。

【𩫖】

《説文》：𩫖，籀文从𩫏。

漢銘・嘉至摇鍾

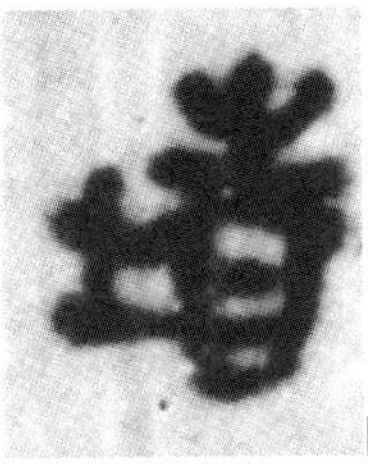
睡・秦律十八種 116

馬壹 110_156\325

銀壹 582

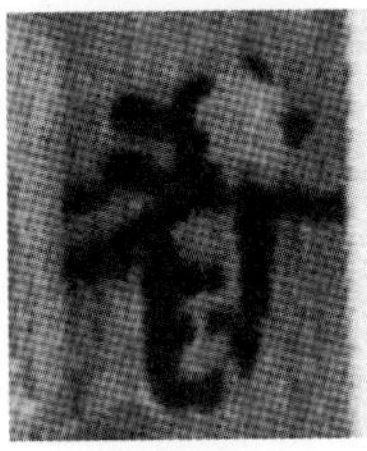
銀貳 1705

○君大堵亥焉

漢印文字徵

漢印文字徵

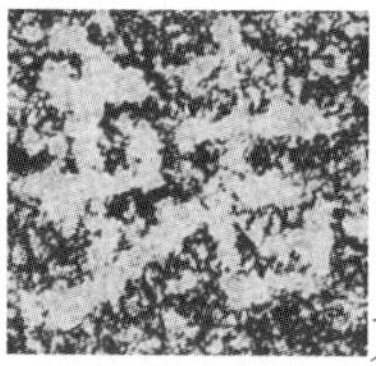
東漢・宋伯望買田刻石右

東漢・宋伯望買田刻石正

〇□西古有分堵

【壁】

《説文》：壁，垣也。从土辟聲。

睡・日甲《馬禖》156

馬貳 247_293

〇木白壁（璧）生

張・引書 36

銀壹 269

漢晉南北朝印風

漢印文字徵

漢印文字徵

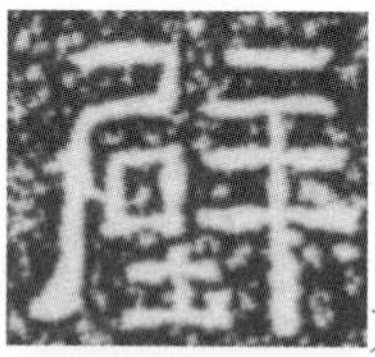
東漢・西狹頌

北魏・長孫子澤誌

北魏・青州元湛誌

北魏・元子永誌

北齊・感孝頌

○壁疑秦鏡

【墽】

《說文》：墽，周垣也。从土尞聲。

北齊・報德像碑

○火垂墽於華想

【堨】

《說文》：堨，壁間隙也。从土曷聲。讀若謁。

金關 T01:163

○里蘇堨

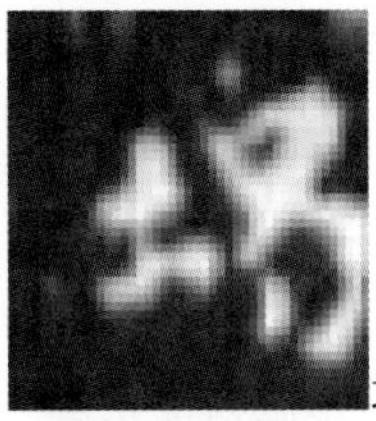
北魏・楊播誌

○又脩成千金堨

【埒】

《說文》：埒，卑垣也。从土寽聲。

金關 T29:098

○治封埒埤

北壹・倉頡篇 43

【堪】

《說文》：堪，地突也。从土甚聲。

睡・封診式 67

○西去堪二尺

里・第八層背 2030

○堪手

北壹・倉頡篇 21

○求䨝閭堪況墽

廿世紀璽印三-SP

○蟜堪私印

漢印文字徵

〇乘堪

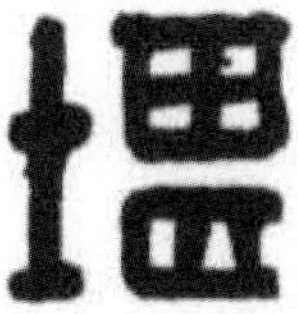
漢印文字徵

〇茀堪之印

漢印文字徵

漢晉南北朝印風

〇李堪

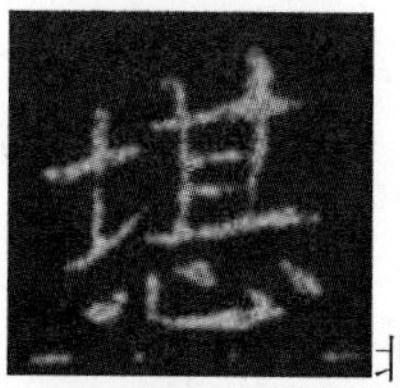
北魏・唐耀誌

〇孝堪無退

北魏・東堪石室銘

〇東堪石室銘

東魏・趙振題字

〇敬造彌勒像一堪

【堀】

《説文》：，突也。《詩》曰：“蜉蝣堀閲。”从土，屈省聲。

【堂】

《説文》：，殿也。从土尚聲。

【坣】

《説文》：，古文堂。

【臺】

《説文》：，籀文堂从高省。

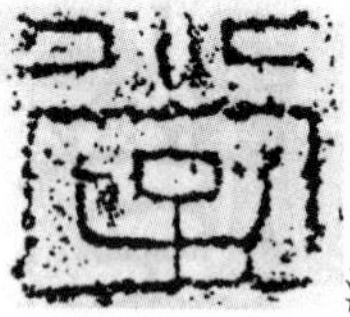
漢銘・建初八年洗

漢銘・延平元年堂狼造作鑒

漢銘・漢安元年洗

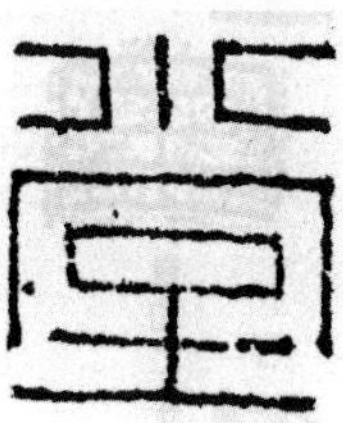
漢銘・永和六年洗

漢銘・延光三年洗一

漢銘・元和三年洗

漢銘・椒林明堂銅錠三

漢銘・和平二年堂狼造洗

漢銘・章和二年洗

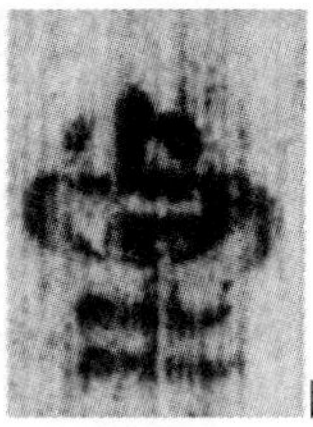
睡・封診式 76

里・第八層 2249

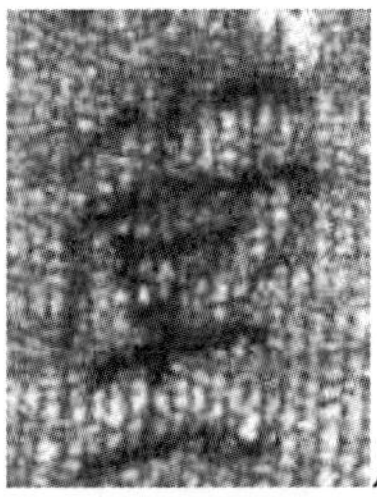
馬貳 79_221/208

張・蓋盧 19

張・引書 4

○步足堂下

銀貳 1886

敦煌簡 2130

○樓殿堂

金關 T23:879

○刑德堂庭

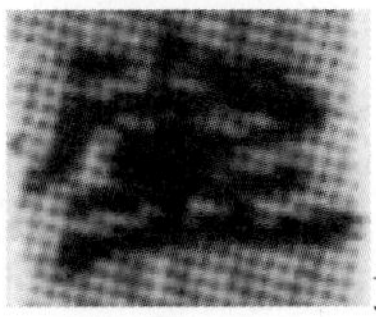
武・儀禮甲《士相見之禮》10

武・甲《泰射》46

東牌樓 034 背

北壹・倉頡篇 55

○亭庑陛堂庫府

廿世紀璽印三-GP

漢印文字徵

○堂印猛友

漢印文字徵

○高堂滿之

漢印文字徵

漢晉南北朝印風

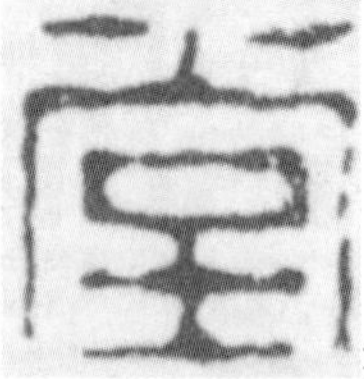
漢晉南北朝印風

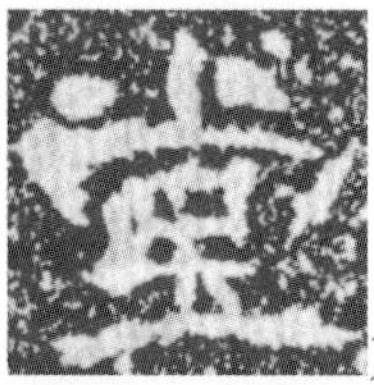
東漢・元嘉元年畫像石墓題

東漢・石堂畫像石題記

西晉・臨辟雍碑

北魏・元冏誌

北魏・元弼誌

○月堂夕閉

北魏・元鑒誌

○堂構纍榮

北魏・寇憑誌

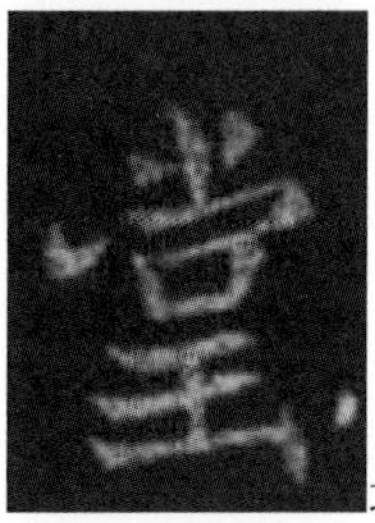
北魏・寇演誌

○寄圖玄堂

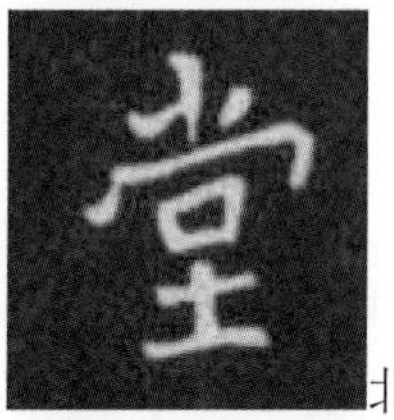
北魏・王基誌

北魏・元子永誌

北魏・爾朱襲誌

北魏・卅一人造像

北魏・元羽誌

○泉堂閟暉

北齊・唐邕刻經記

【垛】

《説文》：垛，堂塾也。从土朵聲。

【坫】

《説文》：坫，屏也。从土占聲。

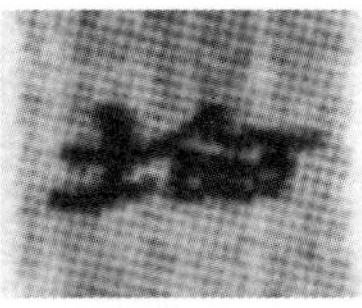
武・甲《泰射》38

○坫之東南

【壠】

《説文》：壠，涂也。从土瀧聲。

【垷】

《説文》：垷，涂也。从土見聲。

【墐】

《説文》：墐，涂也。从土堇聲。

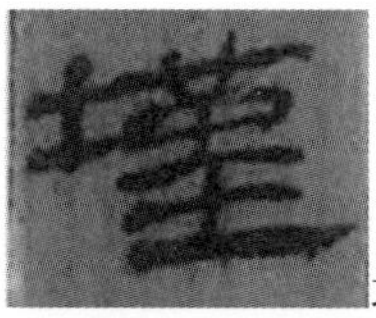
北貳・老子 138

〇之不墐（勤）天

【墍（塈）】

《説文》：墍，仰涂也。从土既聲。

廿世紀璽印三-GP

〇安臺左塈

漢印文字徵

北周・安伽誌

〇奄塈泉扃

南朝梁・舊館壇碑

〇爰塈東晉

【堊】

《説文》：堊，白涂也。从土亞聲。

【墀】

《説文》：墀，涂地也。从土犀聲。《禮》："天子赤墀。"

北魏・元誘誌

〇來步軒墀

北魏・元誘誌

〇暮踐丹墀

北魏・元祐誌

〇秉筆霄墀

北齊・高百年誌

〇赤墀俟而增映

【墼】

《説文》：墼，瓴適也。一曰未燒也。从土毄聲。

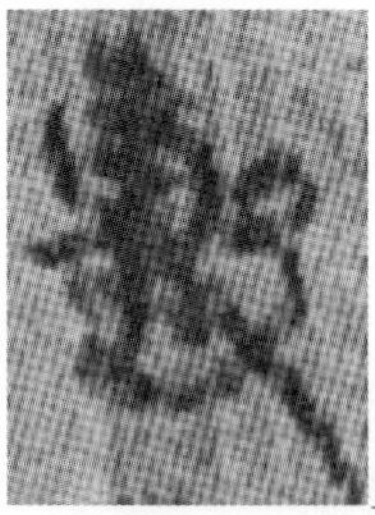
里・第八層 145

〇隸妾墼（擊）舂

敦煌簡 2157

〇凡墼千二百

金關 T26:123

〇作墼塞堠空

【坌】

《説文》：，埽除也。从土弁聲。讀若糞。

【埽】

《説文》：，棄也。从土从帚。

東漢・燕然山銘

〇星流彗埽

北魏・崔隆誌

〇埽煙氛以卻敵

【在】

《説文》：，存也。从土才聲。

漢銘・初平五年洗

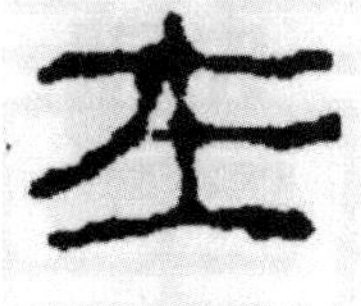
漢銘・光和七年洗

漢銘・新嘉量二

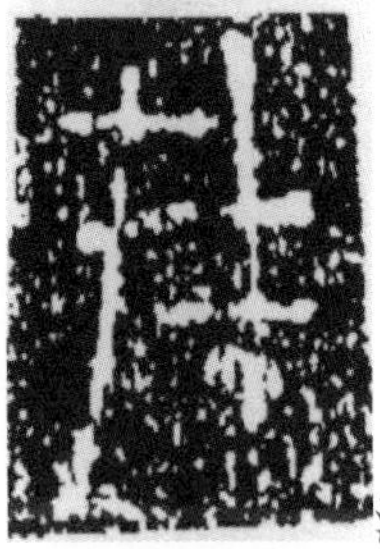
漢銘・新嘉量一

漢銘・新銅丈

漢銘・新衡杆

睡・秦律十八種 93

〇在咸陽者

睡・為吏 13

〇債在外

睡・日甲《盜者》75

〇蔡疵在肩臧（藏）

嶽・占夢書 16

○在丈夫取妻女

嶽・魏盜案 164

○子在巍(魏)

里・第八層 265

馬壹 92_296

○王在單父

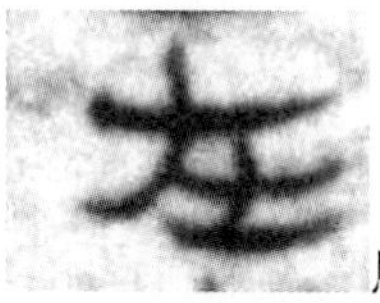
馬壹 85_129

○故臣在事中

馬貳 207_54

○安在徹士

張・具律 116

○在所縣道

張・蓋廬 16

○德在土

張・脈書 6

○馬蛕在胃管(脘)

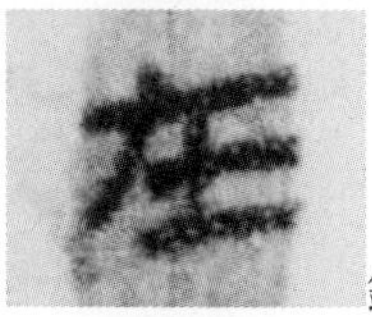
銀壹 37

銀貳 1218

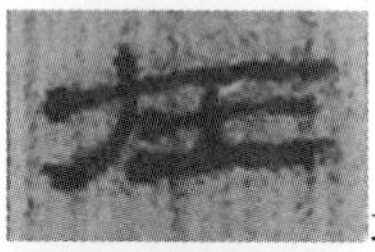
北貳・老子 32

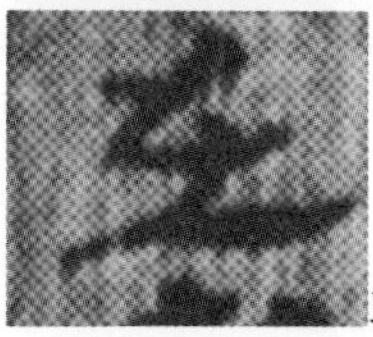
敦煌簡 0620

○家見在者高繒匹八

金關 T10:424

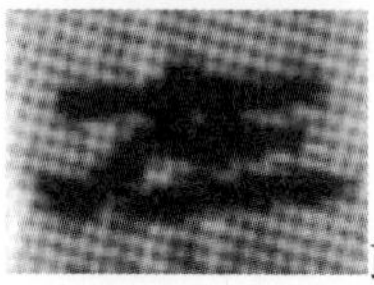
武・儀禮甲《士相見之禮》10

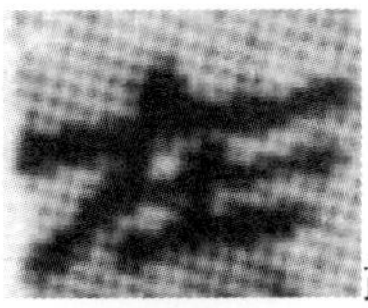
武・甲《特牲》7

武・甲《有司》18

武・王杖 1

東牌樓 013 背

北壹・倉頡篇 52

魏晉殘紙

○丈夫所在

漢印文字徵

漢印文字徵

漢印文字徵

漢印文字徵

○在輔

東漢・朝侯小子殘碑

東漢・三老諱字忌日刻石

○歲在壬

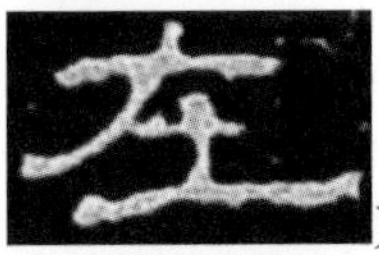
東漢・楊震碑

○所在先陽

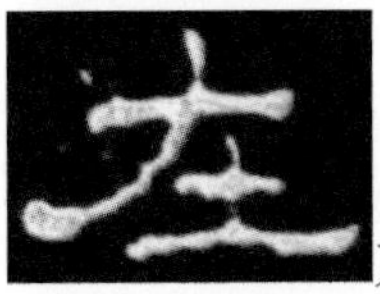
東漢・楊震碑

○緣在三義

東漢・石堂畫像石題記

東漢・元嘉元年畫像石墓題

○都督在前後賊曹（曺）

東漢・禮器碑

○在安樂里

東漢・鮮于璜碑陽

○在母不瘇，在師不煩

東漢・西岳華山廟碑陽

東漢・夏承碑

○所在執憲

東漢・三老諱字忌日刻石

○歲在辛

東漢・朝侯小子殘碑

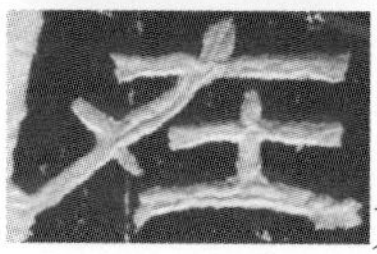
東漢・黨錮殘碑

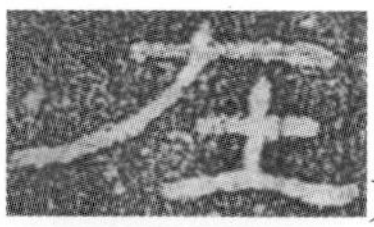
東漢・劉君殘碑

○歲在辛酉

西晉・荀岳誌

北魏・元譚妻司馬氏誌

北魏・姚伯多碑

○功不在己

北魏・元簡誌

北魏・元羽誌

○景明二年歲在辛巳

北魏・劉氏誌

○于今安在哉

北魏・鮮于仲兒誌

○敬祭如在

北魏·于景誌

北魏·甯懋誌

○在任虔恭

北魏·穆亮誌

東魏·淨智塔銘

○佛圖久在

東魏·隗天念誌

○在城東北三里葬

【𡋯】

《説文》：𡋯，止也。从土，从畱省。土，所止也。此與畱同意。

【坐】

《説文》：坐，古文坐。

睡·秦律十八種 83

睡·效律 55

睡·日甲《衣》121

嶽·癸瑣案 30

里·第八層 2014

里·第八層 754

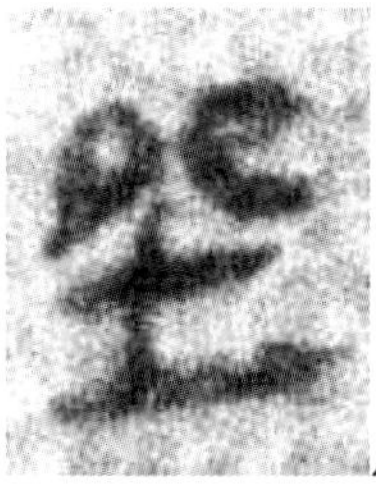
馬壹 97_52

馬貳 247_290

張・奏讞書 77

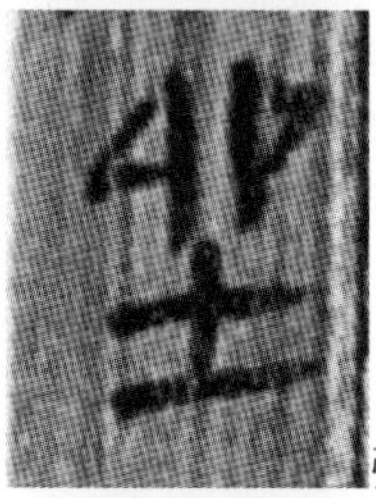
張・脈書 39

銀壹 272

北貳・老子 69

敦煌簡 0984

○王宏坐要

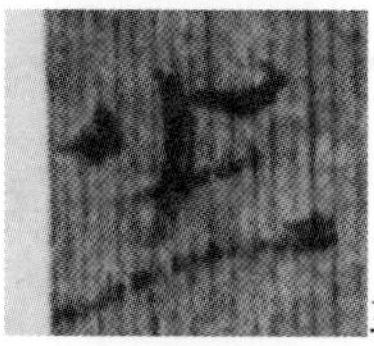
敦煌簡 0236A

○子淵坐前

金關 T30:170

金關 T04:108A

○單卿坐前

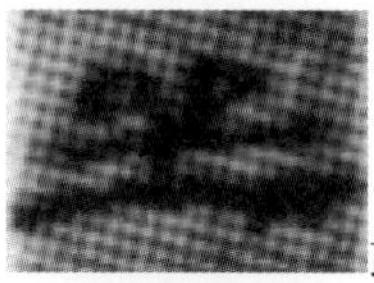
武・儀禮甲《士相見之禮》14

武・甲《特牲》28

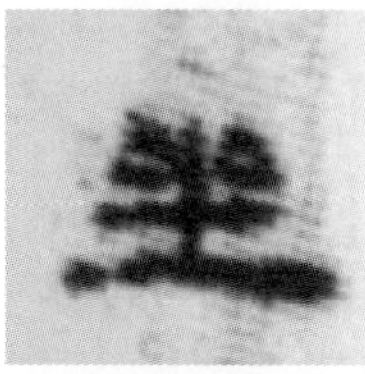
武・甲《有司》18

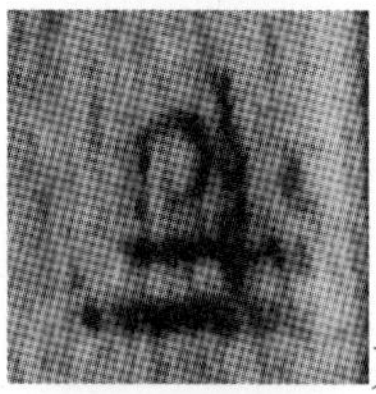
東牌樓 125

北壹・倉頡篇 21

漢印文字徵

○君坐受祿

東漢・元嘉元年畫像石墓題記

○復遇坐席

東漢・石祠堂石柱題記

○坐席未竟

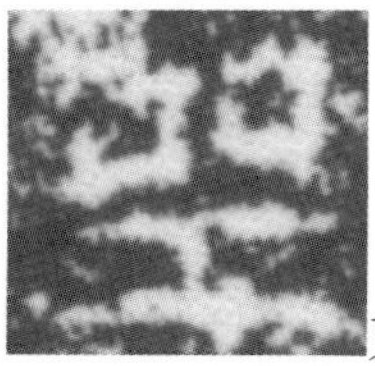
東漢・庚午等字殘碑

○坐□疾去

三國魏・曹真殘碑

○問豫侍坐

北魏・侯剛誌

○常危坐獨思

北魏・李璧誌

○坐使諸王

北魏・馮季華誌

○都坐大官

北魏・元弼誌

北魏・封魔奴誌

東魏・馮令華誌

○坐應嘉慶

北齊・殷恭安等造像

○佛坐主李洪安

北周・馬龜誌

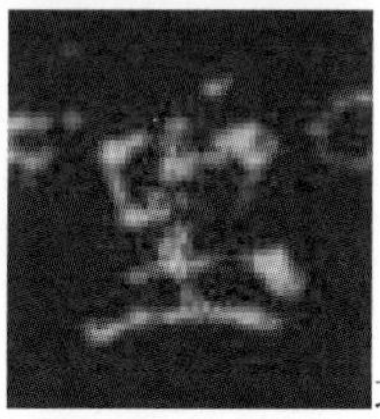
北周・張僧妙法師碑

○遊俗坐焉

【坻】

《説文》：坻，箸也。从土氏聲。

【塡（填）】

《説文》：塡，塞也。从土眞聲。

馬壹 176_52 下

〇歲星填星

馬壹 181_120 上

〇正月填星

張・蓋盧 29

〇慎其填（塵）埃

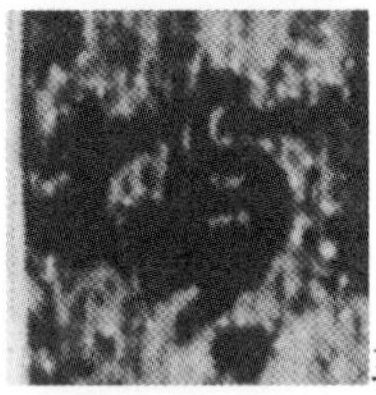
敦煌簡 2162

〇□填人馬

漢晋南北朝印風

漢印文字徵

北魏・韓曳雲造像

北魏・韓曳雲造像

東魏・叔孫固誌

〇日填於闕下

東魏・元悰誌

北齊・徐之才誌

北齊・姜纂造像

【坦】

《説文》：坦，安也。从土旦聲。

【坒】

《説文》：坒，地相次比也。衞大夫貞子名坒。从土比聲。

【堤】

《説文》：堤，滯也。从土是聲。

睡・秦律十八種 23

張・蓋盧 19

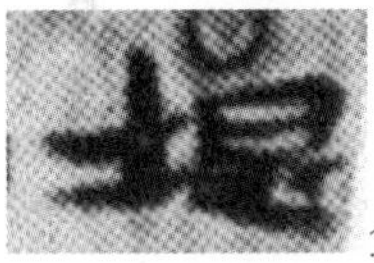
金關 T26:142

○土曾堤□

漢印文字徵

○左河堤謁者印

北魏・郭定興誌

北魏・叔孫協及妻誌

【壎】

《説文》：壎，樂器也。以土爲之，六孔。从土熏聲。

【封】

《説文》：封，爵諸侯之土也。从之从土从寸，守其制度也。公侯，百里；伯，七十里；子男，五十里。

【㞷】

《説文》：㞷，古文封省。

【牡】

《説文》：牡，籀文从㞷。

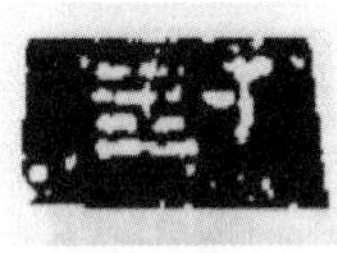
漢銘・雒陽武庫鍾

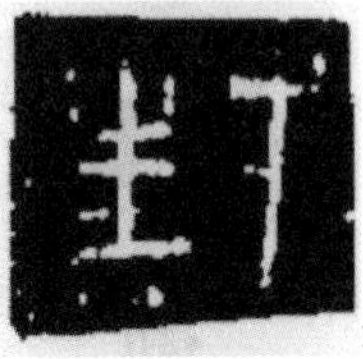
漢銘・開封行鐙

睡・秦律十八種 22

睡・效律 30

睡・封診式 99

嶽・為吏 81

嶽・占夢書 38

○毋戶封死大吉

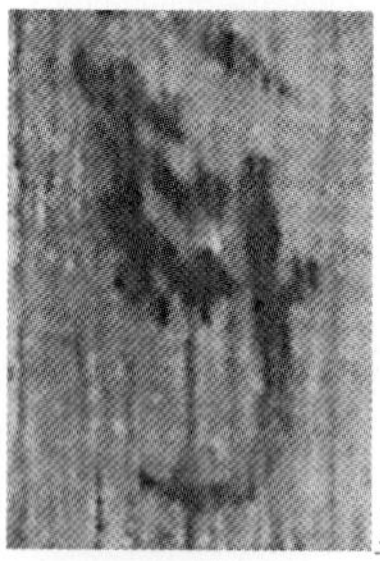
里・第五層 22

○書一封

里・第八層 375

馬壹 90_251

○定身封此

馬壹 88_198

○封之膏腴之地

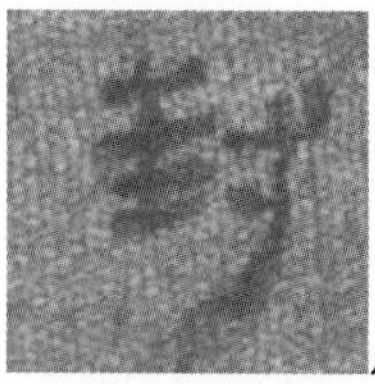
馬貳 84_326/316

馬貳 223_24

○牛封羹一鼎

張・津關令 501

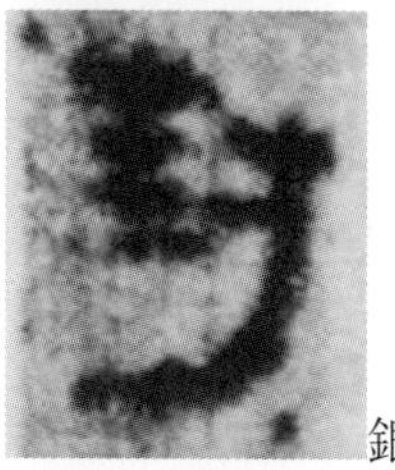
銀壹 351

敦煌簡 1975A

金關 T10:319

金關 T24:026

○三封張掖都尉章

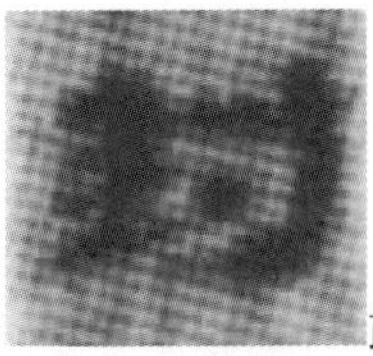
武・儀禮甲《服傳》46

東牌樓 024

北壹・倉頡篇 53

秦代印風

○封苦

廿世紀璽印三-SY

○王封公

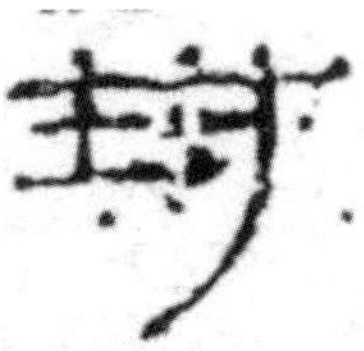
廿世紀璽印三-SP

漢晉南北朝印風

廿世紀璽印三-SY

○任封

漢印文字徵

○封多牛

漢印文字徵

漢印文字徵

漢印文字徵

○封印斫胡

漢印文字徵

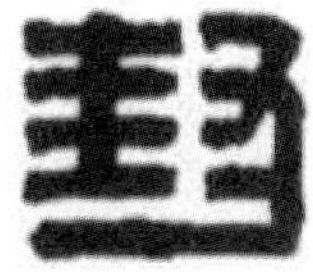
漢印文字徵

廿世紀璽印四-SY

〇大利鮑長封

漢晉南北朝印風

〇封完

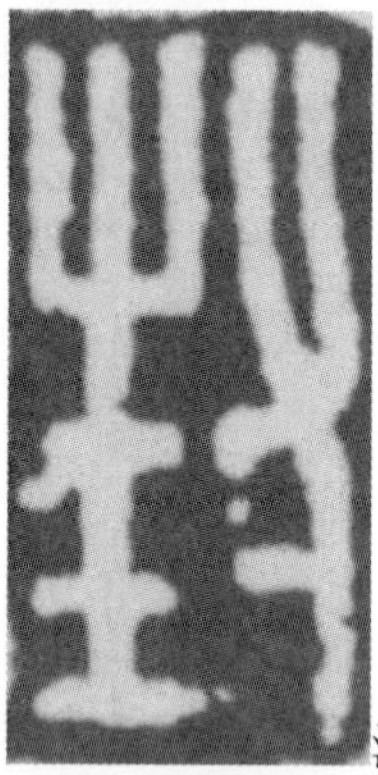
漢晉南北朝印風

東漢・封龍山頌

東漢・景君碑

東漢・司馬芳殘碑額

東漢・永壽元年畫像石墓記

〇君父關内侯冢在封

三國魏・三體石經殘・篆文

〇封女

三國魏・三體石經殘・古文

〇封女

北魏・元詮誌

北魏・康健誌

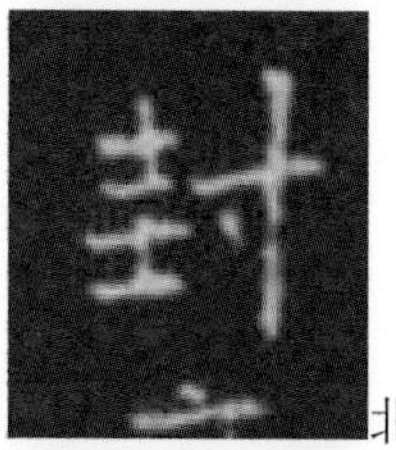
北魏・元融誌

北魏・元弘嬪侯氏誌

東魏・封延之誌蓋

○左僕射封公墓誌銘

東魏・封延之誌

○左僕射封公墓誌銘

北齊・封子繪誌蓋

北周・拓跋虎誌

○銅雀不封

【壐】

《説文》：壐，王者印也。所以主土。从土爾聲。

【璽】

《説文》：璽，籀文从玉。

睡・為吏 33

○壐也

睡・日甲《詰》25

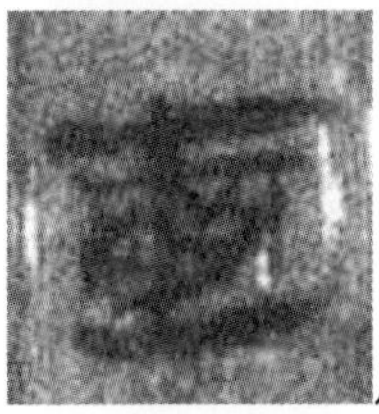
馬壹 43_33 上

○吾與壐（爾）羸

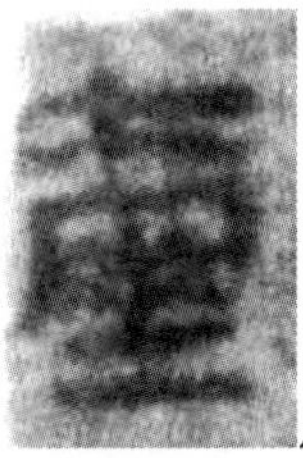
馬壹 110_175\344

○壐（爾）心上帝

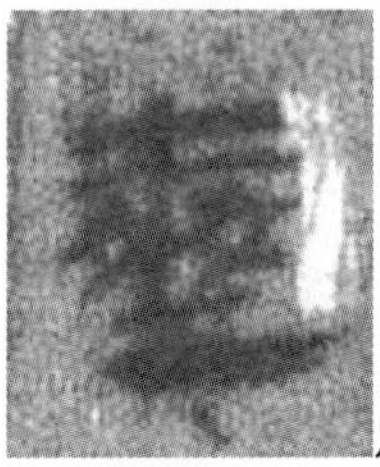
馬壹 42_30 下

○吾與壐（爾）羸

馬貳 203_1

○天師曰壐

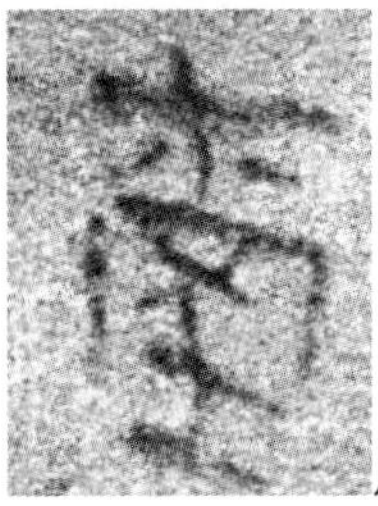
馬貳 31_55

〇人陰璽卜爲正者

張・賊律 9

〇皇帝行璽要（腰）

銀壹 617

〇以璽稽

敦煌簡 0210

〇璽書到

金關 T31:102A

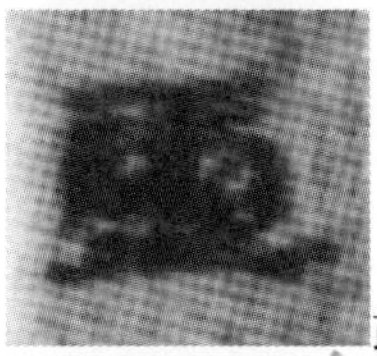
武・儀禮甲《服傳》20

〇知尊璽（禰）矣

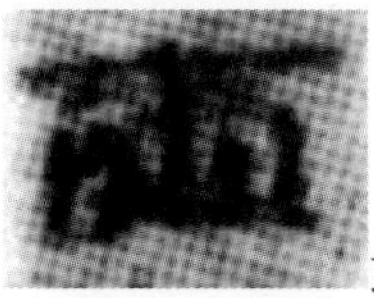
武・甲《少牢》26

〇佐食璽（爾）上

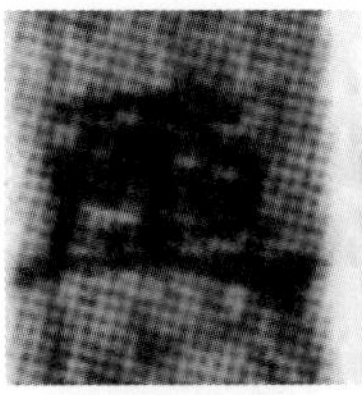
武・甲本《燕禮》4

〇南鄉璽（爾）卿

北壹・倉頡篇 39

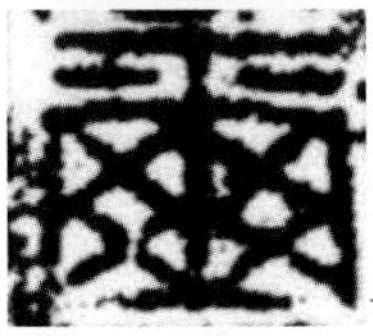
廿世紀璽印二-GP

〇寺工丞璽

秦代印風

秦代印風

秦代印風

〇璽

漢晉南北朝印風

廿世紀璽印三-GY

廿世紀璽印三-GY

漢晉南北朝印風

○尚府璽之印

漢晉南北朝印風

柿葉齋兩漢印萃

漢印文字徵

漢印文字徵

○尚符璽之印

漢印文字徵

○璽音

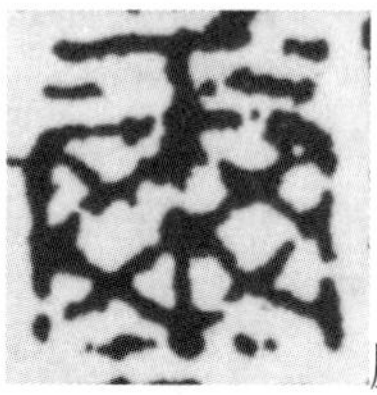
歷代印匋封泥

○皇帝信璽

歷代印匋封泥

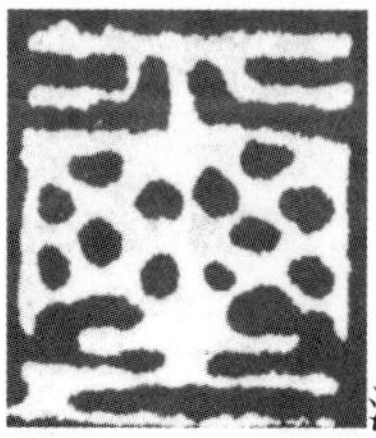
漢代官印選

秦代印風

漢晉南北朝印風

○朔甯王太后璽

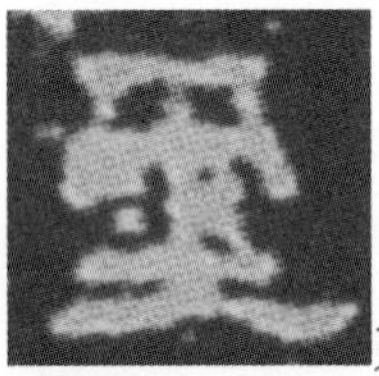
東漢・鮮于璜碑陽

○璽符追假

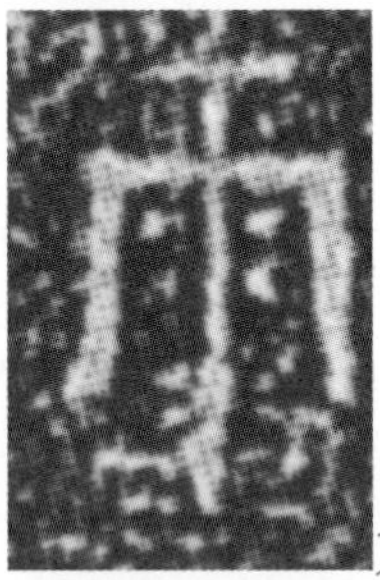
東漢・白石神君碑

○燕元璽三年正月十日

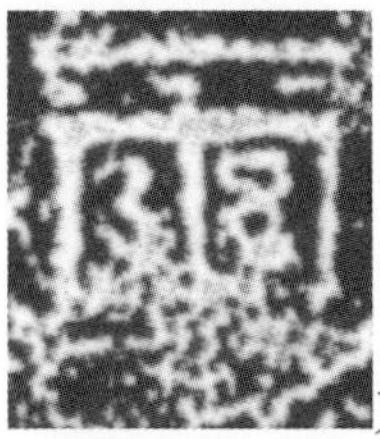
東漢・北海相景君碑陽

○璽追嘉錫

北魏・馮會誌

○秉圖握璽

北魏・元進誌

北魏・于纂誌

北齊・婁黑女誌

【墨】

《説文》：墨，書墨也。从土从黑，黑亦聲。

睡・日甲《反枳》155

○墨（晦）日利壞

馬壹 37_36 下

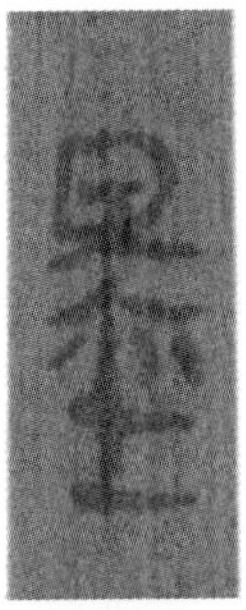
馬貳 210_88

○心密墨湯剔惑

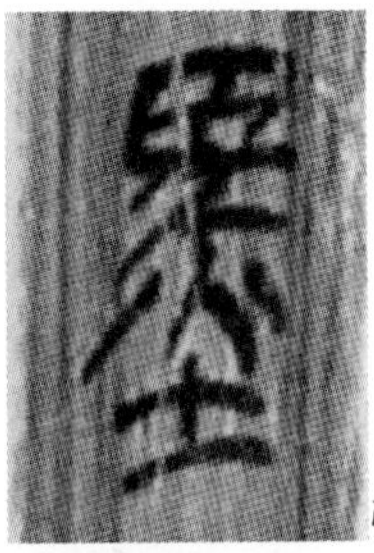
張・脈書 24

○顏墨（黑）病

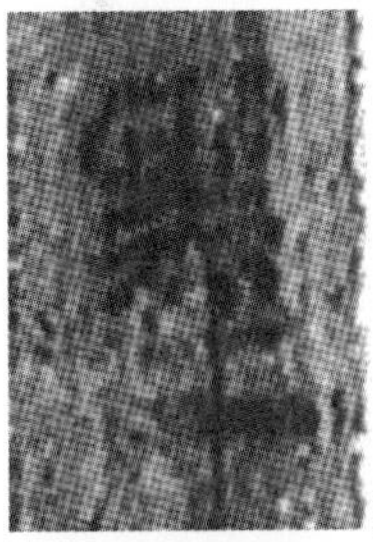
銀貳 1160

○墨（默）然

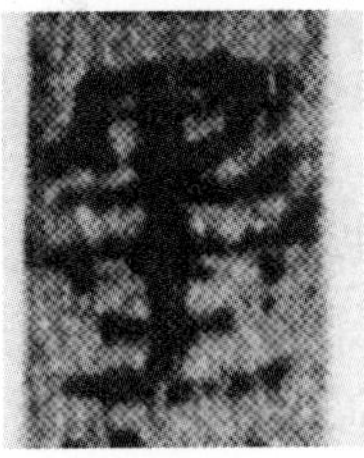
敦煌簡 2103

○力墨對曰

金關 T26:235

廿世紀璽印三-GP

廿世紀璽印三-GP

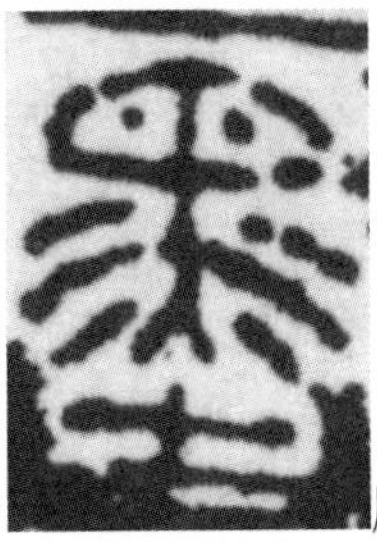
歷代印匋封泥

漢印文字徵

漢印文字徵

漢晉南北朝印風

○即墨長印

東漢・馮緄碑

○七墨綬

東漢・尚博殘碑

西晉・張朗誌

北魏・薛伯徽誌

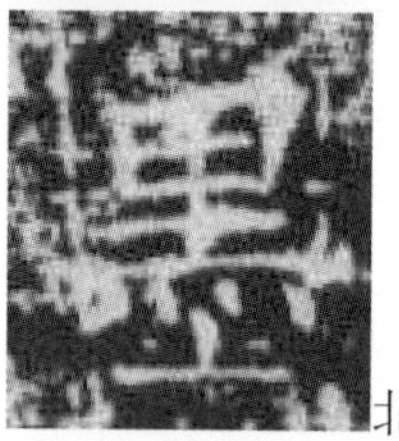
北齊・梁迦耶誌

【垸】

《說文》：垸，以桼和灰而䰍也。从土完聲。一曰補垸。

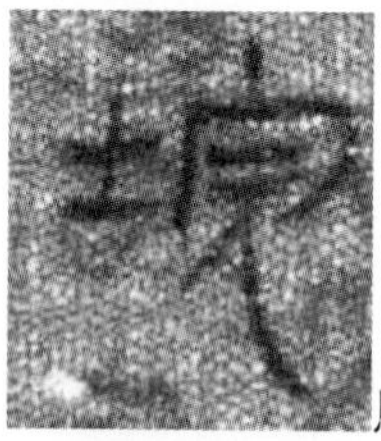
馬貳 82_272/259

○酒而垸（丸）之大

【型】

《說文》：型，鑄器之法也。从土刑聲。

北魏・侯愔誌

北魏・陶浚誌

【埻】

《說文》：埻，射臬也。从土𦎫聲。讀若準。

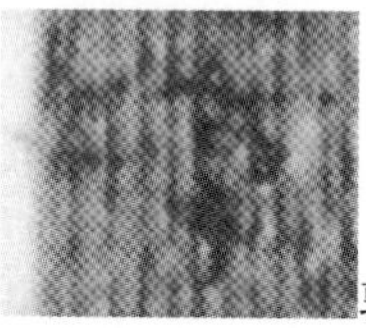
敦煌簡 1176

○使埻道廣高

【塒】

《說文》：塒，雞棲垣爲塒。从土時聲。

【城】

《說文》：城，以盛民也。从土从成，成亦聲。

【𩫨】

《說文》：𩫨，籀文城从𩫏。

戰晚・卅七年上郡守慶戈

戰晚・三年上郡守戈

○城旦

睡・秦律十八種 55

睡・秦律雜抄 40

睡・法律答問 132

嶽・為吏 75

嶽・識劫案 136

里・第五層 17

里・第八層 291

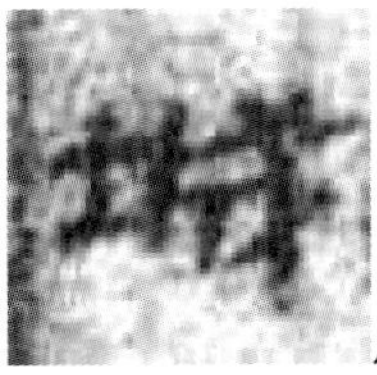
馬壹 226_62

馬壹 46_63 下

張・賊律 48

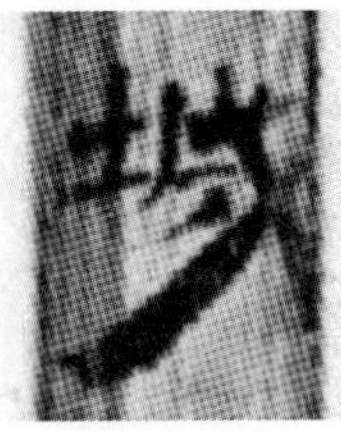
張・奏讞書 99

銀壹 812

〇下城守之備也

銀貳 1218

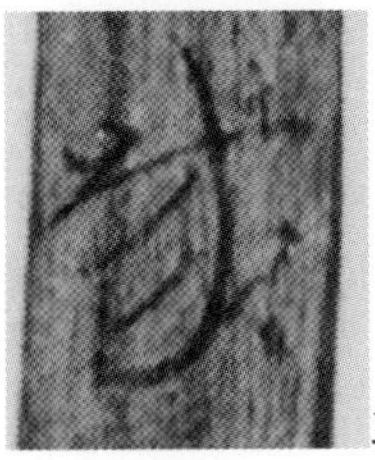
敦煌簡 0203

○若絕城錢

敦煌簡 1676

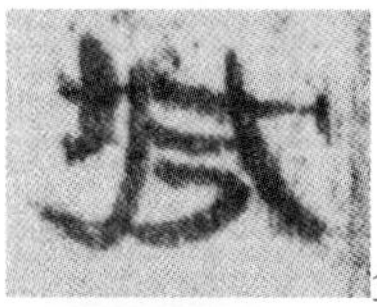
金關 T30:163

吳簡嘉禾・四・一七四

○區城佃田二町

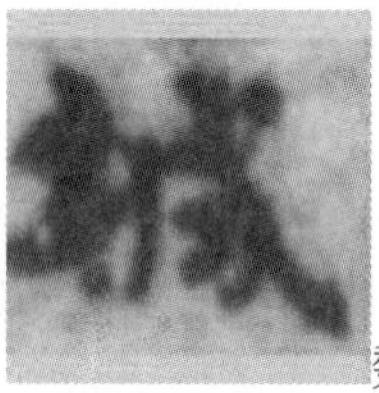
魏晉殘紙

○小城中

廿世紀璽印二-SY

廿世紀璽印二-GP

○陽城

歷代印匋封泥

○城陽衆

歷代印匋封泥

○新城義渠

歷代印匋封泥

歷代印匋封泥

漢晉南北朝印風

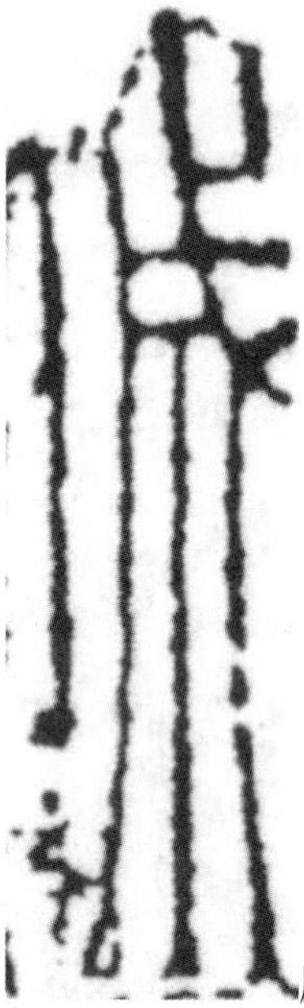
歷代印匋封泥

○樂用里附城

廿世紀璽印三-GP

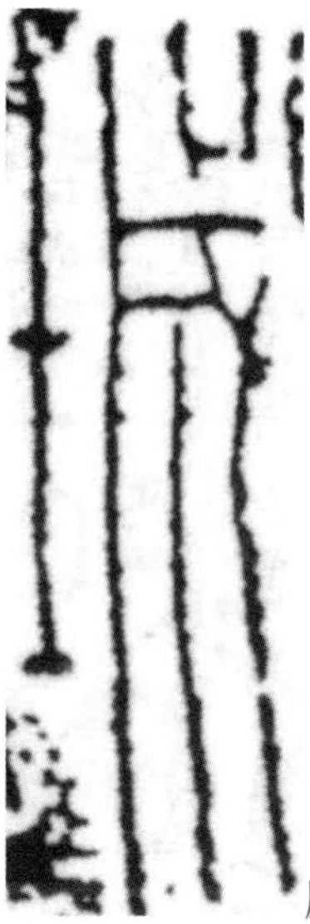
歷代印匋封泥

○顯美里附城

漢晉南北朝印風

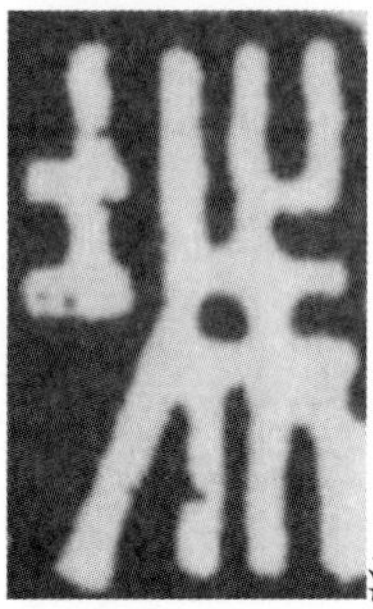
漢晉南北朝印風

○城北單父老印

漢印文字徵

漢印文字徵

漢印文字徵

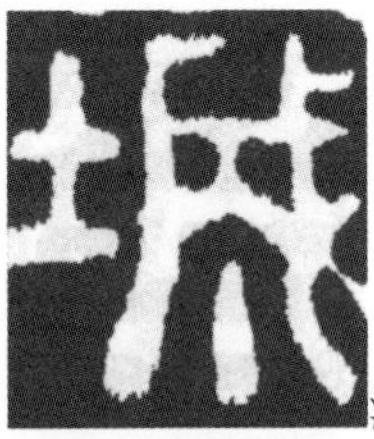
漢代官印選

柿葉齋兩漢印萃

歷代印匋封泥

漢代官印選

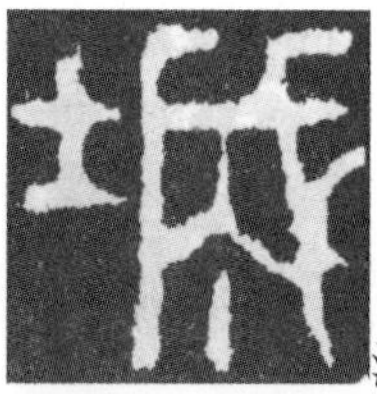
漢代官印選

柿葉齋兩漢印萃

漢晉南北朝印風

漢晉南北朝印風

○西城令印

漢晉南北朝印風

漢晉南北朝印風

○金城太守章

廿世紀璽印四-GY

○高城侯印

詛楚文・巫咸

東漢・張遷碑陽

東漢・禮器碑陰

○任城王子松二百

東漢・三老諱字忌日刻石

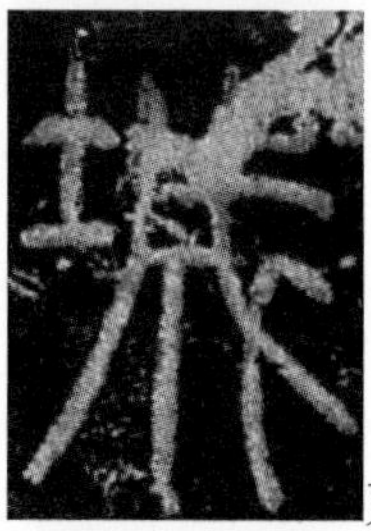
東漢・司徒袁安碑

東漢・楊震碑

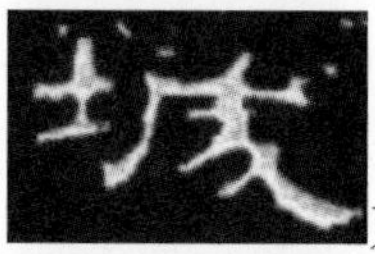
東漢・楊震碑

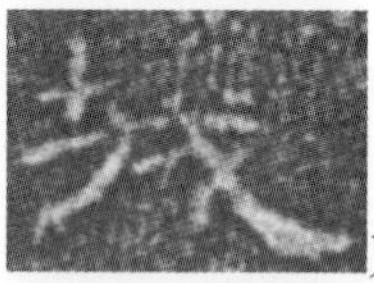
東漢・禮器碑陰

東漢・曹全碑陽

東漢・曹全碑陽

東漢・成陽靈臺碑

東漢・向壽碑

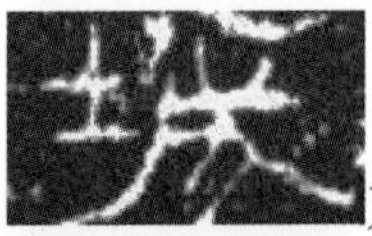
東漢・洛陽刑徒磚

東漢・洛陽刑徒磚

○陰完城旦捐祖

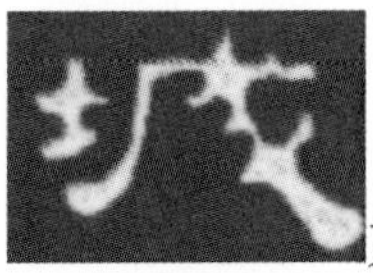
東漢・楊著碑額

○步出城寺

東漢・曹全碑陽

東漢・曹全碑陽

東漢・曹全碑陽

東漢・趙寬碑

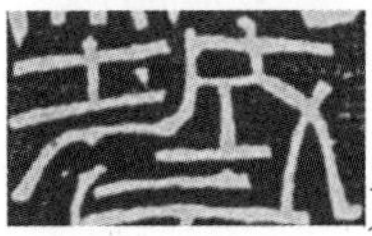
東漢・張遷碑額

○漢故穀城長蕩

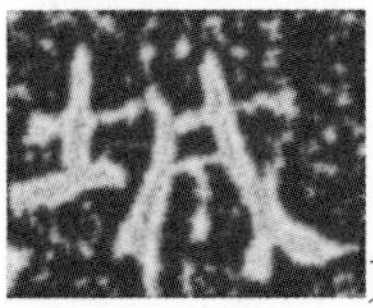
東漢・趙寬碑

東漢・史晨後碑

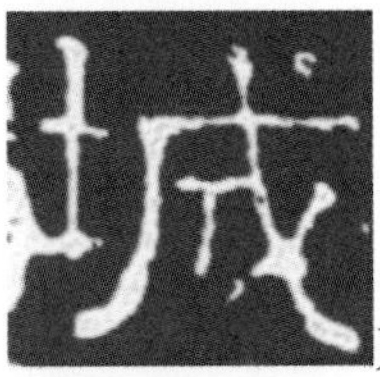
東漢・圉令趙君碑

西晉・郭槐柩記

○父城陽大守

西晉・王君神道闕

西晉・石尠誌

西晉・石尠誌

北魏・鄯乾誌

北魏・胡明相誌

北魏・檀賓誌

北魏・王基誌

北魏・盧令媛誌

北魏・韓氏誌

北魏・元保洛誌

〇出身城陽王府

北魏・王誦妻元氏誌

北魏・趙超宗誌

北魏・寇臻誌

北魏・李伯欽誌

北魏・元理誌

北魏・成嬪誌

〇代郡平城人

東魏・陸順華誌

北齊・劉悅誌蓋

北周・拓跋虎誌蓋

【墉】

《説文》：，城垣也。从土庸聲。

【𩫏】

《説文》：，古文墉。

北魏・元恭誌

北魏・于仙姬誌

北魏・王普賢誌

【堞】

《説文》：堞，城上女垣也。从土葉聲。

東魏・李憲誌

○刀斗沸於堞下

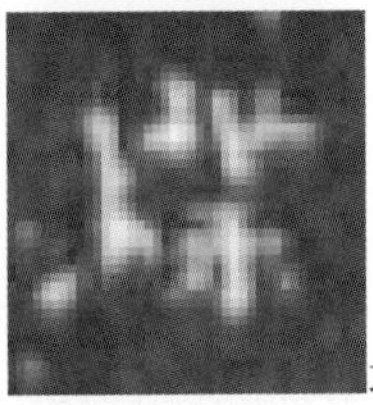
北周・尉遲運誌

○每陳傳堞之策

【坎】

《説文》：坎，陷也。从土欠聲。

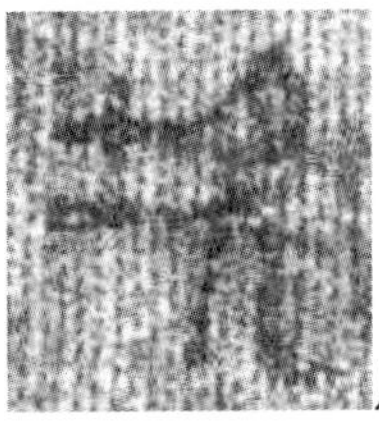
馬貳 78_192/179

○燔之坎中

北魏・侯剛誌

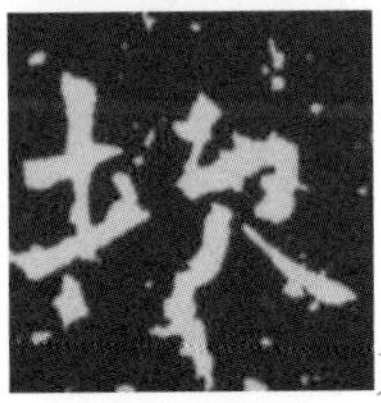
東魏・源磨耶壙志

○遂殯於城南二里澗南臨坎

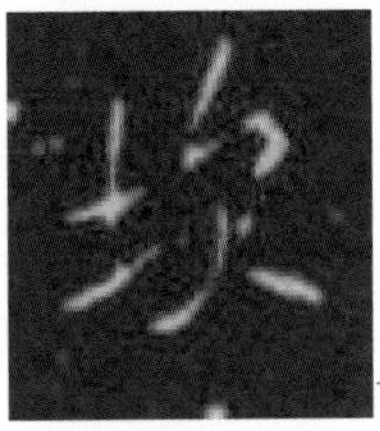
南朝宋・石颿銘

【墊】

《説文》：墊，下也。《春秋傳》曰："墊隘。"从土執聲。

武・儀禮甲《士相見之禮》1

○之禮墊（摯）冬

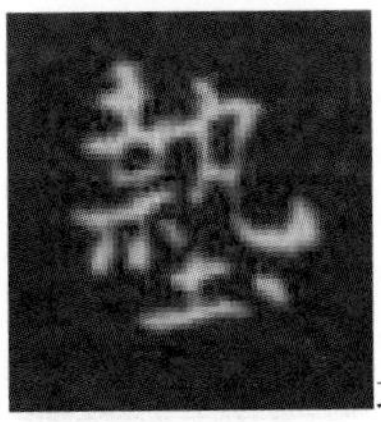
北魏・元欽誌

○民用昏墊

【坻】

《説文》：坻，小渚也。《詩》曰：“宛在水中坻。”从土氐聲。

【汷】

《説文》：汷，坻或从水从夊。

【渚】

《説文》：渚，坻或从水从耆。

吳簡嘉禾・七二八二

○關坻

北周・豆盧恩碑

○於時隴坻黠羌

【壂】

《説文》：壂，下入也。从土㬎聲。

【垎】

《説文》：垎，水乾也。一曰堅也。从土各聲。

【垐】

《説文》：垐，以土增大道上。从土次聲。

【堲】

《説文》：堲，古文垐从土、即。《虞書》曰：“龍，朕堲讒説殄行。”堲，疾惡也。

【增】

《説文》：增，益也。从土曾聲。

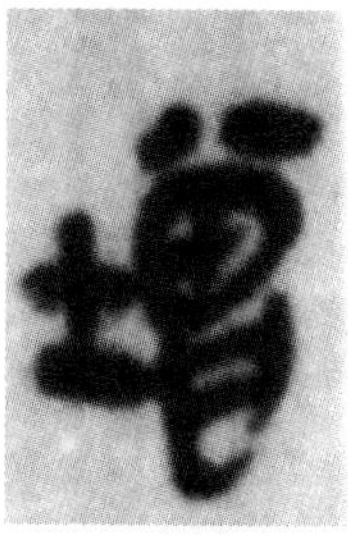
睡・秦律十八種 24

睡・秦律雜抄 41

里・第八層 890

馬壹 82_50

張・賊律 14

○詐增減券書

張・蓋盧 13

張・算數書 13

敦煌簡 1854

金關 T24:142

北壹・倉頡篇 73

○闖扃增蹭專

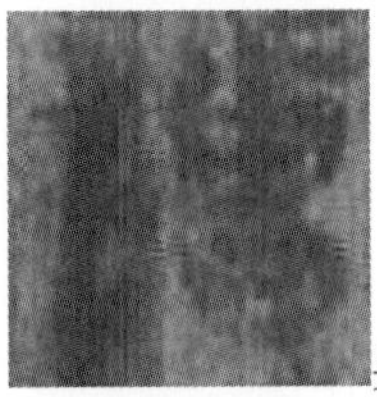
吳簡嘉禾・五・一五一

○周增佃田十一町

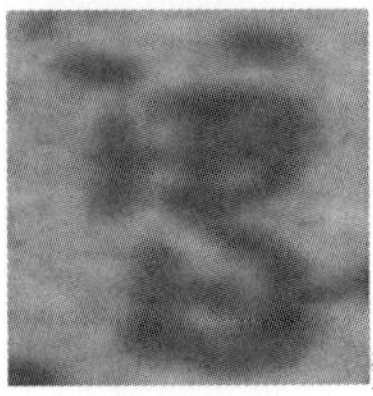
魏晉殘紙

○稍曾（增）

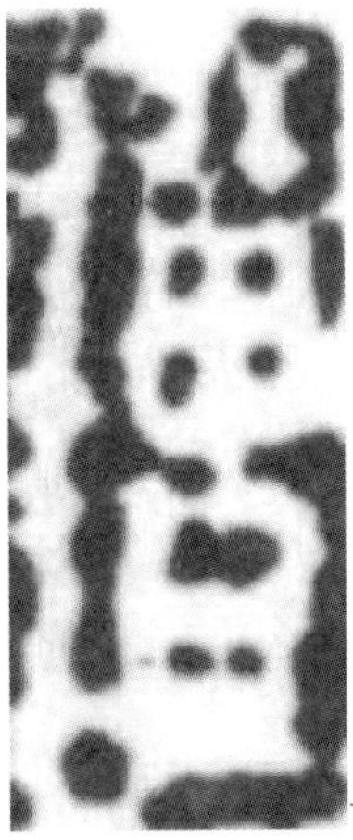
廿世紀璽印三-SY

○增達生

廿世紀璽印三-GP

漢印文字徵

○增畜

漢印文字徵

漢印文字徵

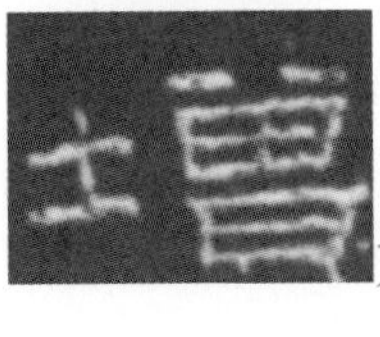
東漢・桐柏淮源廟碑

西晉・成晃碑

北魏・丘哲誌

北魏・崔隆誌

北魏・王蕃誌

北魏・張安姬誌

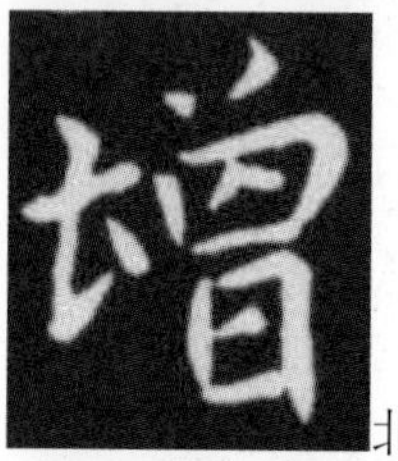
北魏・劉華仁誌

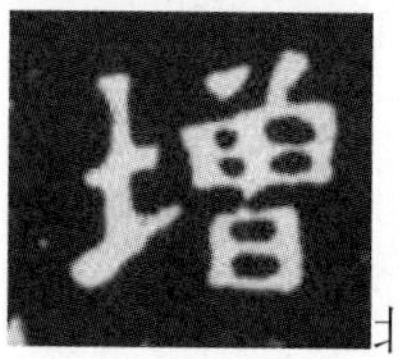
北魏・鞠彦雲誌

北魏・元瓅誌

北魏・慈慶誌

北魏・秦洪誌

○逕徂暑而增冰潔

北魏・侯剛誌

北魏・元恪嬪李氏誌

北齊・高百年誌

北齊・劉悅誌

北齊・赫連子悅誌

北周・安伽誌

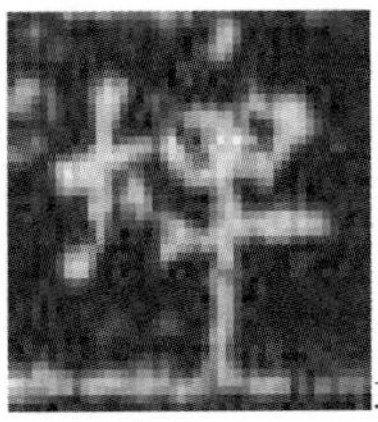
北魏・李遵誌

○共埤庶政

【埤】

《説文》：埤，增也。从土卑聲。

睡・秦律雜抄 41

○增塞埤塞縣

張・引書 9

○卅曰埤堄

銀壹 555

○今君埤（卑）

金關 T29:098

○封埒埤陜

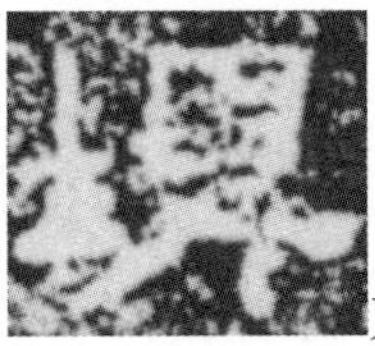
東漢・西狹頌

○減高就埤

【坿】

《説文》：坿，益也。从土付聲。

馬壹 255_4 下\46 下

○自多甬（用）坿（拊）

【塞】

《説文》：塞，隔也。从土从寒。

睡・秦律雜抄 41

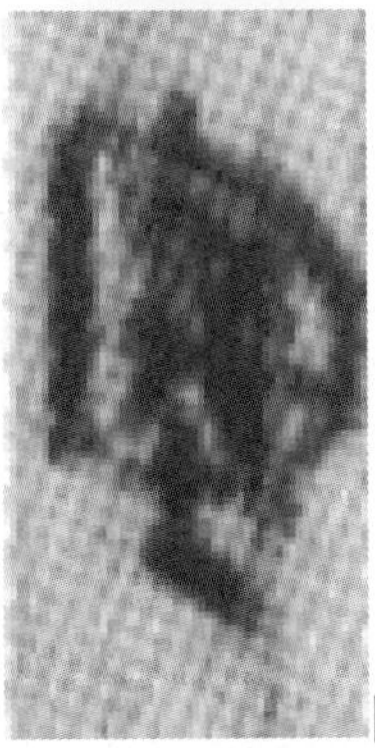
關・病方 353

嶽・為吏 1

〇勿塞

馬壹 127_62 下

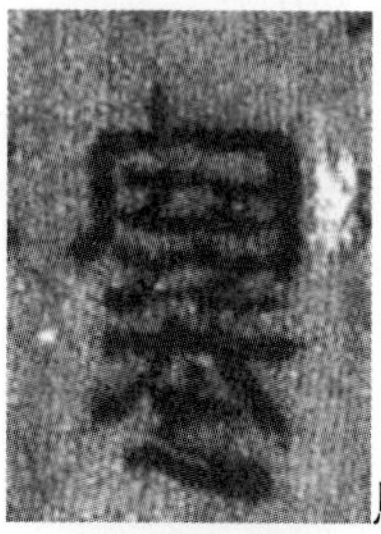
馬壹 76_57

馬貳 214_27/128

張・津關令 495

〇以越塞令論之

張・脈書 9

銀貳 2074

〇塞若邊誠

北貳・老子 41

〇不殆塞其脫（兑）

敦煌簡 2146

金關 T01:018

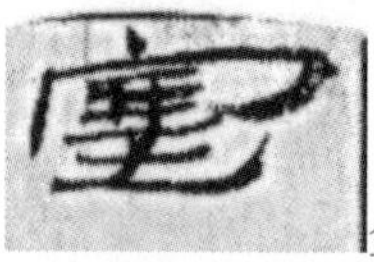
金關 T05:071

〇塞吏疑子功絶

漢晉南北朝印風

廿世紀璽印三-GY

漢晉南北朝印風

漢晉南北朝印風

漢代官印選
〇塞侯印

漢印文字徵

漢印文字徵

東漢・成陽靈臺碑

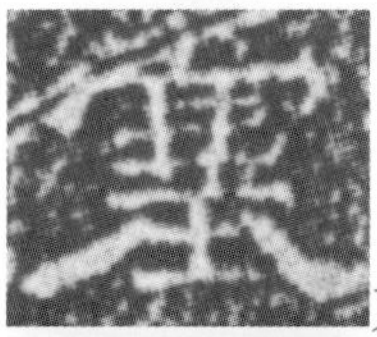
東漢・趙寬碑

西晉・臨辟雍碑

北魏・元暐誌

北魏・元顥平妻王氏誌

北魏・馮迎男誌

北魏・李媛華誌

北魏・檀賓誌

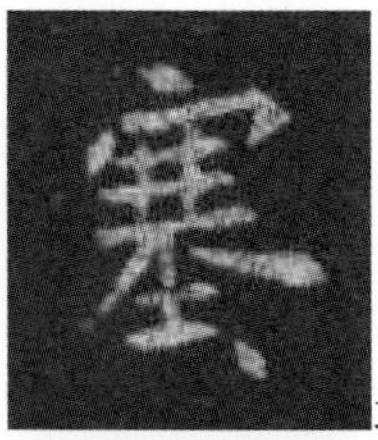
北魏·郭顯誌

東魏·元鷙妃公孫甑生誌

北齊·姜纂造像

【圣】

《説文》：，汝潁之閒謂致力於地曰圣。从土从又。讀若兔窟。

漢印文字徵

【垍】

《説文》：，堅土也。从土自聲。讀若息。

【埱】

《説文》：，气出土也。一曰始也。从土叔聲。

睡·法律答問 28

〇盜埱

嶽·猩敞案 54

〇埱冢不與猩謀

【埵】

《説文》：，堅土也。从土垂聲。讀若朵。

【埐】

《説文》：，地也。从土𢀩聲。

【聖】

《説文》：，土積也。从土，从聚省。

【壔】

《説文》：，保也。高土也。从土䛩聲。讀若毒。

【培】

《説文》：，培敦。土田山川也。从土咅聲。

廿世紀璽印三-SY

○張培根印

【埩】

《説文》：埩，治也。从土爭聲。

【墇】

《説文》：墇，擁也。从土章聲。

【塒】

《説文》：塒，遏遮也。从土則聲。

【垠】

《説文》：垠，地垠也。一曰岸也。从土艮聲。

【圻】

《説文》：圻，垠或从斤。

北魏・趙廣者誌

○帝□垠錫

東漢・楊統碑陽

○德以化圻民

【墠】

《説文》：墠，野土也。从土單聲。

東漢・成陽靈臺碑

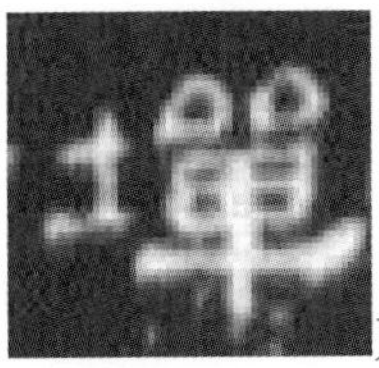
東漢・營陵置社碑

【垑】

《説文》：垑，恃也。从土多聲。

【壘】

《説文》：壘，軍壁也。从土畾聲。

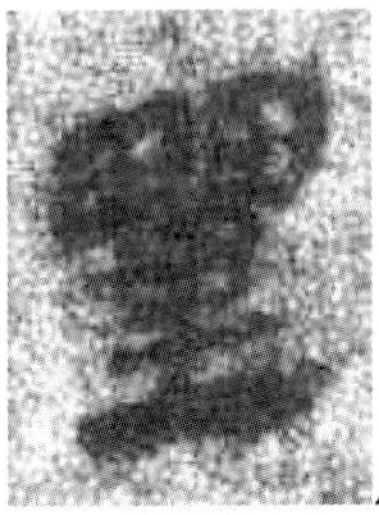
馬壹 45_63 上

○斯壘爲三遂（隊）

張・蓋盧 35

銀壹 298

銀貳 1165

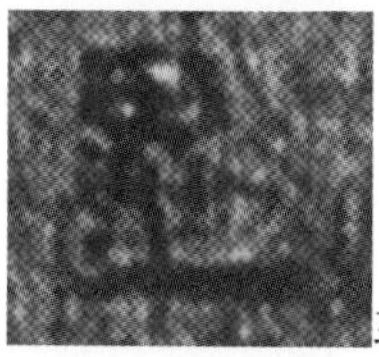
敦煌簡 1780

○堅辟壘遠候望

北壹・倉頡篇 62

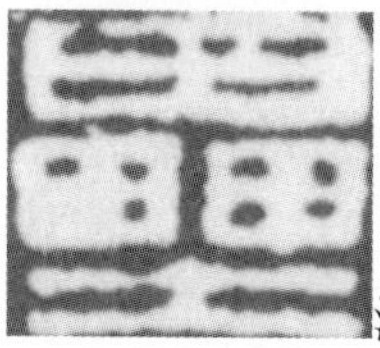
漢晉南北朝印風

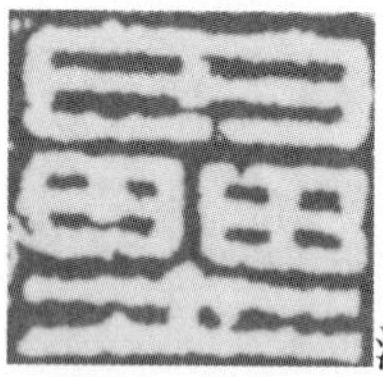
漢晉南北朝印風

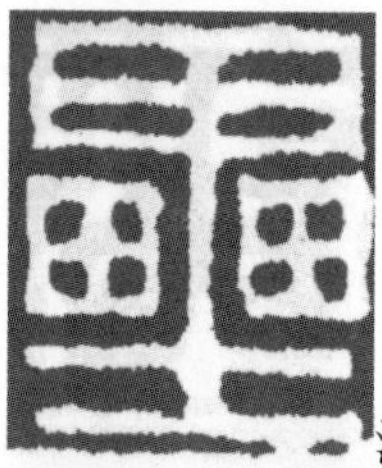
漢代官印選

北魏・元演誌

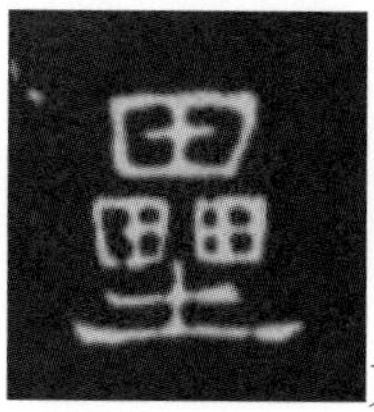
東魏・元延明妃馮氏誌

【垝】

《説文》：垝，毁垣也。从土危聲。《詩》曰：“乘彼垝垣。”

【陒】

《説文》：陒，垝或从𠂤。

【圮】

《説文》：圮，毁也。《虞書》曰：“方命圮族。”从土己聲。

【䣙】

《説文》：䣙，圮或从手从非，配省聲。

東漢・誉陵置社碑

○壇墠廢圮

東漢・曹全碑陽

○理殘圮

【垔】

《説文》：垔，塞也。《尚書》曰：“鯀垔洪水。”从土西聲。

【𡋯】

《説文》：垔，古文垔。

張·引書 18

○蛇垔（湮）者

【塹】

《説文》：塹，阬也。一曰大也。从土斬聲。

張·徭律 413

○溝渠塹奴苑

張·奏讞書 198

漢印文字徵

漢晉南北朝印風

北魏·元恭誌

○填塹逾城

【埂】

《説文》：埂，秦謂阬爲埂。从土更聲。讀若井汲綆。

馬壹 270_10 欄

○埂（亢）與（輿）

【壙】

《説文》：壙，塹穴也。一曰大也。从土廣聲。

金關 T21:261

○壙野隧卒

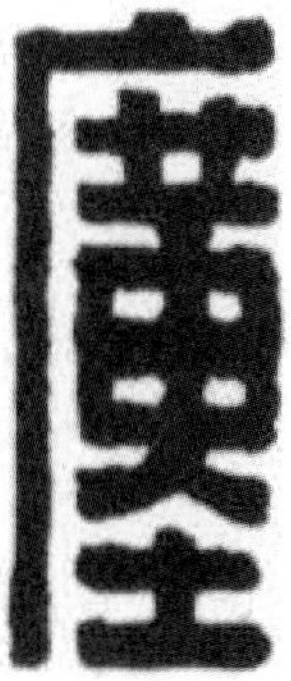
漢印文字徵

〇壙長孺

漢印文字徵

北魏・元過仁誌

北魏・長孫忻誌

北魏・元廣誌

【塏】

《説文》：塏，高燥也。从土豈聲。

【毀】

《説文》：毀，缺也。从土，毇省聲。

【毁】

《説文》：毁，古文毀从壬。

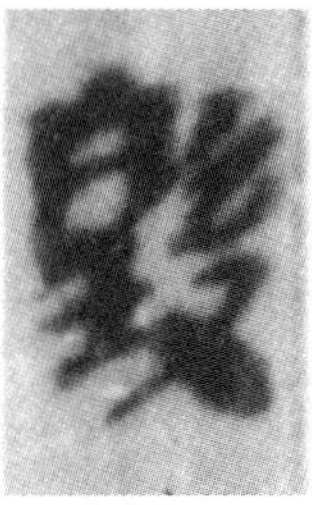
睡・秦律十八種 106

〇有罪毀傷公

睡・日甲《玄戈》61

〇毀東北

睡・日甲《土忌》139

〇以毀垣

睡・日乙 195

〇七日毀垣

嶽・數 104

〇石稷毀（穀）十

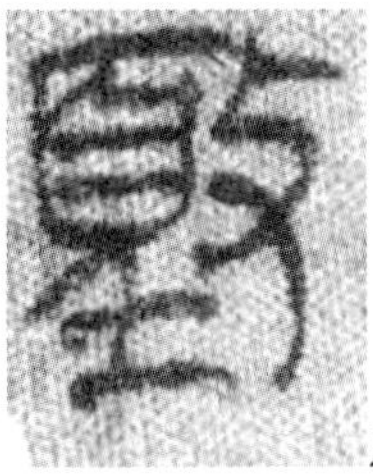
馬壹 258_3 上\29 上

〇毀以丁卯

馬壹 87_180

〇毀齊不敢怨魏

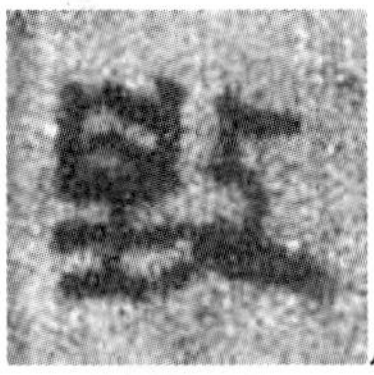
馬壹 43_42 上

〇天道毀盈

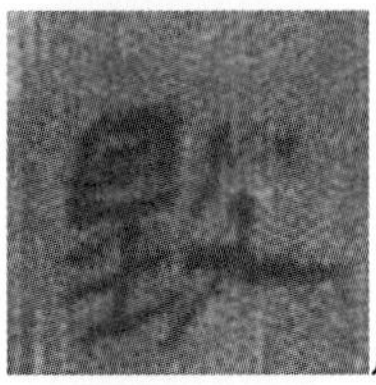
馬貳 130_43

〇毀雞卵

馬貳 8_15 中\19

〇祠家毀生子疾

張・行書律 275

〇而封毀過縣輒劾

張・蓋盧 1

〇毀何

張・算數書 102

〇一爲毀（毇）米

銀壹 844

〇生腐毀

金關 T31:043

〇亡毀傷

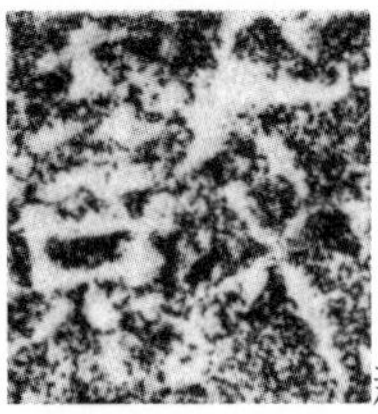
新莽・禳盜刻石

〇毀傷

東漢・朝侯小子殘碑

東漢・皇女殘碑

北魏・元天穆誌

北魏・元彝誌

○毁幾滅性

北魏・寇憑誌

○毁過禮制

北魏・高衡造像

○輒加毁謗

北魏・元詮誌

○毁躐戒途

東魏・陸順華誌

○終同侵毁

【壓】

《説文》：壓，壞也。一曰塞補。从土厭聲。

馬壹 211_17

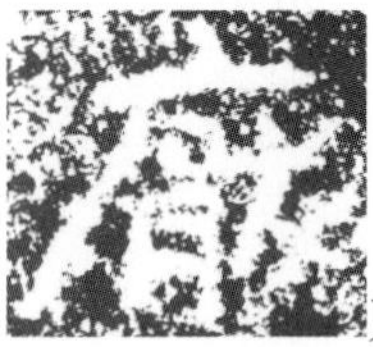
東漢・建塙刻石

○石天門以壓冢

東漢・建塙刻石

○以山精主壓此墓

北魏・元徽誌

北魏・王遺女誌

○互相陵壓

北周・華岳廟碑

【壞】

《説文》：壞，敗也。从土褱聲。

【𡊅】

《說文》：𡊅，古文壞省。

【𣀔】

《說文》：𣀔，籀文壞。

戰晚・二十一年相邦冉戈

○壞德

睡・秦律十八種 121

睡・日甲《門》143

睡・日乙 41

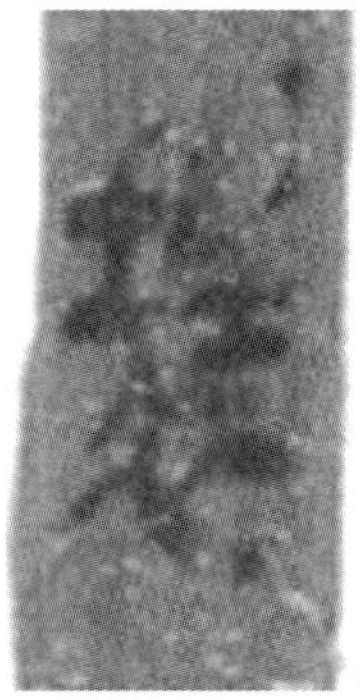
嶽・為吏 1

○垣陜（決）壞

里・第八層 781

馬壹 269_2 欄

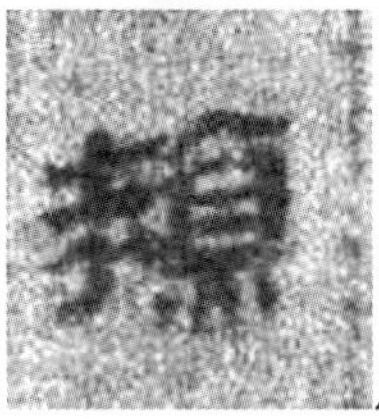
馬壹 135_44 下/121 下

○以壞（懷）下民

馬壹 86_157

馬壹 11_73 上

張・徭律 410

銀貳 1681

敦煌簡 1552

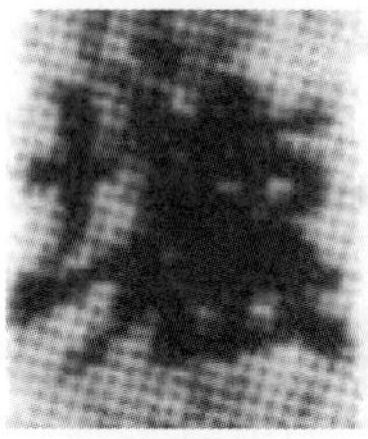
武・甲《少牢》33

○詩壞（懷）之

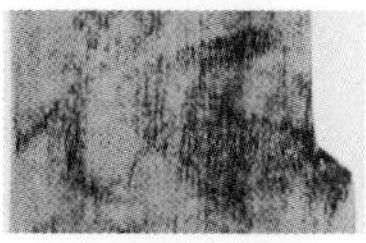
東牌樓 086

○朱壞□旦

北壹・倉頡篇 41

新莽・萊子侯刻石

東漢・史晨後碑

○左墻垣壞決

西晉・荀岳誌

北朝・十六佛名號

○壞一切世間怖畏佛

北魏・元朗誌

○王室之不壞

東魏・穆子巖誌銘

○斧柯潛壞

東魏・元顯誌

○山頹木壞

北齊·唐邕刻經記

北齊·唐邕刻經記

【坷】

《説文》：坷，坎坷也。梁國寧陵有坷亭。从土可聲。

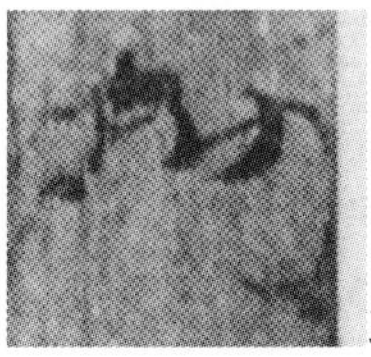
敦煌簡 0502

○云坷賨可詐讀已

【墟】

《説文》：墟，墉也。从土虘聲。

【隂】

《説文》：隂，墟或从𨸏。

【坼】

《説文》：坼，裂也。《詩》曰："不墉不疈。"从土𢉖聲。

廿世紀璽印三-GP

○坼禁丞印

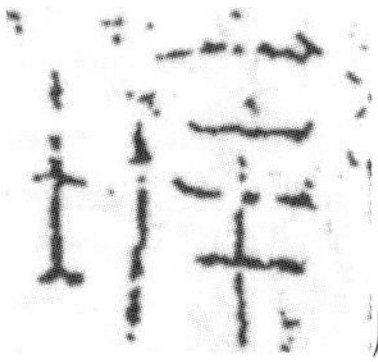
歷代印匋封泥

○坼禁丞印

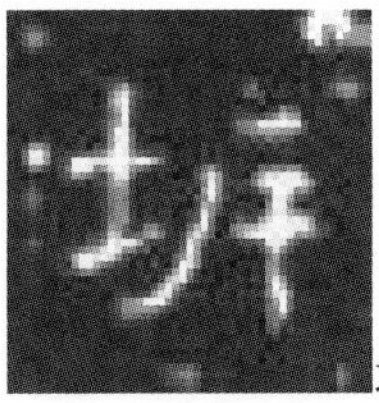
北齊·堯峻誌

○山坼海飛

【坱】

《説文》：坱，塵埃也。从土央聲。

北魏·元瞻誌

○遊氛坱軋

【𡒄】

《説文》：𡒄，塵也。从土麻聲。

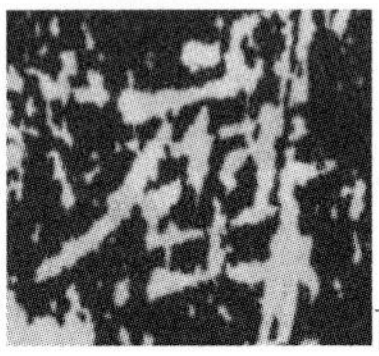
南朝齊·釋玄嵩造像

○永去𡒄結

【塿】

《説文》：塿，𡒄土也。从土婁聲。

【坋】

《説文》：坋，塵也。从土分聲。一曰大防也。

【䨽】

《説文》：䨽，塵也。从土非聲。

【埃】

《説文》：埃，塵也。从土矣聲。

張・蓋廬 29

○慎其填（塵）埃

北壹・倉頡篇 16

○蔞苞塵埃

東漢・孔彪碑陽

○浮斿塵埃之外

北魏・穆纂誌

○不悟黄埃

北魏・趙充華誌

○組帳凝埃

【堅】

《説文》：堅，塵埃也。从土殹聲。

【垽】

《説文》：垽，澱也。从土沂聲。

【垢】

《説文》：垢，濁也。从土后聲。

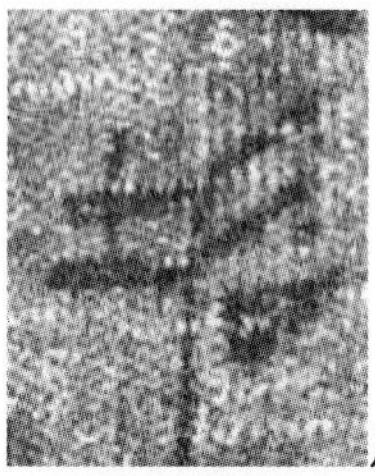
馬貳 78_185/172

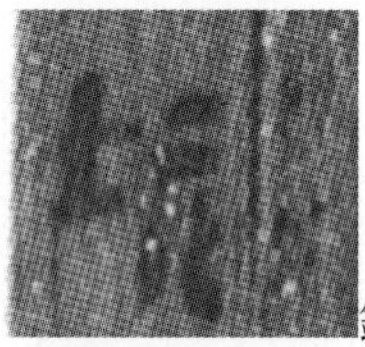
銀貳 1668

○□青垢生

北魏・劉璿等造像

北齊・無量義經二

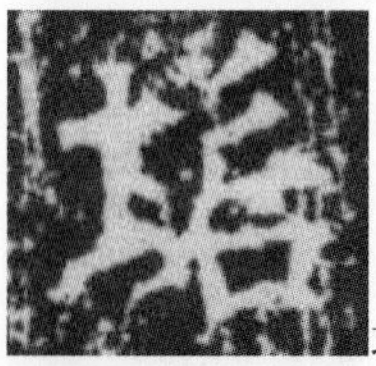
北齊・維摩經碑

北齊・歐伯羅造像

【壇】

《説文》：壇，天陰塵也。《詩》曰："壇壇其陰。"从土壹聲。

【坏】

《説文》：坏，丘再成者也。一曰瓦未燒。从土不聲。

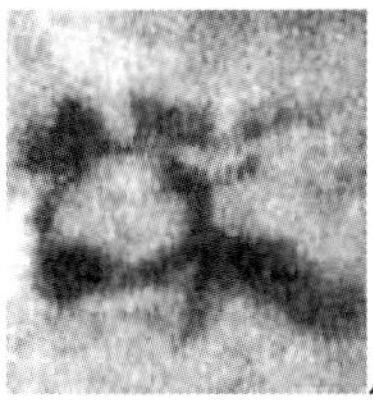
馬壹 101_152

〇或坏（培）或撟

【垤】

《説文》：垤，螘封也。《詩》曰："鸛鳴于垤。"从土至聲。

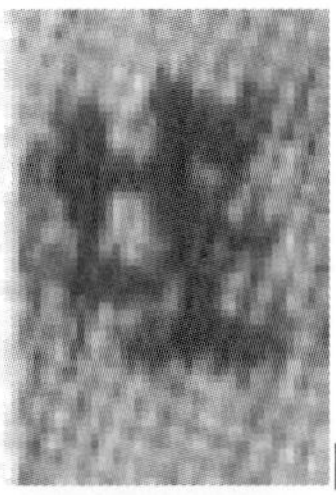
關・病方 371

〇溉困垤（實）穴

北魏・辛穆誌

【坥】

《説文》：坥，益州部謂螾場曰坥。从土且聲。

【埍】

《説文》：埍，徒隸所居也。一曰女牢。一曰亭部。从土肙聲。

【壑】

《説文》：壑，囚突出也。从土叡聲。

【瘞】

《説文》：瘞，幽薶也。从土㾜聲。

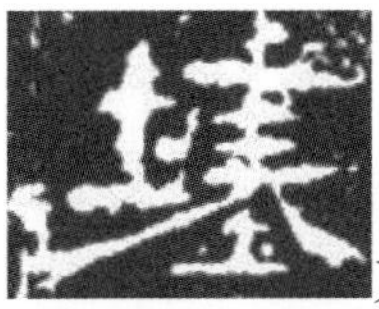
東漢・向壽碑

〇去西仟卌步瘞之

西晉・趙氾表

北魏・王誦誌

〇瘞我良人

北魏・王僧男誌

〇瘞于終寧陵之北阿

北魏・王遺女誌

〇瘞于終寧陵之北阿

東魏・司馬韶及妻侯氏誌

〇有瘗咳兒

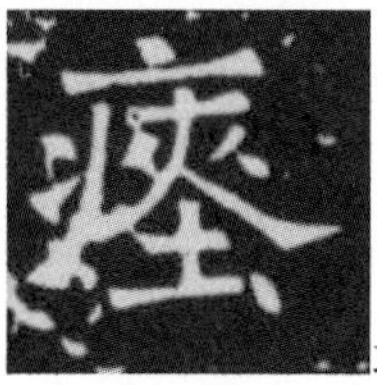
北周・寇嶠妻誌

【堋】

《説文》：堋，喪葬下土也。从土朋聲。《春秋傳》曰："朝而堋。"《禮》謂之封，《周官》謂之窆。《虞書》曰："堋淫于家。"

馬壹 9_53 上

〇无疾堋（朋）來

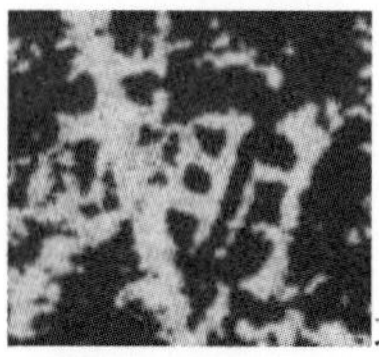
北周・時珍誌

〇堋於丘宇

【垗】

《説文》：垗，畔也。爲四時界，祭其中。《周禮》曰："垗五帝於四郊。"从土兆聲。

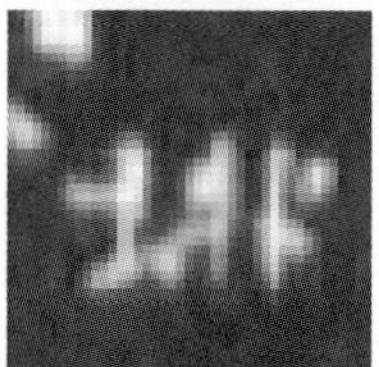
北周・尉遲運誌

〇垗參龜筮

【塋】

《説文》：塋，墓也。从土，熒省聲。

敦煌簡 0175

〇餧死將塋

東漢・成陽靈臺碑

北魏・赫連悦誌

〇葬於梓澤舊塋

北魏・爾朱紹誌

北魏・元壽妃麴氏誌

〇堋于其子懷王之塋

北魏・元誘妻馮氏誌

〇之塋

北魏・張正子父母鎮石

北齊・高淯誌

【墓】

《說文》：，丘也。从土莫聲。

馬壹 139_17 下/159 下

銀壹 348

○柖五墓殺地也

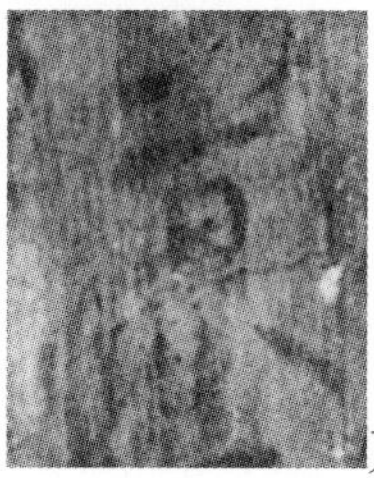
東牌樓 069 正

○今墓之

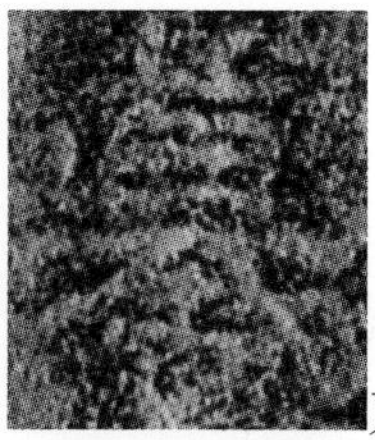
東漢・成都永元六年闕題記

○厥行表于墓門

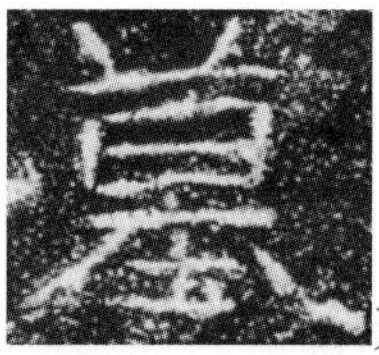
東漢・石門闕銘

三國魏・王基斷碑

西晉・趙氾表

東晉・王丹虎誌

東晉・孟府君誌

十六國後秦・呂他表

北魏・元天穆誌蓋

北魏・爾朱襲誌蓋

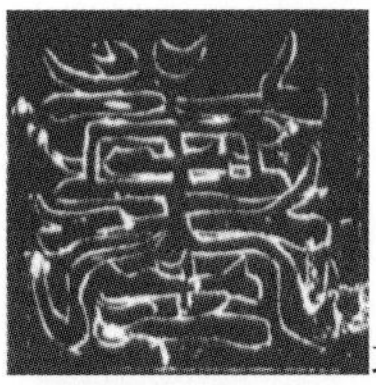
北魏・穆彦誌蓋

○魏故穆君之墓誌銘

北魏・元洛神誌蓋

北魏・宋靈妃誌蓋

北魏・秦洪誌蓋

北魏・元斑誌蓋

北魏・于纂誌蓋

北魏・穆纂誌蓋

北魏・于仙姬誌蓋

北魏・王僧男誌蓋

北魏・司馬金龍墓表

北魏・司馬昞誌蓋

北魏・穆玉容誌蓋

北魏・楊胤季女誌

北魏・元鑒誌

北魏・元弼誌

北魏・韓顯宗誌蓋

北魏・鞠彥雲誌蓋

東魏・陸順華誌

○吳王之墓復開

東魏・趙胡仁誌蓋

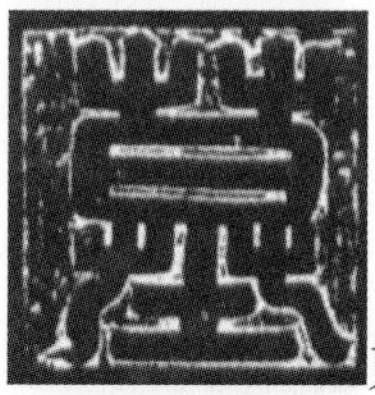
東魏・元玕誌蓋

東魏・李希宗誌蓋

北齊・和紹隆誌蓋

北齊・狄湛誌蓋

北齊・斛律氏誌蓋

北齊・庫狄迴洛誌蓋

○順陽王墓銘

北齊・高阿難誌蓋

北周・拓跋虎誌蓋

北周・董榮暉誌蓋

北周・鄭術誌蓋

北周・須蜜多誌蓋

北周・李綸誌蓋

北周・王鈞誌蓋

北周・崔宣靖誌蓋

北周・盧蘭誌蓋

○大周故盧大妃墓誌銘

北周・安伽誌蓋

○大周同州薩保安君之墓誌銘

【墳】

《説文》：，墓也。从土賁聲。

北壹・倉頡篇 19

○槖莽墳鬆獑

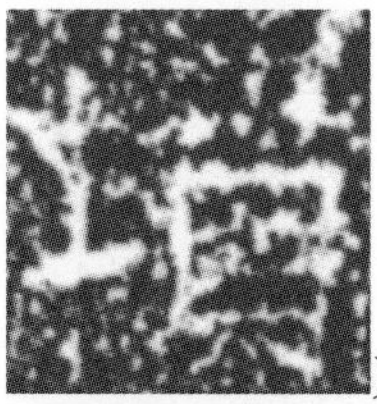
東漢・北海相景君碑陰

○守衛墳園

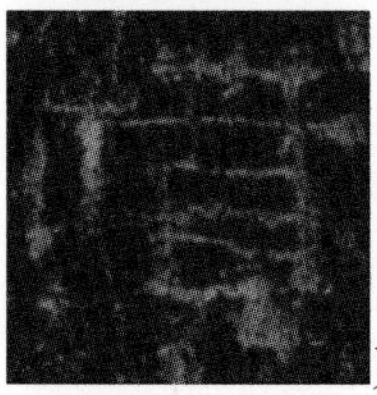
東漢・楊德安題記

○立墳

西晉・臨辟雍碑

北魏・王誦妻元氏誌

北齊・元子邃誌

○墳土方

北齊・高百年誌

【壟】

《説文》：，丘壠也。从土龍聲。

北魏・爾朱紹誌

○丘壟寂寞

北魏・元欽誌

○既如壟（隴）右匪民

北魏・侯掌誌

北魏・元靈曜誌

○丘壟深沉

北魏・元斌誌

北魏・馮邕妻元氏誌

北魏・李榘蘭誌

北魏・吐谷渾璣誌

北齊・張道貴誌

○樹松新壟

北齊・張道貴誌

○且墳壟易移

【壇】

《説文》：壇，祭場也。从土亶聲。

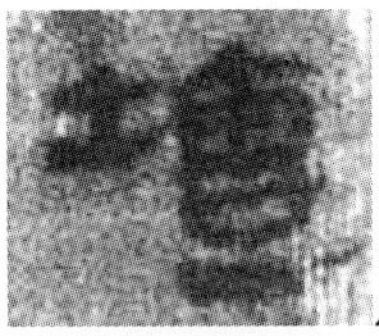
馬壹 5_27 上

○屯如壇（邅乘馬煩）

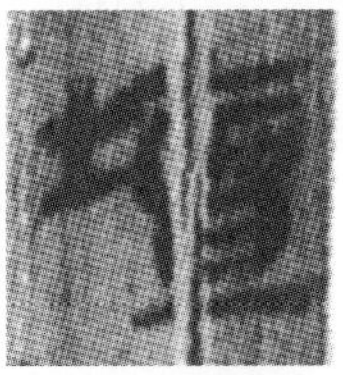
銀貳 1930

金關 T26:182

○貍之壇下

漢晉南北朝印風

漢印文字徵

東漢・白石神君碑

○脩設壇屏

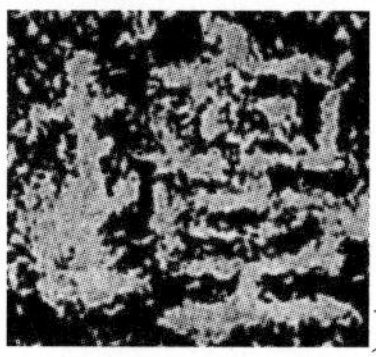
東漢・祀三公山碑

○就衡山起堂立壇

【場】

《説文》：場，祭神道也。一曰田不耕。一曰治穀田也。从土昜聲。

睡・秦律十八種 1

○田場毋（無）

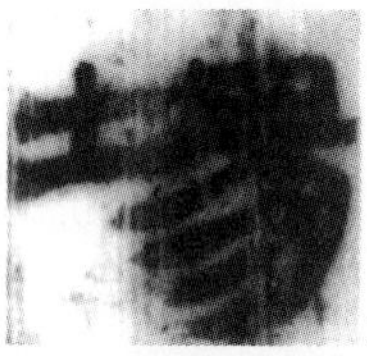
北壹・倉頡篇 52

○祟在社場

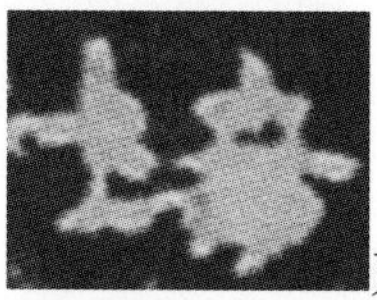
東漢・鮮于璜碑陽

○神有識兮營壇場

東漢・桐柏淮源廟碑

○增廣壇場

北魏・楊順誌

○安此巖場

北魏・元維誌

○狐場町畽

北魏・元純陀誌

○適彼玄場

北魏・元彝誌

○殞體亂場

北魏・謝伯違造像

○眷屬道場

北魏・淨悟浮圖記

○廣建道場

北齊・劉碑造像

○寂寂道場

【圭】

《説文》：圭，瑞玉也。上圜下方。公執桓圭，九寸；矦執信圭，伯執躬圭，皆七寸；子執穀璧，男執蒲璧，皆五寸。以封諸矦。从重土。楚爵有執圭。

【珪】

《説文》：珪，古文圭从玉。

漢銘・始建國元年銅撮

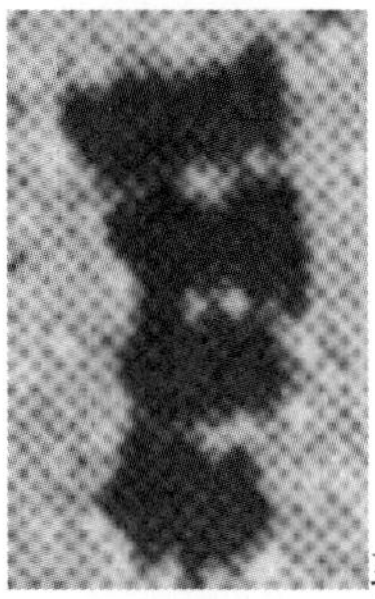
敦煌簡 1806

○蓬圭環棓環

吳簡嘉禾・五・四八二

○吏番圭佃田五十五

秦代印風

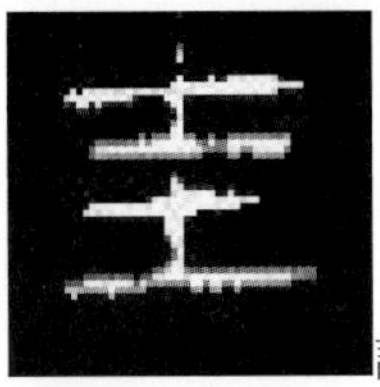
詛楚文・沈湫

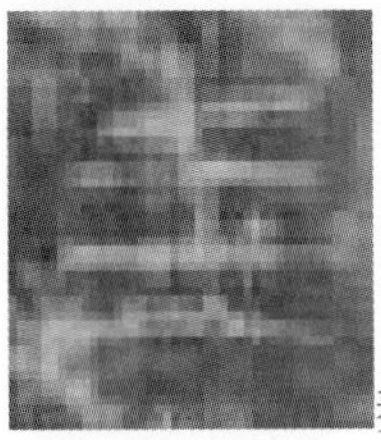
秦駰玉版

東漢・武氏石室祥瑞圖題字

○玄圭

北魏・李媛華誌

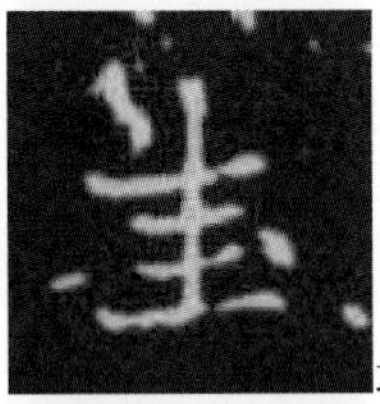
北魏・元周安誌

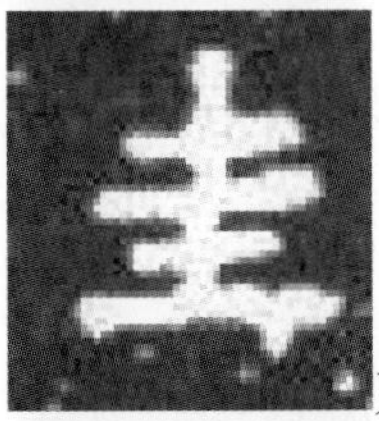
東魏・趙胡仁誌

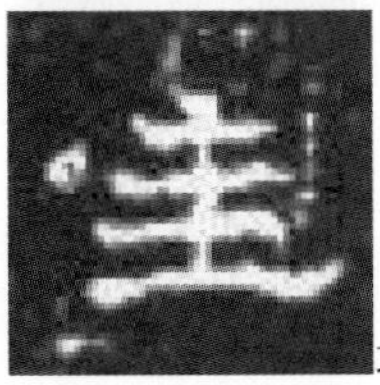
北齊・李難勝誌

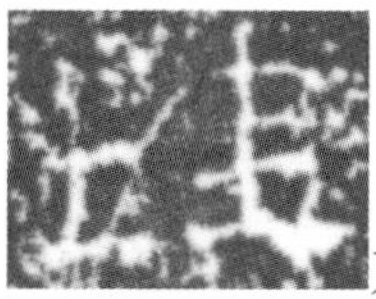
東漢・北海相景君碑陽

○珪璧之質

北魏・元融妃穆氏誌

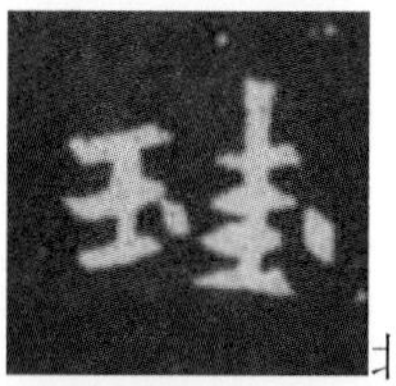
北魏・鮮于仲兒誌

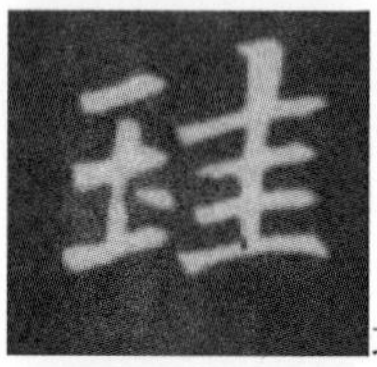
北魏・元珽誌

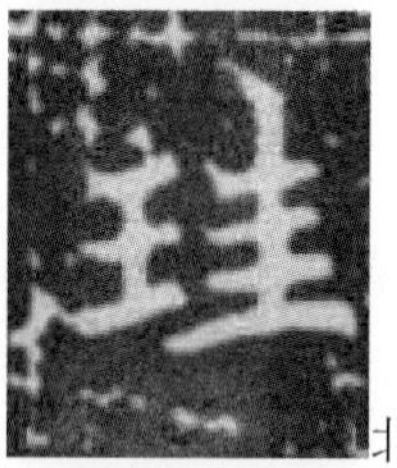
北魏・元祐誌

北周・王榮及妻誌

【圮】

《説文》：，東楚謂橋爲圮。从土巳聲。

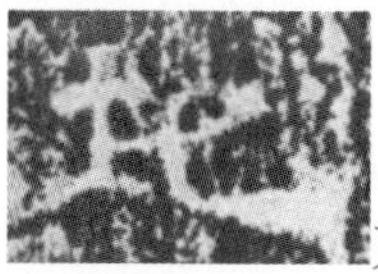
東漢・趙菿殘碑

○胤堂構圮

北齊・赫連子悦誌

○金行淪圮

【垂】

《説文》：，遠邊也。从土𠂹聲。

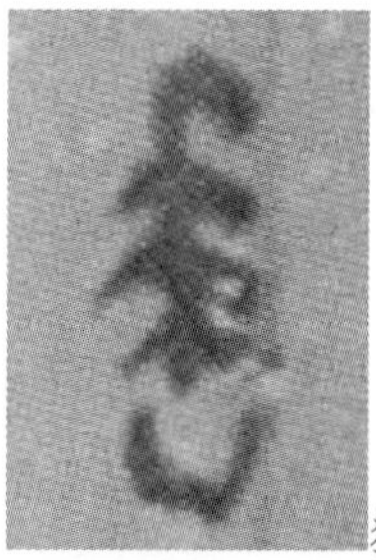
嶽・數 82

○兩一垂

里・第八層背 660

○亥日垂入鄉

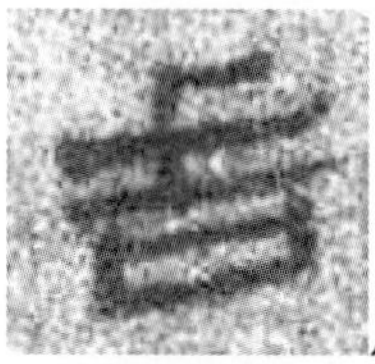
馬壹 9_51 上

○垂亓（其）左翼

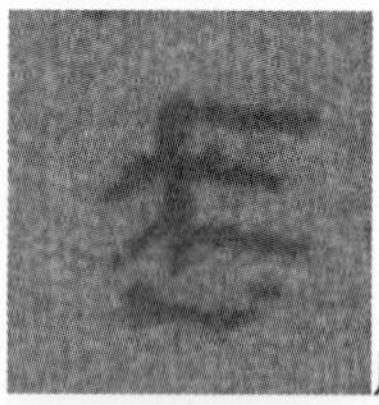
馬貳 142_29

張・引書 53

金關 T23:765

○汲垂少一執

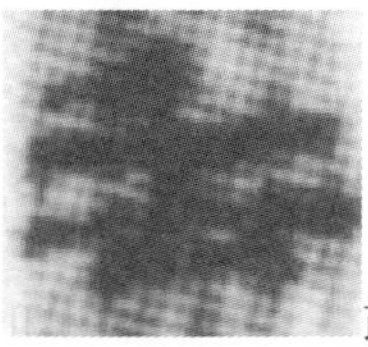
武・儀禮甲《服傳》37

○垂蓋

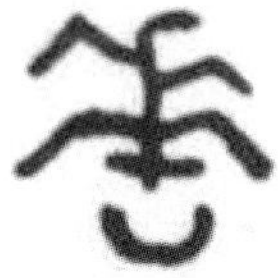
漢印文字徵

○馮垂

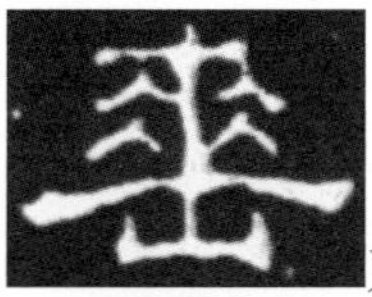
東漢・楊震碑

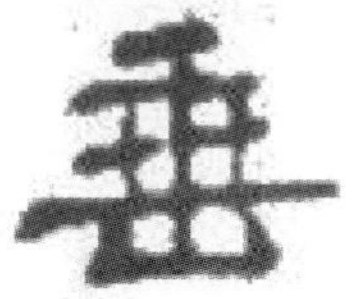
東漢・成陽靈臺碑

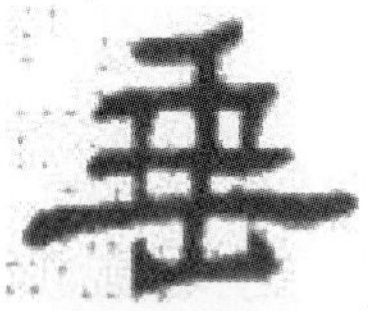
東漢・成陽靈臺碑

東漢・張遷碑陽

東漢・乙瑛碑

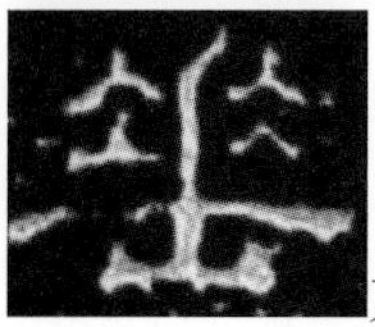
東漢・楊震碑

東漢・夏承碑

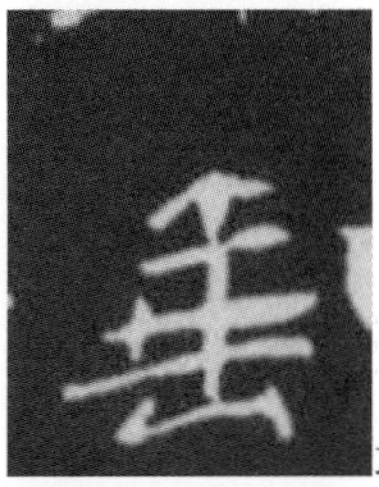
北魏・石婉誌

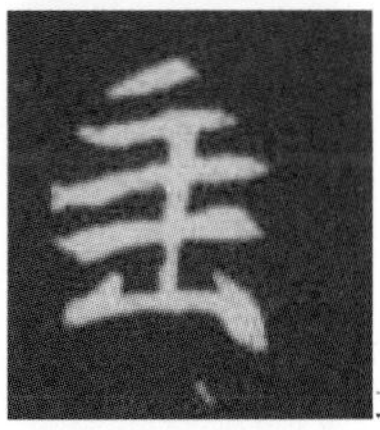
北魏・秦洪誌

○皇上嘉其秀志垂年

北魏・元弼誌

北魏・元新成妃李氏誌

北魏・元孟輝誌

○垂實而落

北魏・王基誌

北魏・元寧誌

○竹帛垂動

北魏・于纂誌

北魏・鄭黑誌

北魏・李媛華誌

東魏・高湛誌

北齊・劉悅誌

北齊・常文貴誌

○雖光貌西垂

北齊・唐邕刻經記

【堀】

《説文》：堀，兔堀也。从土屈聲。

【塗】

《説文》：塗，泥也。从土涂聲。

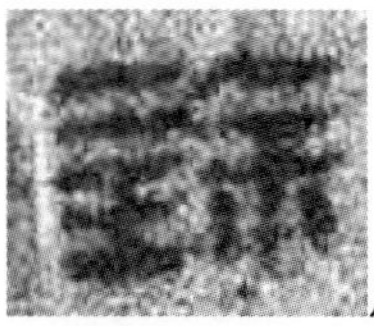
馬壹 138_15 上/157 上

○未可塗亓（其）門

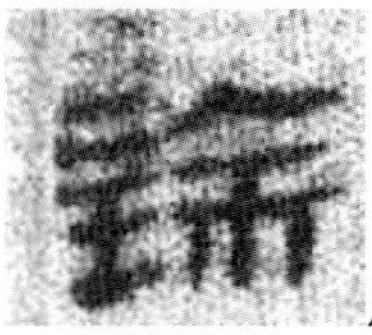
馬壹 48_13 下

○卦邑塗之義也

馬貳 241_227

○器錫塗

馬貳 241_221

○續錫（鍚）塗其六鼎

馬貳 74_127/127

○可以塗身

敦煌簡 0667

○肝腦塗地□

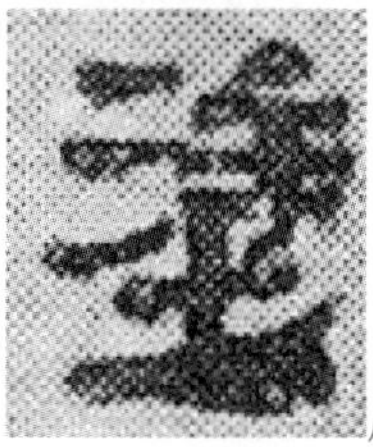
居・EPT56.107

○塢不塗第卅六

金關 T26:117

廿世紀璽印三-SY

漢印文字徵

○漢匈奴姑塗□臺耆

漢晉南北朝印風

○當塗令印

東漢・石門頌

○塗（䔑）路溛難

西晉・趙氾表

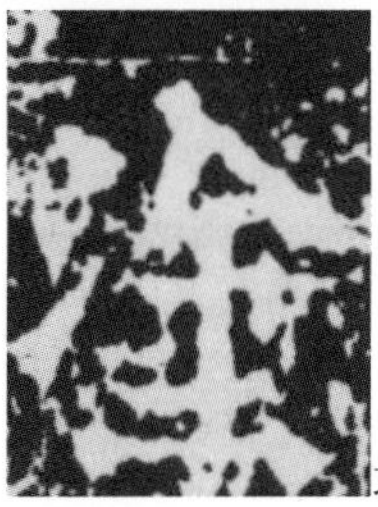
北魏・惠感造像

○與三塗永乖

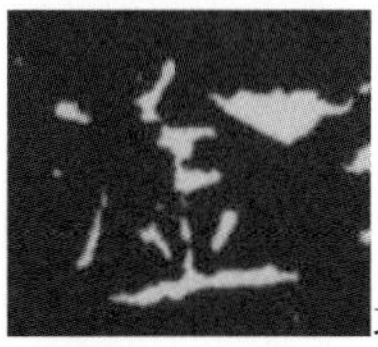
北魏・吳屯造像

○若落三塗

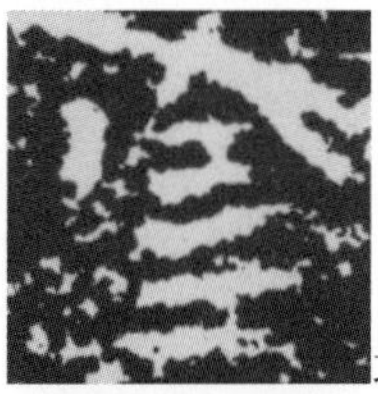
北魏・法雲等造像

○三塗□幽

北魏・元乂誌

北魏・元珽誌

北魏・元仙誌

北魏・元倪誌

北魏・鄭道忠誌

北魏・李椝蘭誌

北魏・元嵩誌

東魏・王偃誌

東魏・鄭君殘碑

東魏・元仲英誌

○遥塗未盡

北齊・孟阿妃造像

【塓】

《説文》：塓，塗也。从土冥聲。

【埏】

《説文》：埏，八方之地也。从土延聲。

北魏・和醜仁誌

北魏・元子永誌

北魏・元秀誌

北魏・元進誌

北魏・王普賢誌

北魏・韓氏誌

北魏・元顥平妻王氏誌

北魏・元楨誌

○深埏長扃

北齊・赫連子悅誌

【埸】

《説文》：埸，疆也。从土易聲。

北魏・源延伯誌

○縱毒壃埸

北魏・張孃誌

○疆埸

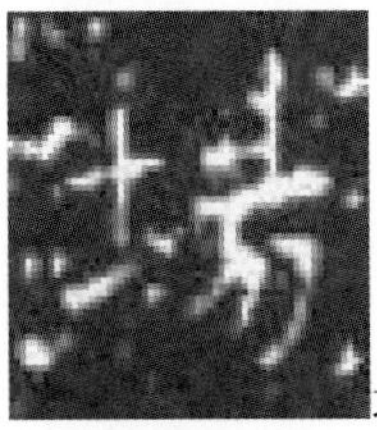
北齊・裴子誕誌

○侵我疆埸

【境】

《説文》：境，疆也。从土竟聲。經

典通用竟。

東漢・營陵置社碑

北魏・劉玉誌

北魏・皇興五年造像

○神期妙境

北魏・尉遲氏造像

北魏・元濬嬪耿氏誌

北魏・寇憑誌

北魏・封魔奴誌

北魏・元朗誌

北魏・楊乾誌

○洗心玄境

北魏・赫連悅誌

北魏・元純陀誌

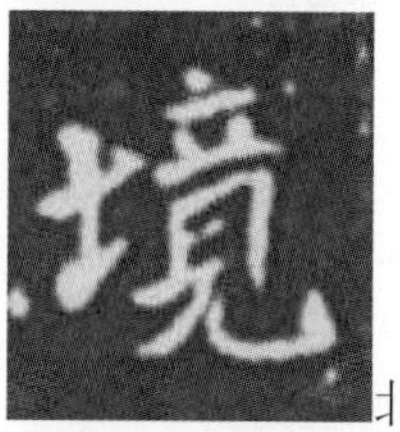
北魏・元瑹誌

東魏・蕭正表誌

○褰帷入境

北齊・雲榮誌

北齊・道明誌

北齊・劉碑造像

○形昇妙境

北齊・石信誌

北齊・張起誌

【塾】

《説文》：塾，門側堂也。从土孰聲。

【墾】

《説文》：墾，耕也。从土豤聲。

【塘】

《説文》：塘，隄也。从土唐聲。

北齊・韓裔誌

【坳】

《説文》：坳，地不平也。从土幼聲。

【墭】

《説文》：墭，塵也。从土蓋聲。

東魏・李憲誌

〇芳塵永墭

【隧】

《説文》：隧，陊也。从土隊聲。古通用礈。

北壹・倉頡篇 62

〇魯壘鄣隧京

漢代官印選

漢代官印選

北魏・元廣誌

北魏・元濬嬪耿氏誌

北魏・王普賢誌

北齊・吐谷渾靜媚誌

〇風流不隧

【塔】

《説文》：塔，西域浮屠也。从土荅聲。

北魏・秦紹敬等造像

〇寶塔主秦承叔

北魏・韓顯祖造像

北魏・韓顯祖造像

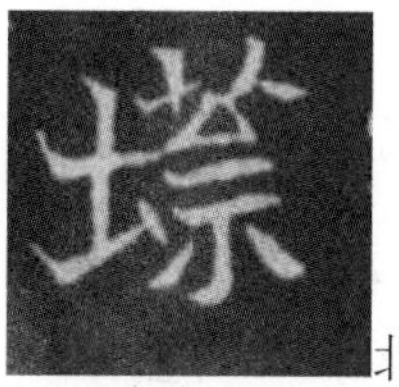
北魏・韓顯祖造像

○愚建塔

北魏・靈山寺塔銘

東魏・淨智塔銘

○大魏比丘淨智師圓寂塔銘

北齊・八十人等造像

【坊】

《説文》：坊，邑里之名。从土方聲。古通用埅。

漢印文字徵

漢印文字徵

○坊禁之印

西晉・臨辟雍碑

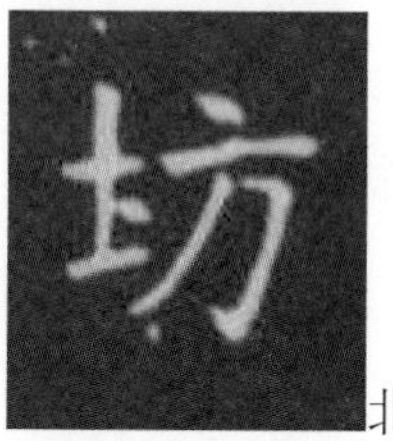
北魏・元誘誌

北魏・張神洛買田券

○北坊民張神洛

北魏・李端誌

北周・賀屯植誌

〖厓〗

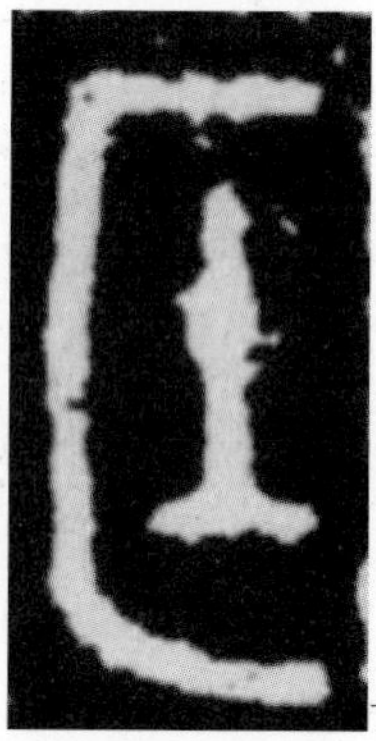
廿世紀璽印三-SP

○左厓

〖圩〗

馬貳 239_204

〖呈〗

廿世紀璽印三-GP

○烏呈之印

〖均〗

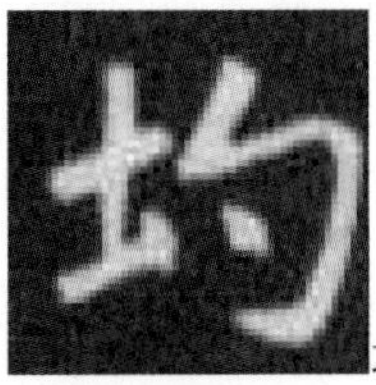
北魏・馮邕妻元氏誌

○方月均映

〖圾〗

北魏・唐耀誌

〖坆〗

里・第五層背 4

○死軍坆貞

馬壹 242_5 上\13 上

○坆（仕）者再遷

馬壹 242_4 上\12 上

○坆（仕）者三遷

〖坂〗

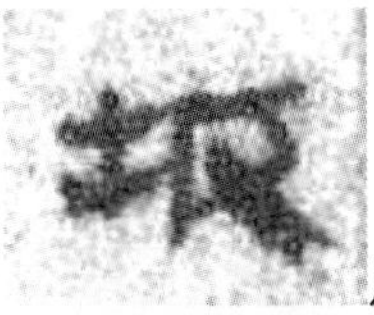
馬壹 13_86 上

北魏・張玄誌

○薨於蒲坂城

北魏・張玄誌

北魏・李慶容誌

〖坍〗

廿世紀璽印二-SY

○坍

〖埁〗

張・蓋盧 25

〇埁（填）星土也

〖坶〗

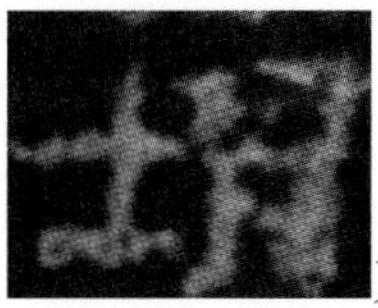
東漢・張仲有修通利水大道刻石

〇作□波□坶

〖坑〗

馬貳 229_99

〇魴一坑

三國魏・曹真殘碑

〇公張羅設穽陷之坑

西晉・司馬馗妻誌

〇致力于斯坑

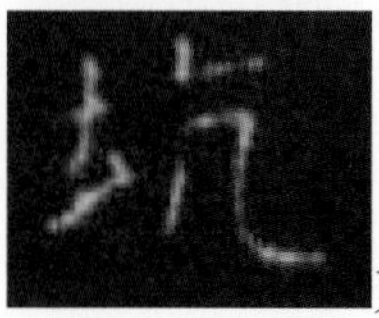
東魏・張滿誌

〖坱〗

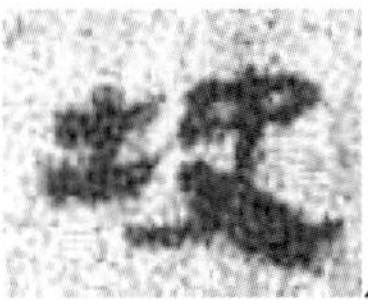
馬壹 8_33 下

〇亡藩坱（泱）不羸

〖坯〗

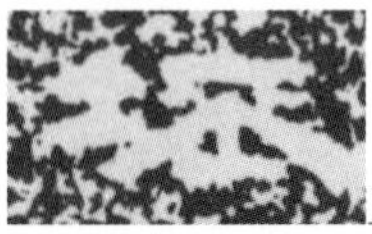
三國魏・管寧誌

〇鑿坯爲室

〖坵〗

三國魏・三體石經春秋・古文

〇二月衛遷于帝坵

〖里〗

春晚・秦王鐘

〇秦王卑命競里

〖垳〗

馬壹 175_47 上

〇垳（苟）□夾如篸（參）

馬貳 34_41 上

〇而短均（均）不澤

〖坨〗

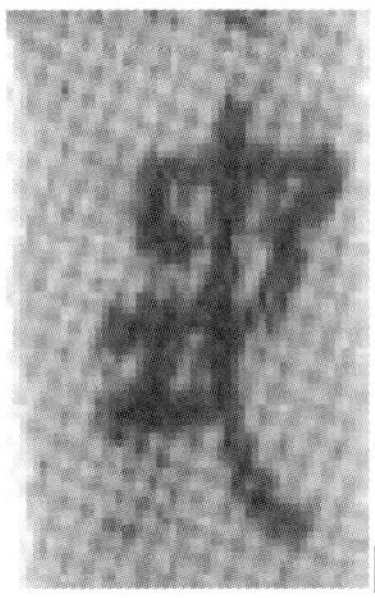
關・病方 327

〇前見坨（地）瓦

張・行書律 266

〇之北坨（地）

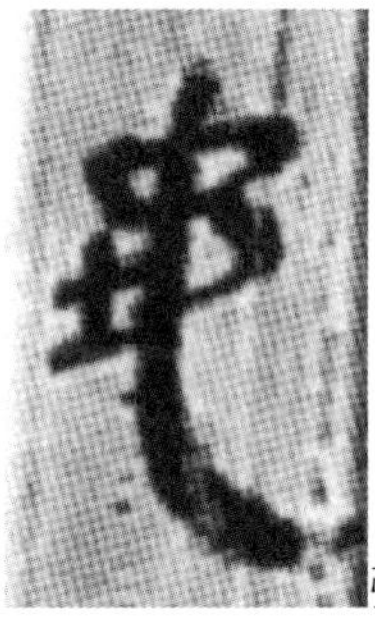
張・奏讞書 157

〇荊新坨（地）多

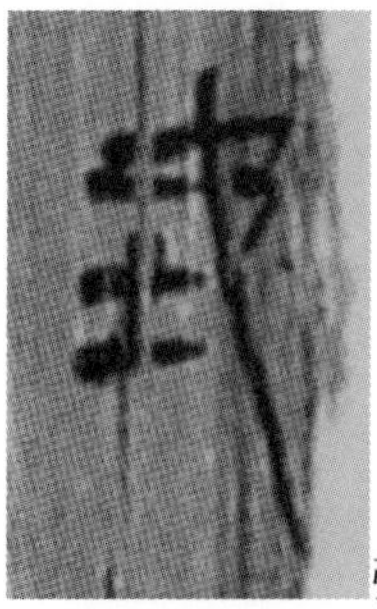
張・脈書 50

〇三陰坨（地）氣

張・引書 41

秦代印風

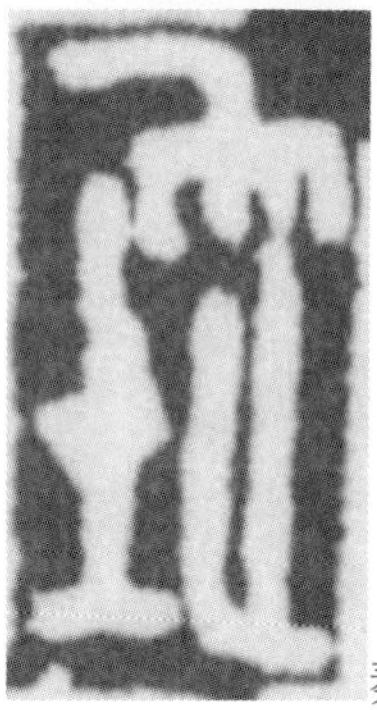
秦代印風

〇趙坨

〖埜〗

銀壹 534

〇昔衛士東埜（野）之駕也

〖我〗

銀貳 1276

○國多戋（災）訣（殃）

〖埉〗

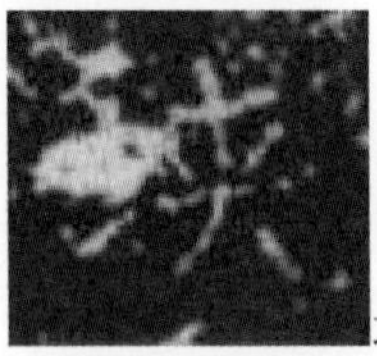
北齊・梁子彦誌

○埉城子

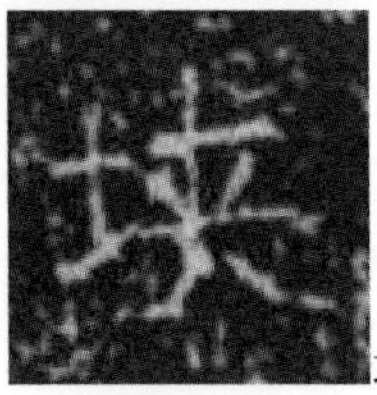
北齊・梁子彦誌

〖埋〗

北魏・張盧誌

北魏・王普賢誌

〖垌〗

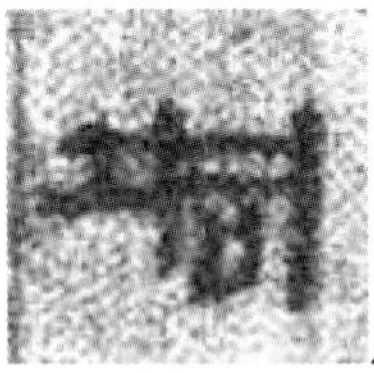
馬貳 35_38 下

○纖匿垌均竟後怒狄

〖垿〗

馬貳 258_10/11

○光（壙）垿具奏主

〖垧〗

北魏・元楨誌

○秀發蘭垧

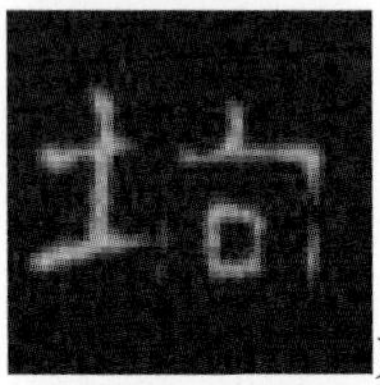
東魏・蕭正表誌

○窆於鄴城之西垧（坰）

西魏・朱龍妻任氏誌

○幽垧既奄

〖垺〗

東魏・王僧誌

○垺（桴）鼓始交

〖埲〗

馬壹 255_4 下\46 下

○自多甬（用）埲

〖埇〗

秦文字編 1897

〖垪〗

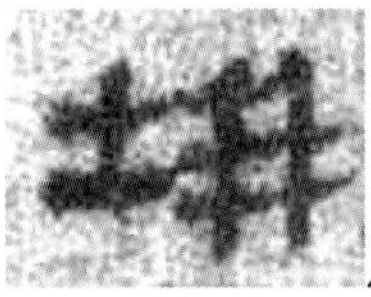
馬壹 5_29 上

○瓶（垪）凶初六井

〖埔〗

戰晚·宜陽戈

〖⿰土希〗

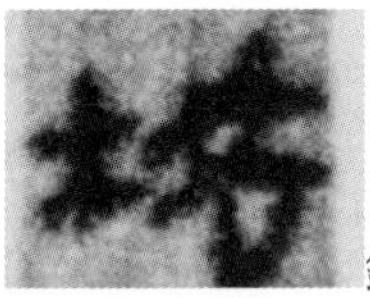
銀壹 347

○天⿰土希（隙）

〖堒〗

東魏·王蓋周造像

○一切堒蟻

〖堄〗

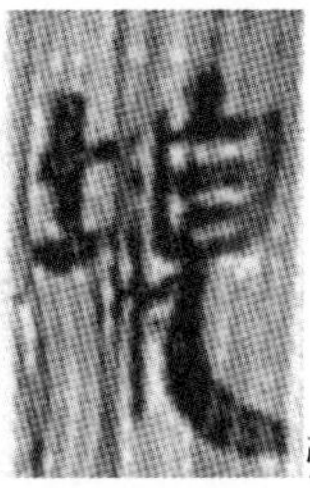
張·引書 9

○曰埤堄

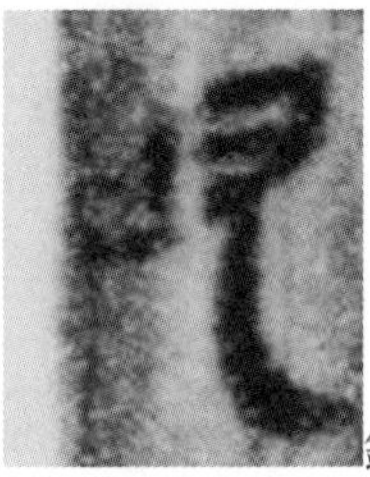
銀壹 296

○當俾堄也

〖堆〗

敦煌簡 2147A

○望青堆隧兵守御器

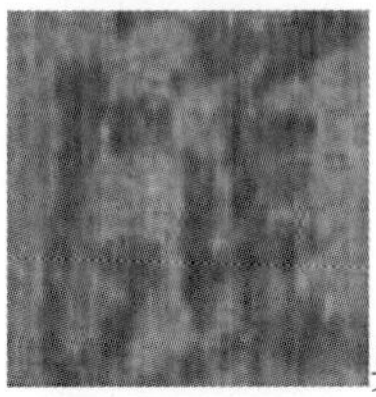
吳簡嘉禾·五·一五六

○侯堆佃田一町

北魏·丘哲誌

北魏·高伏德造像

北齊·暴誕誌

〖埠〗

北魏・元思誌

○山陵東埠

〖僻〗

馬貳 267_110/127

○賴（藾）苴（菹）一缶

〖埨〗

秦文字編 1896

〖垸〗

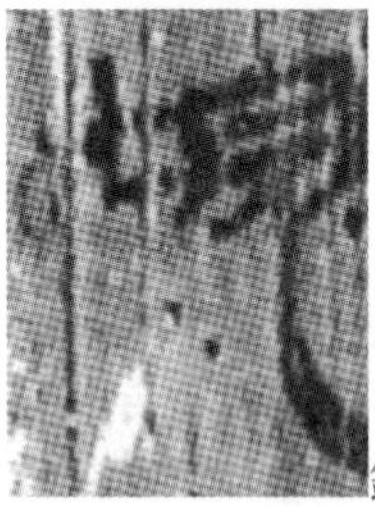
銀貳 1923

○則如垸（丸）三

〖埭〗

北齊・□忝□揩誌

○父子並葬於無埭溝北

〖堲〗

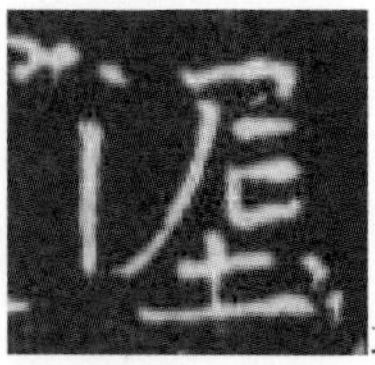
北魏・元子直誌

○往謝紫堲

北魏・元平誌

○衛王堲之孫

北齊・唐邕刻經記

〖埁〗

北周・張子開造像

○方求彼岸

〖堰〗

北魏・慕容纂誌

○隨人堰決

北魏・尹祥誌

○枝堰非止

〖堙〗

睡・為吏 27

北魏・宋靈妃誌

北魏・元恩誌

○峻岳堙峰

北魏・馮迎男誌

北魏・王□奴誌

○公諱堙奴字道岷

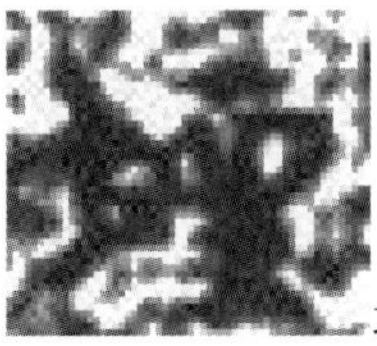
北齊・鄭始容誌

○一朝堙滅

〖㙐〗

睡・為吏 19

睡・為吏 23

睡・為吏 21

○贅㙐某叟

〖塭〗

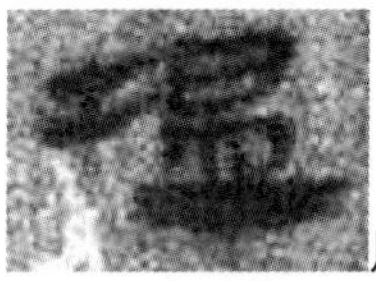
馬壹 6_21 下

○不盈塭（堤）既平

廿世紀璽印二-GP

○金塭

廿世紀璽印二-GP

○□塭

〖鞅〗

北魏・元悅誌

○休聲無鞅

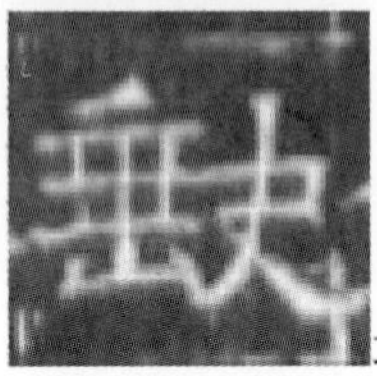
北齊・雲榮誌

○既鞅而不存

北齊・唐邕刻經記

○殺青有鞅

北齊・是連公妻誌

○蟾光易鞅

〖堡〗

北魏・卅一人造像

○宜君郡黄堡縣

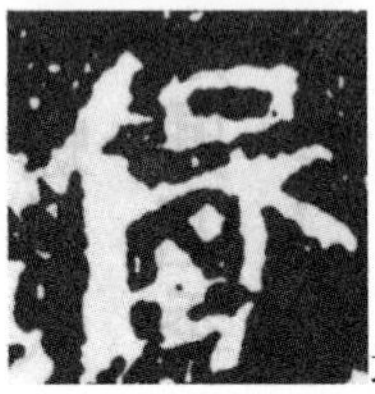
北魏・郭□買地券

○地北臨堡南領

〖堠〗

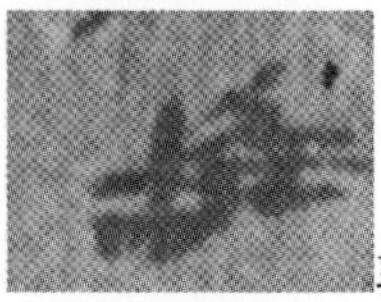
敦煌簡 1365

○亭隧堠中令

金關 T07:144

○堠堠

南朝宋・湖城縣界石

○湖城縣分界堠

〖堬〗

馬壹 75_28

○斬桯堬（逾）

〖塤〗

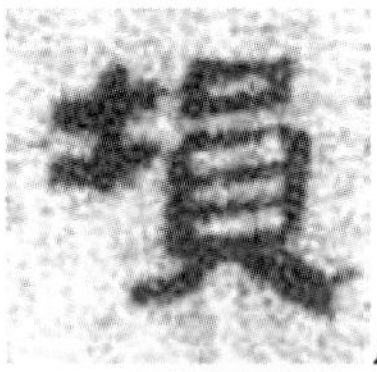
馬壹 4_9 下

北魏・元純陀誌

東魏・劉幼妃誌

東魏・元鷙妃公孫甑生誌

〖塉〗

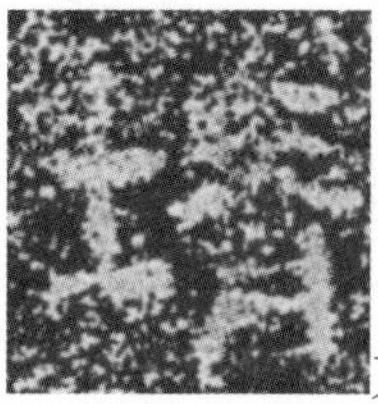
東漢・析里橋郙閣頌

○地既塉确兮

〖塚〗

北魏・屈突隆業誌

○屈突隆業冢也

〖塢〗

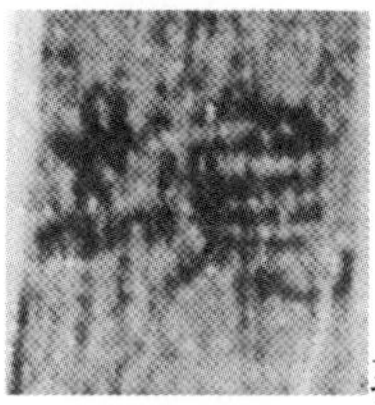
敦煌簡 1736

○淩胡隧塢

金關 T23:780

○塢上偃戶不利

北齊・韓山剛造像

○塢勢崇靈寺中

〖墎〗

北魏・王翊誌

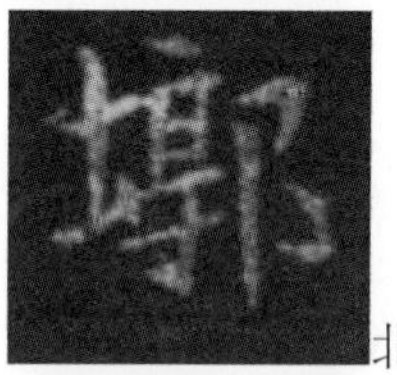
北魏・寇演誌

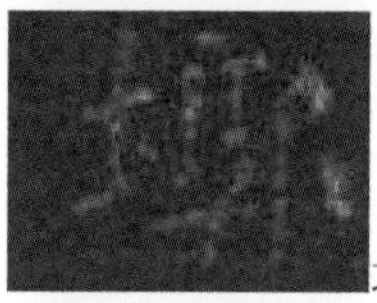
北魏・元遥誌

○哀流衢墎

東魏・元延明妃馮氏誌

〖墐〗

廿世紀璽印二-GP

○祭墐

〖塼〗

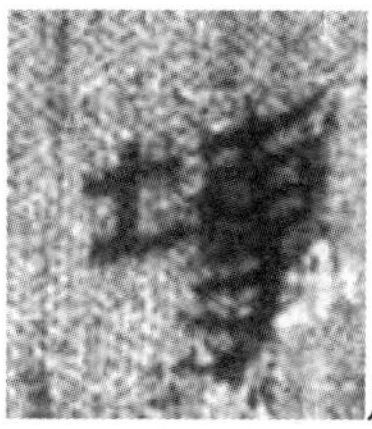
馬貳 32_7 上

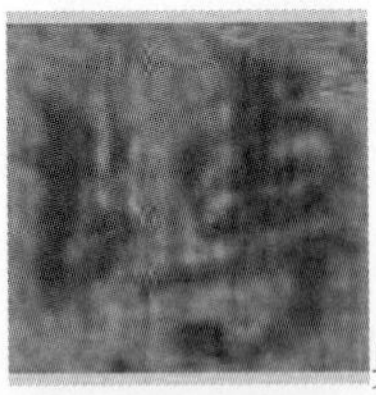
吴簡嘉禾・五・七三六

東晉・王丹虎誌

東晉・王康之誌

○十日葬於白石故刻塼爲識

北魏・和醜仁誌

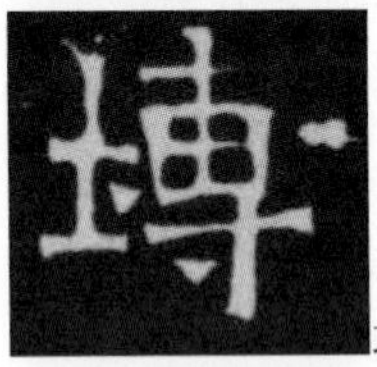
北魏・邢安周造像

北齊・鞏舍等造像

北齊・張世寶造塔記

〖塸〗

廿世紀璽印四-SY

○曹彦塸印

北魏・張玄誌

○坤塸喪燭

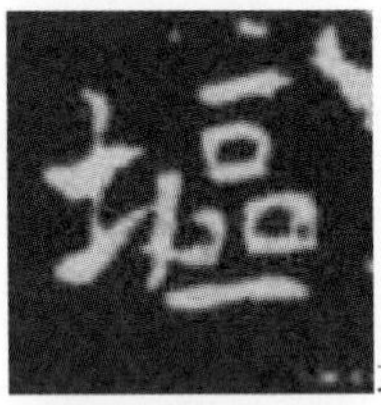
北魏・和邃誌

○徙御嵩塸

東魏・成休祖造像

○觀世音像一塸

東魏・智顏竫勝造像

○造彌勒玉像一塸

北齊・法暈造像

○造釋迦像一塸

北齊・劉顏淵造像

○像一塸

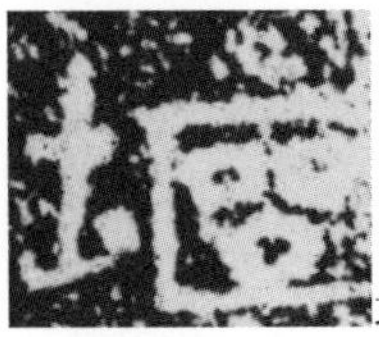
北齊・道榮造像

○造像一塸

〖墟〗

東漢・司馬芳殘碑額

○封國于殷墟

北魏・王基誌

○祥應唐墟

北魏・元弼誌

○騷騷墟壟

西魏・鄧子詢誌

○丘墟欑霧

〖墮〗

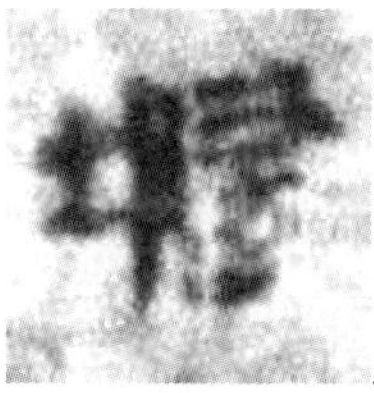
馬壹 149_70/244 下

○或棈墮是以聖人去

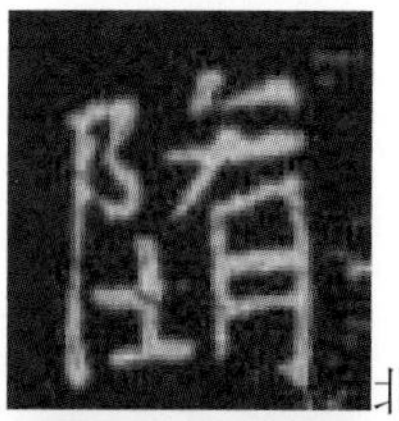
北魏・元頊誌

東魏・元仲英誌

北齊・石佛寺迦葉經碑

○墮何處地獄

北齊・石佛寺迦葉經碑

○墮鐵輪地獄

北齊・劉碑造像

○生墮歡諧

北齊・崔芬誌

〖墋〗

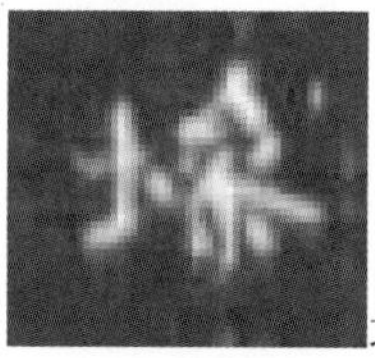
北周・李綸誌

○芒芒墋黷

〖墝〗

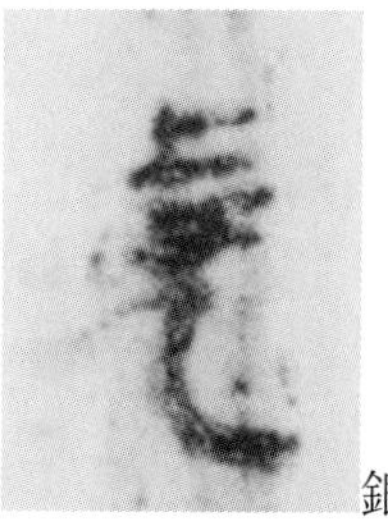
銀壹 456

○墝而立邑建城

〖墼〗

馬壹 96_38

〇同亓（其）墼（塵）

〖墬〗

敦煌簡 639C

〇杳墬謨

〖墦〗

孔・裁衣 194

〇衣不墦（燔）乃

〖墥〗

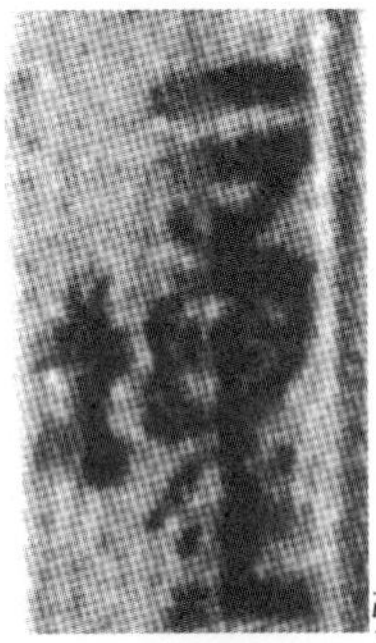
張・蓋盧 33

〇□不墥（動）欲

〖塻〗

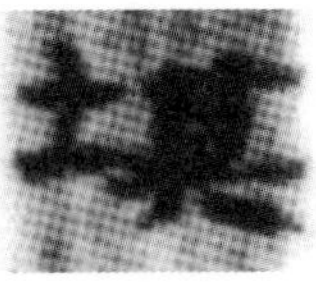
武・甲《有司》17

〇塻（莫）爵拜告

〖墣〗

北魏・吳光誌

〇憑墣(業)餘基

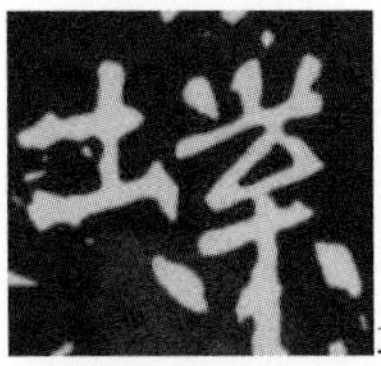
北魏・奚智誌

〇逮皇墣（業）徙嵩

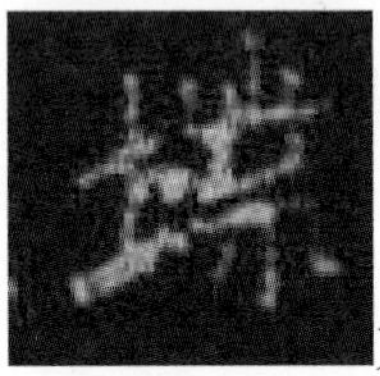
東魏・李顯族造像

〖壅〗

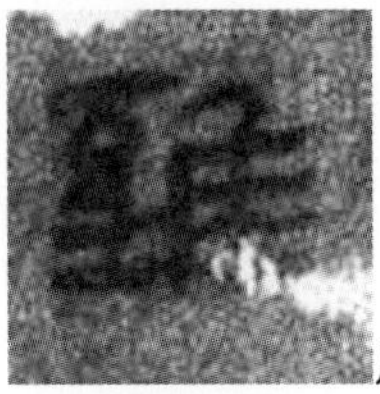
馬壹 134_48 上/125 上

〇功毋壅民

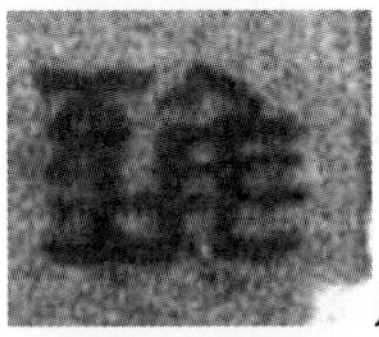
馬壹 126_58 上

〇而服（備）三壁（壅）者亡地

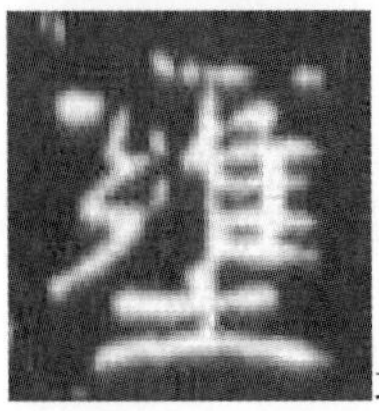
北魏・昭玄法師誌

〖壂〗

東漢・成陽靈臺碑

東漢・成陽靈臺碑

○歸治黄壂□

北魏・元寧誌

○壂中尚書

〖壍〗

北周・王德衡誌

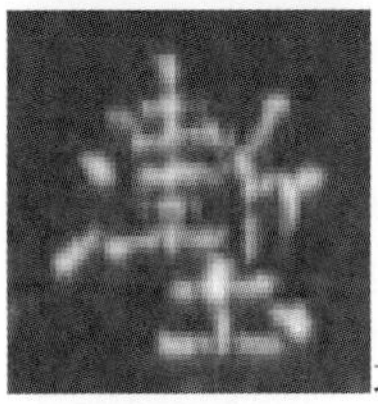
北周・王鈞誌

○軍旗影壍

〖壕〗

北魏・元鑽遠誌

○逼迫壕隍

〖壙〗

北魏・吳高黎誌

○權殯於北邙

〖壂〗

張・奏讞書 205

○中券訊壂等

〖壝〗

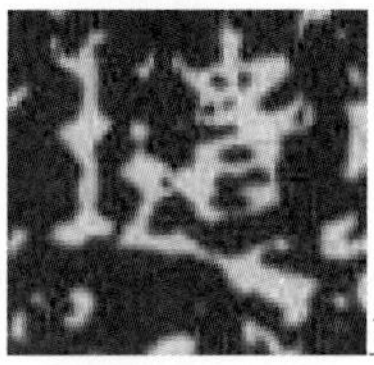
三國魏・受禪表

○設壝宮

〖壚〗

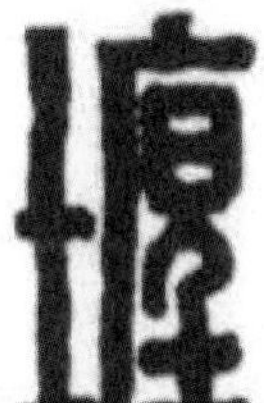
漢印文字徵

○周壚

北魏・辛穆誌

北魏・和邃誌

北魏・于纂誌

○洛陽壥永康里宅

北魏・尉氏誌

○蒙沒松壥

北魏・元演誌

○九服之遥壥

垚部

【垚】

《說文》：垚，土高也。从三土。凡垚之屬皆从垚。

【堯】

《說文》：堯，高也。从垚在兀上，高遠也。

【兟】

《說文》：兟，古文堯。

馬壹 266_7 欄

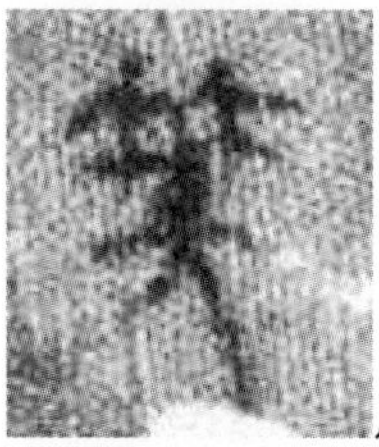
馬壹 266_7 欄

○亥無堯

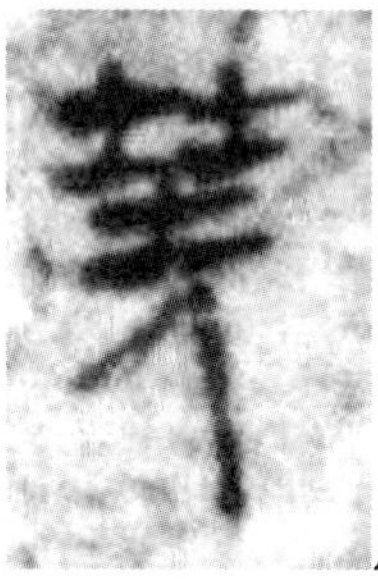
馬壹 88_204

○禺（遇）堯不王也

馬貳 294_401/54

○堯笱二

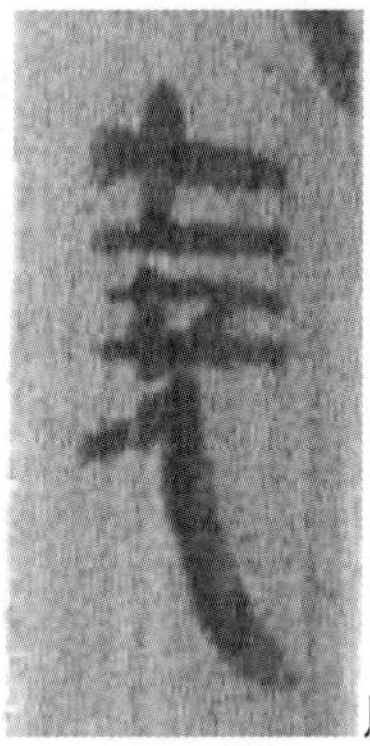
馬貳 207_45

○堯曰治之奈何

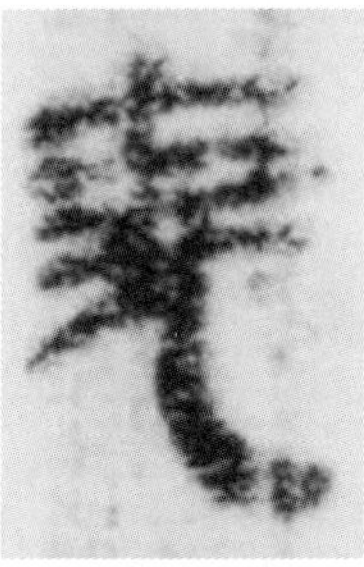
銀壹 251

○故堯伐負海之國

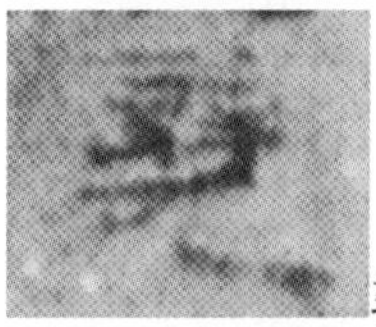
敦煌簡 2267

○邑□堯里榦赤病死

金關 T23:713

○□王堯長丈

北壹・倉頡篇 65

漢印文字徵

漢印文字徵

漢晉南北朝印風

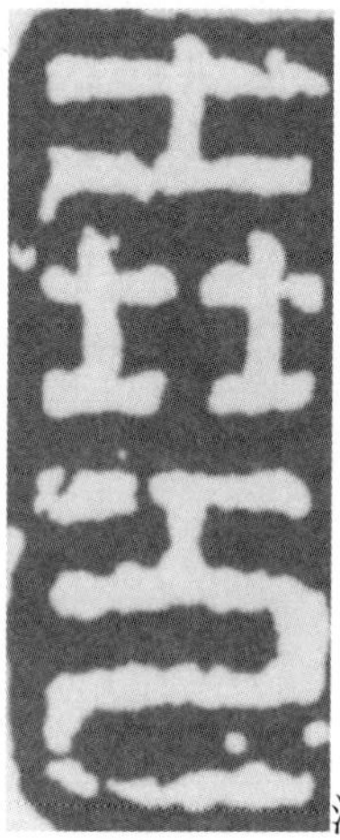
漢晉南北朝印風

東漢・成陽靈臺碑

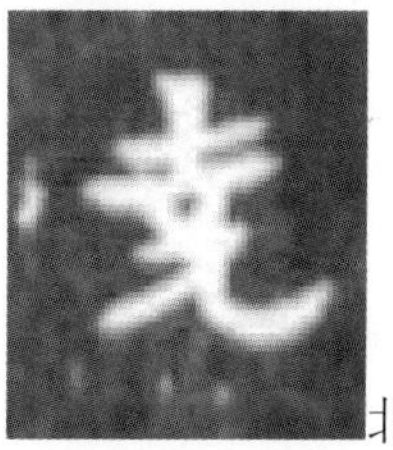
北魏・慕容纂誌

○追堯盛軌

北魏・堯遵誌

○氏胄出於帝堯

北魏・元寧誌

○其先唐堯之苗裔

北魏・元璨誌

東魏・趙胡仁誌蓋

北齊・堯峻誌蓋

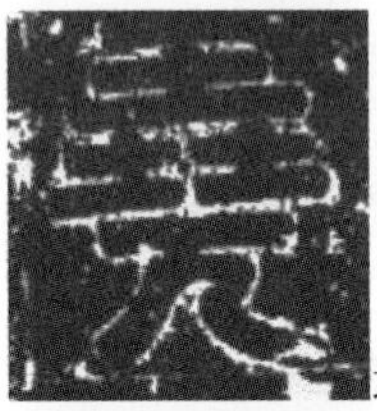
北齊・吐谷渾靜媚誌蓋

北齊・吐谷渾靜媚誌

○堯公妻吐谷渾墓誌銘

〖韶〗

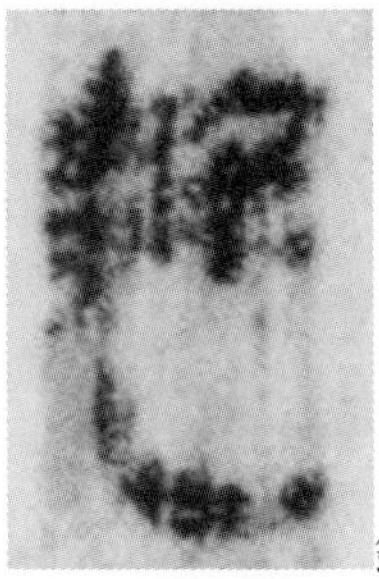
銀壹94

○天韶（柖）

堇部

【堇】

《説文》：堇，黏土也。从土，从黄省。凡堇之屬皆从堇。

【𡐿】

《説文》：𡐿，皆古文堇。

【𦰩】

《説文》：𦰩，皆古文堇。

戰晚・六年漢中守戈

○英（漢）中守

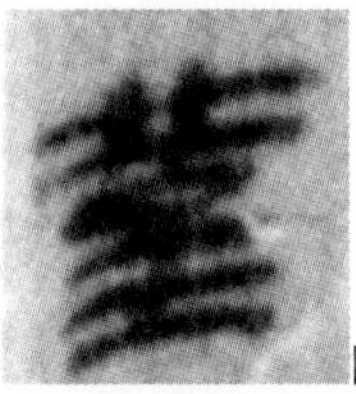
睡・日甲《病》72

○索魚堇酉（酒）

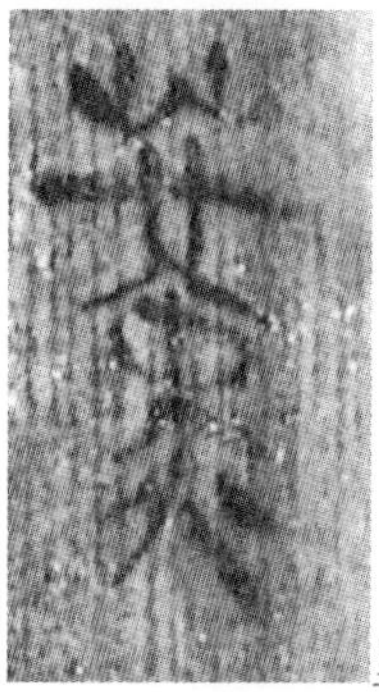
里・第八層 837

○取堇(菫)芒

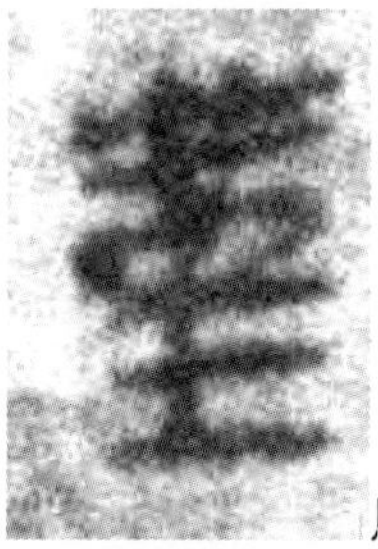
馬壹 99_103

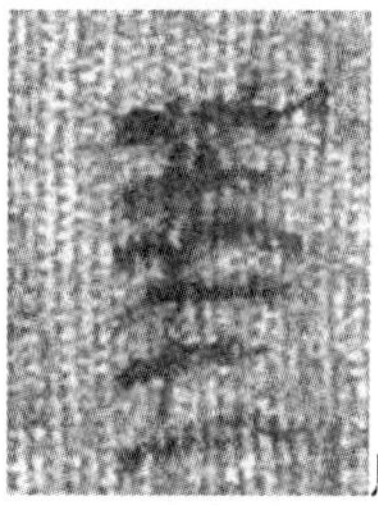
馬貳 77_175/162

○毒堇冶三

銀貳 1816

○木堇（槿）華

北貳・老子 12

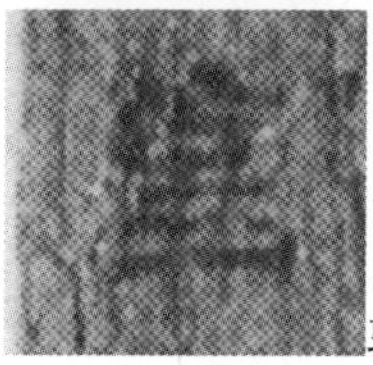
敦煌簡 0671

○命僉堇錄強力事□

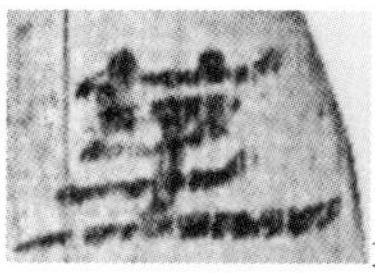
金關 T06:134

○堇東郡張清小奴

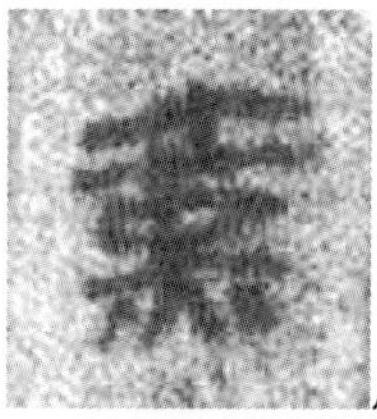
馬壹 38_19 上

○廢書而堇（嘆）

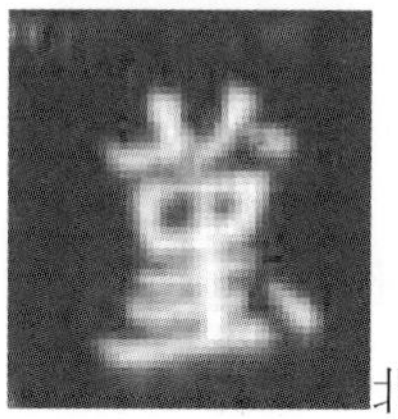
北魏・高猛妻元瑛誌

○堇荼如飴

【艱】

《説文》：艱，土難治也。从堇艮聲。

【囏】

《説文》：囏，籀文艱从喜。

西晚・不其簋

○陷于囏(艱)

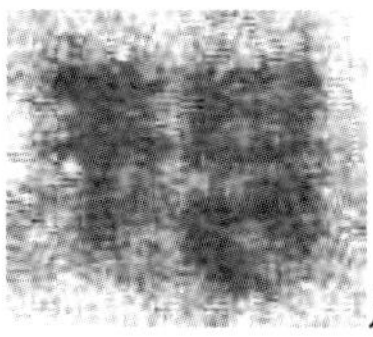
馬壹 3_11 上

○遂利艱（根）貞曰

東漢・趙寬碑

東漢・石門頌

西晉・郭槐柩記

北魏・檀賓誌

北魏・王遺女誌

里部

【里】

《説文》：里，居也。从田从土。凡里之屬皆从里。

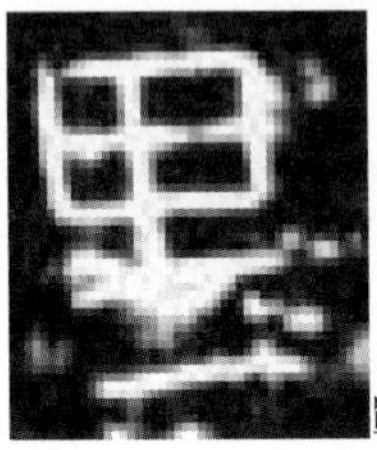
戰晚或秦代・梡陽鼎

漢銘・陶陵鼎二

漢銘・留里楊黑酒器

漢銘・盩厔鼎蓋

睡・封診式 50

○書某里

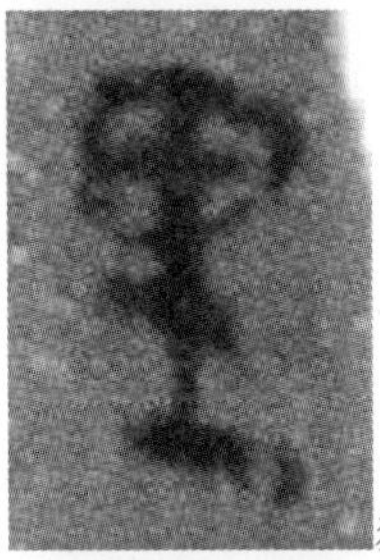
嶽・數 62

里・第八層 2127

馬壹 86_160

馬貳 38_64 上

張・置吏律 217

張・奏讞書 88

張・算數書 188

銀壹 62

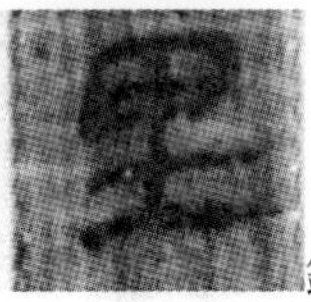
銀貳 2150

敦煌簡 2016

○京威里

敦煌簡 0532

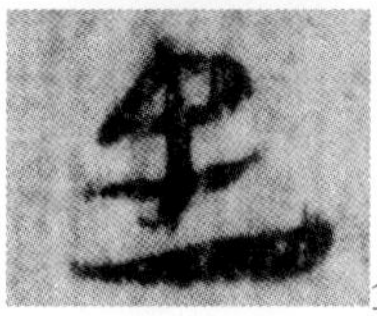
金關 T31:100

○卌六里

金關 T01:128

金關 T24:248

○宜歲里

武・王杖 7

武・柩銘考釋 2

○敬事里

東牌樓 070 正

北壹·倉頡篇 53

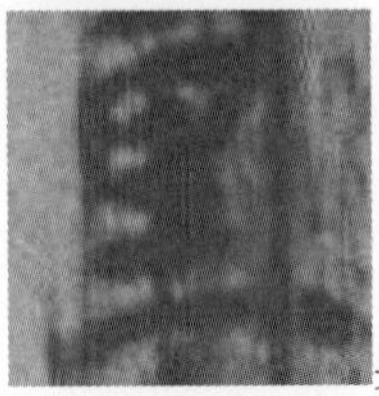
吴簡嘉禾·五·九〇四

歷代印匋封泥

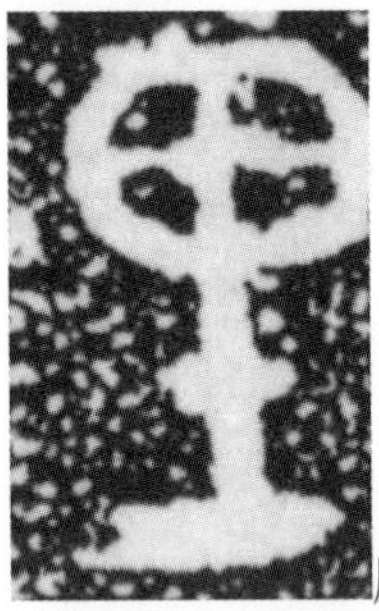
歷代印匋封泥

歷代印匋封泥

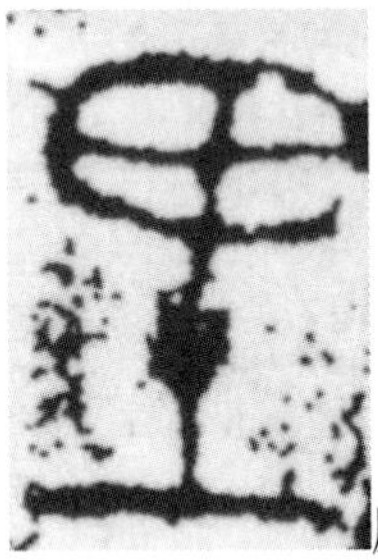
歷代印匋封泥

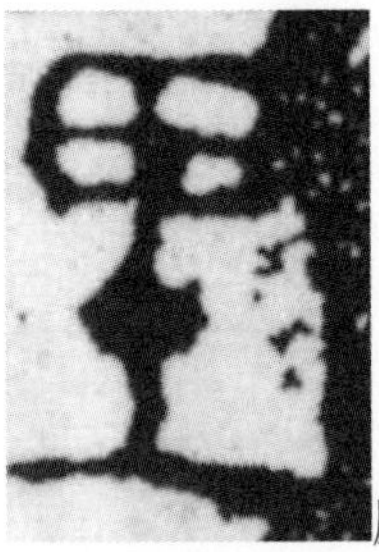
歷代印匋封泥

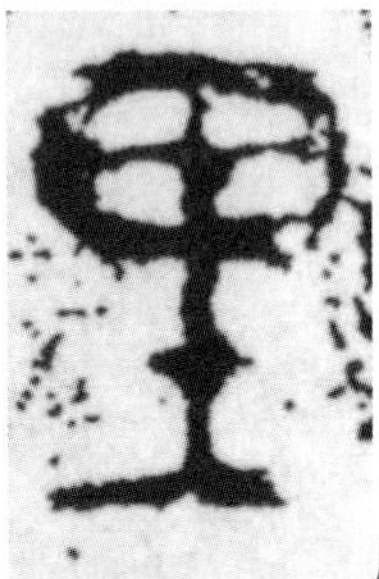
歷代印匋封泥

歷代印匋封泥

歷代印匋封泥

歷代印匋封泥

歷代印匋封泥

歷代印匋封泥

廿世紀璽印二-SP

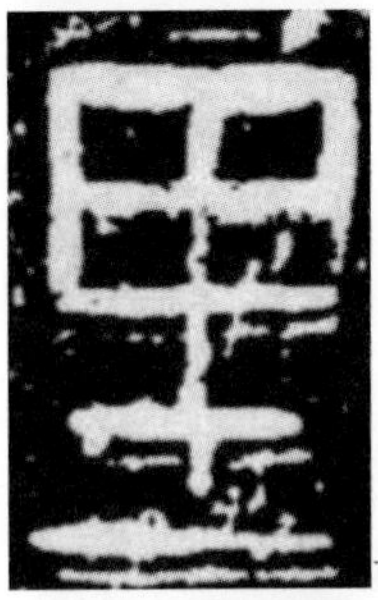
廿世紀璽印二-SP

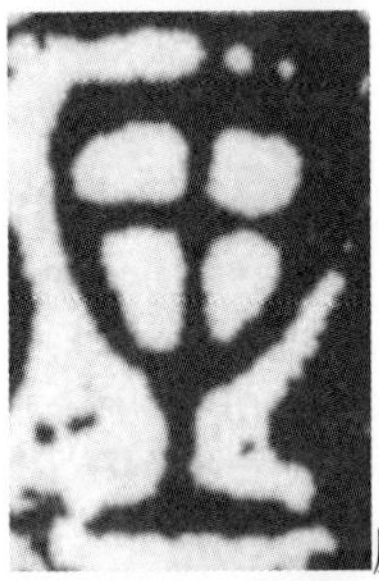
歷代印匋封泥

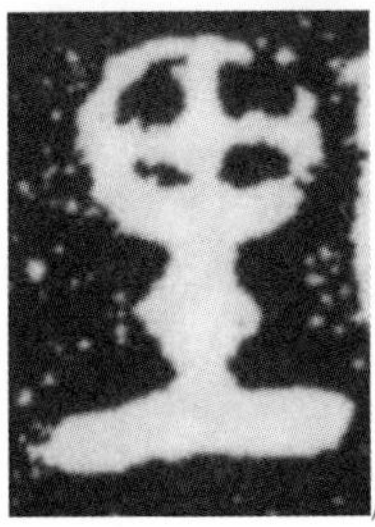
歷代印匋封泥

歷代印匋封泥

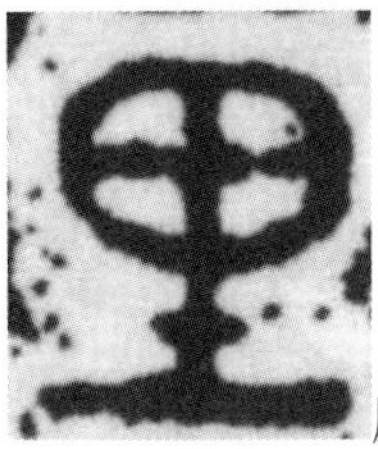
歷代印匋封泥

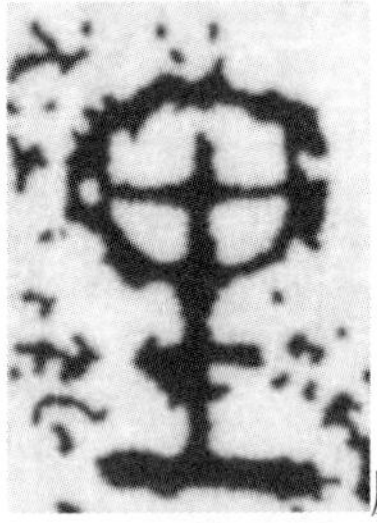
歷代印匋封泥

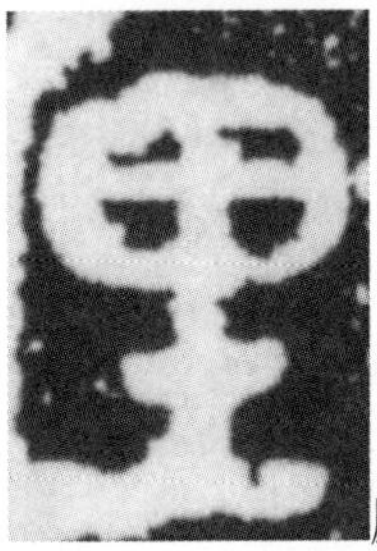
歷代印匋封泥

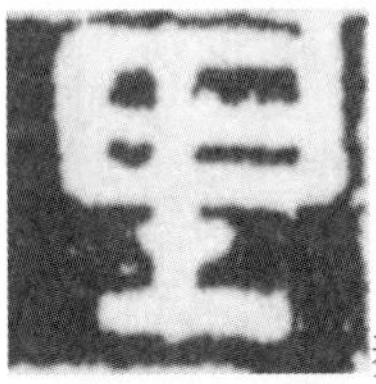
秦代印風

歷代印匋封泥

歷代印匋封泥

秦代印風

秦代印風

歷代印匋封泥

廿世紀璽印三-SP

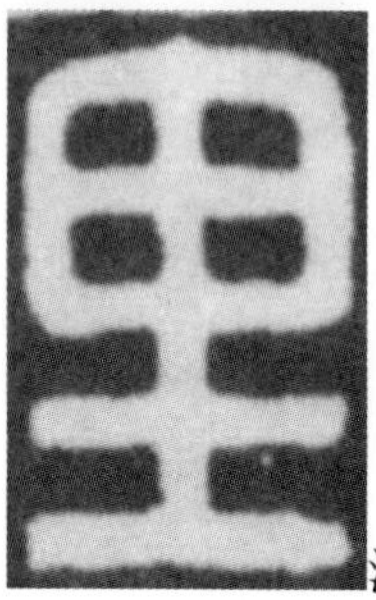
漢晉南北朝印風

歷代印匋封泥

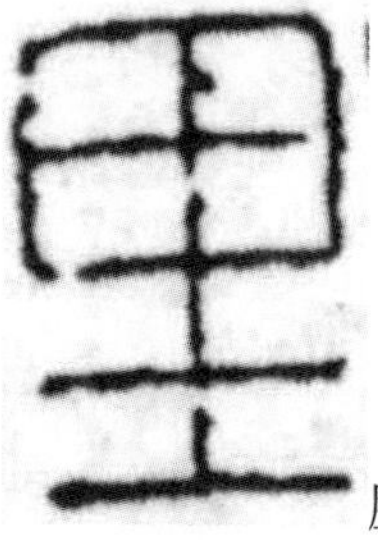
歷代印匋封泥

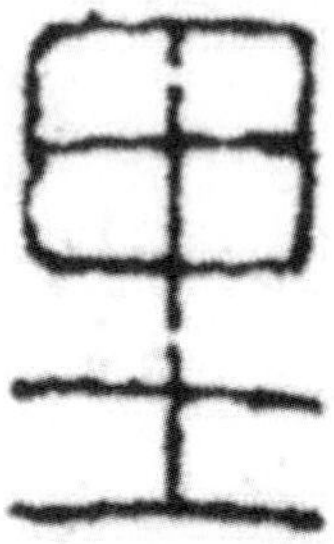
歷代印匋封泥

歷代印匋封泥

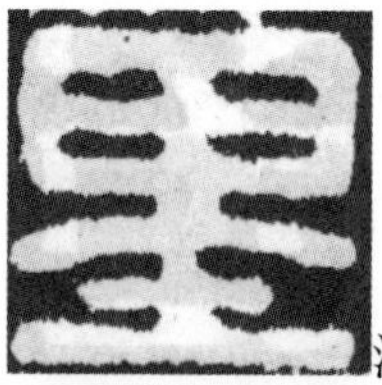
漢代官印選

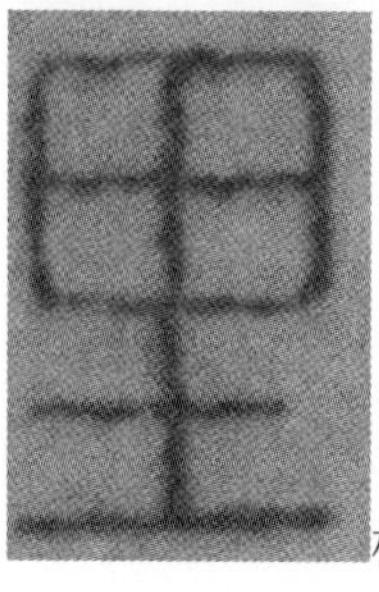
柿葉齋兩漢印萃

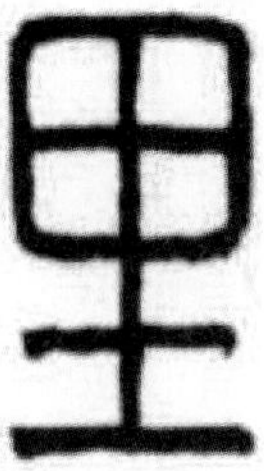
漢印文字徵

漢晉南北朝印風

○膂棠里

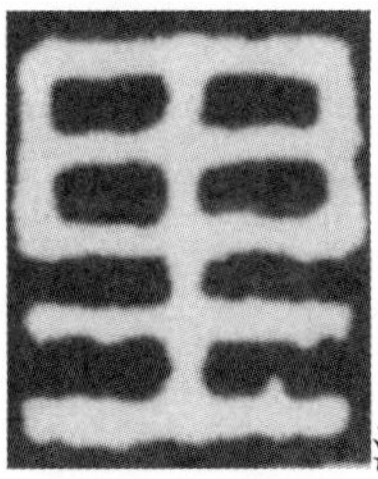
漢晉南北朝印風

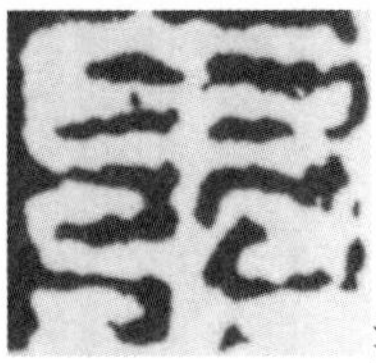
漢晉南北朝印風

○滇里□印

秦駰玉版

石鼓・作原

東漢・楊淮表記

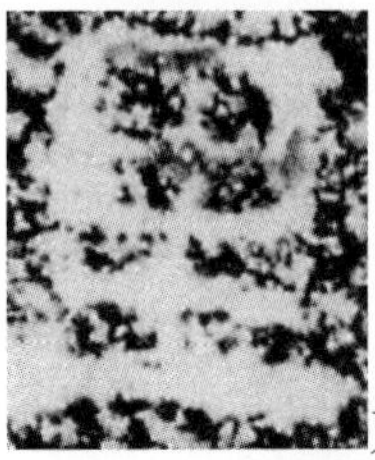
東漢・買田約束石券

東晉・王閩之誌

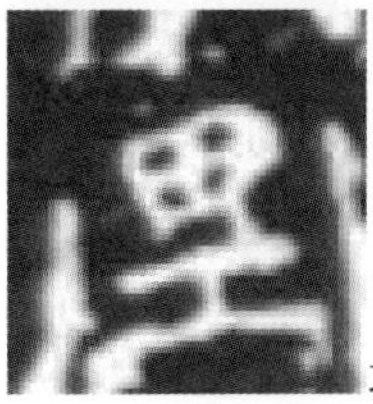
北魏・石門銘

○二百餘里

北齊・斛律氏誌

【釐】

《説文》：釐，家福也。从里𠩺聲。

春晚・秦公鎛

春早・秦公鎛

春晚・秦公簋

懷后磬

東漢・開母廟石闕銘

○釐我後以萬祺

東漢・王舍人碑

○釐三辰

北魏・元崇業誌

○釐校墳藝

北魏・司馬悦誌

○釐格地里

北魏・元昭誌

○釐(嫠)婦鰥夫

北魏・檀賓誌

○釐郡未幾

北魏・于景誌

○燮釐著績

北魏・元譚誌

○劉德允釐

北魏・元鑒誌

○犖釐斯怙

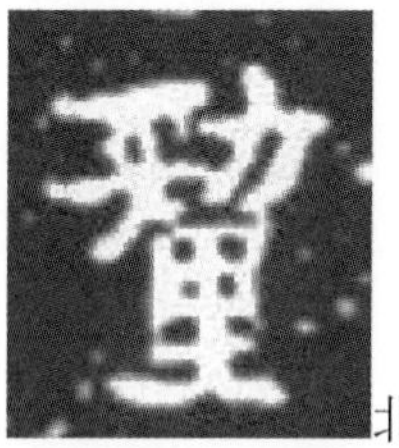
北齊・張潔誌

○今釐此任

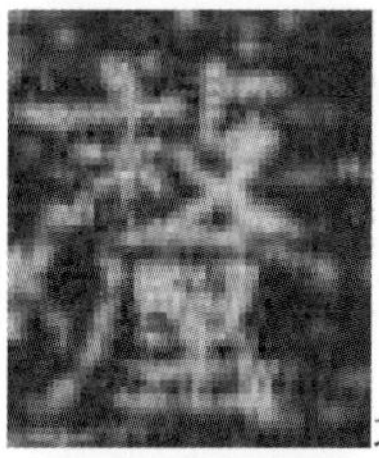
北齊・司馬遵業誌

北齊・婁黑女誌

○釐綜帷房

【野】

《説文》：野，郊外也。从里予聲。

【壄】

《説文》：壄，古文野从里省，从林。

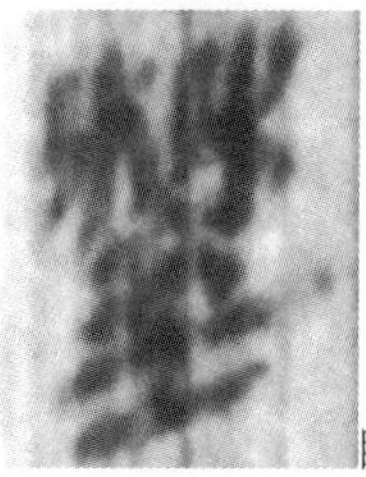
睡・編年記 45

○年攻大壄王十二

睡・法律答問 101

○壄當貲二甲

睡・為吏 28

○原壄如廷

睡・日甲《生子》144

○好田壄邑屋

嶽・魏盜案 167

○人田壄去居邑

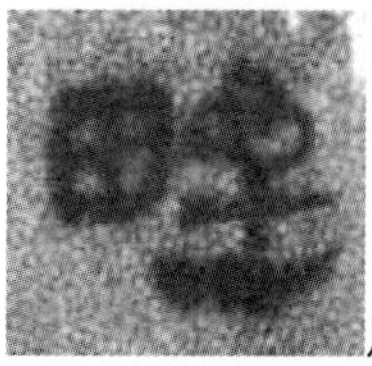
馬壹 7_45 上

○戰于野

馬壹 45_59 上

馬壹 226_72

馬壹 226_72

馬貳 35_31 下

張・秩律 448

張・蓋盧 31

銀貳 1743

敦煌簡 2301

○不如野

金關 T23:965

○廣野隧卒勒忘

金關 T24:024A

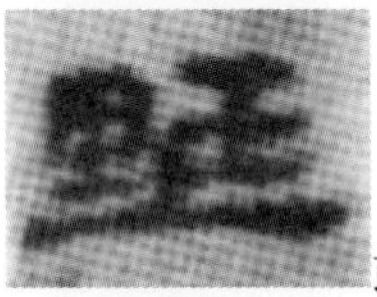
武・儀禮甲《服傳》20

○知父野人曰

吴簡嘉禾・四・四五四

吴簡嘉禾・四・二〇一

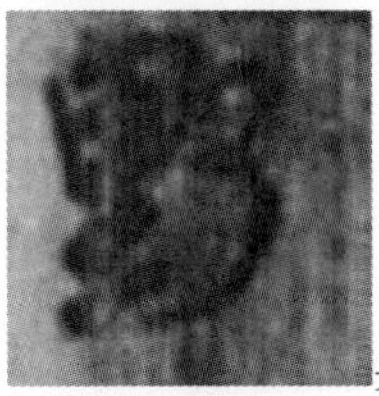
吴簡嘉禾・四・三〇六

○史趙野張惕

吴簡嘉禾・四・二三八

吳簡嘉禾・四・三九二

○史趙野張惕

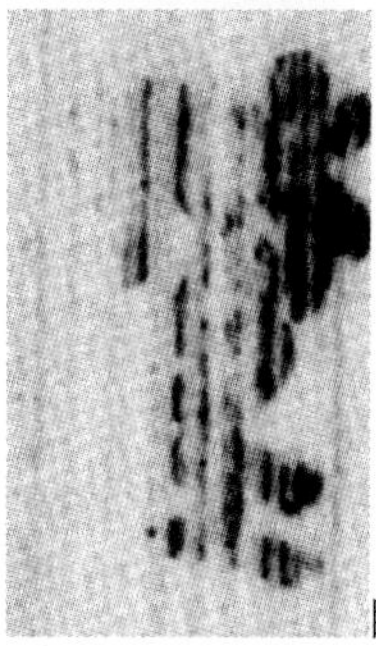
睡・為吏 17

○棄邑居壄入人孤

秦代印風

秦代印風

廿世紀璽印三-SY

廿世紀璽印三-SY

○東野落印

廿世紀璽印三-SY

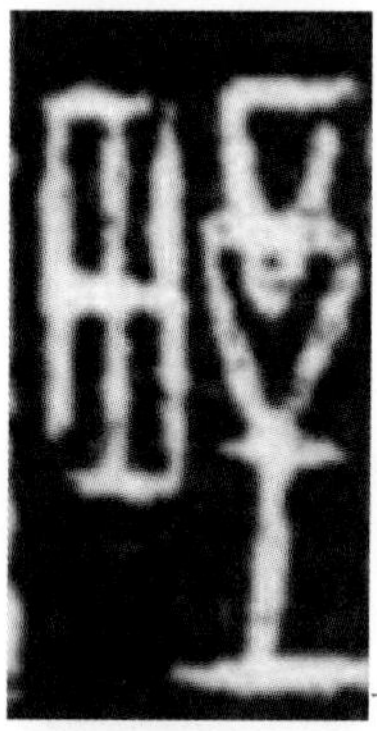
廿世紀璽印三-SY

漢晉南北朝印風

漢印文字徵

漢印文字徵

○張印野王

漢印文字徵

漢印文字徵

○東野忠廣

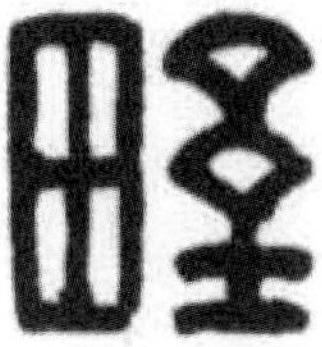

漢印文字徵

漢印文字徵

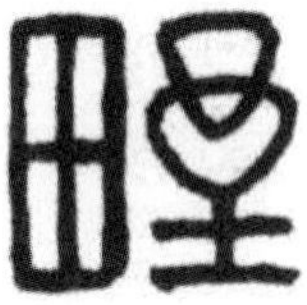

漢印文字徵

漢印文字徵

柿葉齋兩漢印萃

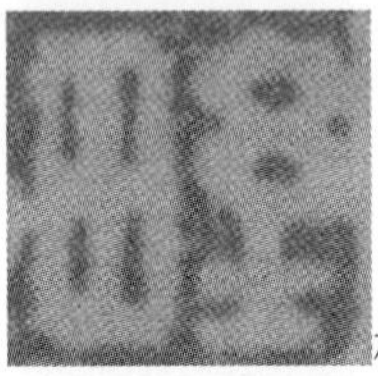

柿葉齋兩漢印萃

漢代官印選

○鉅野令印

廿世紀璽印四-GY

漢晉南北朝印風

漢晉南北朝印風

東漢・曹全碑陽

東漢・景君碑

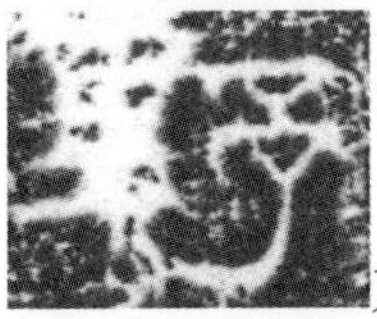
東漢・楊叔恭殘碑

○適士□野□

三國魏・王基斷碑

○故能野戰則飛虎摧翼

西晉・和國仁碑

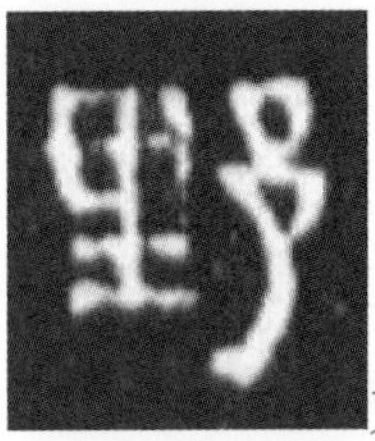
東晉・宋和之誌

北魏・侯愔誌

北魏・韓顯宗誌

○朝野悽愴

北魏・元彬誌

○朔野怖聞

北魏・元新成妃李氏誌

北魏・元寧誌

北魏・吐谷渾氏誌

○哀驚朝野

北魏・赫連悅誌

北魏・山徽誌

○世雄喙鹿之野

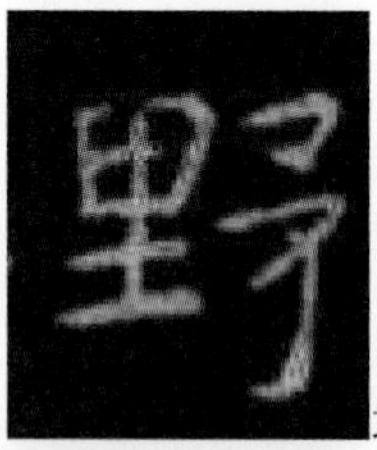
北魏・元項誌

北魏・司馬顯姿誌

○翔鳴陋野

北齊・韓裔誌

○驅熊羆於朔野

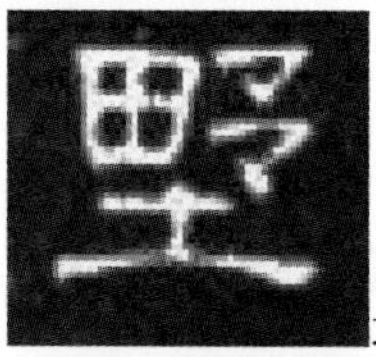
北齊・徐顯秀誌

北齊・赫連子悅誌

田部

【田】

《說文》：田，陳也。樹穀曰田。象四口。十，阡陌之制也。凡田之屬皆从田。

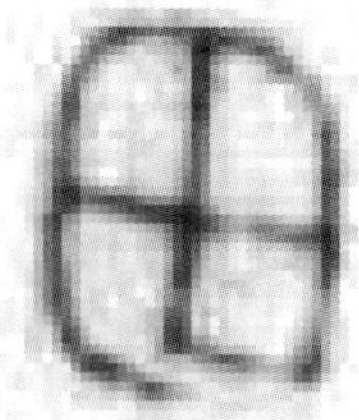
戰中・十三年相邦義戈

西晚・不其簋

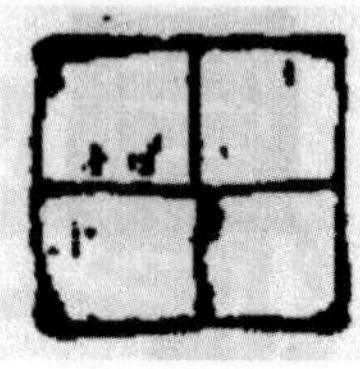
漢銘・蒲反田官量

漢銘・藍田鼎

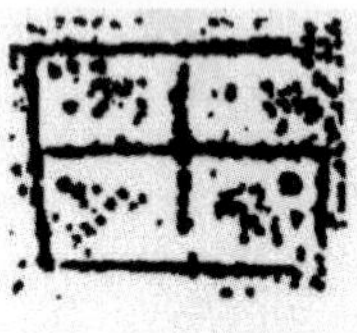
漢銘・田壺蓋

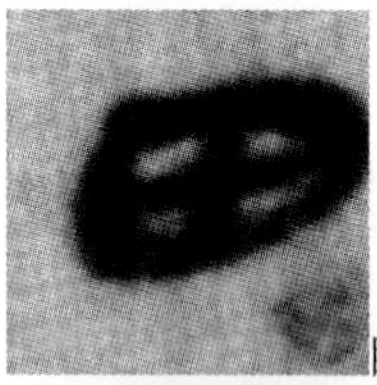
睡・語書 4

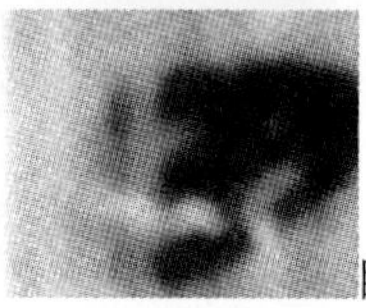
睡・秦律十八種 1

○及貇（墾）田場

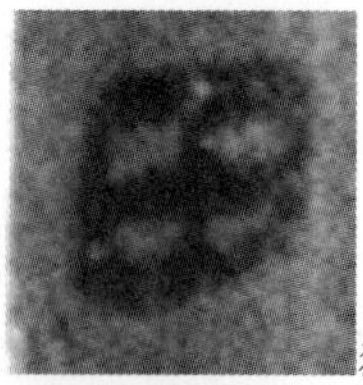
嶽・為吏 69

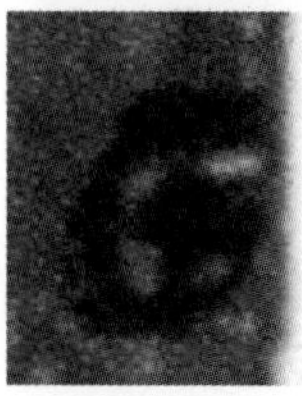
嶽・數 173

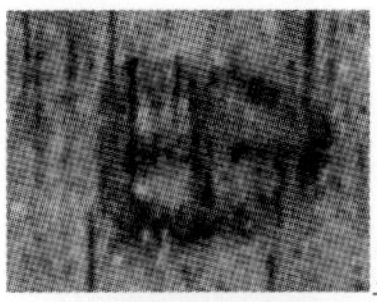
里・第五層 1

馬壹 7_39 上

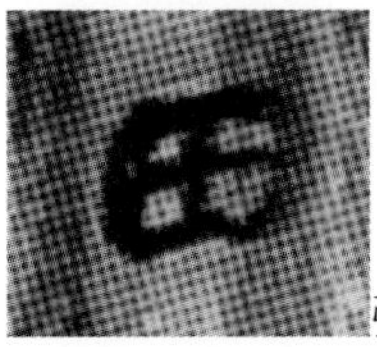
張・行書律 265

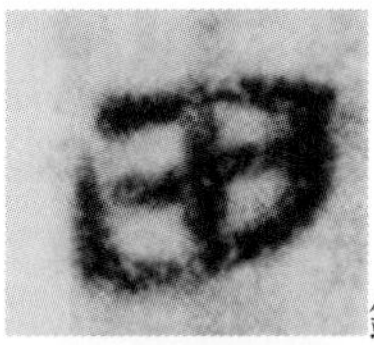
銀壹 159

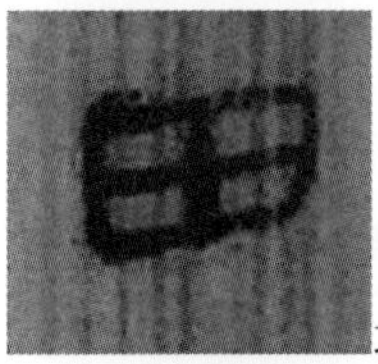
北貳・老子 150

敦煌簡 1584

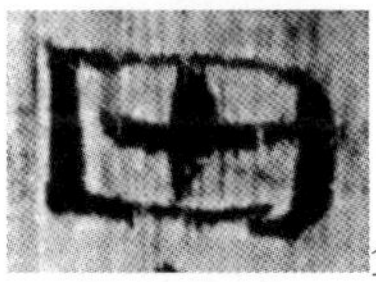
金關 T01:013

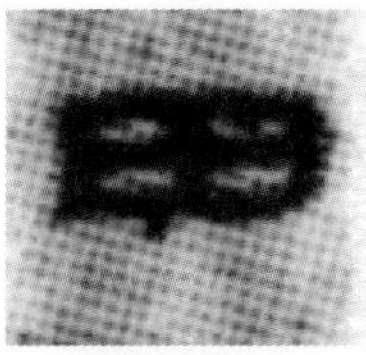
武・甲《少牢》33

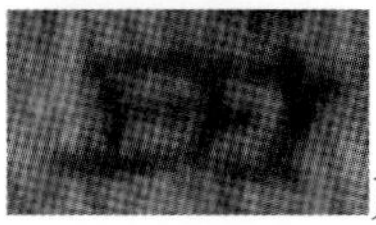
東牌樓 005

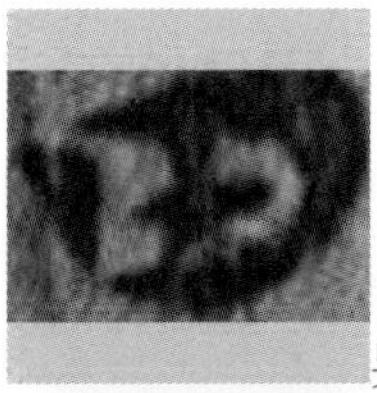
吳簡嘉禾・五・一〇

歷代印匋封泥

廿世紀璽印二-GP

歷代印匋封泥

秦代印風

秦代印風

秦代印風

秦代印風

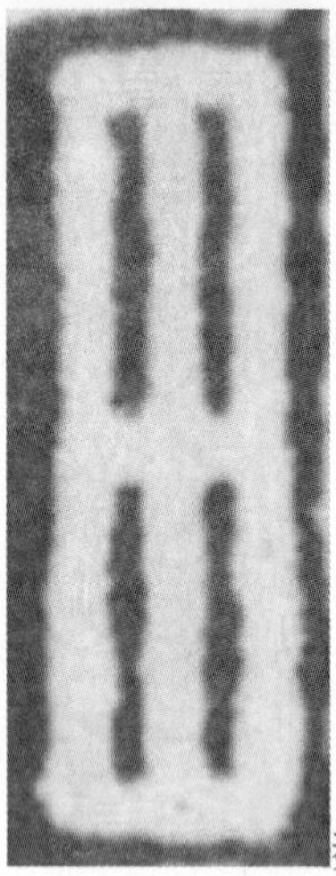
秦代印風

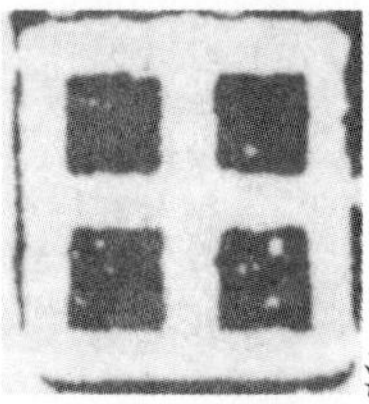
漢晉南北朝印風

廿世紀璽印三-SY

○田咸私印

漢晉南北朝印風

廿世紀璽印三-SP

○建平二年田成造

廿世紀璽印三-SY

廿世紀璽印三-SY

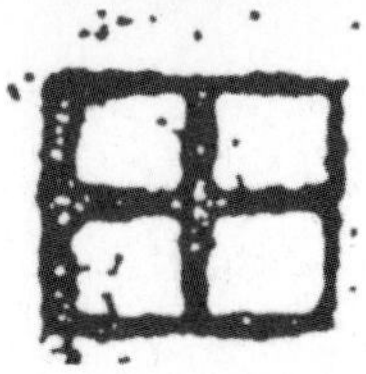
歷代印匋封泥

漢印文字徵

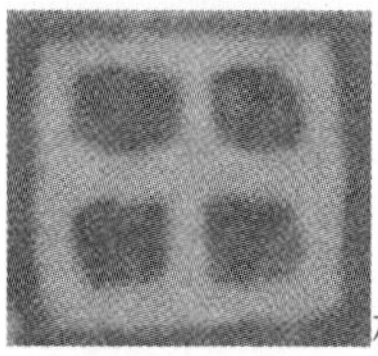
柿葉齋兩漢印萃

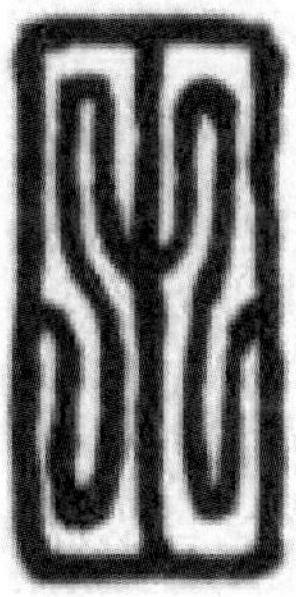
漢印文字徵

○田豐

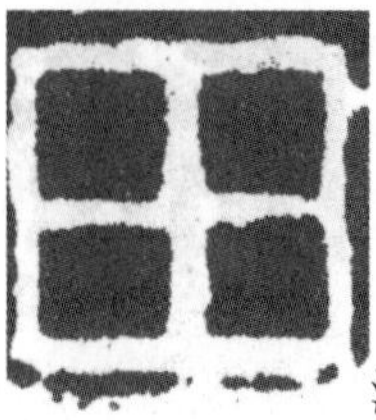
漢代官印選

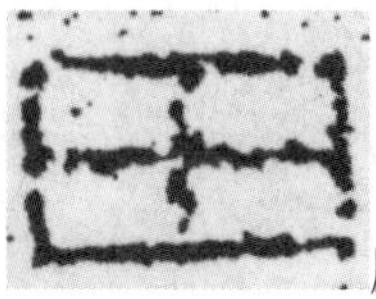
歷代印匋封泥

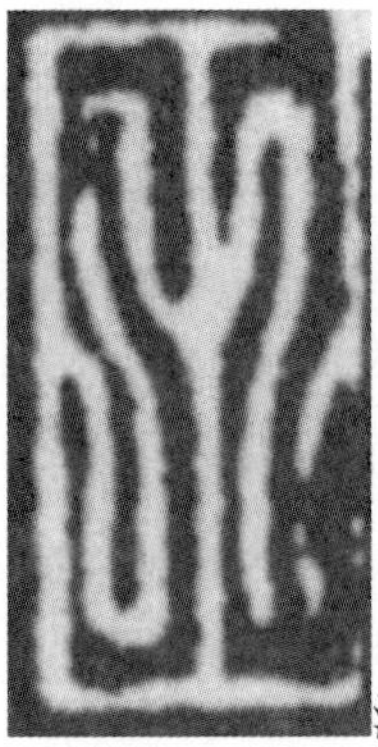
漢晉南北朝印風

○田豐

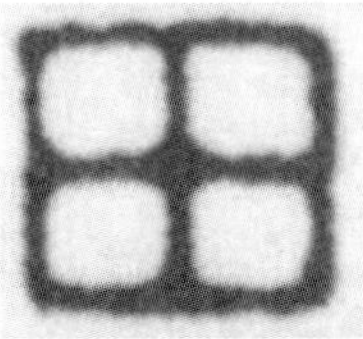
漢晉南北朝印風

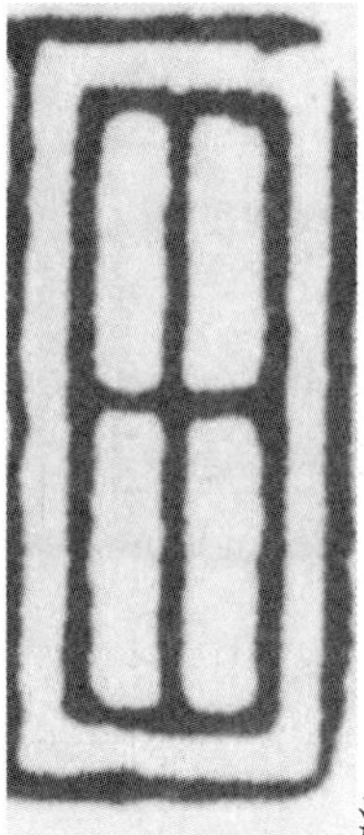
漢晉南北朝印風

漢晉南北朝印風

○田忠私印

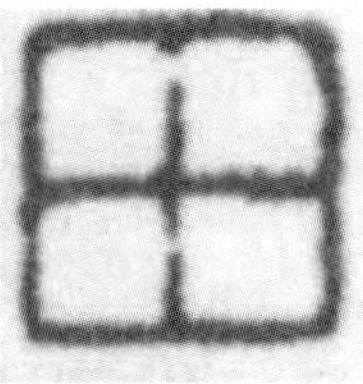
漢晉南北朝印風

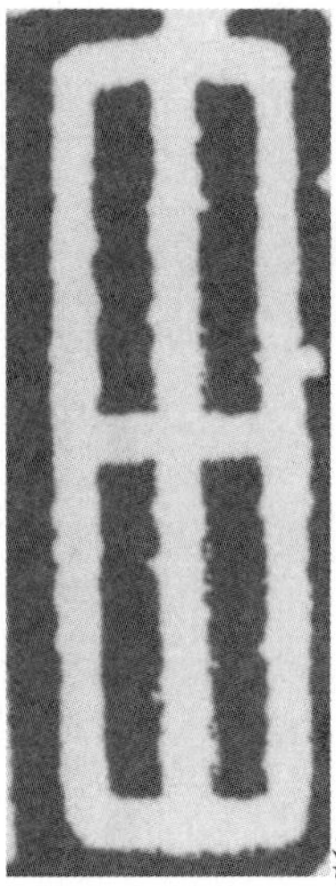
漢晉南北朝印風

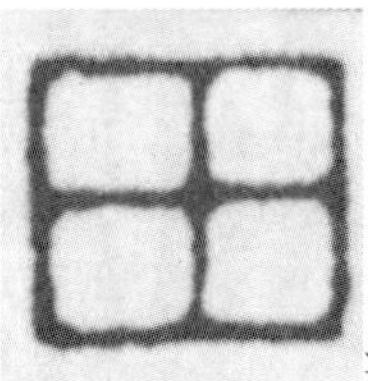
漢晉南北朝印風

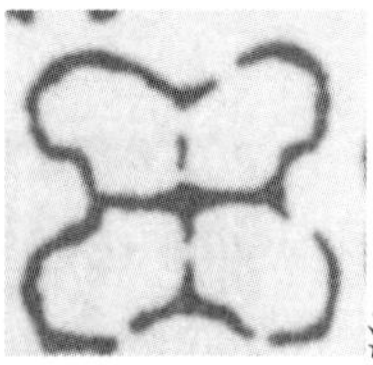
漢晉南北朝印風

○田忠私印

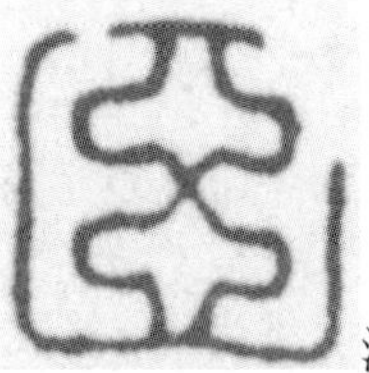
漢晉南北朝印風

○田僕君

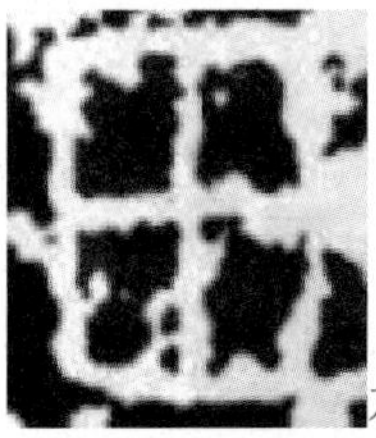
石鼓・田車

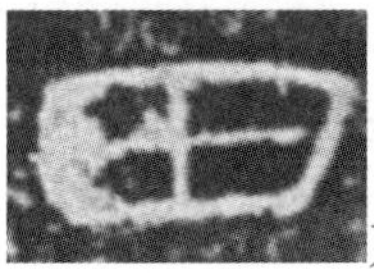
東漢・孔宙碑陽

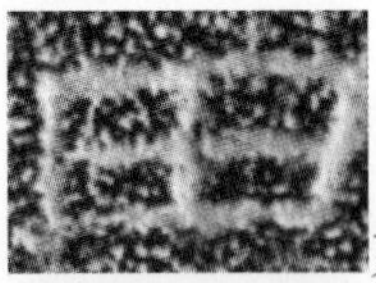
東漢・簿書殘碑

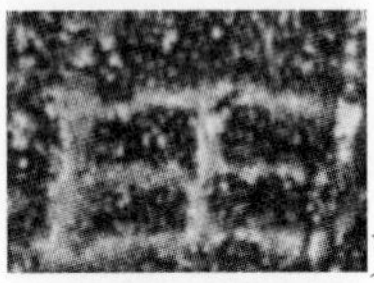
東漢・簿書殘碑

東漢・公乘田魴畫像石墓題記

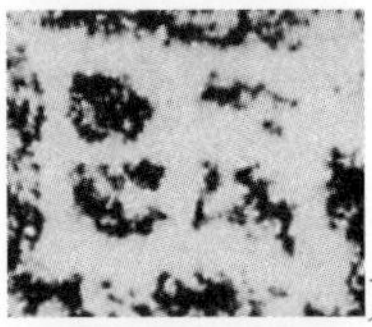
東漢・買田約束石券

三國魏・三體石經尚書・古文

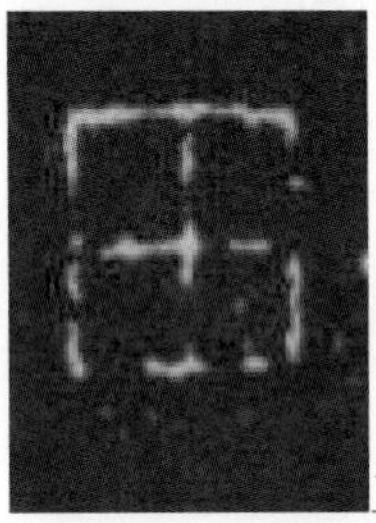
三國魏・三體石經尚書・篆文

三國魏・三體石經尚書・隸書

西晉・荀岳誌

東晉・黄庭經

北魏・元誘誌

【町】

《説文》：町，田踐處曰町。从田丁聲。

吳簡嘉禾・五・九五七
〇田一町

吳簡嘉禾・五・六〇〇
〇田七町

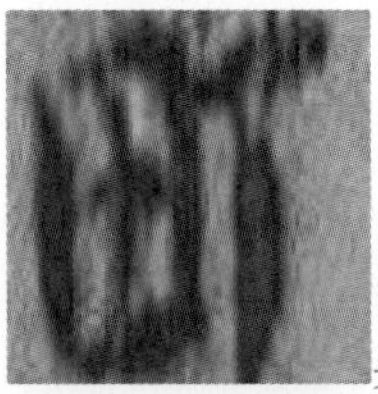
吳簡嘉禾・五・一〇

北魏・元維誌

北魏・唐雲誌

【畽】

《説文》：畽，城下田也。一曰畽，

郤也。从田夾聲。

【疇】

《説文》：，耕治之田也。从田，象耕屈之形。

【𠷎】

《説文》：，𤰜或省。

睡・秦律十八種 38

〇利田疇其有不盡

里・第八層 454

〇務疇竹池課

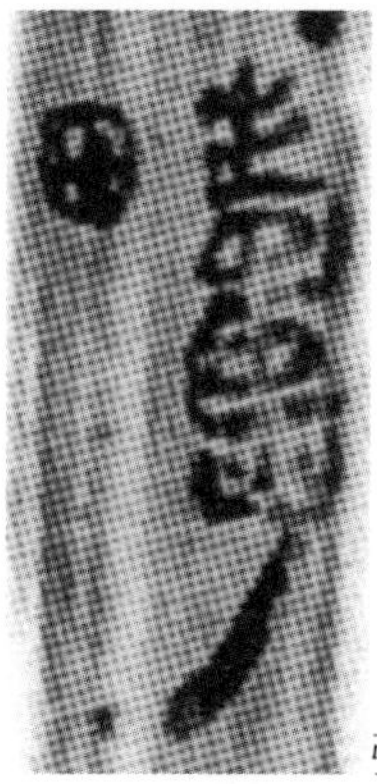
張・傳律 365

〇疇官各從其父

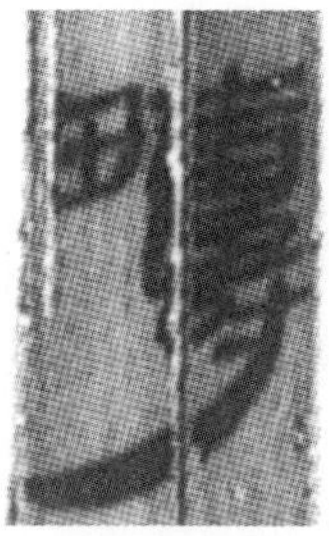
銀貳 1056

〇則損於田疇

東漢・西岳華山廟碑陽

東漢・倉頡廟碑側

東漢・北海相景君碑陽

〇英彦失疇

東漢・開母廟石闕銘

西晉・成晃碑

北魏・李超誌

北魏・王基誌

○比迹疇能

北魏・李慶容誌

【畱】

《説文》：，燒穜也。《漢律》曰："畱田茠艸。"从田翏聲。

【畬】

《説文》：，三歲治田也。《易》曰："不菑，畬田。"从田余聲。

【畱】

《説文》：，和田也。从田柔聲。

【畸】

《説文》：，殘田也。从田奇聲。

睡・為吏 11

里・第八層 118

○畸手

馬壹 96_40

○邦以畸（奇）用兵

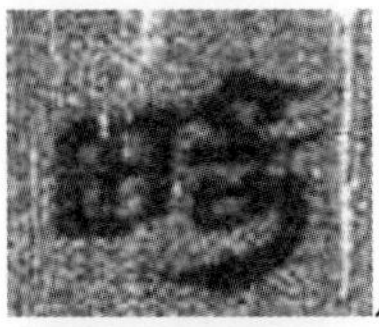
馬貳 36_49 上

張・奏讞書 128

○畸（奇）卌六里

北貳・老子 101

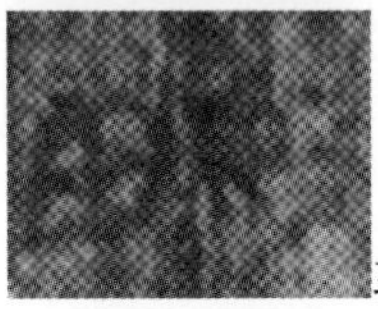
敦煌簡 1301

○乘里畸利

金關 T25:099

○陽翟畸里

秦代印風

漢印文字徵

○張畸

漢印文字徵

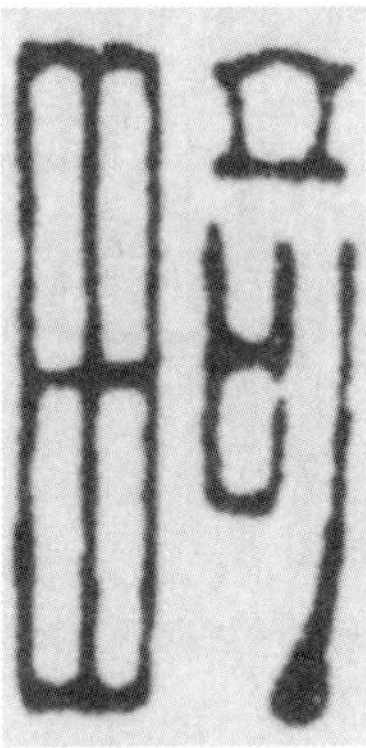
漢晉南北朝印風

漢晉南北朝印風

○靳畸

【䐢】

《説文》：，殘田也。《詩》曰："天方薦䐢。"从田差聲。

【晦】

《説文》：，六尺爲步，步百爲晦。从田每聲。

【畝】

《説文》：，晦或从田、十、久。

睡・秦律十八種 38

○稻麻晦(畝)用二斗

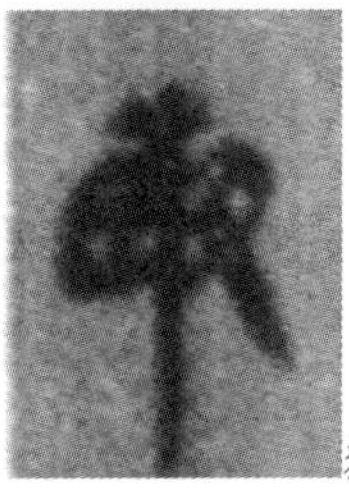
嶽・數 11

○田十晦(畝)

里・第八層 455

〇廣一畮(畝)格

張・田律 246

〇爲畛畮(畝)二畛

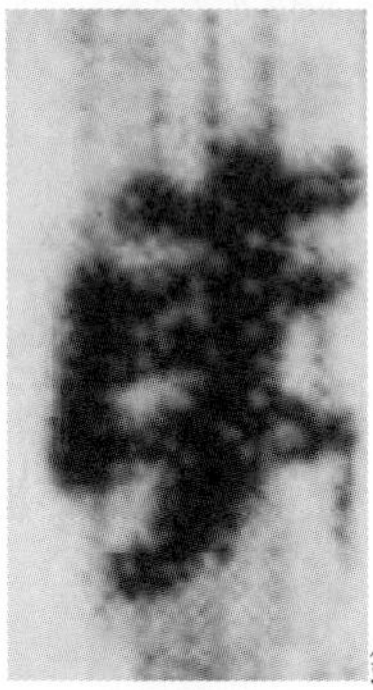
銀壹 497

〇畮(畝)凌而兵毋與

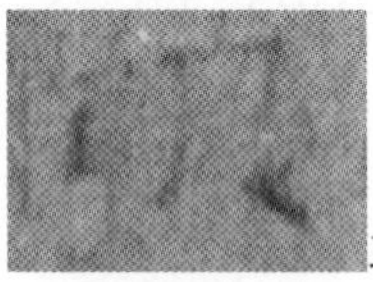
敦煌簡 0576A

〇卅畮(畝)

金關 T01:077

〇十五畮(畝)

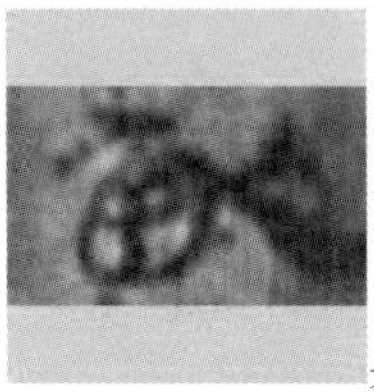
吳簡嘉禾・五・一〇二五

〇卅三畮(畝)

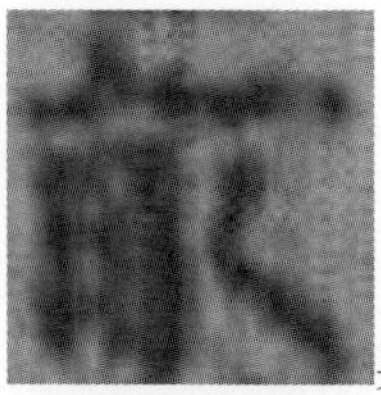
吳簡嘉禾・四・二二三

〇十七畮(畝)

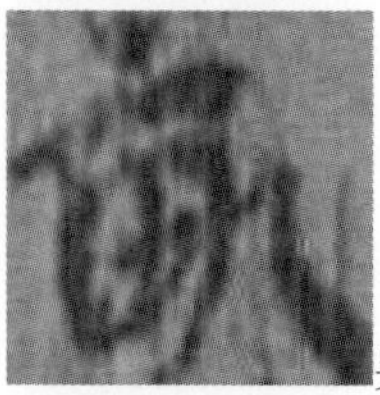
吳簡嘉禾・五・一五〇

〇卅四畮(畝)

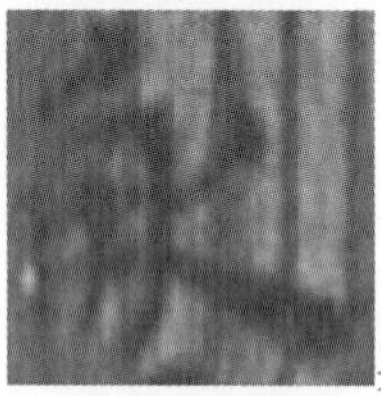
吳簡嘉禾・五・六六八

〇凡七畝五十步

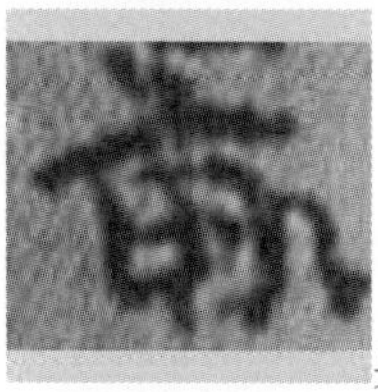
吳簡嘉禾・五・一〇

〇凡十畮(畝)

吳簡嘉禾・五・一〇一

〇十二畮(畝)

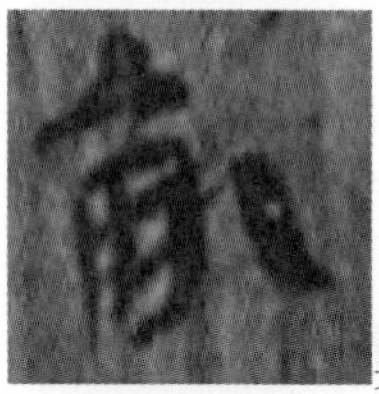
吳簡嘉禾・四・一

〇別頃畮(畝)旱

東漢・孔宙碑陽

東漢・簿書殘碑

○頃九十畝

東漢・簿書殘碑

○何廣周田八十畝

北魏・元熙誌

○餘糧棲畝

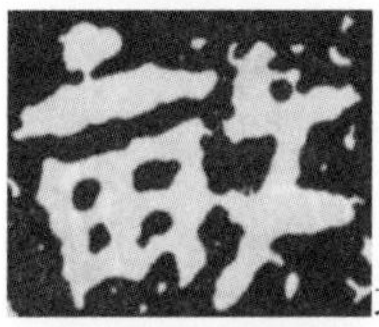
北魏・郭□買地券

東魏・鄭君殘碑

○千畝之量

東魏・廣陽元湛誌

○百畝樹蕙

南朝宋・王佛女買地券

○爲墓田百畝

【甸】

《説文》：，天子五百里地。从田，包省。

睡・法律答問 190

○甸人

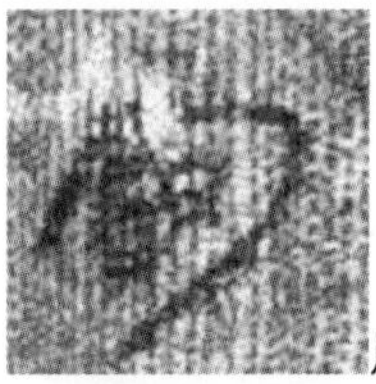
馬貳 71_66/66

○侯(候)天甸(電)而兩手相靡(摩)

北魏・元悌誌

北魏・元毓誌

北魏・元緒誌

東魏・元悰誌

○眷言畿甸

【畿】

《説文》：，天子千里地。以遠近

言之，則言畿也。从田，幾省聲。

東漢・張遷碑陽

〇開定畿寓

東漢・相張壽殘碑

〇牧邦畿

東漢・尚博殘碑

北魏・趙廣者誌

北魏・元襲誌

〇共治畿甸

北魏・元純陀誌

北魏・丘哲誌

北魏・馮會誌

北魏・元彥誌

北魏・寇臻誌

北魏・元理誌

東魏・蕭正表誌

東魏・元悰誌

〇眷言畿甸

北齊・吳遷誌

【畦】

《說文》：畦，田五十畝曰畦。从田圭聲。

馬壹 179_93 上

金關 T23:765

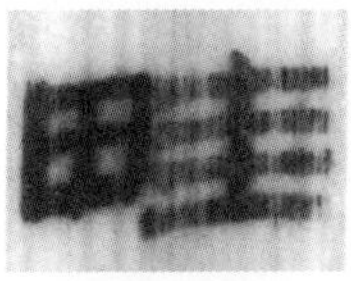
北壹・倉頡篇 43

漢印文字徵

○畦覩

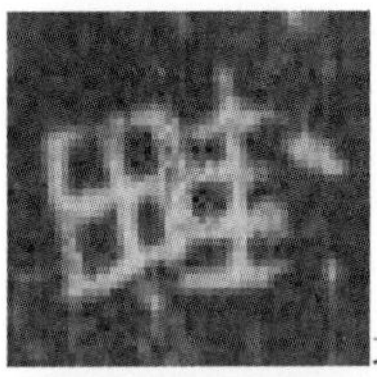
北魏・劇市誌

北魏・鄭君妻誌

【畹】

《說文》：畹，田三十畝也。从田宛聲。

北魏・元純陀誌

北魏・王翊誌

北齊・劉雙仁誌

【畔】

《說文》：畔，田界也。从田半聲。

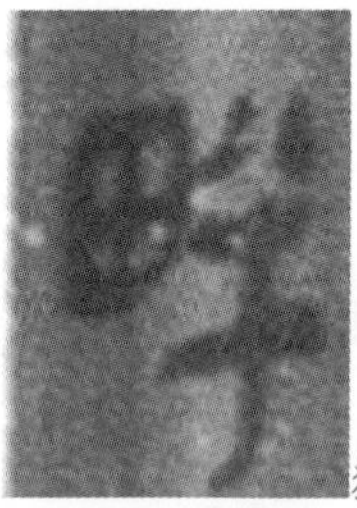
嶽・為吏 81

張・秩律 451

○略畔道

金關 T24:543

廿世紀璽印三-GY

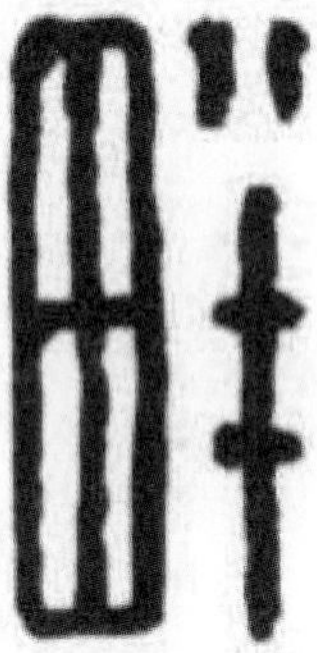
漢印文字徵

漢印文字徵

東漢・史晨後碑

東漢・史晨前碑

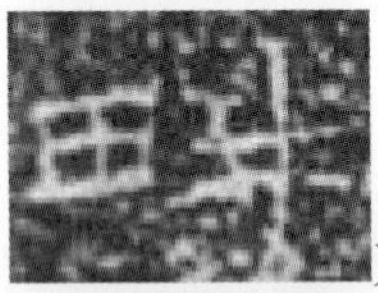
東漢・禮器碑

北魏・高珪誌

北魏・元仙誌

北齊・雲榮誌

【畍（界）】

《説文》：，境也。从田介聲。

戰晚・王四年相邦張義戈

〇界戟

睡・法律答問 186

〇它里界者

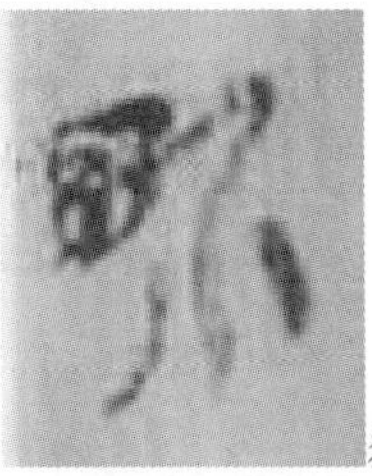
嶽・癸瑣案 5

〇沙羡界中瑣等

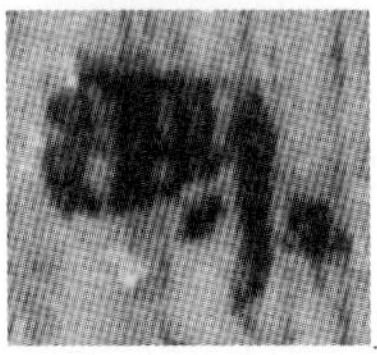
里・第八層 2436

〇縣界中者

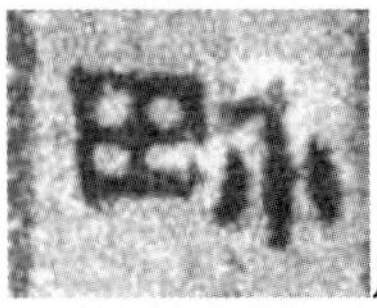
馬壹 173_21 上

〇畍（界）皆十二歲

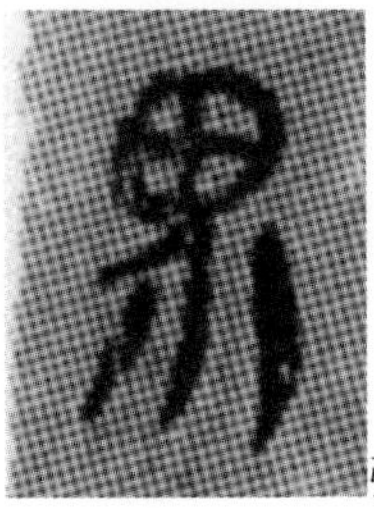
張・具律 104

○縣道界也

銀貳 1913

○罰令界（介）虫

北貳・老子 198

○大制無界（割）

敦煌簡 1722

○索部界中

金關 T02:023

○水北界郵印詣居延

漢晉南北朝印風

漢印文字徵

漢印文字徵

歷代印匋封泥

○諸界邑丞

漢印文字徵

○諸界邑丞

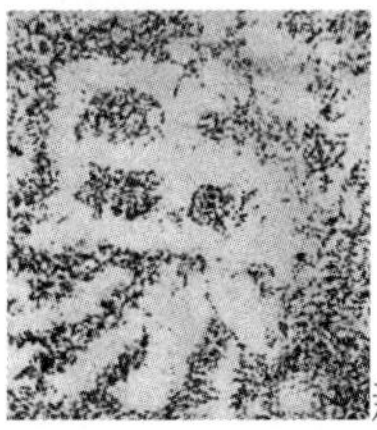
新莽・羊窩頭刻石

○界東

東漢・宋伯望買田刻石右

○道堵界所屬給發

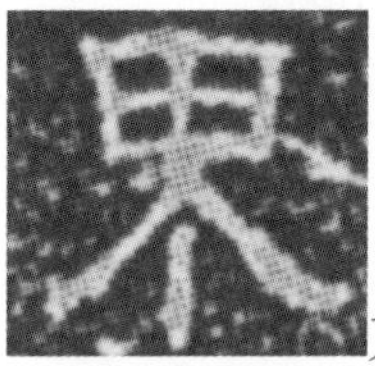
東漢・白石神君碑

○國界安寧

北朝・于敬邕等造像

○法界一切衆生

十六國北涼・沮渠安周造像

○不出於三界

十六國趙・元氏縣界封刻石

○南界

北魏・穆紹誌

○表滄海而爲界

北魏・張九娃造像

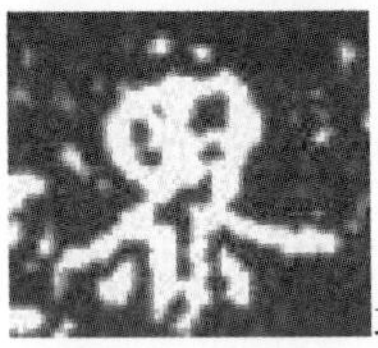
北魏・錡雙胡造像

○三界六趣

北魏・靈山寺塔銘

北魏・淨悟浮圖記

北魏・尉遲氏造像

○若生世界妙樂

東魏・李顯族造像

○潤兼法界

西魏・陳神姜造像

○法界含生

西魏・杜照賢造像

北齊・智念等造像

北齊・唐邕刻經記

○當使世界同於淨土

北齊・魯彥昌造像

北齊・魯思明造像

北齊・張歸生造像

○法界倉生

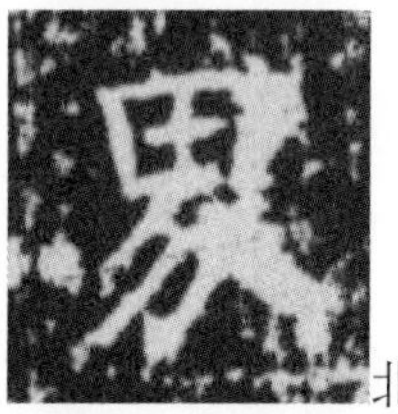
北齊・維摩經碑

○三界三垢

北齊・姚景等造像

北齊・韓永義造像

北齊・鄭暈業造像

○法界

北齊・張景暉造像

○普爲法界群生

北齊・嵺山摩崖

○如法界無有分齊

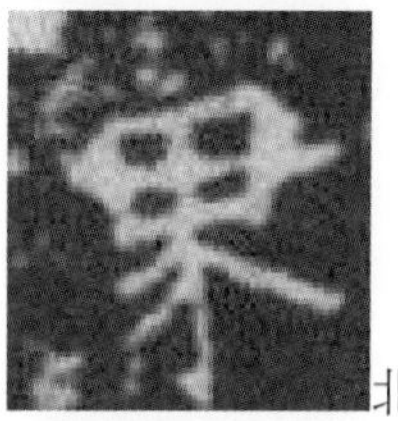
北齊・報德像碑

○降鑒世界

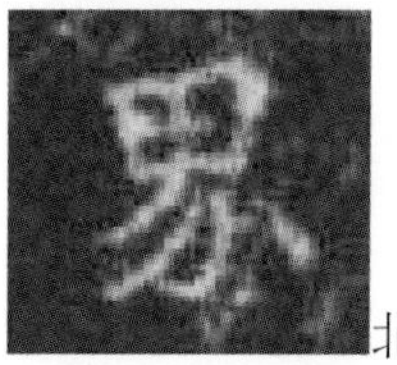
北齊・畢文造像

○及以法界有形

北齊・文殊般若經

北齊・三十五佛名經

北齊・孟阿妃造像

○芒芒三界

北周・張子開造像

○世界誰尋

北周・宇文恪造龍華浮圖銘

○昇遊淨界

北周・趙富洛等造像

○法界衆生

北周・匹婁歡誌

○鄭縣界

【甿】

《説文》：，境也。一曰陌也。趙魏謂陌爲甿。从田亢聲。

【畷】

《説文》：，兩陌閒道也，廣六尺。从田叕聲。

【畛】

《説文》：，井田閒陌也。从田㐱聲。

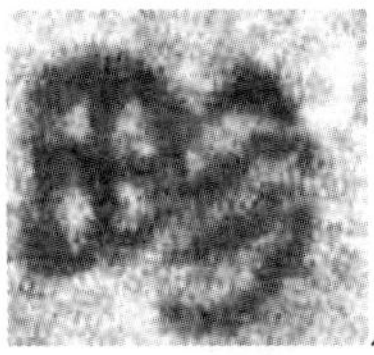
馬壹 115_41\444

張・田律 246

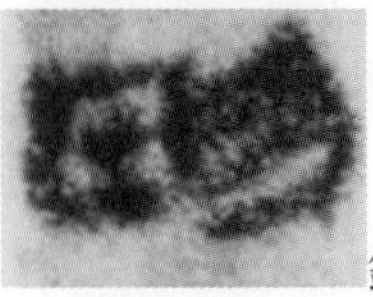
銀壹 159

○步爲畛公

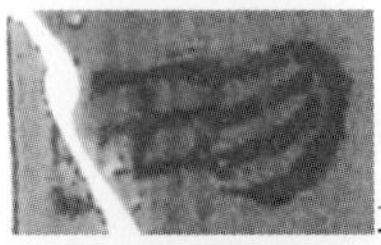
北貳・老子 51

西晉・臨辟雍碑

○士女弄舞於郊畛

北魏・温泉頌

○連疇接畛

【畤】

《説文》：，天地五帝所基址，祭地。从田寺聲。右扶風有五畤。好畤、鄜畤，皆黄帝時祭。或曰秦文公立也。

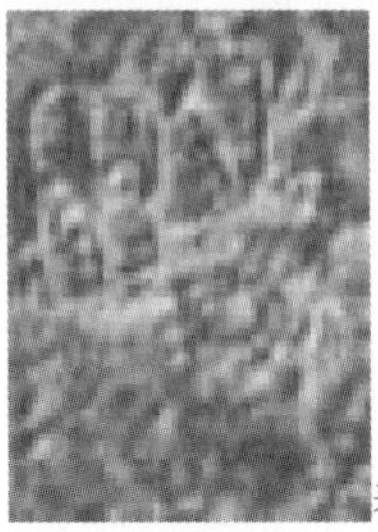
春早・秦子簋蓋

○□□畤

漢銘・楚大官廚鼎

漢銘・好時鼎

張・秩律 443

○好時

廿世紀璽印三-GP

漢印文字徵

歷代印匋封泥

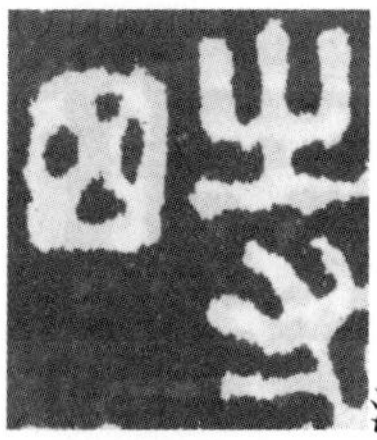
漢代官印選

三國魏・上尊號碑

【略】

《説文》：，經略土地也。从田各聲。

里・第八層 738

○四人略二人

馬壹 258_9 上\25 上

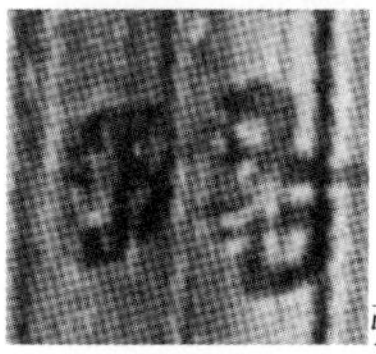
張・盜律 66

○發冢（塚）略賣人

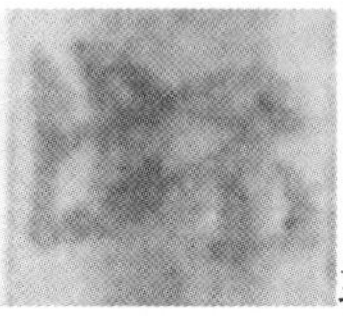
敦煌簡 0069

○殺略人民未知審

金關 T24:719

○西殺略今

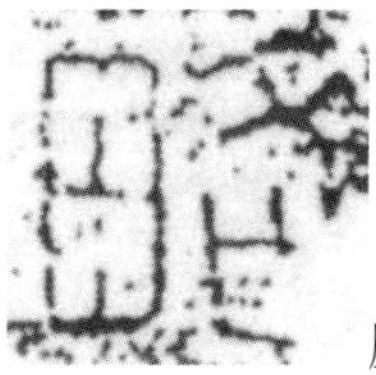
歷代印匋封泥

漢晉南北朝印風
○略倉印

廿世紀璽印三-GY

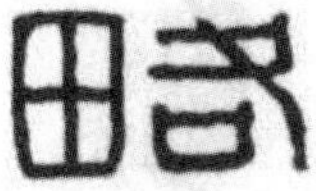
漢印文字徵

詛楚文・亞駝

東漢・張遷碑陽

東漢・譙敏碑

東漢・桐柏淮源廟碑

北朝・趙阿令造像

十六國後秦・呂憲表
○東太守略陽呂

十六國後秦・呂他表

北魏・員標誌

北魏・元茂誌
○字興略

北魏・寇臻誌
○非略志盡也

北魏・司馬紹誌

北魏・元寧誌

北魏・高廣誌
○風略先馳

北魏・元馗誌

〇夙闡洪略

北魏・馮邕妻元氏誌

東魏・僧崇等造像

〇慧令道原僧略

北齊・元賢誌

〇識略淹長

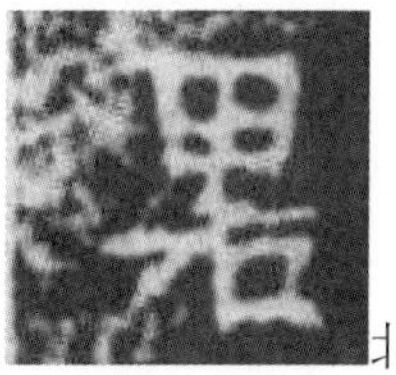
北齊・殷恭安等造像

〇比丘法略

北齊・逢遷造像

〇逢略

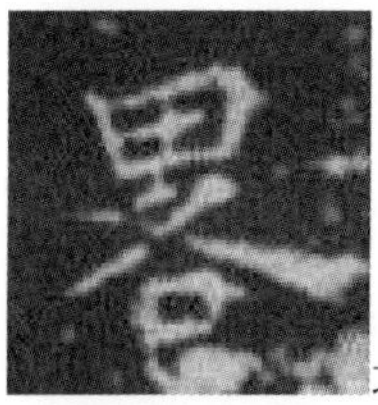
北齊・報德像碑

〇可略言矣

北齊・狄湛誌

【當】

《説文》：當，田相值也。从田尚聲。

漢銘・元康高鐙

漢銘・新銅丈

漢銘・元康鴈足鐙

漢銘・新嘉量二

睡・秦律十八種 61

睡・為吏 49

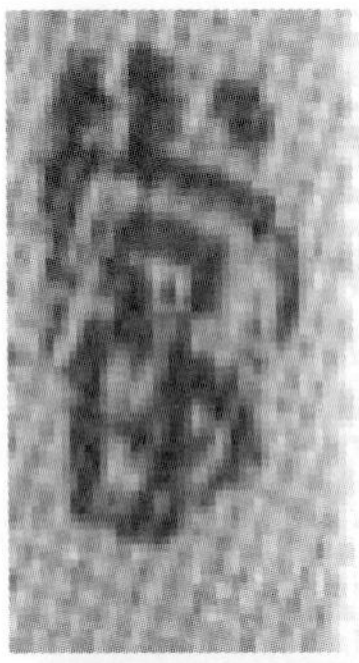
關・日書 200

嶽・質日 352

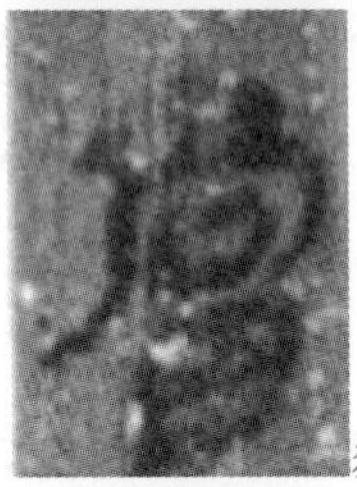
嶽・為吏 18

里・第五層 1

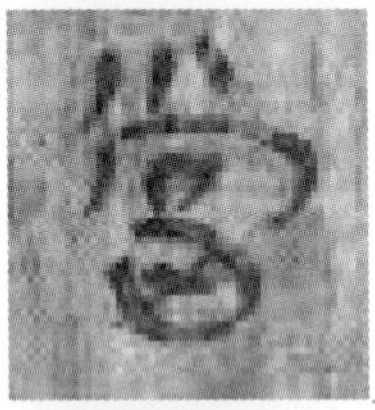
里・第八層 60

馬壹 41_13 上

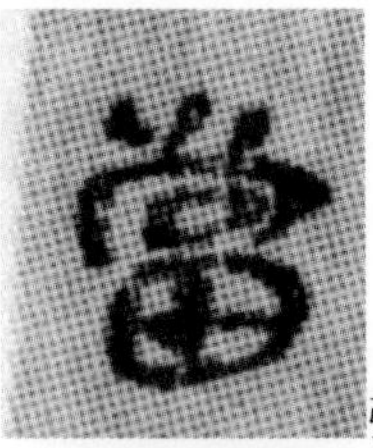
張・賊律 20

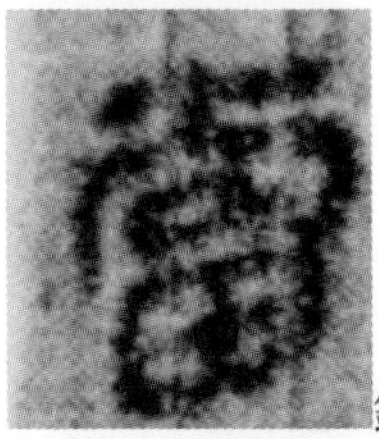
銀壹 239

銀壹 118

○當其同周

北貳・老子 148

金關 T01:002

○當坐重事

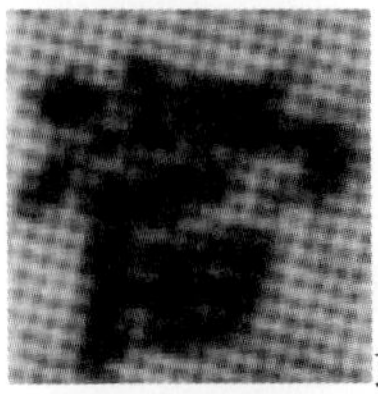
武・儀禮甲《士相見之禮》6

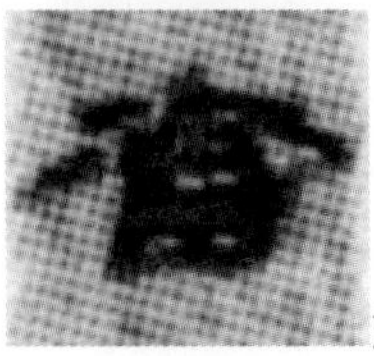
武・甲《特牲》14

○先入當作（阼）

武・甲《少牢》8

東牌樓 069 背

○汝當還我錢

廿世紀璽印二-SP

○當陽克

秦代印風

歷代印匋封泥

廿世紀璽印三-SY

廿世紀璽印三-SY

○劉當居印

漢晉南北朝印風

柿葉齋兩漢印萃

漢印文字徵

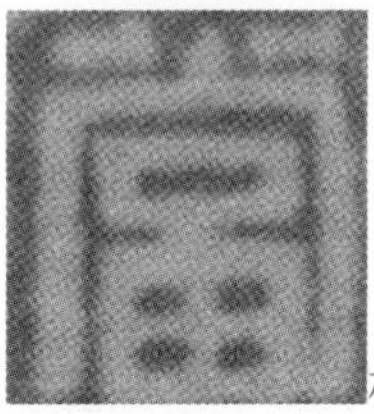
柿葉齋兩漢印萃

漢代官印選

○當陽邑長

歷代印匋封泥

○當武

漢晉南北朝印風

○方當之印

漢晉南北朝印風

漢晉南北朝印風

漢晉南北朝印風

○當塗令印

漢晉南北朝印風

東漢・尹宙碑

東漢・買田約束石券

東漢・買田約束石券

東漢・公乘田魴畫像石墓題記

○圜陽當里

東漢・任城王墓黃腸石

東漢・石堂畫像石題記

東漢・景君碑

東漢・曹全碑陰

東漢・成陽靈臺碑

東漢・元嘉元年畫像石墓題

西晉・郭槐柩記

北魏・王遺女誌

北魏・胡明相誌

北魏・和醜仁誌

○何當復晨

東魏・叔孫固誌

北齊・嚴□順兄弟造像

○當郡都督

【畯】

《説文》：畯，農夫也。从田夋聲。

春早・秦公鎛

○畯黔才(在)立

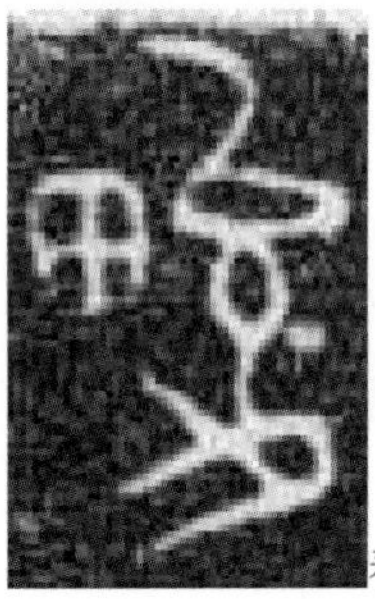
春早・秦公鐘

○畯黔才(在)立

春晚・秦公鎛

戰晚・六年漢中守戈

○師齊丞畯

春晚・秦公簋

○畇(畯)疐才(在)

東漢・孔宙碑陽

○田畯喜于荒圃

北魏・楊熙僊誌

【甿】

《說文》：，田民也。从田亡聲。

【疄】

《說文》：，轢田也。从田粦聲。

【留】

《說文》：，止也。从田丣聲。

漢銘・留里楊黑酒器

睡・為吏 39

○苛難留民

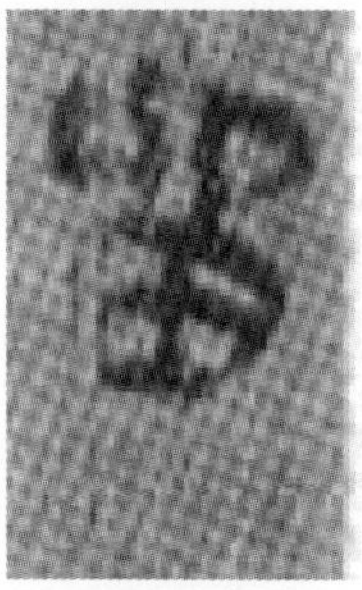
關・日書 233

○留不吉

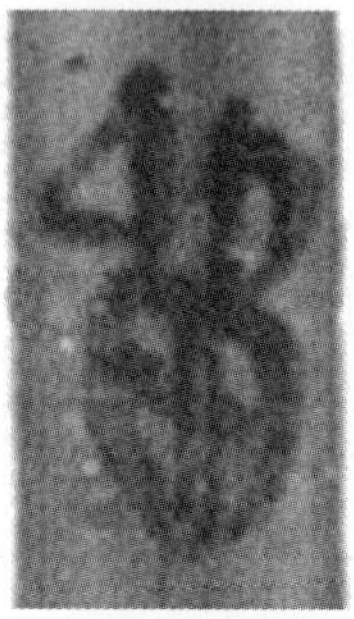
嶽・質日 3524

○丁亥留

嶽・為吏 8

○滯留流庸

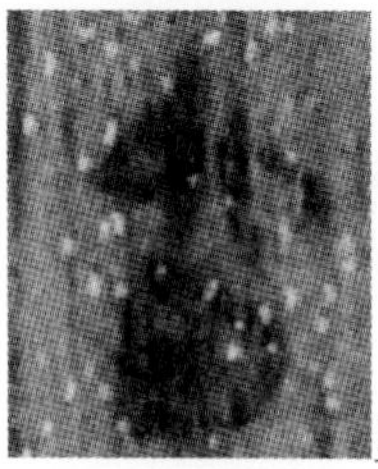
里・第五層 1

○食雨留不能投宿

里・第八層 110

○律雨留不能投宿

馬壹 133_28 下\105 下

○禁毋留（流）

馬貳 159_31

○留山

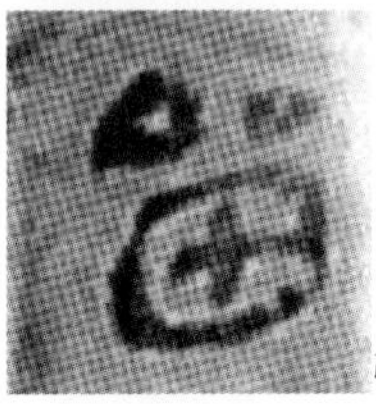
張・捕律 143

○逗留畏耎

銀壹 882

○相稽留

銀貳 1804

○出入留不行

敦煌簡 0241

○將留外也

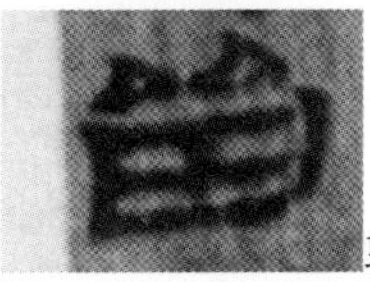
敦煌簡 0176

○關門留遲

金關 T03:114

○關毋留止

金關 T01:132

○在前留意

東牌樓 062 正

○事教留內

秦代印風

秦代印風

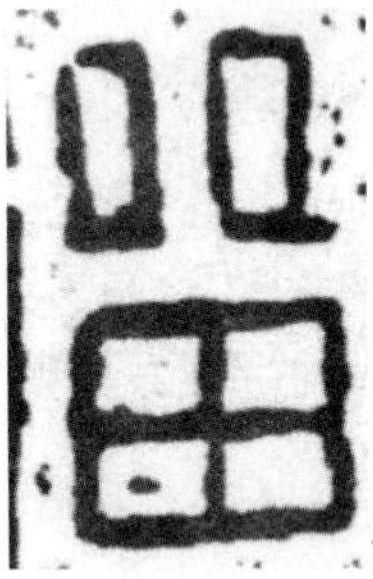
廿世紀璽印三-SP

○右留

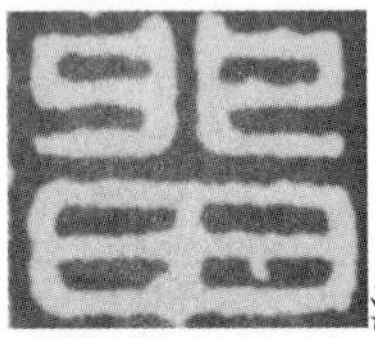
漢晉南北朝印風

廿世紀璽印三-SY

○趙留印

漢印文字徵

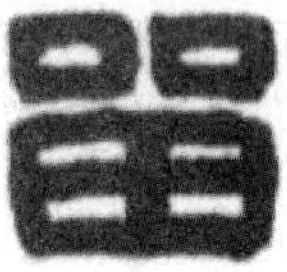
漢印文字徵

○留勝之印

漢印文字徵

○留安丘印

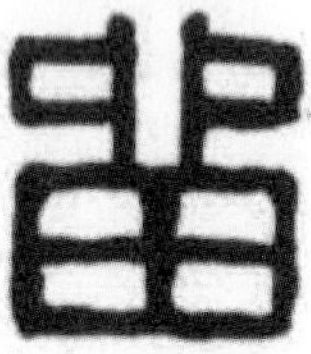
漢印文字徵

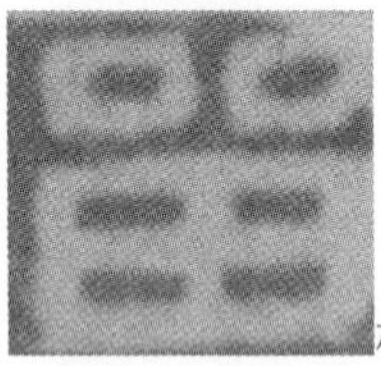
柿葉齋兩漢印萃

○留禁私印

漢代官印選

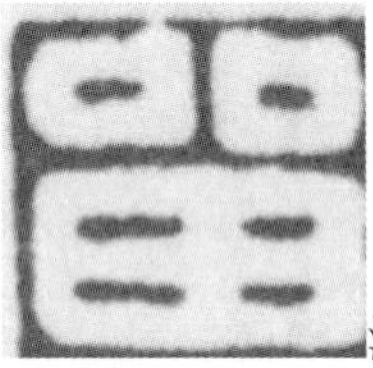
漢晉南北朝印風

○郭留印

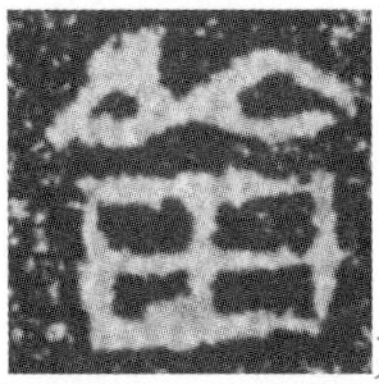
東漢・元嘉元年畫像石墓題

○車馬道從騎吏留（畱）

東漢・乙瑛碑

○上黨屯留（畱）人

東漢・景君碑

○龜車留遰

東漢・張遷碑陽

○陳留己吾人也

東漢・張遷碑陽

○析珪於留

三國魏・王基斷碑

○彌留

東晉・高句麗好太王碑

○顧命世子儒留王

北魏・李超誌

○雖陳留之哀望胡季睿

北魏・元純陀誌

○遘疾彌留

北魏・元璨誌

○挂牀留犢

北魏・元項誌

○留愛主上

北魏・張石生造像

○留公昌壽

北魏・蘭將誌

○父魏留光

北魏・元誘誌

○特留眷賞

北魏・馮邕妻元氏誌

○未始不留連三覆

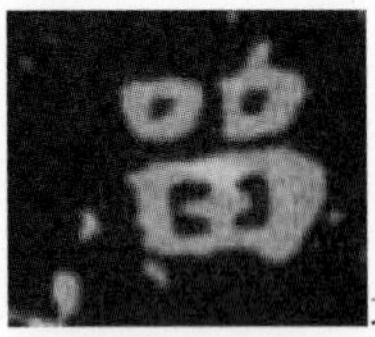
北魏・李榘蘭誌

〇傾景莫留

北魏・王禎誌

〇而遘疾沉留

北魏・王普賢誌

〇後尚陳留長公主

北魏・元羽誌

〇棠陰留美

東魏・元悰誌

東魏・李顯族造像

東魏・元悰誌

〇不留致恨而已

北齊・高湝誌

〇淹留二宫

北齊・傅華誌

北齊・天柱山銘

〇武帝過以樂留

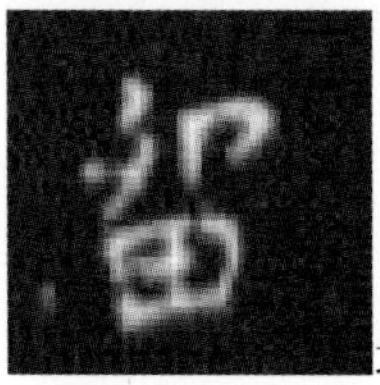
北周・董榮暉誌

〇聽莫留聲

【畜】

《説文》：畜，田畜也。《淮南子》曰："玄田爲畜。"

【蓄】

《説文》：蓄，《魯郊禮》畜从田从兹。兹，益也。

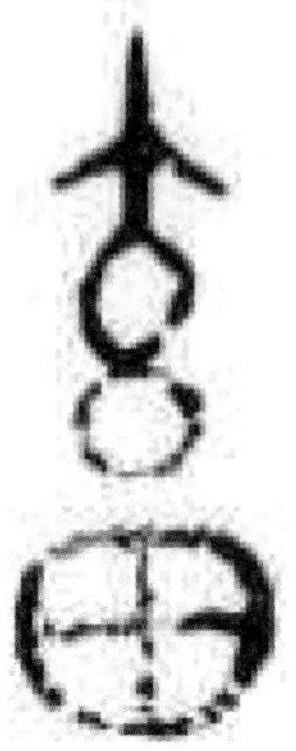
春晚・秦公鎛

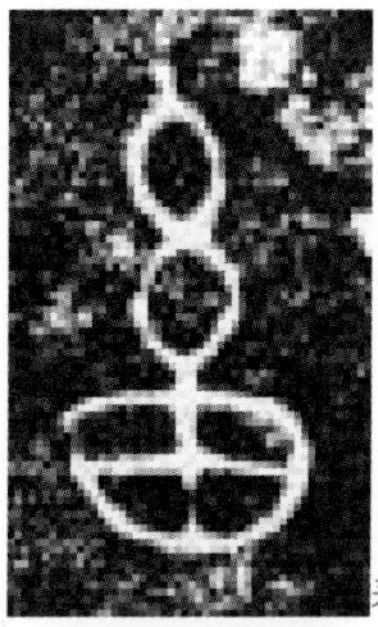
春早・秦公鐘

漢銘・齊大官畜罍一

漢銘・齊大官畜罍二

漢銘・齊食官畜鼎

漢銘・齊大官畜粲人鼎

睡・秦律十八種 84

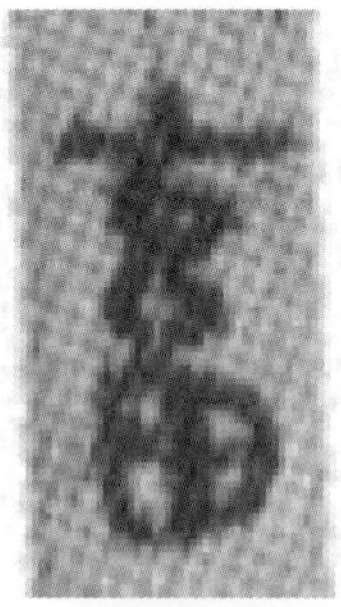
關・病方 352

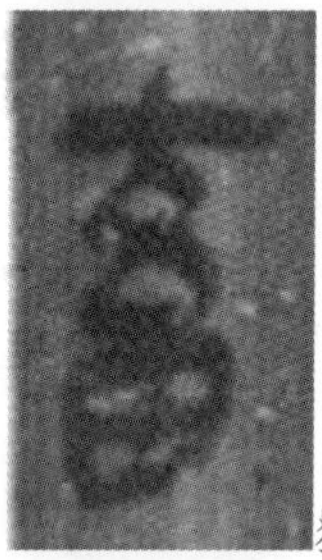
嶽・為吏 19

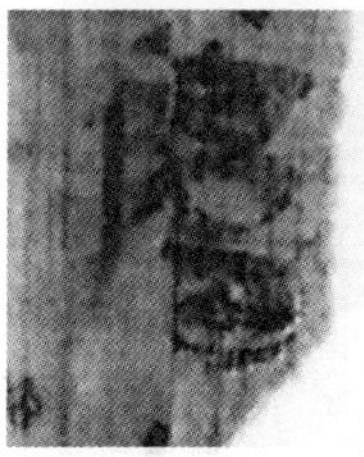
里・第五層 24

○陵畜

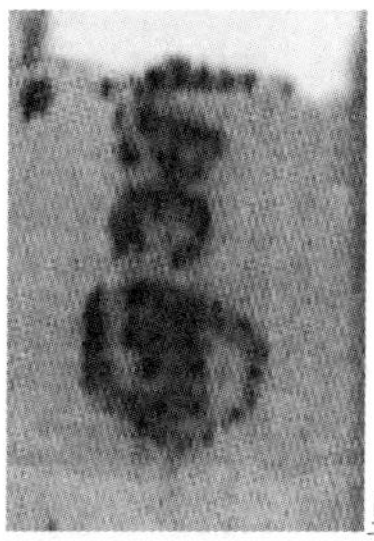
里・第八層 50

馬壹 87_173

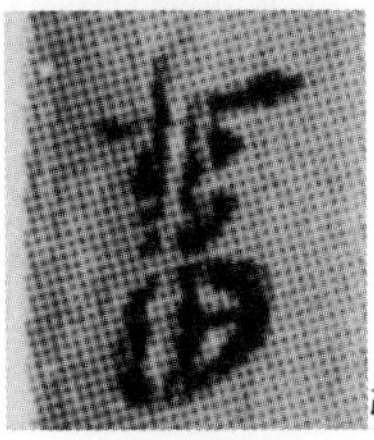
張・賊律 49

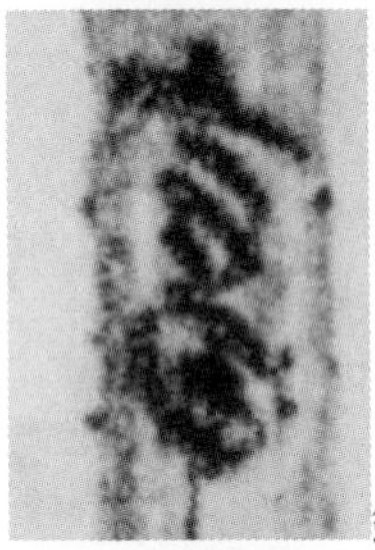
銀壹 943

北貳・老子 37

敦煌簡 0135

金關 T05:064

○畜牛八

武・日忌木簡丙 7

○毋內（納）畜

北壹・倉頡篇 9

秦代印風

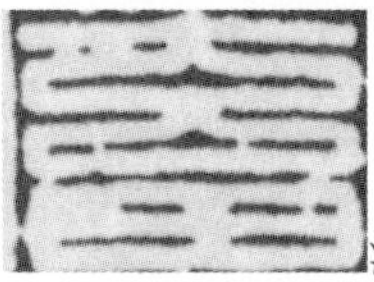
漢晉南北朝印風

○榆畜府

漢晉南北朝印風

漢印文字徵

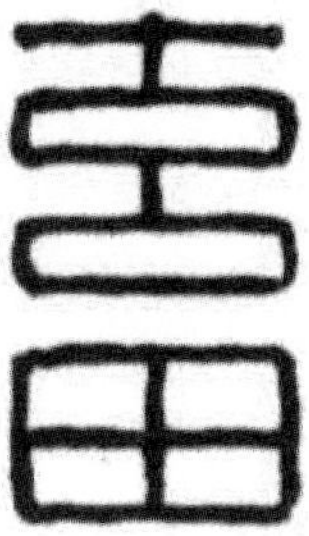
漢印文字徵

漢印文字徵

北魏・元乂誌

東魏・蕭正表誌

北齊・韓裔誌

北齊・劉悅誌

北齊・崔宣華誌

【疃】

《說文》：疃，禽獸所踐處也。《詩》曰："町疃鹿場。"从田童聲。

北魏・元維誌

北魏・唐雲誌

【畼】

《說文》：畼，不生也。从田昜聲。

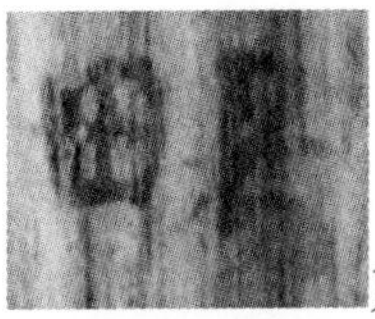
東牌樓 021 背

〇止野畼

漢印文字徵

〇韋畼印信

東漢・曹全碑陰

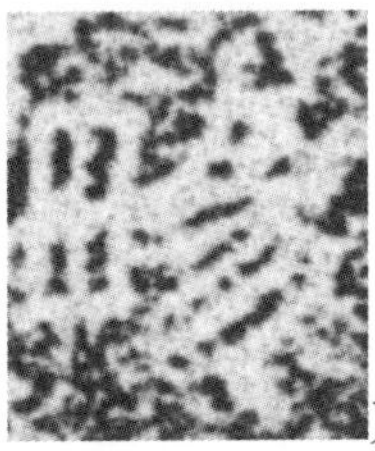
東漢・熹平石經殘石四

〇美在中而畼（暢）於四支

東漢・景君碑

東漢・夏承碑

東漢・肥致碑

東漢・史晨後碑

北魏・楊熙僊誌

〖畊〗

北魏・翟普林造像

○躬畊（耕）色養

〖⿰田乇〗

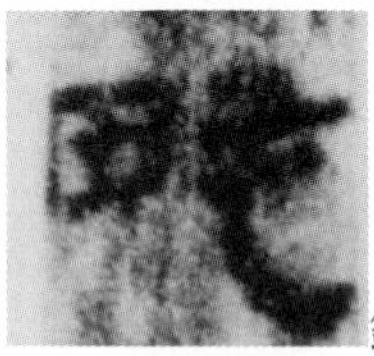
銀壹 521

○離其⿰田乇鄴（業）

〖畇〗

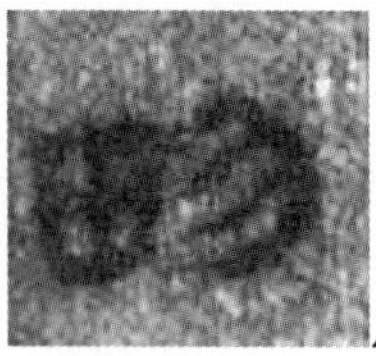
馬壹 43_35 上

○君子不然畇焉

〖毗〗

秦文字編 1916

東漢・司馬芳殘碑額

○政化是毗

東漢・司馬芳殘碑額

東漢・毗上等字殘碑

三國魏・王基斷碑

北魏・寇治誌

〖昆〗

東牌樓 060 背

○孝昆侍者

〖畚〗

睡・秦律十八種 64

○錢一畚

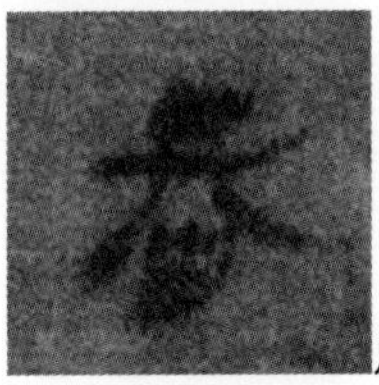
馬貳 110_37/37

○卵汁畚（弁）完

北壹・倉頡篇 63

○輪䮁畚㡁

〖晥〗

秦文字編 1916

〖畛〗

漢印文字徵

○耿畛

〖畢〗

漢印文字徵

○羈畢

〖畽〗

北齊・吳遷誌

○狐埸町畽

〖𤳉〗

漢印文字徵

○𤳉贛私印

〖𤳳〗

秦文字編 1916

畕部

【畕】

《説文》：，比田也。从二田。凡畕之屬皆从畕。

東漢・宋伯望買田刻石背

○界上平安後有畕

【畺】

《説文》：畺，界也。从畕；三，其界畫也。

【疆】

《説文》：疆，畺或从彊、土。

春晚·秦公鎛

春晚·秦公簋

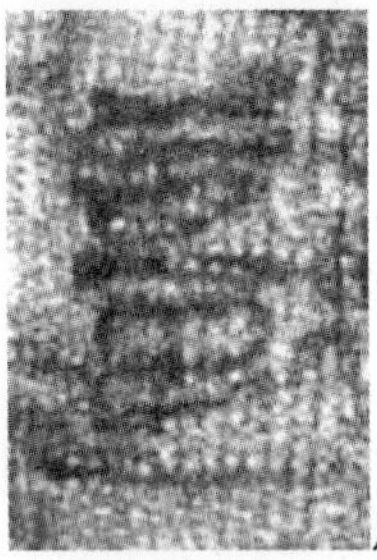
馬貳 82_284/271

〇畺（薑）

金關 T21:008

金關 T23:640

〇史朱畺(疆)

漢印文字徵

廿世紀璽印三-SY

東漢·樊敏碑

〇華南西畺（疆）

東漢·白石神君碑

北魏·石育及妻戴氏誌

北周·叱羅協誌

秦公大墓石磬

東漢・蕩陰里等字殘石

東漢・封龍山頌

東漢・西岳華山廟碑陽

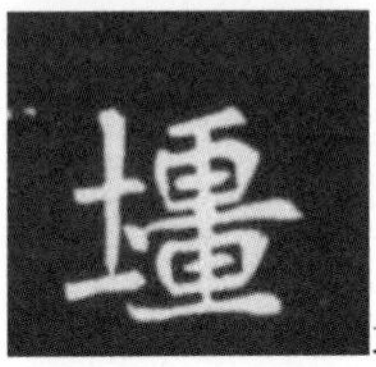
北魏・元譿誌

○複漢疆理

北魏・康健誌

北魏・元瞻誌

○或乘我疆

北魏・韓震誌

○永錫無疆

北魏・元恭誌

○外毗疆禦

北魏・堯遵誌

北齊・張海翼誌

○開其疆社

〖畕〗

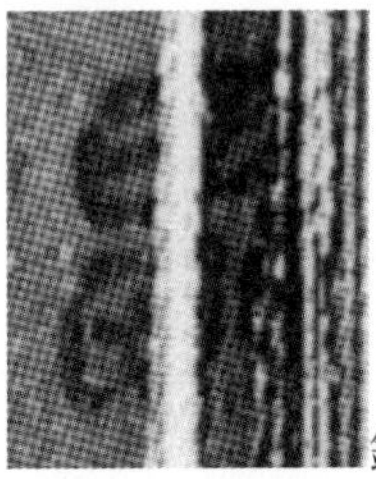
銀貳 1803

○眾深畕（壘）

〖疊〗

漢印文字徵

柿葉齋兩漢印萃

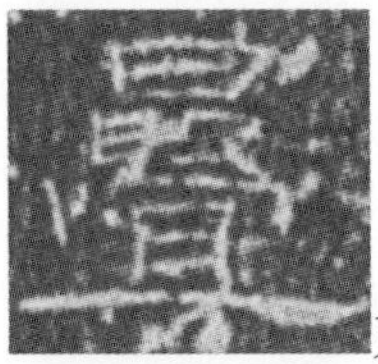
東漢・乙瑛碑

○令鮑疊

北魏・公孫猗誌

北魏・山暉誌

北魏・韓氏誌

○疊爛階庭

北魏・給事君妻韓氏誌

○疊爛階庭

北魏・元鑒誌

北齊・高百年誌

黃部

【黃】

《說文》：黃，地之色也。从田从炗，炗亦聲。炗，古文光。凡黃之屬皆从黃。

【𡕛】

《說文》：𡕛，古文黃。

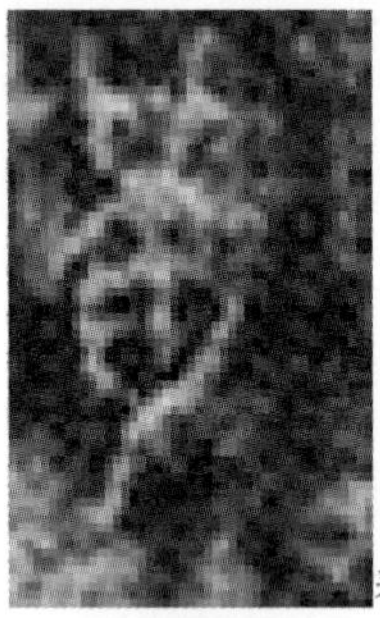
春早・秦政伯喪戈之一

春中・仲滋鼎

漢銘・黃山鼎

漢銘・黃山高鐙

漢銘・新嘉量二

漢銘・上林銅鑒一

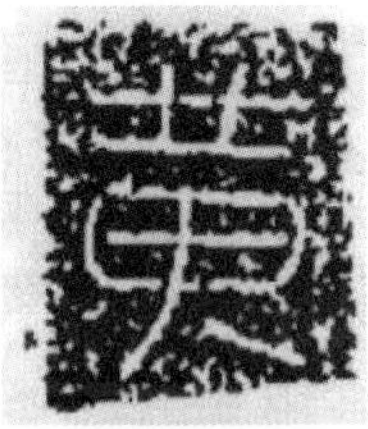
漢銘・陽信家銅二斗鼎

睡・秦律十八種 34

睡・日甲《詰》44

○羸髮黃目

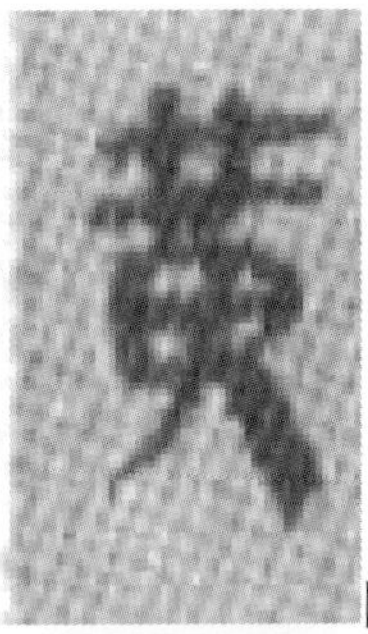
關・日書 230

里・第六層 10

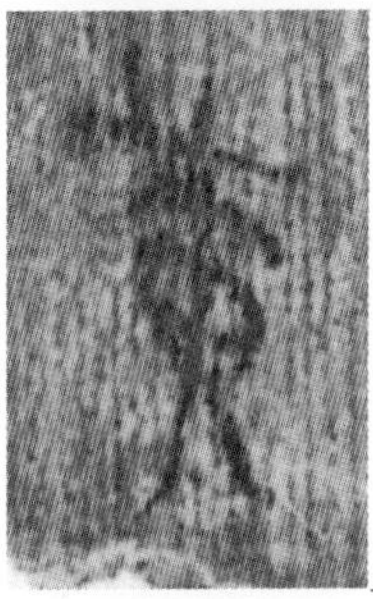
里・第八層 1976

馬壹 173_26 上

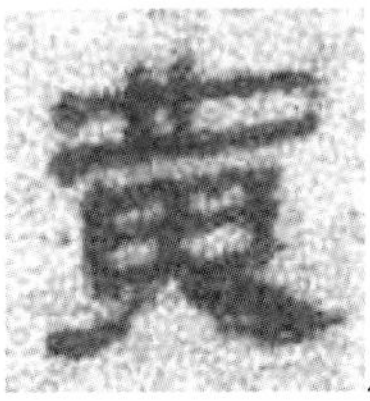
馬壹 7_45 上

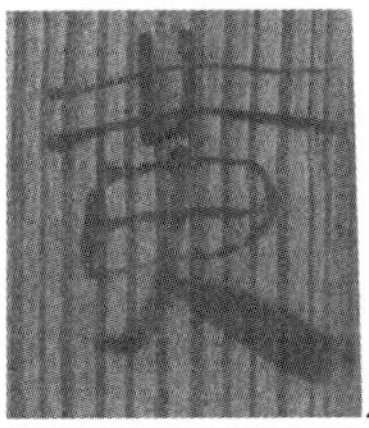
馬貳 295_2

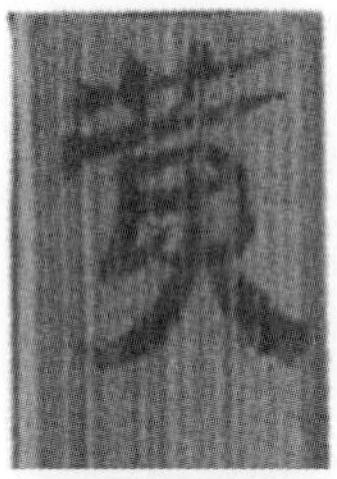
馬貳 235_161

張・盜律 76

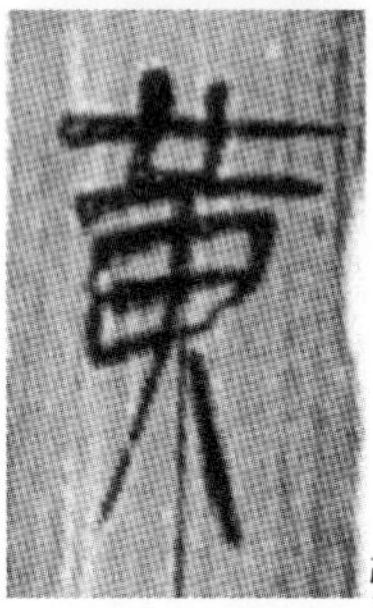
張・脈書 13

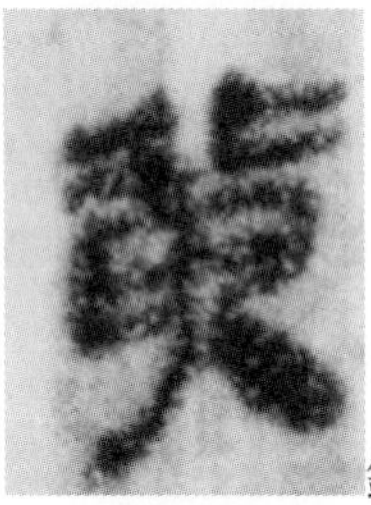
銀壹 92

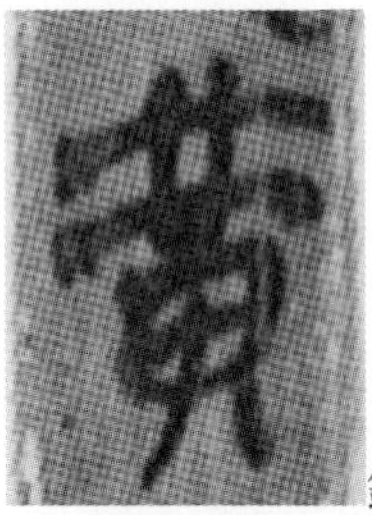
銀貳 2019

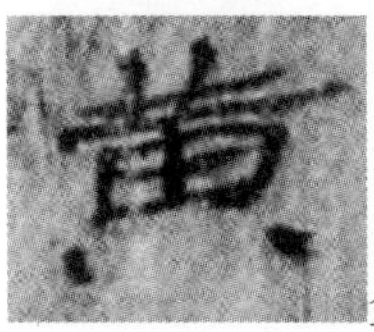
金關 T23:521

金關 T29:128

武・甲《特牲》47

東牌樓 078 正

北壹・倉頡篇 49

吳簡嘉禾・五・六七五

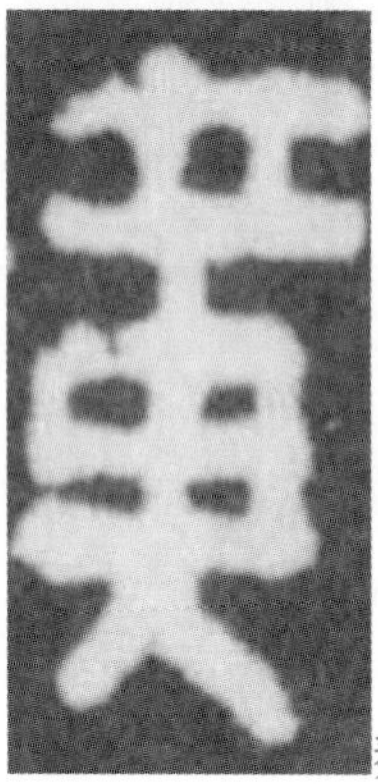
秦代印風

廿世紀璽印三-SY

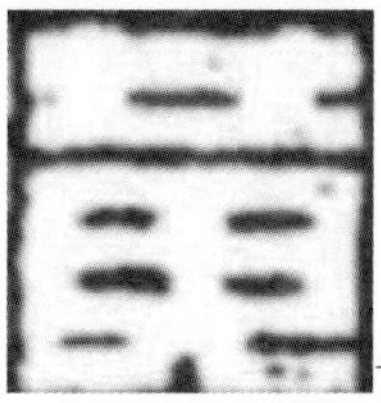
廿世紀璽印三-SY

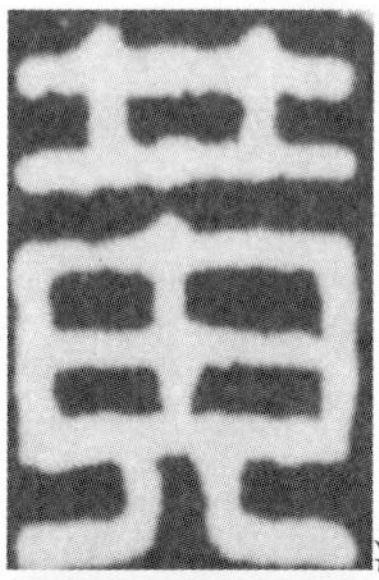
漢晉南北朝印風

廿世紀璽印三-SY

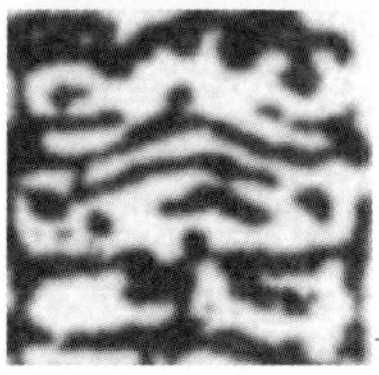
廿世紀璽印三-SY

○黄禹私印

漢晉南北朝印風

○外黄令印

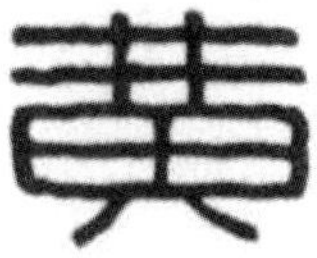
漢印文字徵

漢印文字徵

漢印文字徵

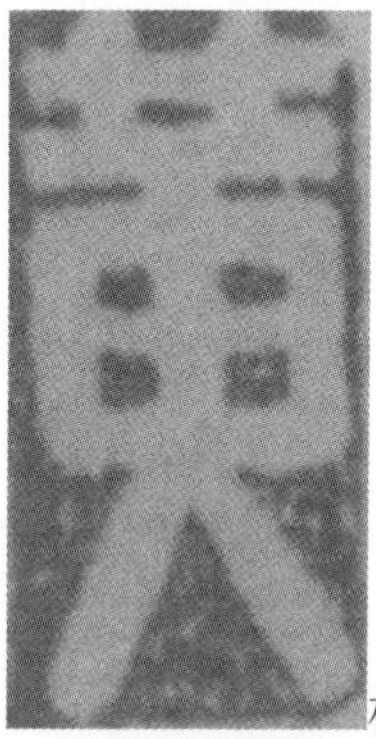
柿葉齋兩漢印萃

歷代印匋封泥

○黄丞

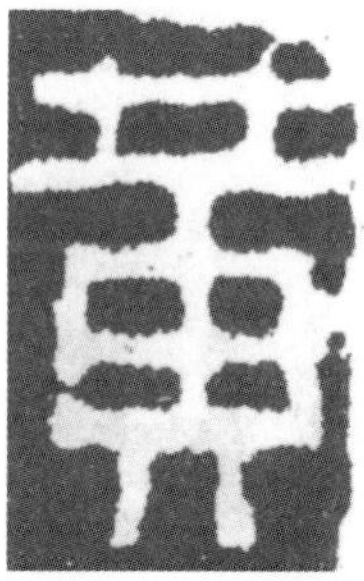
漢代官印選

漢代官印選

○黄門侍郎

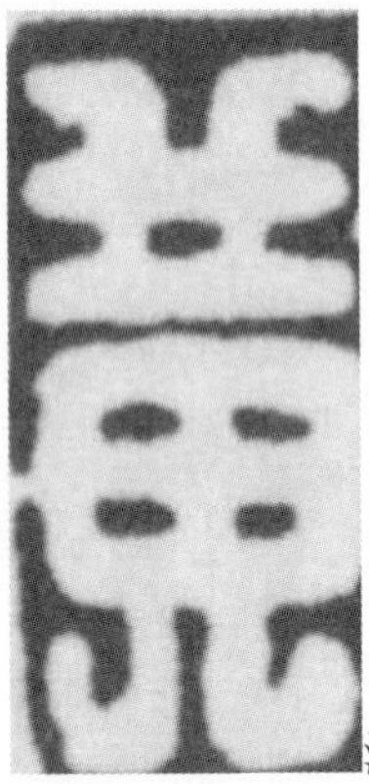
漢晉南北朝印風

漢晉南北朝印風

漢晉南北朝印風

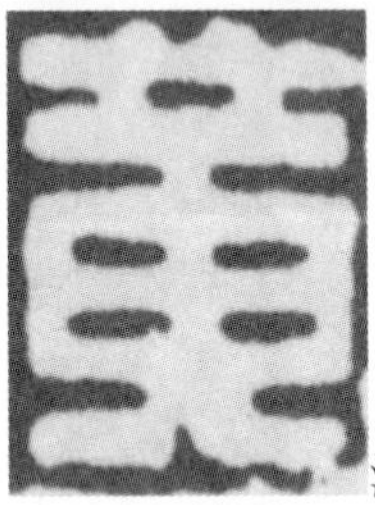
漢晉南北朝印風

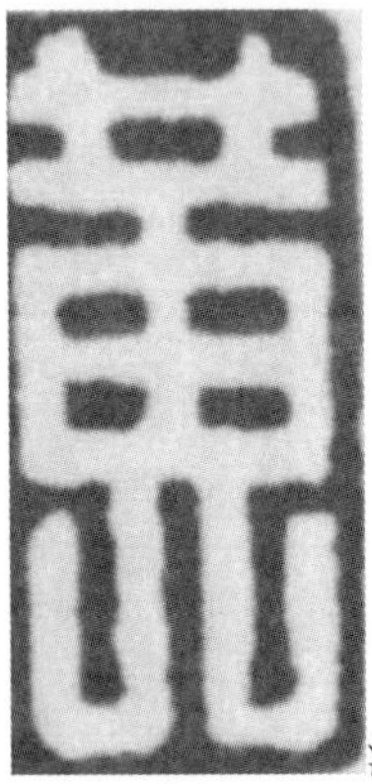
漢晉南北朝印風

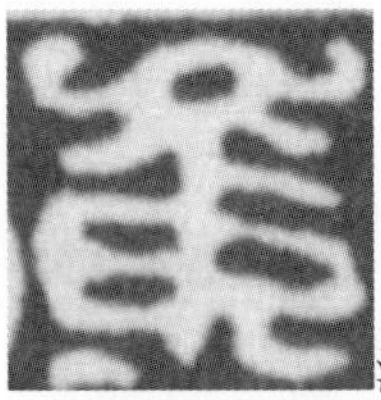
漢晉南北朝印風

○黄立私印

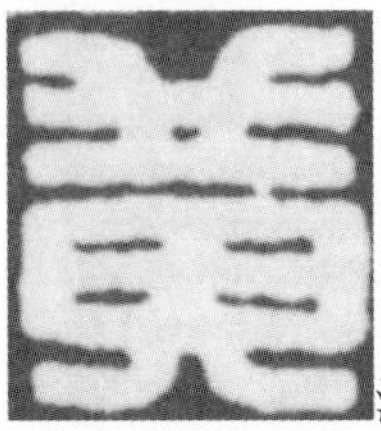
漢晉南北朝印風

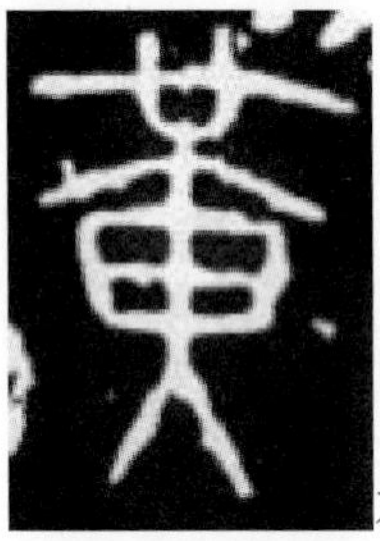
石鼓・汧殹

東漢・司馬芳殘碑額

○洋洋黄河

東漢・是吾殘碑

○中黄子

東漢・劉君墓石羊題字

○黄米二升

北魏・韓氏誌

北魏・王基誌

北魏・元寧誌

○黄崗之陽

北魏・元子直誌

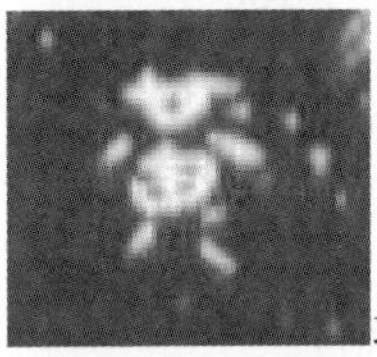
北魏・崔鴻誌

北魏・胡明相誌

北魏・鞠彦雲誌蓋

北魏・元天穆誌蓋

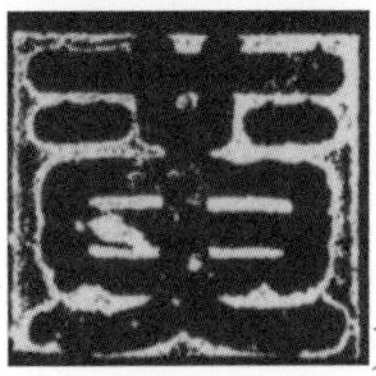
東魏・高翻碑額

○黄尉錄事

東魏・高盛碑

東魏・元悰誌

北齊・斛律氏誌

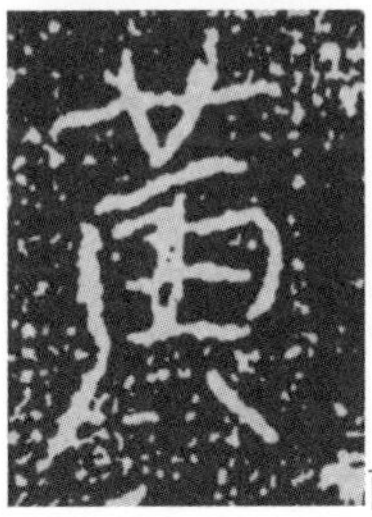
南朝宋・景熙買地券

【䵍】

《説文》：䵍，赤黄也。一曰輕易人䵍姁也。从黄夾聲。

北壹・倉頡篇 16

〇婜黆嬈嬉

【䵋】

《說文》：䵋，黃黑色也。从黃耑聲。

北壹・倉頡篇 66

〇狗獳麢䶒媥䵋娺

【䵌】

《說文》：䵌，青黃色也。从黃有聲。

【黇】

《說文》：黇，白黃色也。从黃占聲。

【黊】

《說文》：黊，鮮明黃也。从黃圭聲。

男部

【男】

《說文》：男，丈夫也。从田从力。言男用力於田也。凡男之屬皆从男。

睡・秦律十八種 59

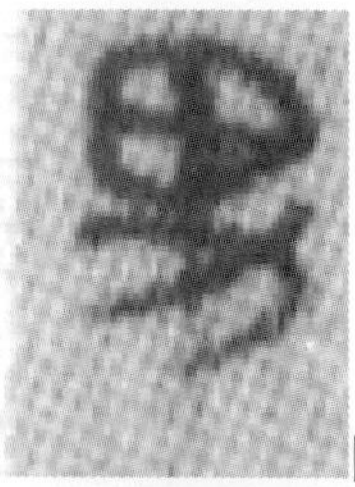關・病方 368

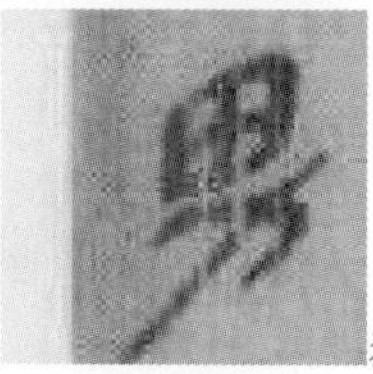嶽・尸等案 33

里・第八層 406

馬壹 140_23 上/165 上

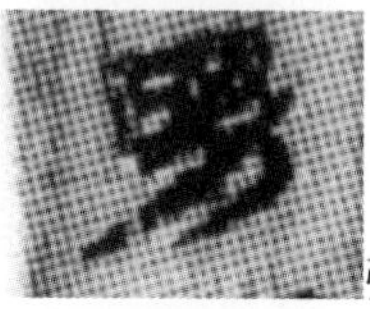張・置後律 369

銀壹 194

〇試男於右

銀貳 1941

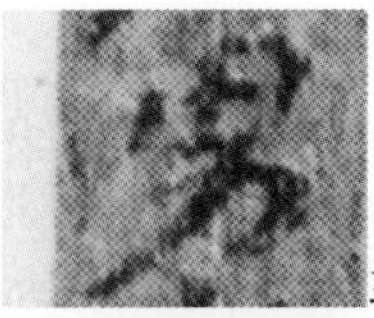
敦煌簡 0322

敦煌簡 0114

○男皆死

金關 T03:102

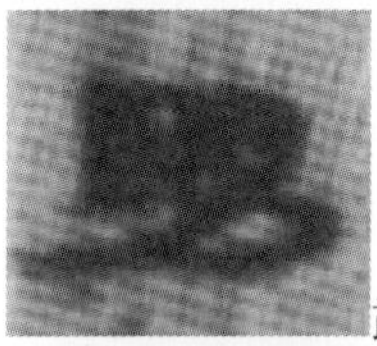
武・儀禮甲《服傳》28

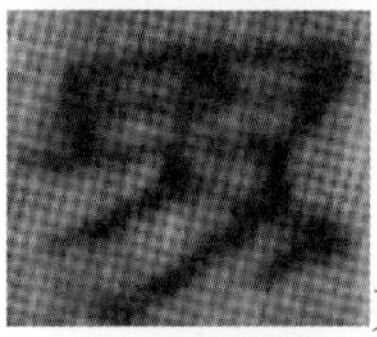
東牌樓 005

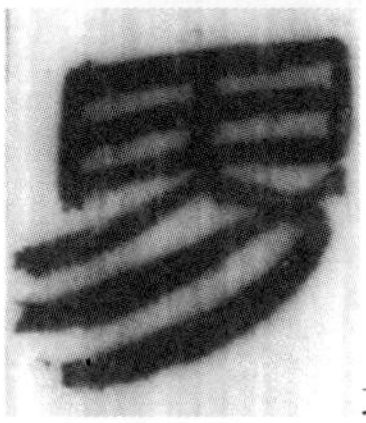
北壹・倉頡篇 9

○男女蕃（繁）殖

吳簡嘉禾・五・九五七

吳簡嘉禾・五・五〇〇

吳簡嘉禾・五・四九八

吳簡嘉禾・五・一〇九

○男子何禮佃田

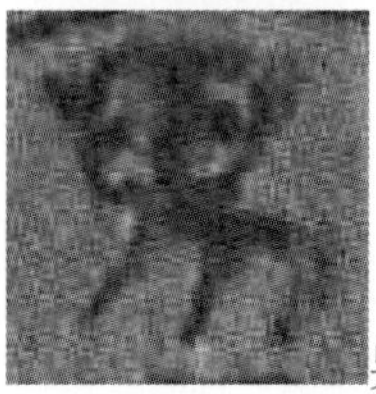
吳簡嘉禾・四・四八〇

○里丘男子婁小佃田

漢晉南北朝印風

漢晉南北朝印風

歷代印匋封泥

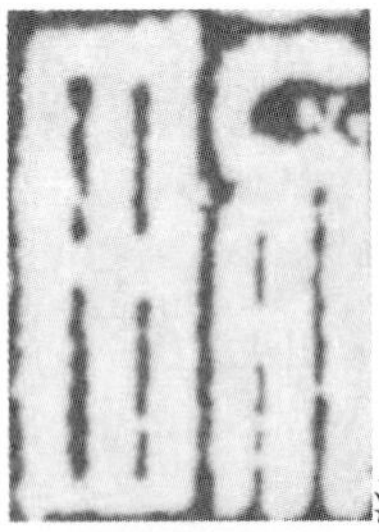
漢晉南北朝印風

漢印文字徵

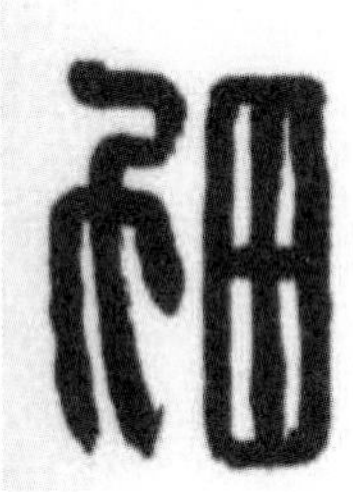
漢印文字徵

○李據男丞私印

漢印文字徵

漢印文字徵

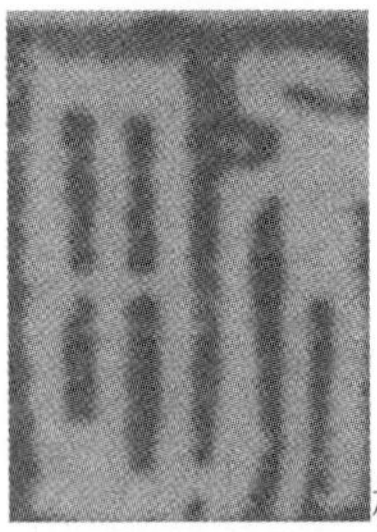
柿葉齋兩漢印萃

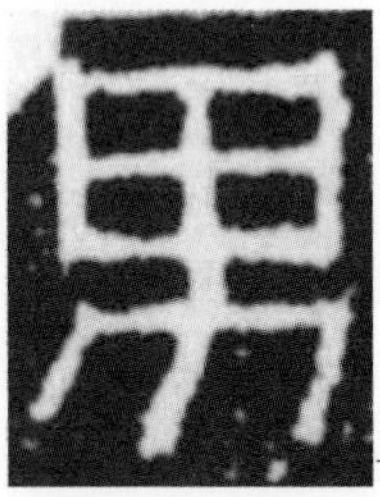
廿世紀璽印四-SY

漢晉南北朝印風

漢晉南北朝印風

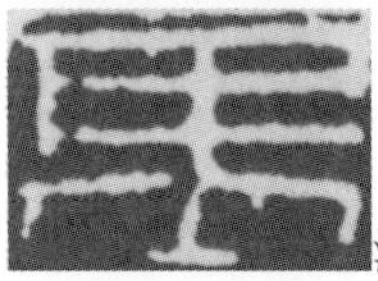
漢晉南北朝印風

○涪泉男章

漢晉南北朝印風

○江源男章

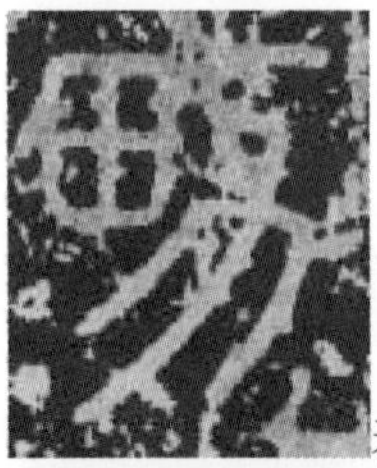
泰山刻石

東漢・肥致碑

東漢・張景造土牛碑

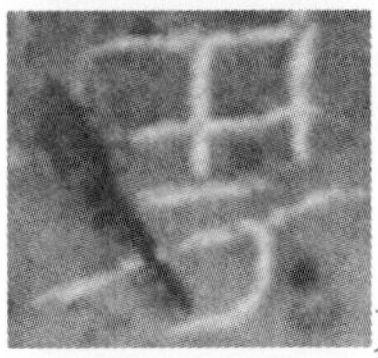
東漢・永和一年崖墓題記

西晉・石尠誌

東晉・劉媚子誌

○二男未識

東晉・劉媚子誌

○光禄勳東昌男

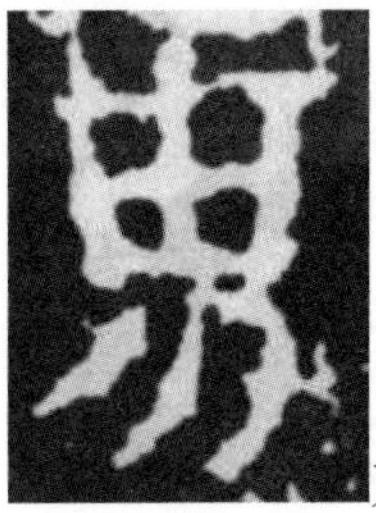
東晉・王企之誌

○息男摹之

東晉・温式之誌

○大妹二男三女

東晉・王閩之誌

東晉・夏金虎誌

○夫人男企之

北魏・王基誌

北魏・劉文朗造像

北魏・王禎誌

○晉陽男王君

北魏・王基誌

北魏・四耶耶骨棺蓋

北魏・仲練妻蔡氏等造像

北魏・張整誌

〇云陽男

東魏・元鷙妃公孫甑生誌

〇二男一女

東魏・高歸彥造像

東魏・馮令華誌

〇泰姬五男

北齊・石佛寺迦葉經碑

〇轉刑更受善男子

北周・寇熾誌

〇開國男

【舅】

《説文》：舅，母之兄弟爲舅，妻之父爲外舅。从男臼聲。

東漢・禮器碑

〇顏氏聖舅

東漢・永壽元年畫像石闕銘

〇東脩舅姑

西晉・華芳誌

〇長舅諱溥

北魏・元洛神誌

〇及其虔順舅姑

北魏・趙光誌

〇上虔舅姑

北魏・元誘妻馮氏誌

〇敬奉姑舅

東魏・張玉憐誌

〇事舅奉姑

【甥】

《説文》：甥，謂我舅者，吾謂之甥也。从男生聲。

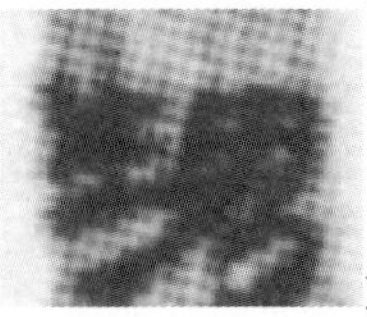
武・儀禮甲《服傳》54

北魏・元馗誌

東魏・馮令華誌

北齊・慧果造像

〇外甥朱明曉

北齊・李難勝誌

〖騝〗

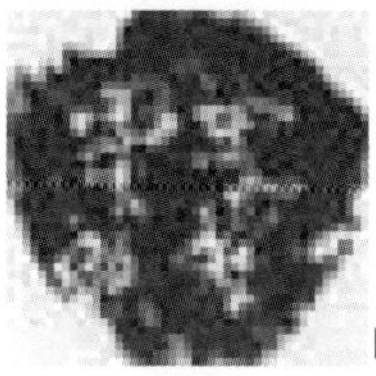
明瓊

〇十二驕騝

力部

【力】

《説文》：力，筋也。象人筋之形。治功曰力，能圉大災。凡力之屬皆从力。

睡・為吏 19

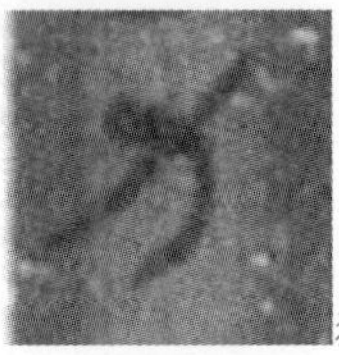
嶽・為吏 36

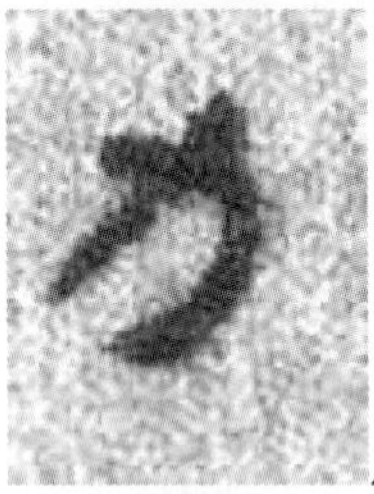
馬壹 43_42 上

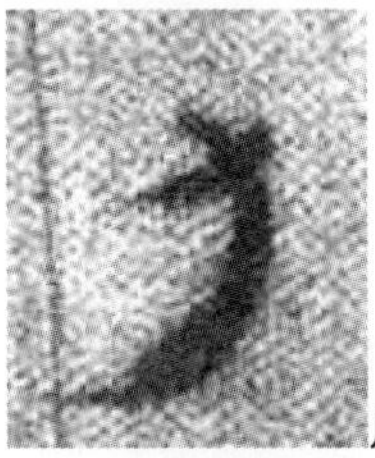
馬貳 37_56 下

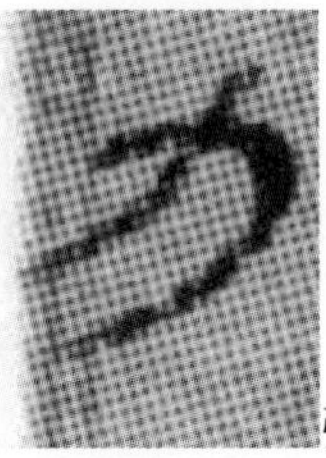
張・捕律 142

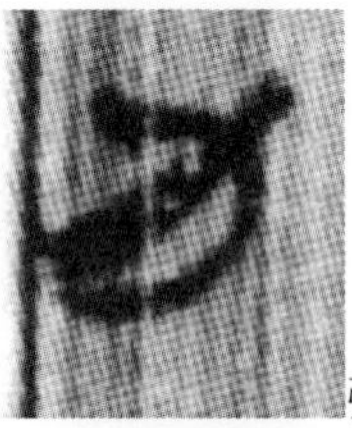
張・奏讞書 134

張・引書 56

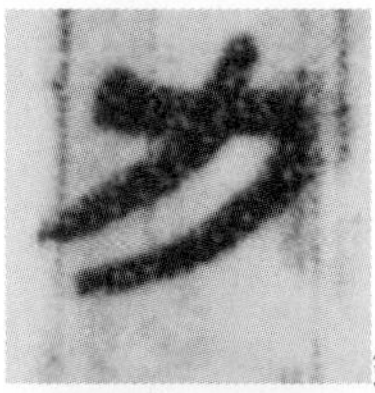
銀壹 495

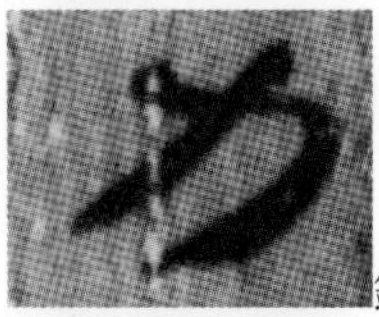
銀貳 1458

銀貳 1152

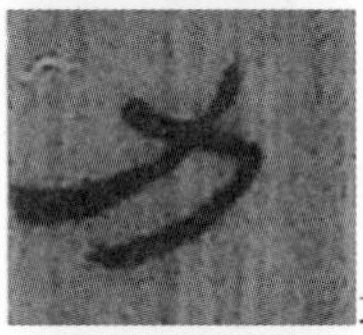
北貳・老子 211

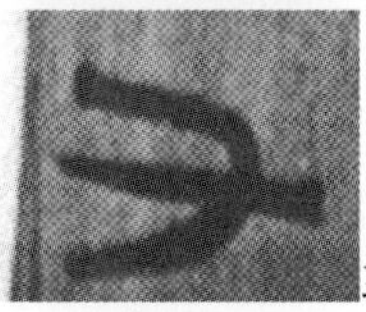
敦煌簡 1459A

○戒勉力諷

敦煌簡 1987

金關 T24:792

吴簡嘉禾・五・六七一

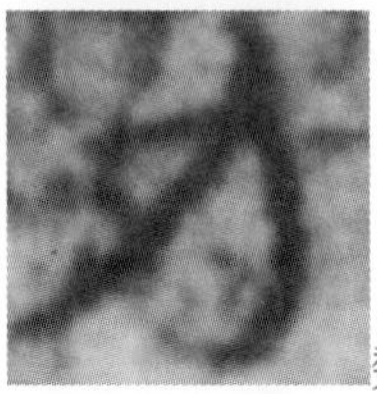
魏晉殘紙

○忝然謂力田里

漢印文字徵

漢印文字徵

〇力中兄

漢印文字徵

漢印文字徵

漢印文字徵

漢印文字徵

〇力將客

漢印文字徵

〇力章之印

漢晉南北朝印風

漢晉南北朝印風

漢晉南北朝印風

詛楚文・巫咸

〇繆力同心

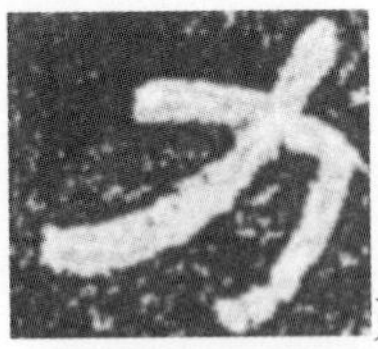
東漢・從事馮君碑

東漢・成陽靈臺碑

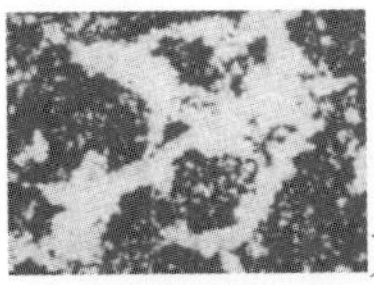
東漢・陽嘉殘碑陽

○夙夜是力功成匪解

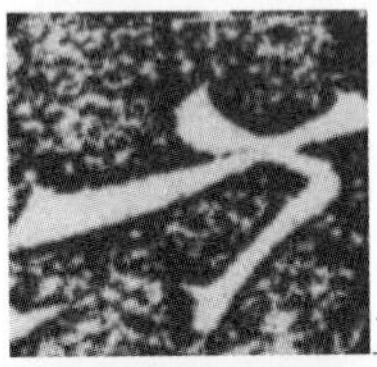
三國魏・王基斷碑

北魏・元謐誌

東魏・李挺誌

西魏・辛萇誌

北齊・高建妻王氏誌

北周・神通之力摩崖

【勳】

《說文》：，能成王功也。从力熏聲。

【勛】

《說文》：，古文勳从員。

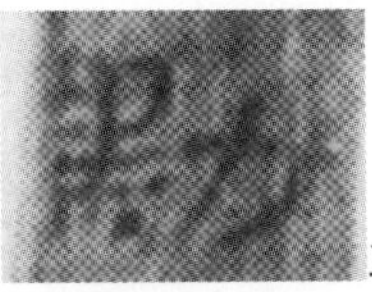
敦煌簡 1418

○男勛柯

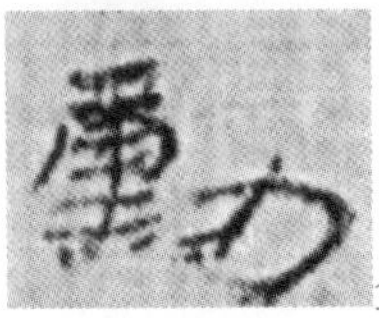
金關 T10:155

○有秩勳敢言之尉史

吴簡嘉禾・五・八九八

魏晉殘紙

廿世紀璽印三-SY
○霍勳

漢印文字徵

漢印文字徵
○劉勛

漢印文字徵

漢印文字徵

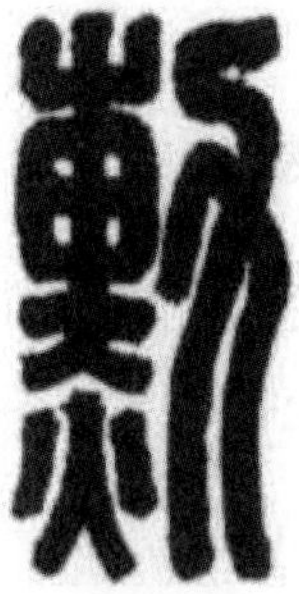
漢印文字徵

漢代官印選
○右將軍光祿勳

漢代官印選

漢印文字徵

漢晉南北朝印風

漢晉南北朝印風
○張勳私印

漢晉南北朝印風

○燕勳

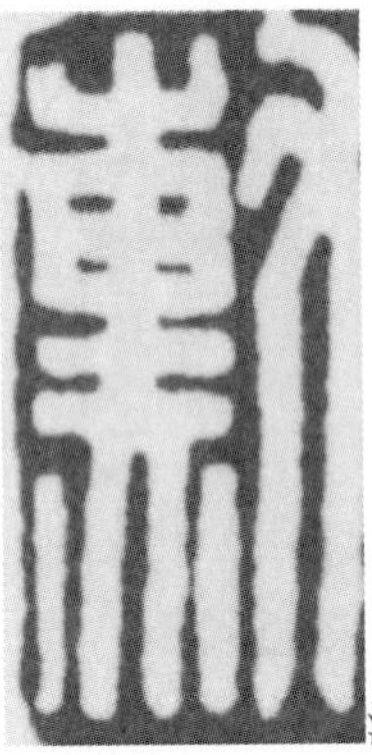
漢晉南北朝印風

○蘇勳

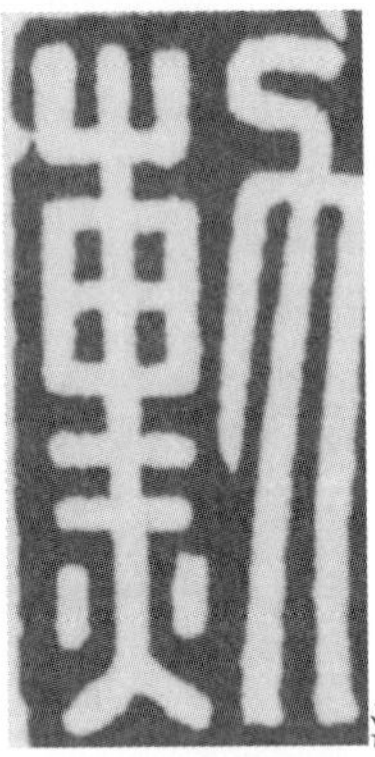
漢晉南北朝印風

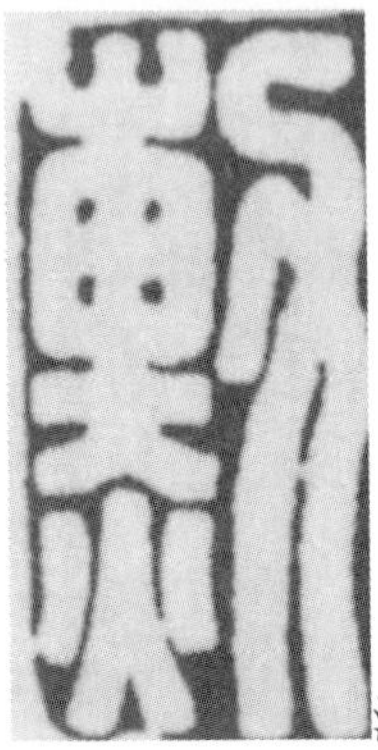
漢晉南北朝印風

東漢・成陽靈臺碑

○光宣美勛（勳）

東漢・鮮于璜碑陰

東漢・楊震碑

○勒勳金石

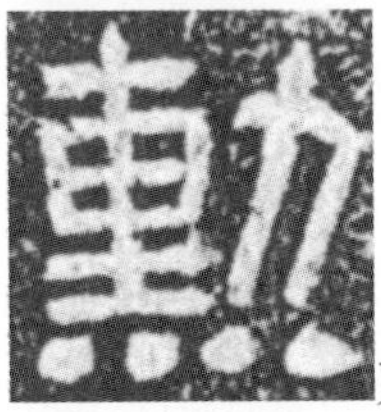
東漢・從事馮君碑

○勳力有成

東漢・曹全碑陽

東漢・景君碑

東漢・尹宙碑

○奕世載勛（勳）

三國魏・王基斷碑

西晉・石尠誌

東晉・劉媚子誌

○光祿勳東昌男

北魏・寇憑誌

○耻爲勳償

北魏・爾朱紹誌

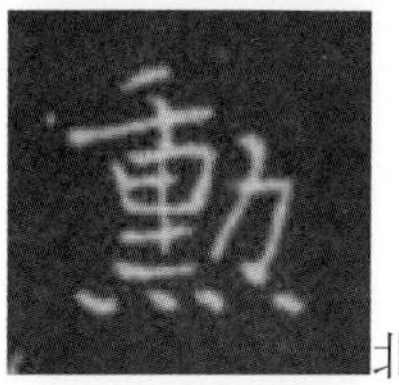
北魏・元子正誌

北魏・和邃誌

○追褒勳冊

北魏・元子直誌

○司勳追賞

北魏・奚真誌

北魏・堯遵誌

北魏・堯遵誌

北魏・李渠蘭誌

北魏・元子直誌

北齊・暴誕誌

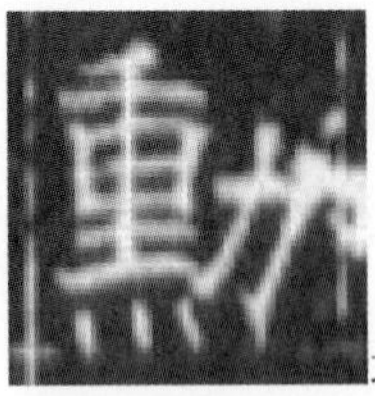
北齊・雲榮誌

【功】

《説文》：功，以勞定國也。从力从工，工亦聲。

秦代・元年詔版二

秦代・元年詔版五

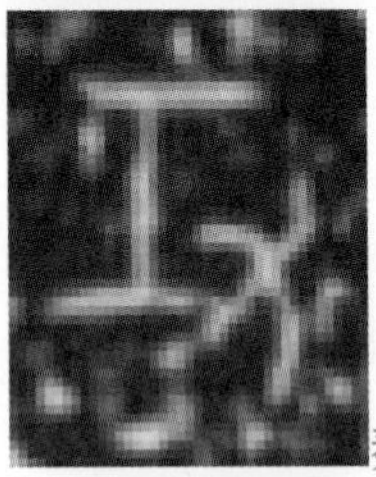
秦代・元年詔版三

里・第八層背 462

○山木功右

馬壹 72_6

馬壹 81_33

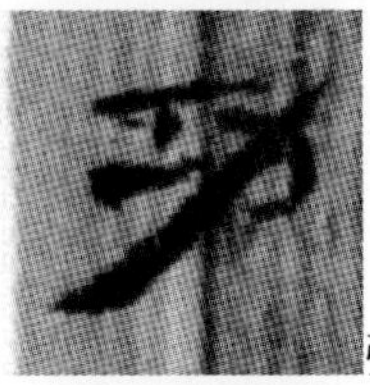
張・奏讞書 178

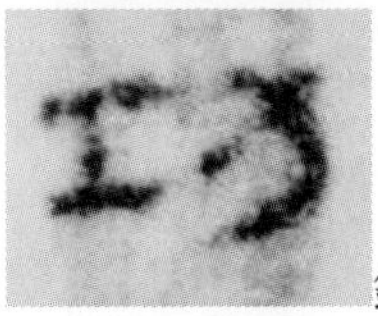
銀壹 158

銀貳 1026

北貳・老子 167

敦煌簡 0058

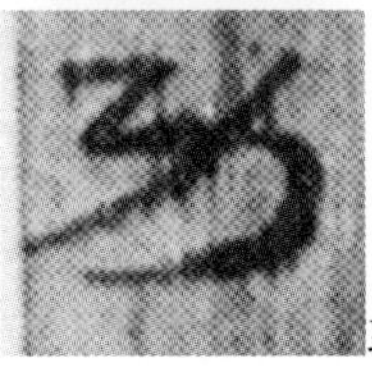
敦煌簡 0174

○之功

金關 T05:071

○疑子功絶

金關 T07:051

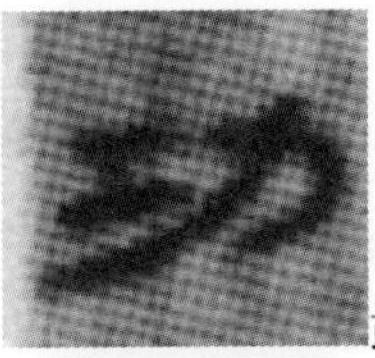
武・儀禮甲《服傳》43

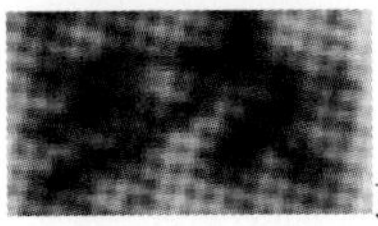
武・乙本《服傳》30

○小功布衰

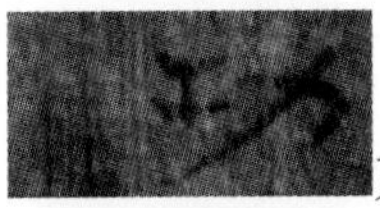
東牌樓 094 背

廿世紀璽印三-SY

漢晉南北朝印風

廿世紀璽印三-SY

○楊子功印

漢印文字徵

○張子功印

漢印文字徵

漢印文字徵

漢印文字徵

○成功豫印

漢印文字徵

漢印文字徵

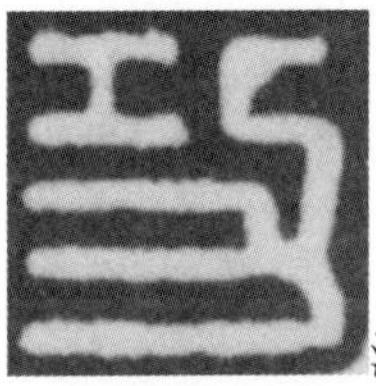
漢晉南北朝印風

○高功之印

漢晉南北朝印風

○魏大功

漢晉南北朝印風

○楊子功

瑯琊刻石

○不稱成功

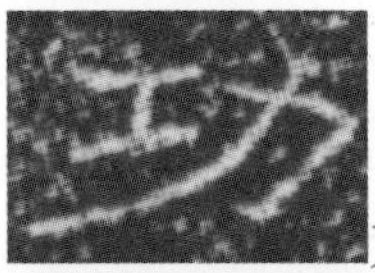
東漢・陶洛殘碑陰

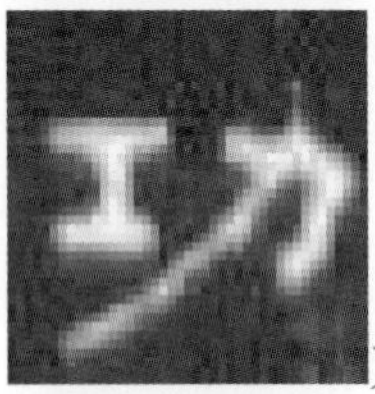
東漢・營陵置社碑

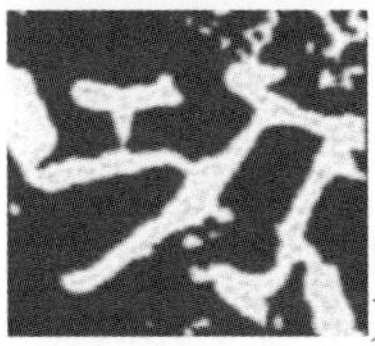
東漢・圉令趙君碑

○有休功

東漢・武氏前石室畫像題字

○功曹

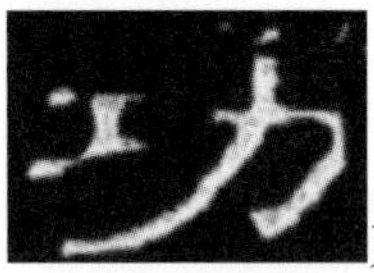
東漢・楊震碑

東漢・成陽靈臺碑

東漢・營陵置社碑

東漢・曹全碑陰

○故功曹楊休當女五百

東漢・圉令趙君碑

東漢・張景造土牛碑

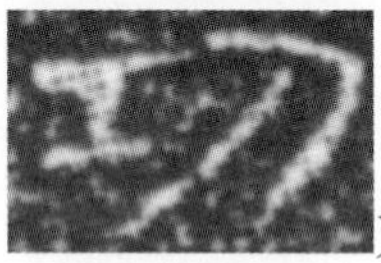
東漢・許安國墓祠題記

○功扶無亟

東漢・武氏前石室畫像題字

○功曹

西晉・石定誌

北魏・韓氏誌

○言功獨曉

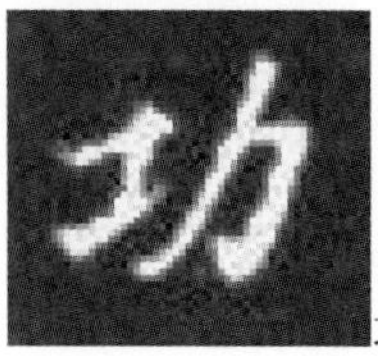
北魏・元隱誌

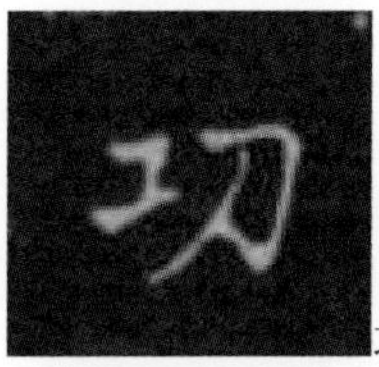
北魏・侯剛誌

○封當其功

東魏・司馬韶及妻侯氏誌

【助】

《説文》：助，左也。从力且聲。

睡・為吏 9

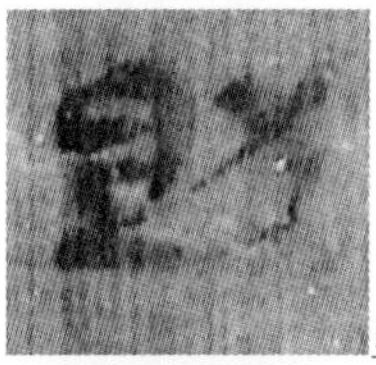
里・第八層 1416

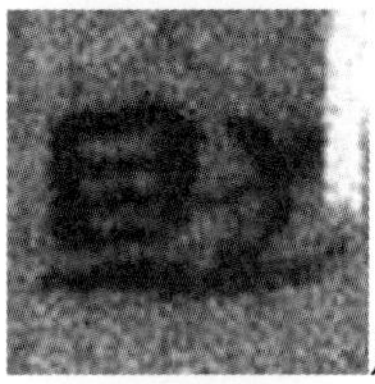
馬壹 48_6 下

○力國助焉

馬貳 230_110

○助（醝）酒二資

馬貳 203_10

○當（常）助以柏

馬貳 267_104/121

張・奏讞書 24

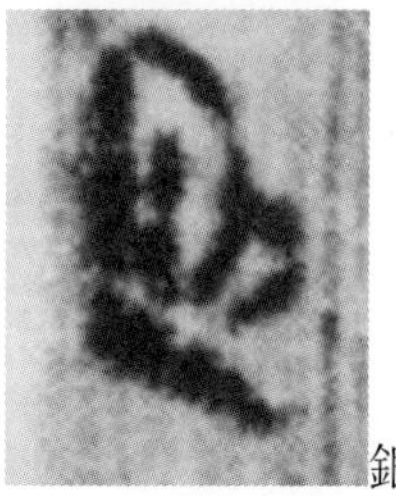
銀壹 947

○戎事及助大息之費邇

銀貳 1034

○助不能極得萬民弗

敦煌簡 0222

○助茂秉刃傷大君頭

金關 T10:321

○助府佐李由之居延

漢晉南北朝印風

漢印文字徵

漢印文字徵

○器助

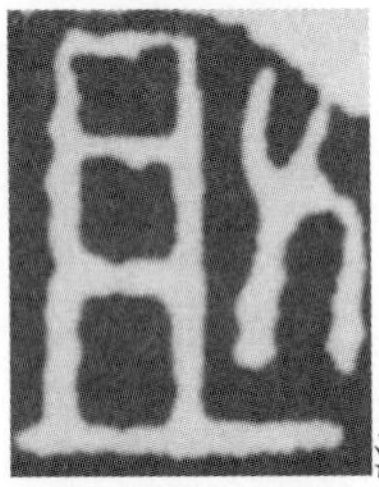
漢晉南北朝印風

東漢・樊敏碑

西晉・臨辟雍碑

北魏・元平誌

○助隆聖魏

北魏・盧子真夫人誌

○藥餌無助

東魏・馮令華誌

○助治家道

北齊・吐谷渾靜媚誌

○豈無功焉

北周・董榮暉誌

○有內助焉

【勴】

《說文》：勴，助也。从力从非，慮聲。

【勑】

《說文》：勑，勞也。从力來聲。

敦煌簡 2220A

○廣一勑

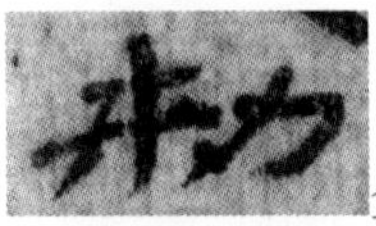
金關 T31:064

○嚴勑如詔書律令

東牌樓 133

廿世紀璽印四-SY

漢晉南北朝印風

東漢・應遷等字殘碑

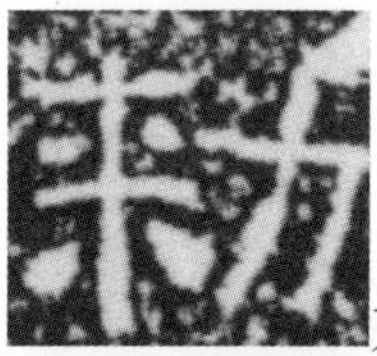
東漢・西狹頌

北魏・孟元華誌

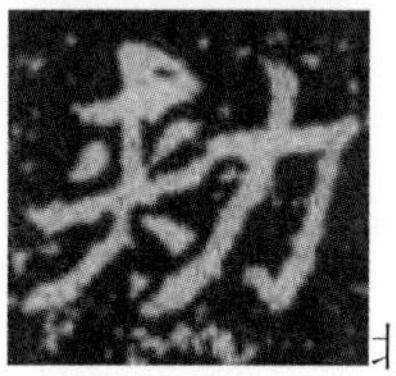
北魏・論經書詩

○巇虹縈勑

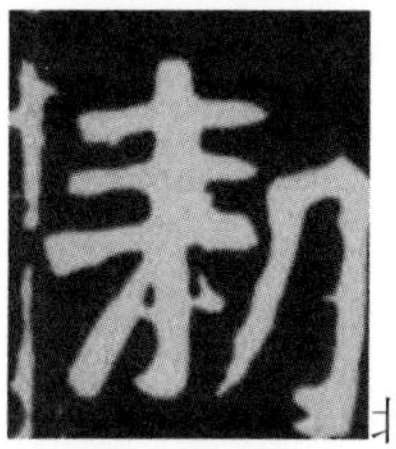
北魏・奚智誌

○勑姓奚氏

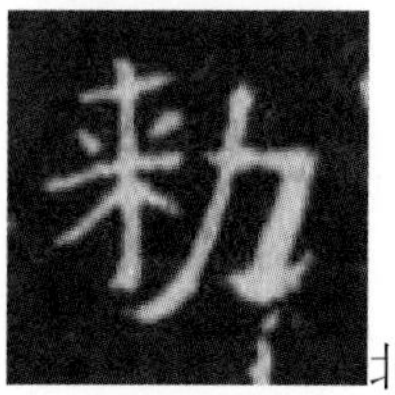
北齊・劉悅誌

【劼】

《說文》：劼，愼也。从力吉聲。《周書》曰："汝劼毖殷獻臣。"

東魏・廉富等造義井頌

○劼終乃止

【務】

《說文》：務，趣也。从力敄聲。

漢銘・上林共府升

睡・秦律十八種 136

○作務及賈

睡・為吏 29

○作務員程

睡・為吏 10

○當務而治

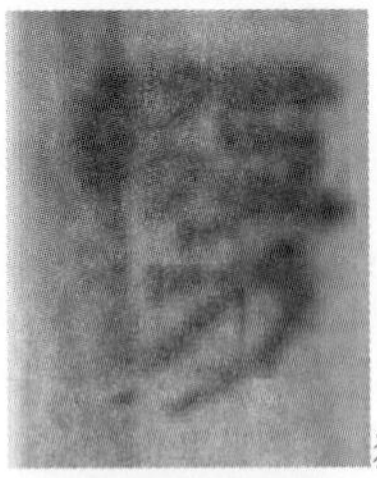
嶽・得之案 183

○得之務未餘

里・第八層 454

○作務

馬壹 140_6 上/173 上

○大弗務及也

馬壹 16_8 下\101 下

○務幾者

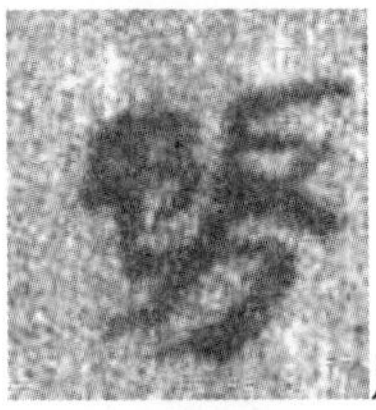
馬壹 16_16 下\109 下

○子之務時

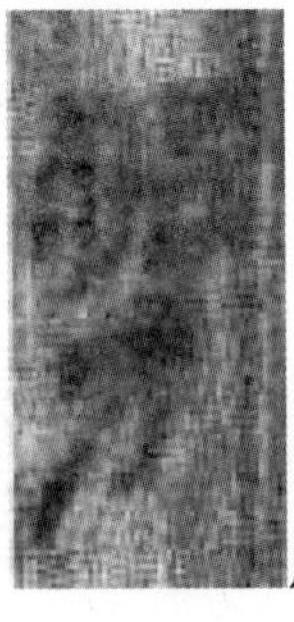
馬貳 216_8/19

○治身務在

張・蓋盧 51

○使務勝者

銀壹 389

○務在激氣

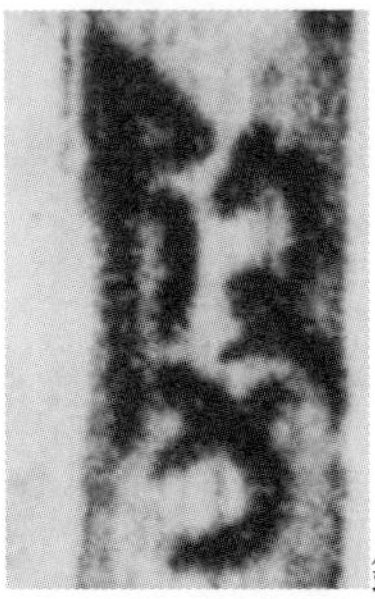
銀壹 696

○聖人務静之

銀貳 1074

○然務過也

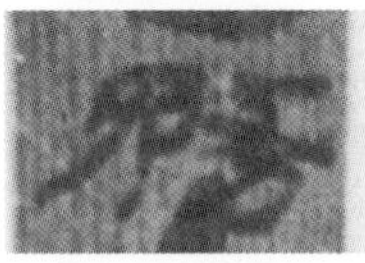
敦煌簡 0178

○務欲篋使之訖

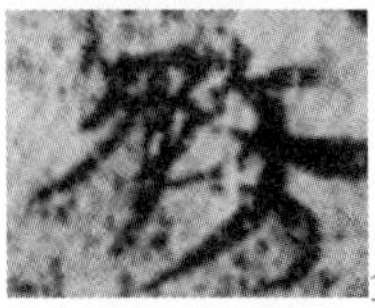
金關 T23:301

金關 T09:008

○務稱厚恩

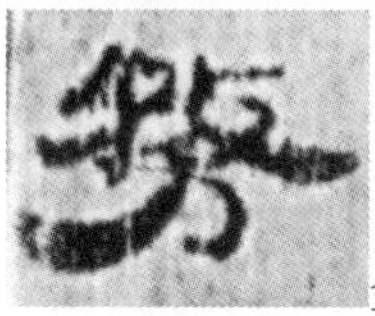
金關 T05:076

○書到務備少數

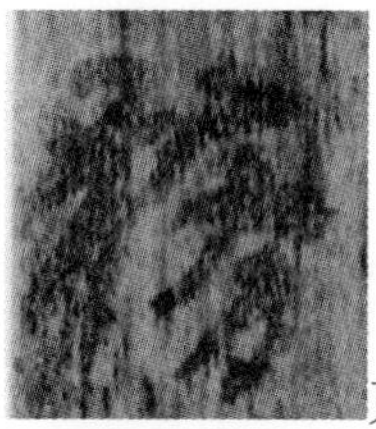
東牌樓 049 正

○務不腹

吳簡嘉禾・五・一〇四八

○烝務佃田

歷代印匋封泥

○務武男印章

漢印文字徵

漢印文字徵

○高務

漢印文字徵

○張務之印

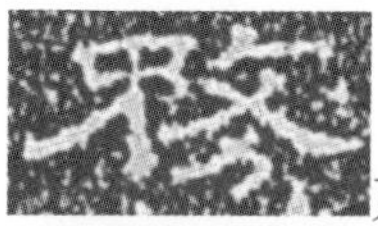
東漢・張景造土牛碑

○務令嚴事

西晉・臨辟雍碑

○開物興務

東晉・黃庭經

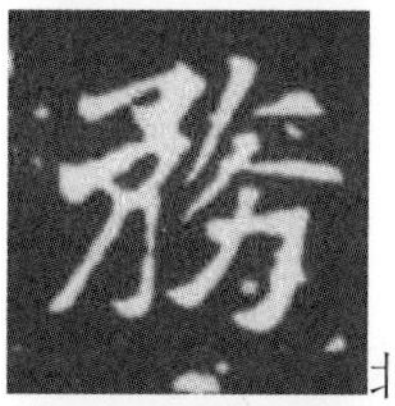
北魏・奚真誌

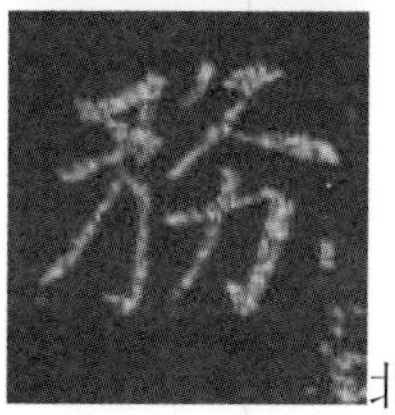
北魏・元茂誌

北魏・伏君妻咎雙仁誌

北魏・穆彥誌

北魏・元天穆誌

北魏・張安姬誌

東魏・馮令華誌

西魏・朱龍妻任氏誌

○勘攢劇務

北齊・唐邕刻經記

○應衆務其如響

【勥】

《說文》：，迫也。从力强聲。

【彊】

《說文》：，古文从彊。

【勱】

《說文》：，勉力也。《周書》曰：“用勱相我邦家。”讀若萬。从力萬聲。

北魏・于纂誌

○節義勱等

東魏・穆子巖誌銘

○勱德在玆

東魏・元晫誌

○德勱間平

【𠢕】

《說文》：，勥也。从力厥聲。

【勍】

《說文》：，彊也。《春秋傳》曰：“勍敵之人。”从力京聲。

北魏・仲練妻蔡氏等造像

○妻王氏男仲勍

北魏・解伯都等造像

○解伯勍

【勁】

《説文》：勁，彊也。从力巠聲。

馬壹 91_272

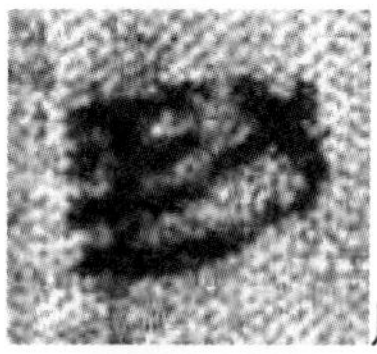
馬貳 32_20 上

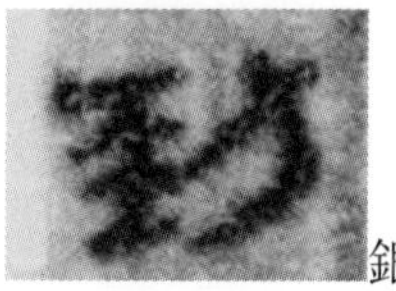
銀壹 282

○勁弩趨驟

秦代印風

○趙勁

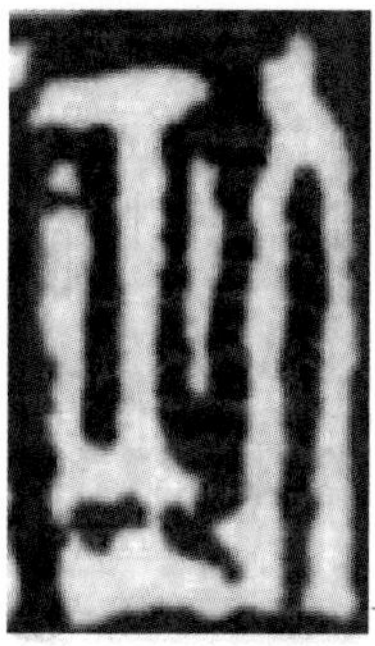
廿世紀璽印三-SY

漢印文字徵

○李勁印信

漢印文字徵

漢印文字徵

漢晉南北朝印風

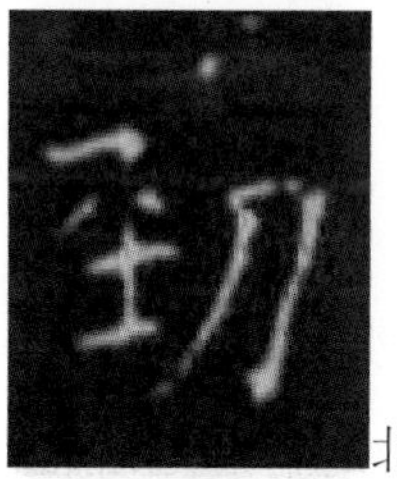
北魏・元弼誌

○節勁秋松

北魏・元纂誌

北魏・王□奴誌

○慚勁反矢

北齊・范粹誌

○才侔勁竹

北齊・暴誕誌

【勉】

《説文》：，彊也。从力免聲。

漢銘・侯勉壺

睡・秦律雜抄 41

○戍者勉補繕城

睡・日甲《馬禖》159

○主君勉飲勉食吾

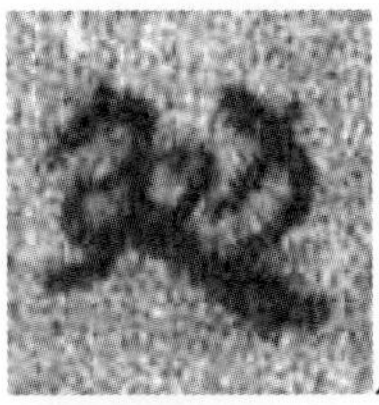
馬壹 123_17 下

馬壹 85_126

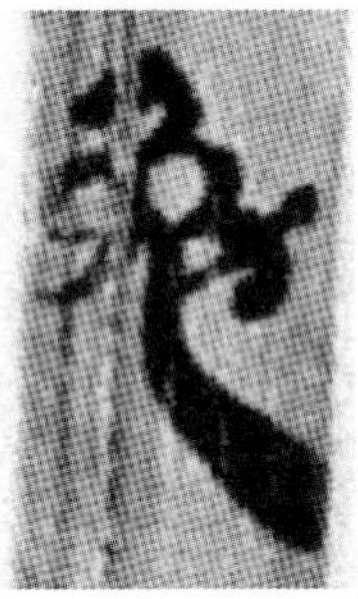
張・奏讞書 105

○毛勉獨捕牛買

銀壹 384

○勉之驩歡

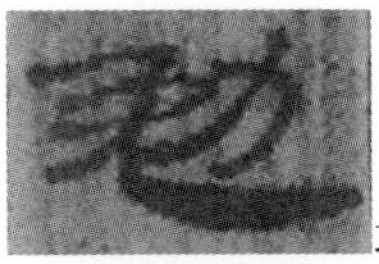
北貳・老子 14

敦煌簡 2142

敦煌簡 1461A

○敬戒勉力

金關 T22:003

東牌樓 068 正

○勉又言

漢印文字徵

漢印文字徵

漢印文字徵

○張勉

漢印文字徵

漢晉南北朝印風

東漢・景君碑

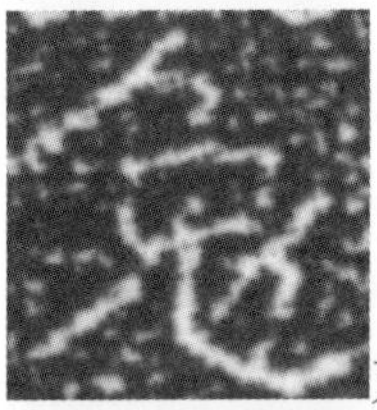
東漢・許安國墓祠題記

北魏・宋虎誌

北魏・元彬誌

○用勉爵土

北魏・寇憑誌

北魏・楊氏誌

○勖力勉歟

北魏・王誦誌

東魏・邑主造像訟

西魏・杜照賢造像

○得勉三塗者哉

【劭】

《説文》：，勉也。从力召聲。讀若舜樂《韶》。

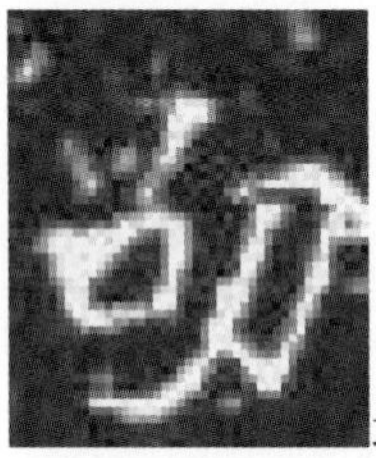
北魏・高道悅誌

○連規宋劭

北魏・李榘蘭誌

○勳節清劭

東魏・蕭正表誌

○度亮淹劭

東魏・元鷙誌

【勖】

《説文》：，勉也。《周書》曰："勖哉，夫子！"从力冒聲。

東漢・韓仁銘

東漢・郎中鄭固碑

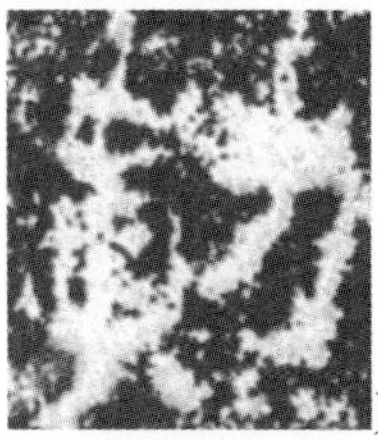
東漢・孟孝琚碑

○勖于後人

北魏・馮季華誌

○幽閑內勖

北魏・慈慶誌

北魏・郭顯誌

○匪勖聲名

北魏・封魔奴誌

○父勔

北魏・淨悟浮圖記

○臻舍利以勔

北齊・司馬遵業誌

○公義勔趙狐

【勸】

《說文》：，勉也。从力雚聲。

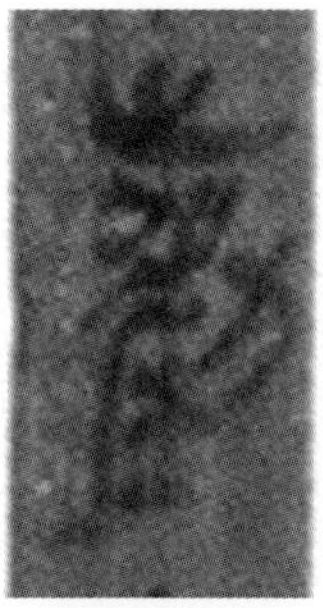
嶽・為吏 86

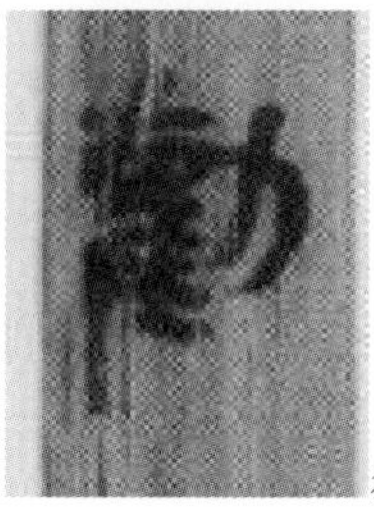
嶽・魏盜案 170

馬壹 140_6 上/173 上

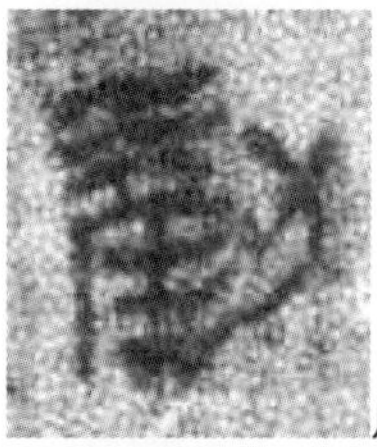
馬壹 44_39 下

張・奏讞書 228

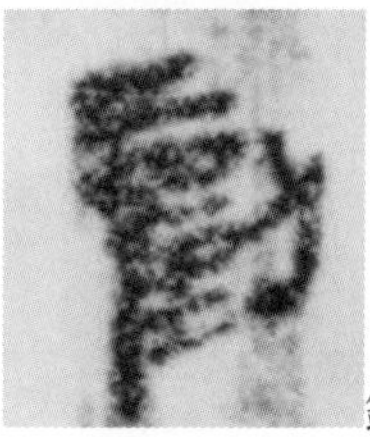
銀壹 531

銀貳 1050

敦煌簡 0109

○非賞不勸

北壹・倉頡篇 42

○勸怖槈桂

東漢・景君碑

○善勸惡懼

西晉・趙氾表

北魏・于纂誌

○勸課有途

北魏・檀賓誌

○脩古教以勸民

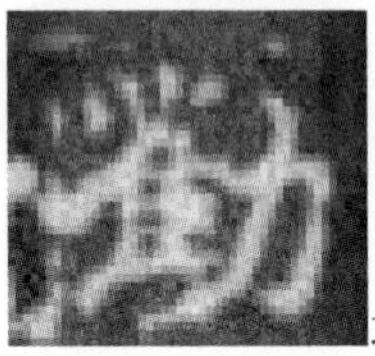
北齊・柴季蘭造像

○勸獎群生

北齊・靜明等造像

○丁丑十一月廿九日勸化

【勝】

《說文》：，任也。从力朕聲。

漢銘・陽泉熏鑪

漢銘・大吉田器

睡・秦律十八種 125

○皆不勝任而折

睡・為吏 10

睡・日乙 80

○土勝水

關・日書 238

嶽・為吏 30

馬壹 245_2 下\10 下

馬壹 85_133

○趙戰勝三粱（梁）

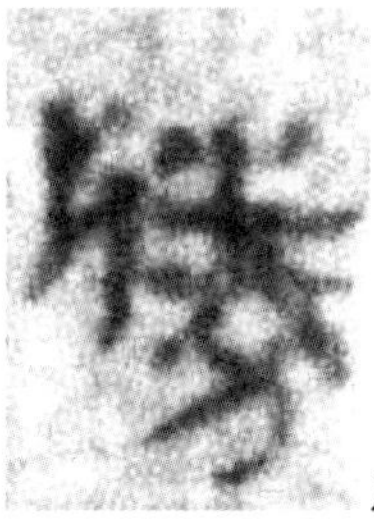
馬壹 112_25\376

馬壹 176_47 下

○側勝而受福

馬貳 3_21

張・奏讞書 45

張・蓋盧 37

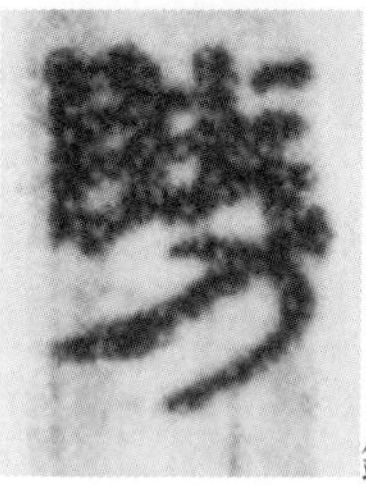
銀壹 464

銀貳 2093

北貳・老子 114

北貳・老子 207

○戰勝

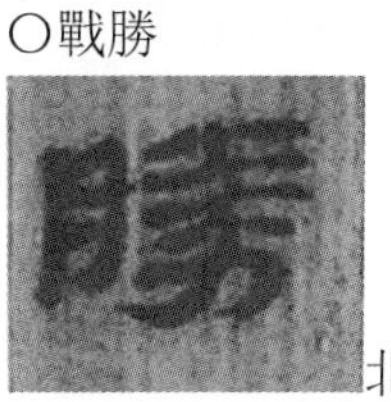
北貳・老子 211

○勝人者有力

敦煌簡 2426

○丁巳勝

金關 T01:042

○丞王勝

金關 T04:056

○令史勝

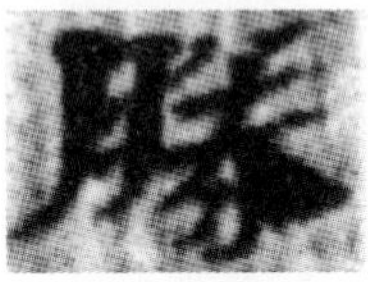
武・王杖 4

東牌樓 048 正

○營不勝

北壹・倉頡篇 10

○丹勝誤亂

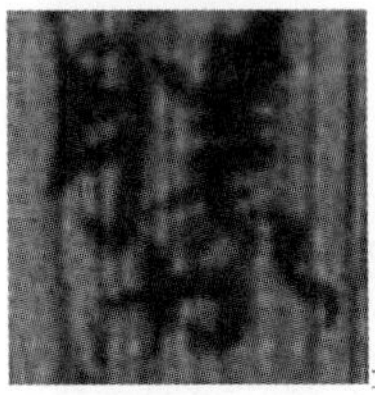
吴簡嘉禾・四・四七〇

○周勝佃田九町

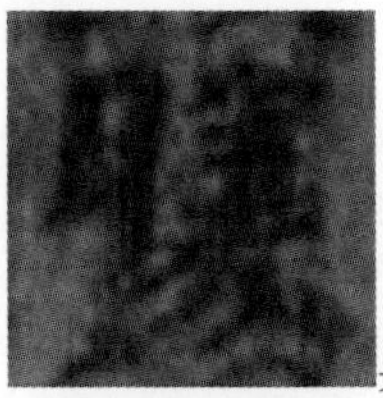
吴簡嘉禾・四・四九

○頓勝佃田三町

秦代印風

秦代印風

○閭丘勝

廿世紀璽印三-SY

○文勝之印

廿世紀璽印三-SY

○續勝

廿世紀璽印三-SY

廿世紀璽印三-SY

廿世紀璽印三-SY

○勝之

廿世紀璽印三-SY

○朱勝之

漢印文字徵

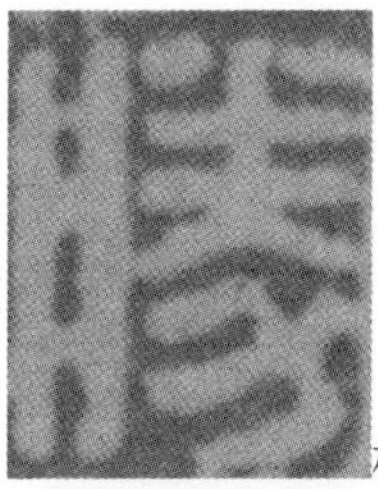
柿葉齋兩漢印萃

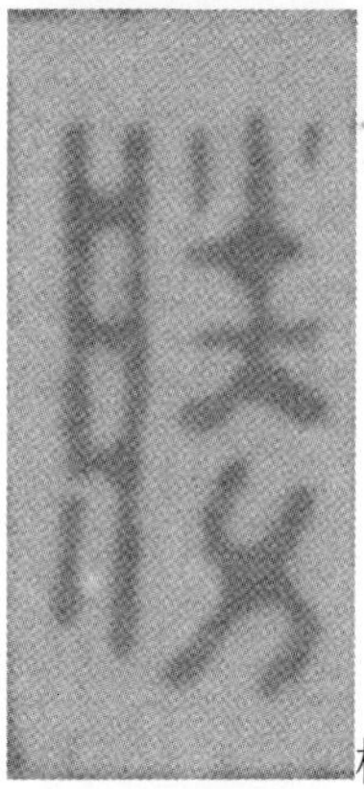
柿葉齋兩漢印萃

柿葉齋兩漢印萃

柿葉齋兩漢印萃

○陳勝私印

漢印文字徵

○石勝客

漢印文字徵

漢印文字徵

漢印文字徵

○采勝

漢印文字徵

○王勝

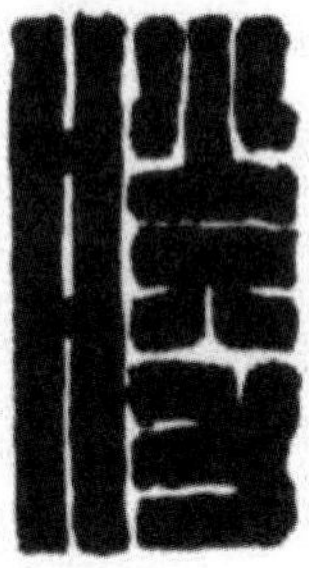
漢印文字徵

漢印文字徵

漢印文字徵

○甯勝之印

漢印文字徵

○趙勝

漢印文字徵

○秋勝之印

漢印文字徵

漢晉南北朝印風

○姚勝

漢晉南北朝印風

○古成勝

漢晉南北朝印風

○侯勝之印

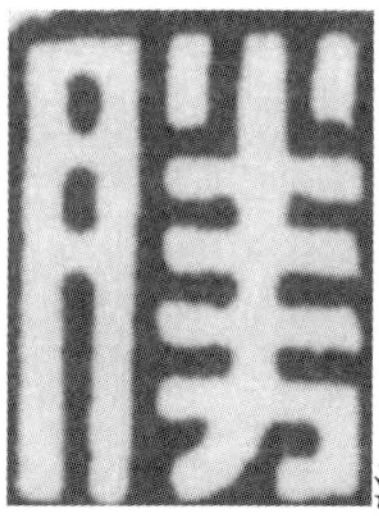
漢晉南北朝印風

○牛勝之印

漢晉南北朝印風

○范勝私印

漢晉南北朝印風

○郝勝之印

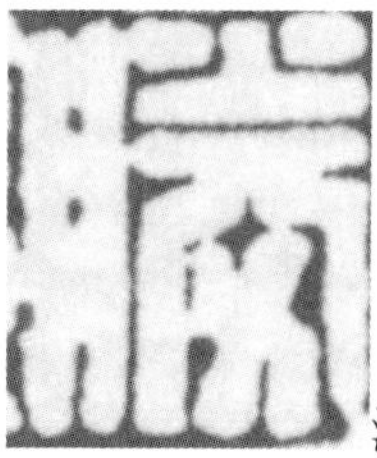
漢晉南北朝印風

○王勝之印

漢晉南北朝印風

○董勝

漢晉南北朝印風

○勝之

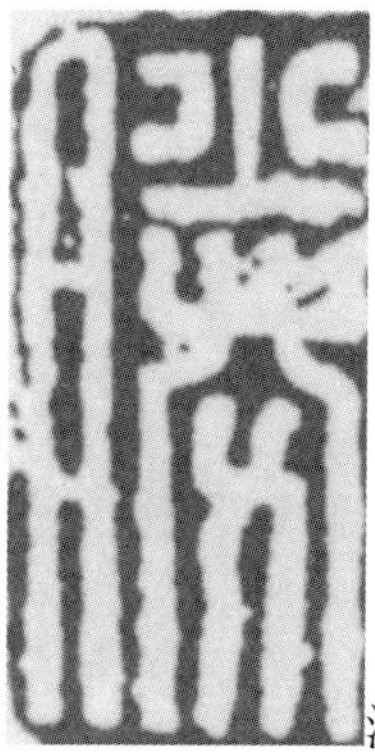
漢晉南北朝印風

○夏勝

漢晉南北朝印風

漢晉南北朝印風

○譚勝之印

漢晉南北朝印風

漢晉南北朝印風

○梁勝之印

漢晉南北朝印風

○天勝

東漢·北海太守爲盧氏婦刻石

○悲不勝言

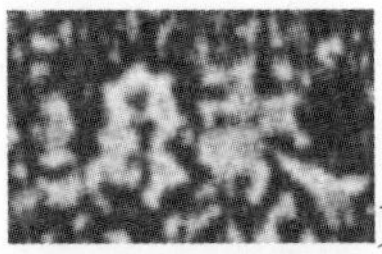
東漢·孔彪碑陽

○削四凶以勝殘

西晉·管洛誌

○不勝感慕罔極之哀

北魏·韓顯祖造像

○邑子張惠勝

東魏·元悰誌

東魏·元玗誌

○戰唯道勝

北齊·姜纂造像

北齊·王鴨臉造像

○靡勝

北齊・唐邕刻經記

○象載未勝

【勶】

《説文》：，發也。从力从徹，徹亦聲。

睡・封診式 74

○房内勶（徹）内

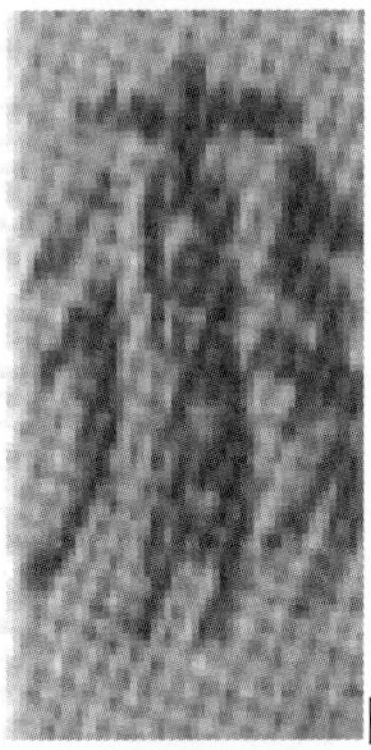
關・日書 133

○者大勶（徹）

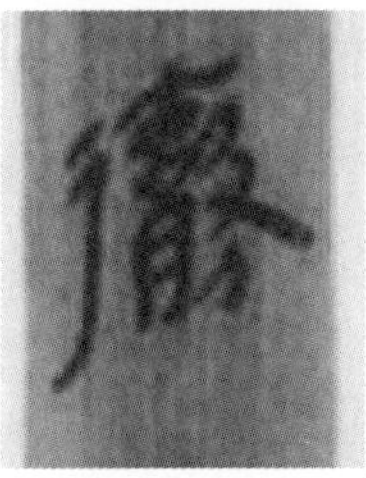
嶽・猩敞案 53

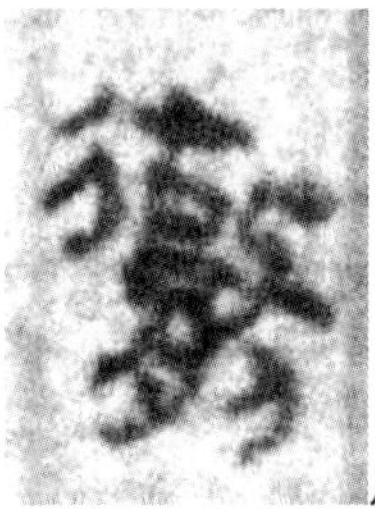
馬壹 101_144

○善行者无勶（轍）迹

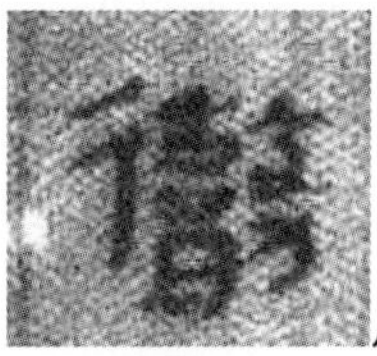
馬貳 21_22 下

○四小勶（勢 ）利行

張・具律 85

○耳孫勶（徹）侯

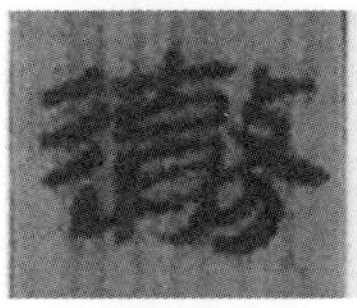
北貳・老子 192

漢印文字徵

○任勶

漢印文字徵

漢印文字徵

○郭勶

【勠】

《説文》：勠，并力也。从力翏聲。

里・第八層 1284

○面相勠

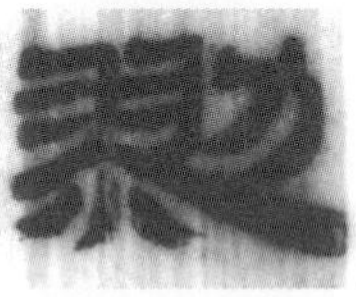
北壹・倉頡篇 18

○罯繞黜勠美數

北魏・乞伏寶誌

○凶渠就勠(戮)

西魏・辛萇誌

○盡忠勠力

【勨】

《説文》：勨，繇緩也。从力象聲。

【動】

《説文》：動，作也。从力重聲。

【運】

《説文》：運，古文動从辵。

馬壹 142_6/180 上

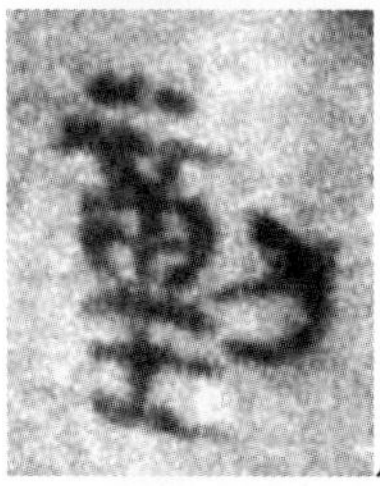
馬壹 95_12

○道之動（動）也弱

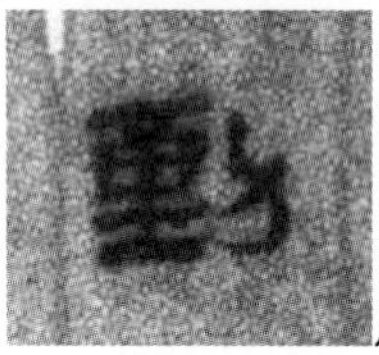
馬壹 128_71 上

○動（動）而不可

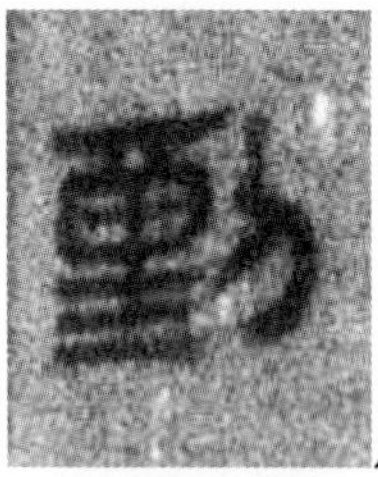
馬壹 124_37 上

○之正動（動）靜參

馬貳 212_11/112

○動（動）始十

馬貳 34_31 上

○能動榣（搖）

張・脈書 55

○浮氣勭(動)

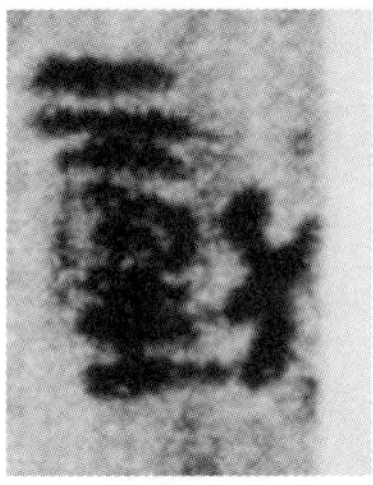
銀壹 353

○信不勭（動）適（敵）

銀壹 298

○言而勭（動）□

銀貳 1051

○易勭（動）可與慮它

銀貳 1681

○勭（動）天壞正

北貳・老子 137

○不屈動而揄（愈）

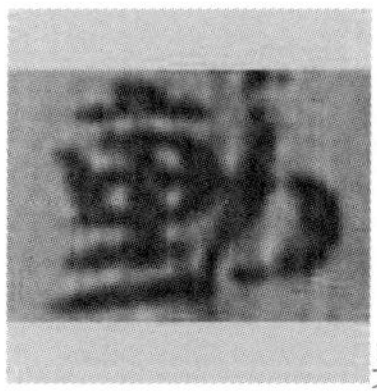
吳簡嘉禾・四・二二四

○黃動佃田卅町凡

魏晉殘紙

漢印文字徵

○文動

漢印文字徵

○李動印

東漢・曹全碑陽

東漢・夏承碑

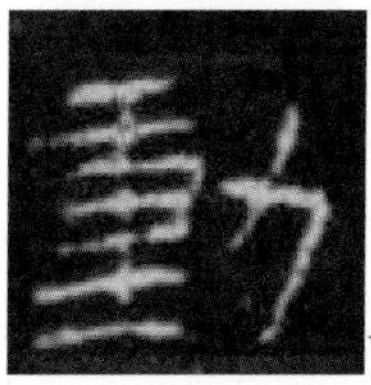
西晉・徐義誌

北魏・元熙誌

北魏・元譚妻司馬氏誌

北魏・馮會誌

北魏・穆亮誌

北魏・張玄誌

【勵】

《説文》：，推也。从力畾聲。

【劣】

《説文》：，弱也。从力少聲。

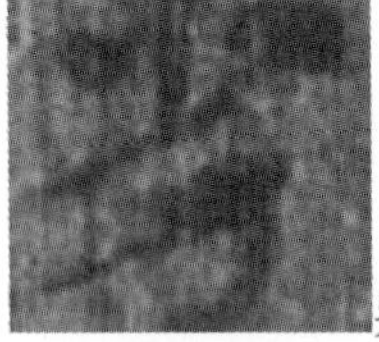
吳簡嘉禾・五・九〇

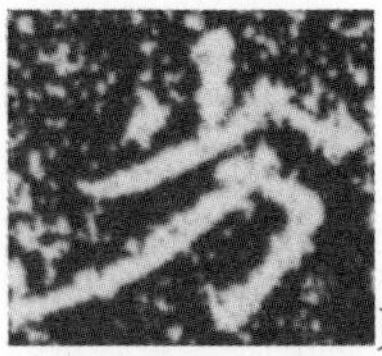
東漢・尹宙碑

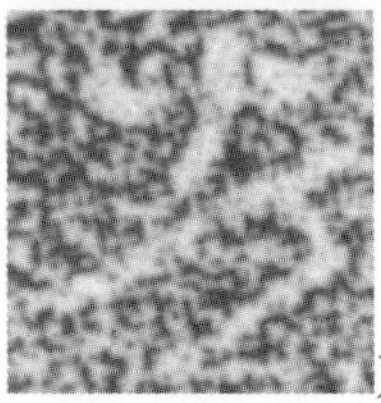
東漢・許阿瞿畫像石題記

〇羸劣瘦□

北魏・乞伏寶誌

北魏・元繼誌

北齊・庫狄迴洛誌

【勞】

《説文》：，劇也。从力，熒省。熒，火燒冂，用力者勞。

【𢧢】

《説文》：，古文勞从悉。

睡・秦律十八種 146

睡・秦律雜抄 29

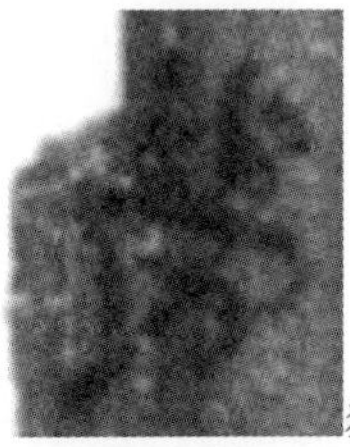
嶽・為吏 47

○毋勞心徹（微）

嶽・占夢書 6

○丈勞心

馬貳 31_53

○有勞苦事

張・史律 482

張・蓋盧 31

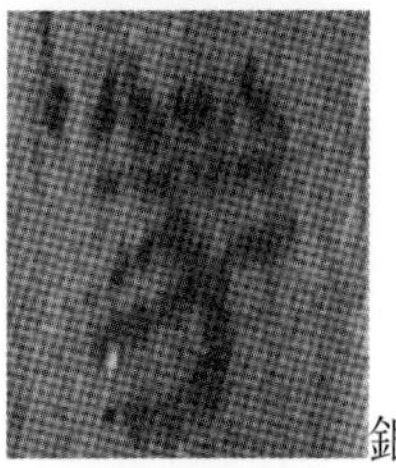
銀貳 1870

○子心勞賤

銀貳 999

敦煌簡 0981

金關 T30:108

○年功勞案

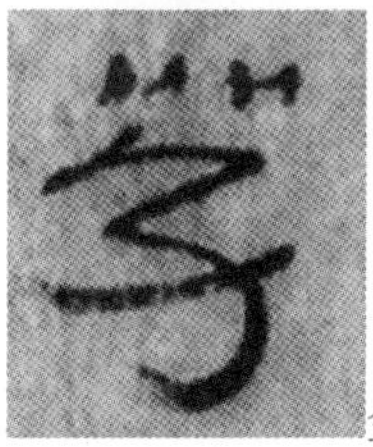
金關 T30:028A

○毋恙勞道

金關 T23:619

○賜奪勞者

東牌樓 039 背

○前勤勞暑熱

魏晉殘紙

○懷情用勞

廿世紀璽印三-GY

○勞邑執封

漢印文字徵

漢印文字徵

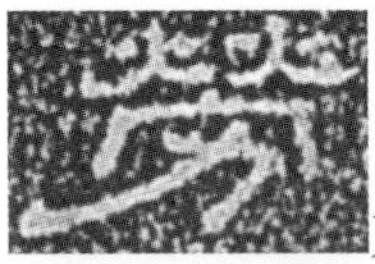
東漢・張景造土牛碑

東漢・熹平石經殘石四

北魏・長孫盛誌

北魏・爾朱紹誌

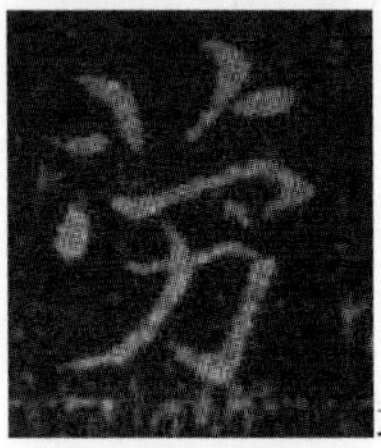
北魏・寇慰誌

北魏・元暐誌

北魏・慈慶誌

北魏・李媛華誌

北魏・司馬顯姿誌

北魏・劉阿素誌

東魏・趙胡仁誌

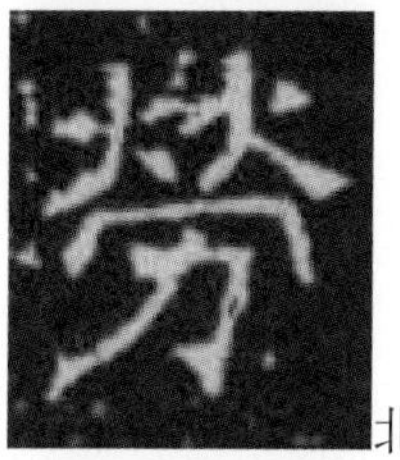
北齊・暴誕誌

北周・盧蘭誌

【勴】

《説文》：，務也。从力慮聲。

漢銘・勴陽陰城胡傅溫酒樽

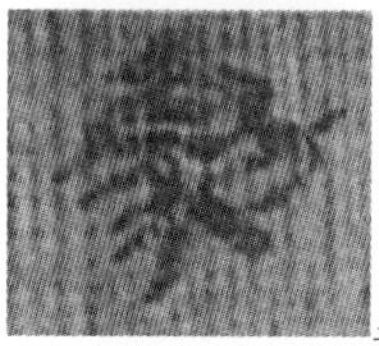
里・第八層 1514

○勴者爲甲次

馬壹 139_15 下 1/57 下

○既爲膚勴

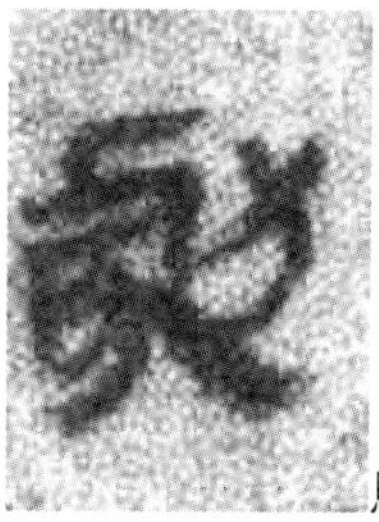
馬壹 138_15 上/157 上

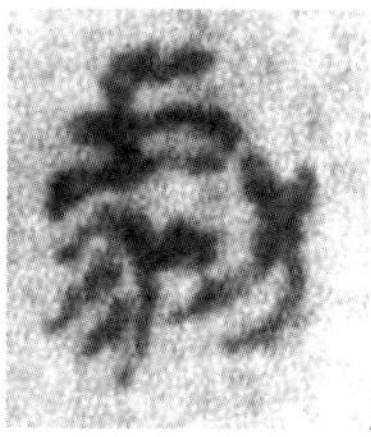
馬壹 109_133\302

○勴者强也

張・引書 108

○怒則勴炊（吹）

漢晉南北朝印風

漢晉南北朝印風

漢印文字徵

漢印文字徵

○勴里鄉印

漢印文字徵

漢印文字徵

歷代印匋封泥

○勴丞之印

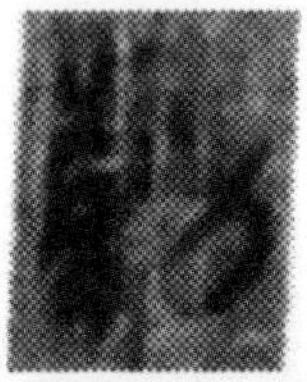
秦文字編 1924

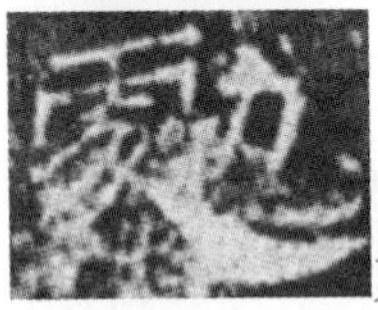
東漢・禮器碑側

○左尉北海劇趙福

【勀】

《説文》：，尤極也。从力克聲。

【勶】

《説文》：，勞也。《詩》曰："莫知我勶。"从力貰聲。

【勦】

《説文》：，習也。

北壹・倉頡篇 2

○賓勳向尚

漢印文字徵

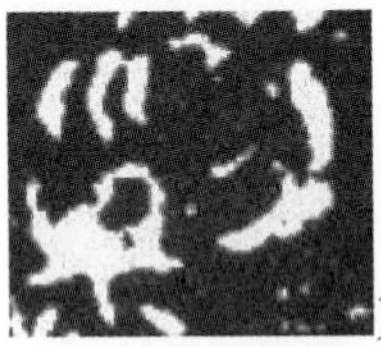
東漢・燕然山銘

○勳凶虐兮截海外

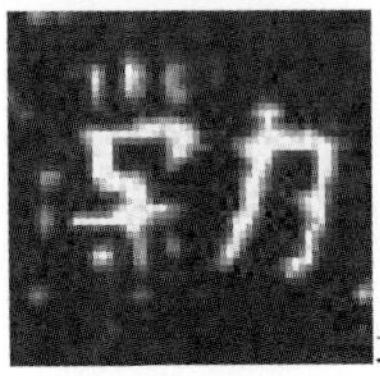
北齊・堯峻誌

○登時擒勳

【券】

《説文》：，勞也。从力，卷省聲。

【勤】

《説文》：，勞也。从力堇聲。

馬壹 84_114

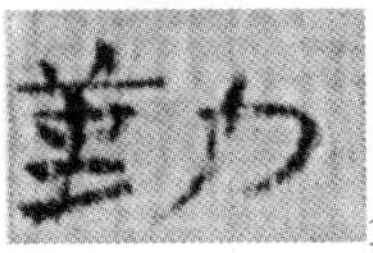
金關 T10:243

東牌樓 035 正

魏晉殘紙

漢印文字徵

漢印文字徵

漢印文字徵

東漢・從事馮君碑

東漢・夏承碑

東漢・朝侯小子殘碑

○服勤體□

北魏・張寧誌

北魏・劉華仁誌

○積勤纍效

北魏・楊乾誌

○以爲勤政

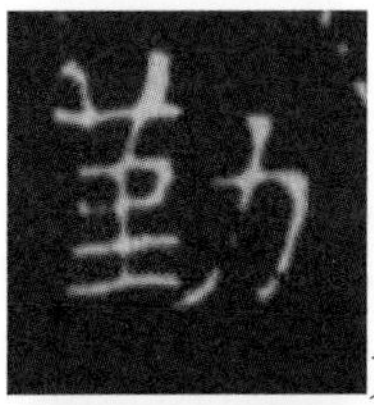
東魏・元延明妃馮氏誌

北齊・高湝誌

北齊・無量義經二

北齊・無量義經二

【加】

《説文》：加，語相增加也。从力从口。

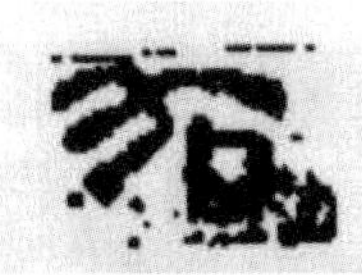
漢銘・聖主佐宮中行樂錢

里・第八層 1522

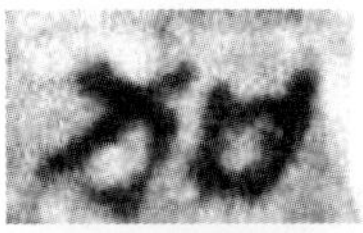
馬壹 89_224

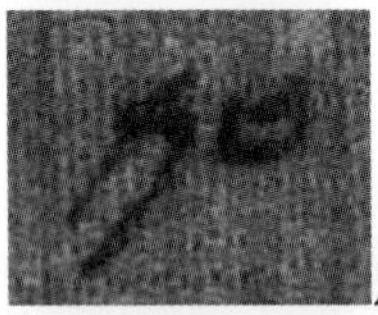
馬貳 128_8

敦煌簡 1457B

金關 T01:093

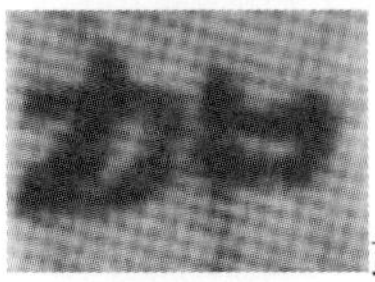
武・儀禮・甲本《服傳》15

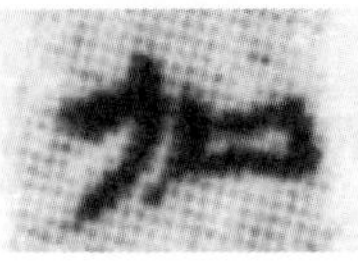
武・甲《少牢》29

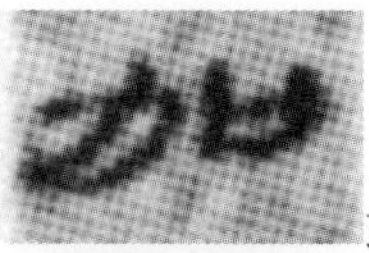
武・甲《有司》70

東牌樓 044

○小既加□

東牌樓 159

○加恩蒙

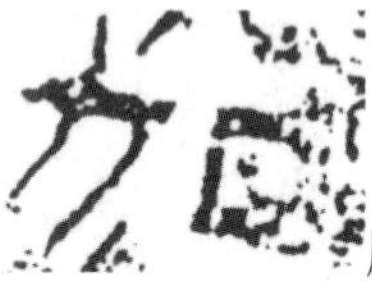
歷代印匋封泥

廿世紀璽印三-SY

○朱加之印

漢印文字徵

○張加

漢印文字徵

漢印文字徵

漢印文字徵

○高加

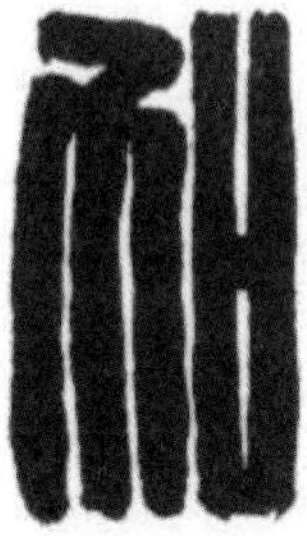
漢印文字徵

○成加

漢印文字徵

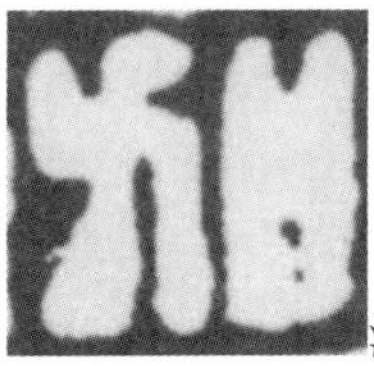
漢晉南北朝印風

詛楚文・巫咸

東漢・史晨前碑

東漢・石祠堂石柱題記

東漢・司徒袁安碑

北魏・韓顯宗誌

北魏・元思誌

北魏・元顯俊誌

北魏・元寶月誌

北魏・元偃誌

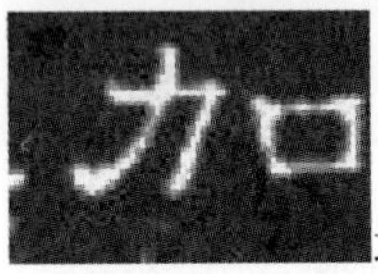
北齊・高阿難誌

【𠢕】

《說文》：𠢕，健也。从力敖聲。讀若豪。

戰晚・二年宜陽戈二

戰晚・宜陽戈

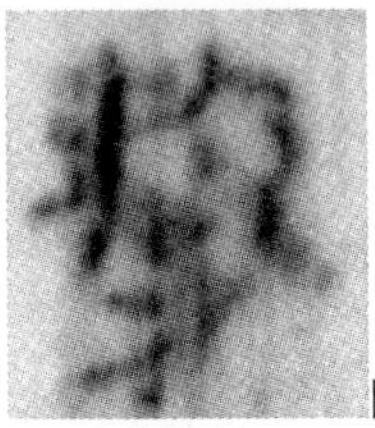
睡・為吏 5

〇𠢕悍

北壹・倉頡篇 10

〇𠢕悍驕裾

漢印文字徵

〇臣𠢕

漢印文字徵

漢印文字徵

【勇】

《說文》：勈，气也。从力甬聲。

【戜】

《說文》：戜，勇或从戈、用。

【恿】

《說文》：恿，古文勇从心。

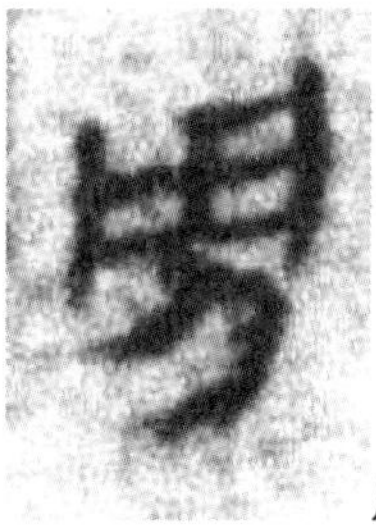
馬壹 144_33/207 上

○故能勇

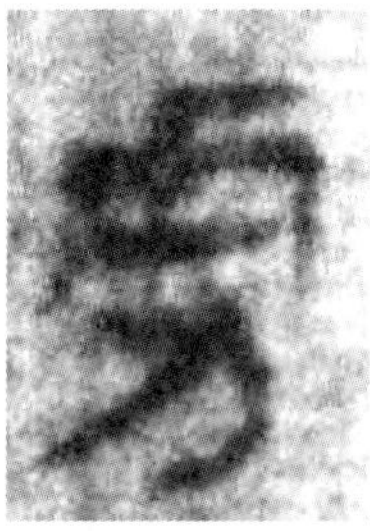
馬壹 114_7\410

○賁之勇也

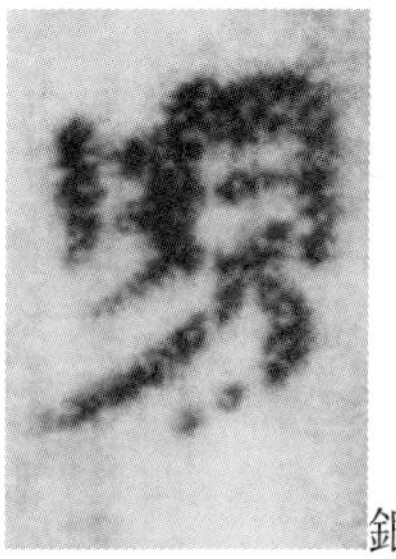
銀壹 259

○賤而勇者

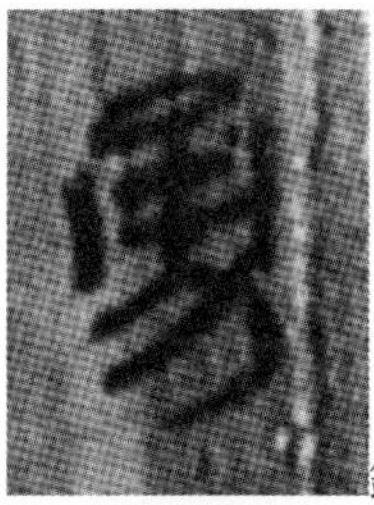
銀貳 1156

○士有勇力

銀貳 1152

○士有勇力

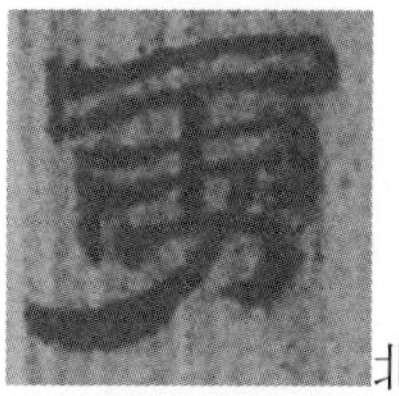
北貳・老子 87

○勇舍其歛

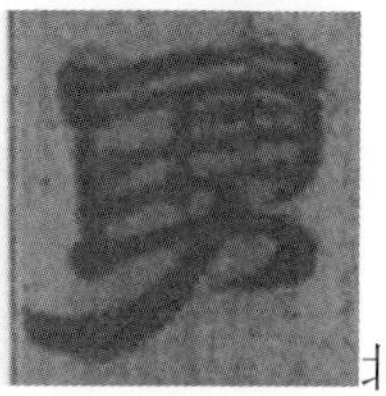
北貳・老子 86

○故能勇

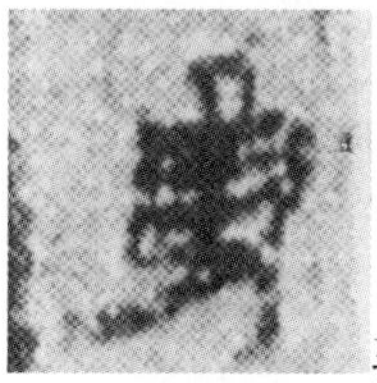
敦煌簡 2020

○欽受勇敢隧長許□

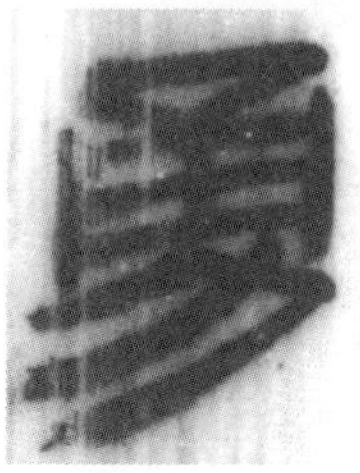
北壹・倉頡篇 4

○思勇猛剛

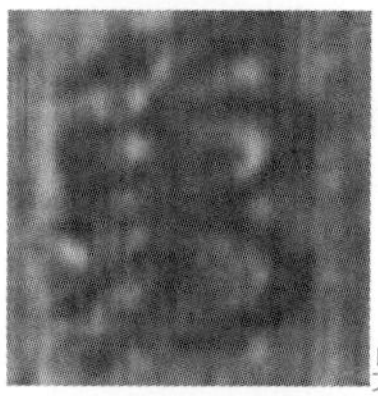
吳簡嘉禾・五・七九八

○男子勇怗佃田九町

睡・為吏 34

○恿（勇）能屈

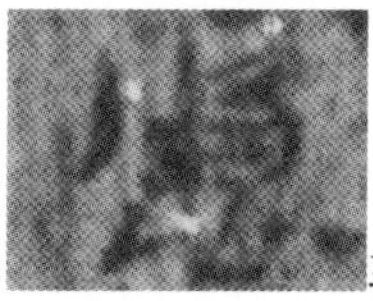
敦煌簡 0838A

○恿（勇）敢卒

金關 T24:710

○恿（勇）敢隧卒

廿世紀璽印三-SY

○毋勇德印

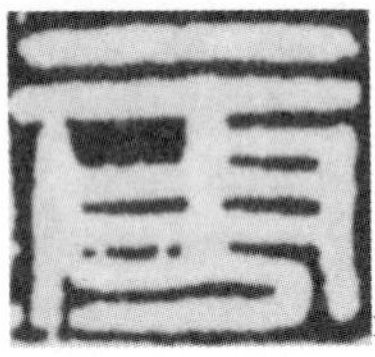
漢晉南北朝印風

○納功勇校丞

歷代印匋封泥

○仁勇里附城

漢印文字徵

○勇安私印

漢印文字徵

○納功勇校丞

漢印文字徵

漢印文字徵

漢印文字徵

漢印文字徵

漢印文字徵

漢晉南北朝印風

○武勇司馬

漢晉南北朝印風

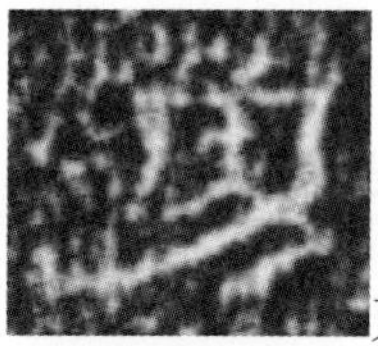
東漢・孔彪碑陽

○仁必有勇

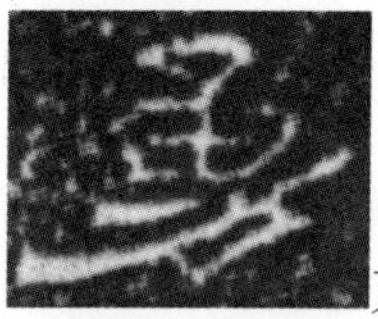
東漢・趙寬碑

○壯勇果毅

北魏・奚真誌

○氣略勇毅

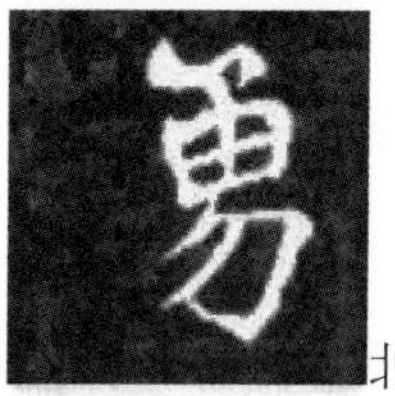
北魏・慧靜誌

○猛勇精進

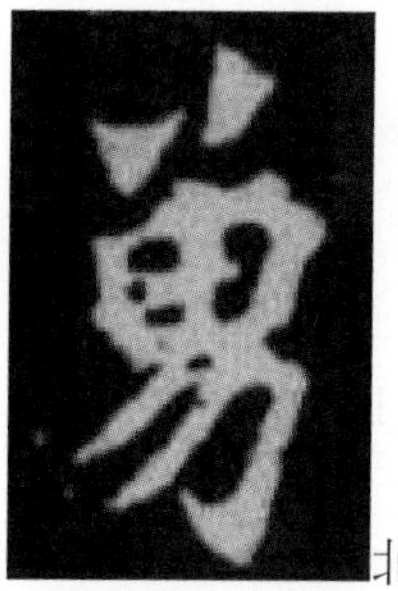
北魏・楊大眼造像

○震英勇

北齊・劉雙仁誌

○勇冠龍城

北周・豆盧恩碑

○風飄更勇

【勃】

《説文》：勃，排也。从力孛聲。

秦文字編 1925

秦文字編 1925

馬貳 212_2/103

敦煌簡 2401A

○勃順叩頭

金關 T03:053

○卒尚勃讞爵減

北壹・倉頡篇 32

漢印文字徵

漢印文字徵

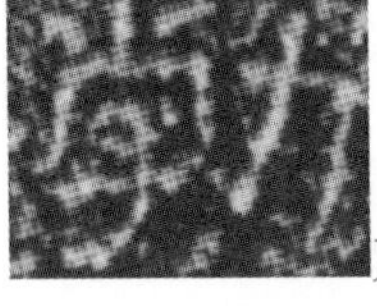
東漢・陶洛殘碑陰

○門生勃海浮陽徐珍

東漢・劉熊碑

北魏・辛穆誌

北魏・寇猛誌

○勃海高氏

北魏・李榘蘭誌

○冀州勃海

北魏・耿壽姬誌

○冀州勃海

北魏・高衡造像

○勃海

北魏・王遺女誌

○勃海

東魏·趙秋唐吳造像

○勃海

東魏·高湛誌

○勃海公

北齊·高百年誌

○代邸勃興

【勡】

《説文》：勡，刼也。从力票聲。

【劫】

《説文》：劫，人欲去，以力脅止曰劫。或曰以力止去曰劫。

嶽·識劫案 111

○告識劫婏

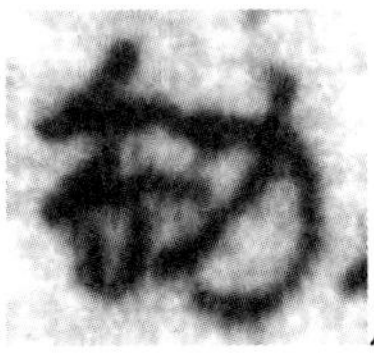
馬壹 82_71

○曰請劫之子以齊

張·盜律 72

○劫人所得臧（贓）

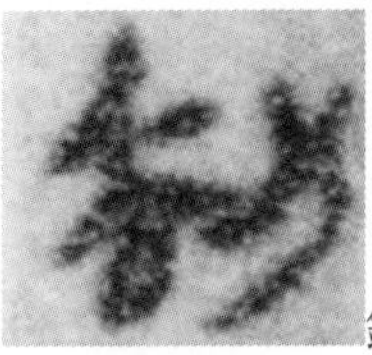
銀壹 417

○以圉（禦）劫也

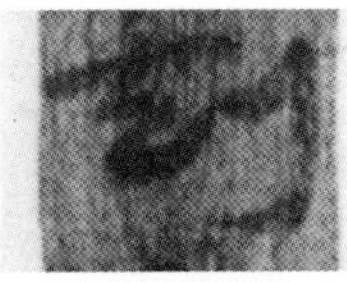
敦煌簡 0092

○劫虜皆散亡

十六國北涼·沮渠安周造像

北魏·錡雙胡造像

○先劫以耒

北魏·侯太妃自造像

東魏·道寶碑記

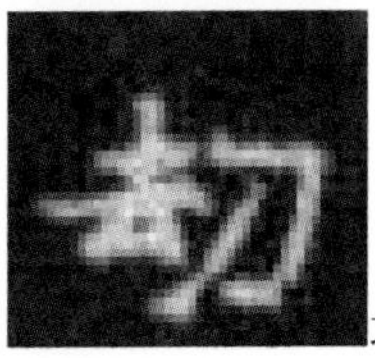
北齊·柴季蘭造像

北齊・智度等造像

【飭】

《說文》：飭，致堅也。从人从力，食聲。讀若敕。

秦文字編 1925

馬貳 258_9/9

○羽旌飭

馬貳 38_61 上

○實飭毋怒

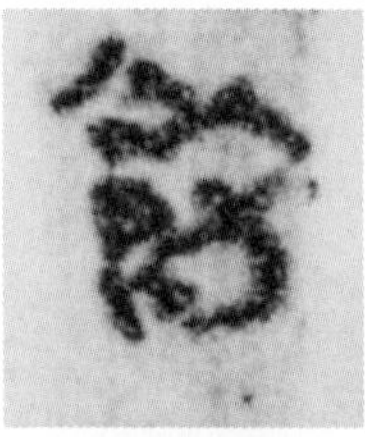
銀壹 971

東牌樓 066 正

○不悉飭幸甚

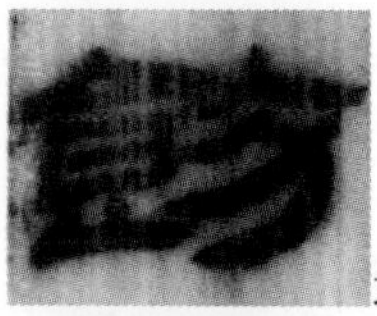
北壹・倉頡篇 9

秦文字編 1925

東漢・東漢・婁壽碑陽

○不飭小行

東漢・柳敏碑

○汶飭不雕

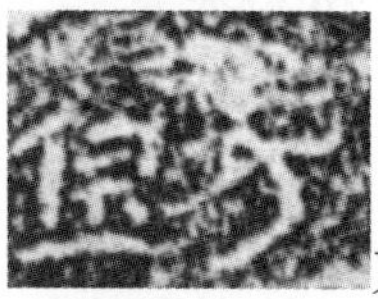
東漢・石門頌

○功飭爾要

【劾】

《說文》：劾，法有辠也。从力亥聲。

睡・效律 55

○計有劾司馬令

嶽・芮盜案 67

○受它如劾

里・第八層 754

張・收律 180

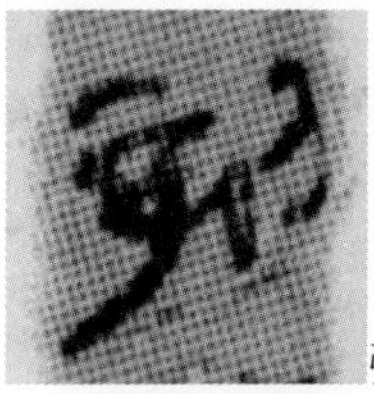
張・捕律 144

張・奏讞書 81

○它如劾

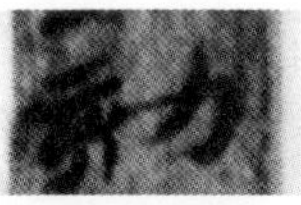
敦煌簡 0518

金關 T24:712

武・王杖 2

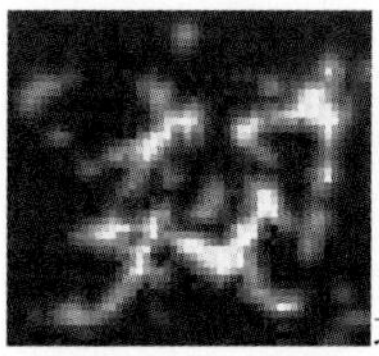
北魏・高道悅誌

○君並禁劾

北魏・元略誌

○劾妻之流

北魏・李超誌

○被兹深劾

【募】

《說文》：，廣求也。从力莫聲。

睡・秦律雜抄 35

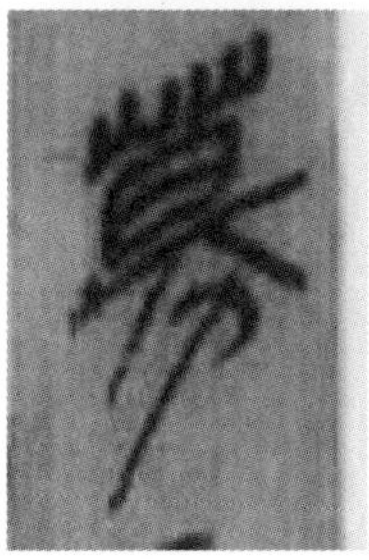
嶽・猩敞案 55

里・第八層 132

○冗募群戍卒百卌

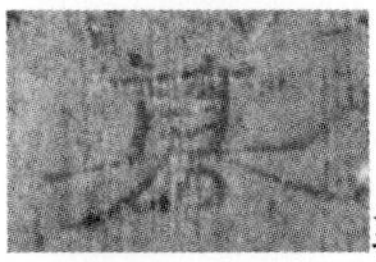
敦煌簡 0619

○品博募賤無欲爲

敦煌簡 0047

○中軍募擇士桼百二

廿世紀璽印三-GP

○募人府印

秦代印風

○新募學佤

歷代印匋封泥

○募人丞印

漢晉南北朝印風

漢晉南北朝印風

○募五百將

漢印文字徵

漢晉南北朝印風

○繹募令印

東漢・許安國墓祠題記

○募使名工高平王叔

東魏・李顯族造像

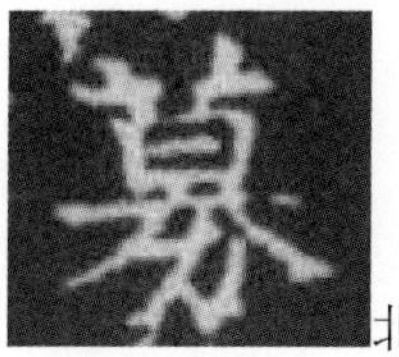
北齊・劉碑造像

【劬】

《說文》：劬，勞也。从力句聲。

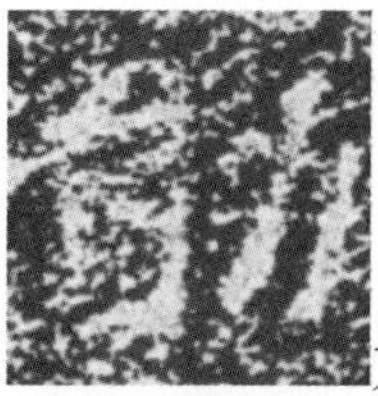
東漢・析里橋郙閣頌

○劬勞日稷兮

東漢・賈仲武妻馬姜墓記

○劬勞歷載

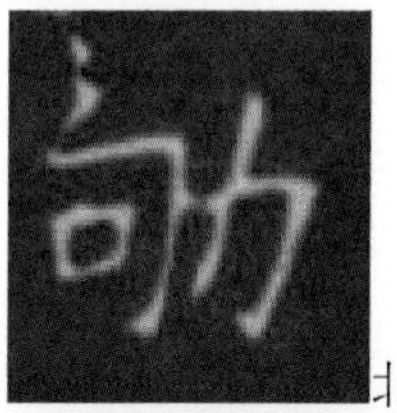
北魏・元鑽遠誌

北魏・元暐誌

北魏・慈慶誌

○雖劬勞密勿

北齊・常文貴誌

【勢】

《說文》：勢，盛力權也。从力埶聲。經典通用埶。

北魏・元顥誌

北魏・爾朱襲誌

北魏・元顯魏誌

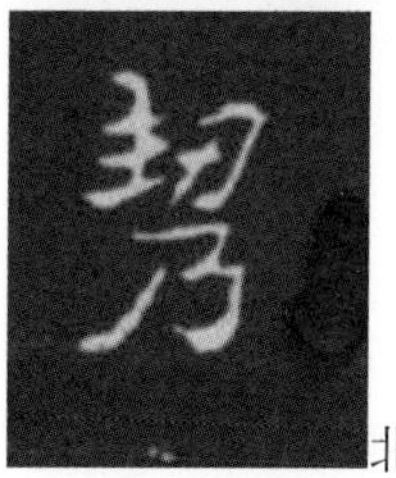
北魏・劉玉誌

○軍勢不利

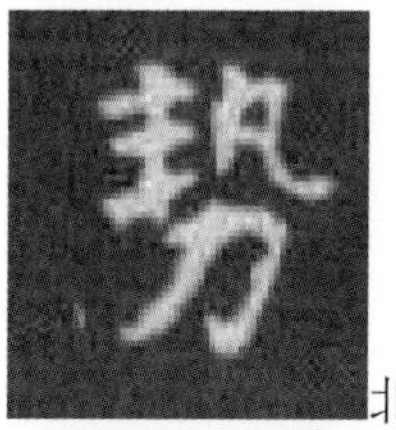
北魏・元昭誌

東魏・廉富等造義井頌

○勢通河海

東魏・高湛誌

北齊・張思文造像

北齊・徐顯秀誌

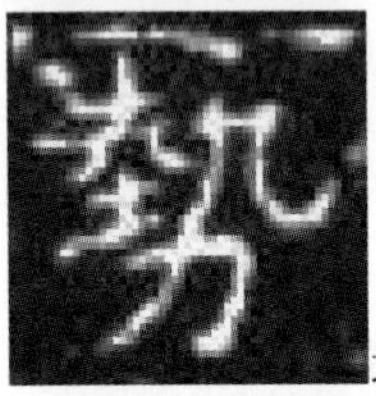
北齊・堯峻誌

○比勢論榮

北齊・盧脩娥誌

○爰總四德之勢

【勘】

《說文》：勘，校也。从力甚聲。

北魏・靜度造像

○別造小觀世一勘

北魏・檀賓誌

北齊・元賢誌

【辦】

《說文》：辦，致力也。从力辡聲。

金關 T28:026

○毋令客到不辦與

南朝梁・王慕韶誌

○隨由備辦

〖㔜〗

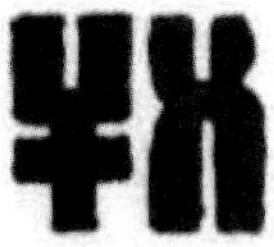
漢印文字徵

○矦㔜將

〖另〗

東牌樓 015 正

○白另約月

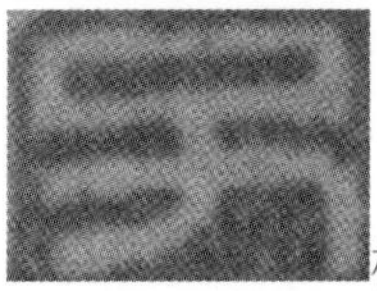
柿葉齋兩漢印萃

○行另真印

〖⿱曰另〗

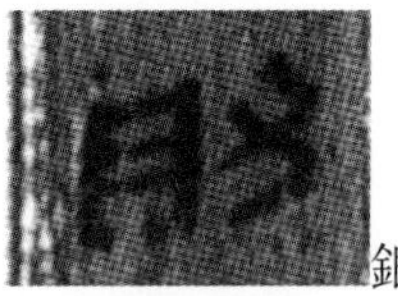
銀貳 1164

○四曰⿱曰另（冒）忌

〖劮〗

銀貳 1229

○當寡毋以劮（逸）

〖努〗

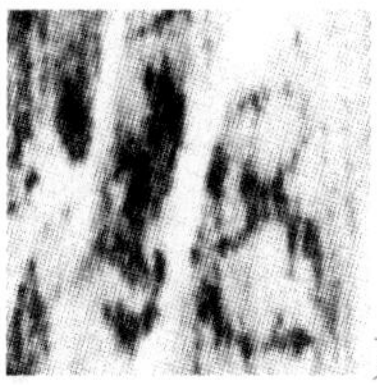
東牌樓 047 背

○努力

〖⿰圭力〗

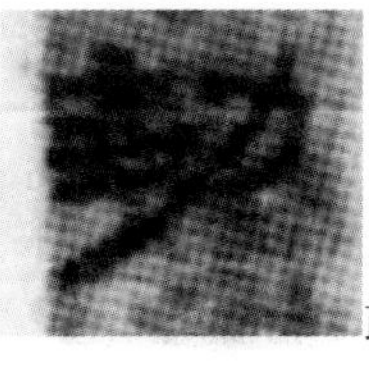
武・甲《少牢》7

○司馬⿰圭力（封）羊

〖効〗

北魏・馮邕妻元氏誌

北魏・元鑒誌

〖觔〗

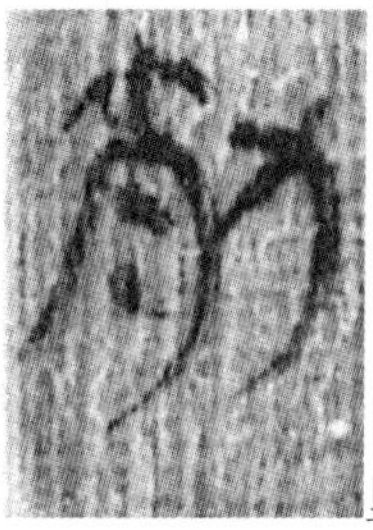
里・第八層 756

○觔匠及它

〖⿱攸力〗

張・奏讞書 156

○調⿱攸力（攸）須來

〖劵〗

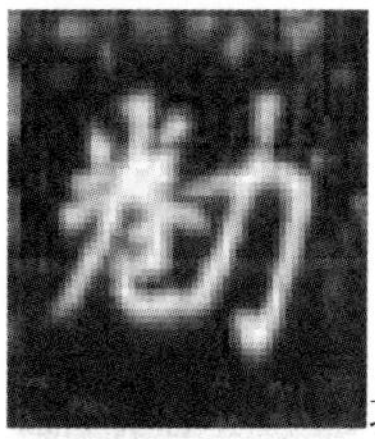
北魏・高猛妻元瑛誌

○好學罔劵

北魏・元子直誌

○絲綸告勸

北魏・元譚妻司馬氏誌

○聿修無勸

〖勞〗

漢印文字徵

○成勞

漢印文字徵

○王博勞

〖勣〗

北周・賀屯植誌

○效武勣於隋陸

〖勵〗

東魏・蕭正表誌

○足以勵俗懷來

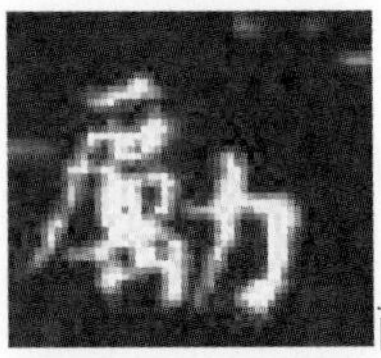
西魏・趙超宗妻誌

西魏・鄧子詢墓誌

○勖身勵己

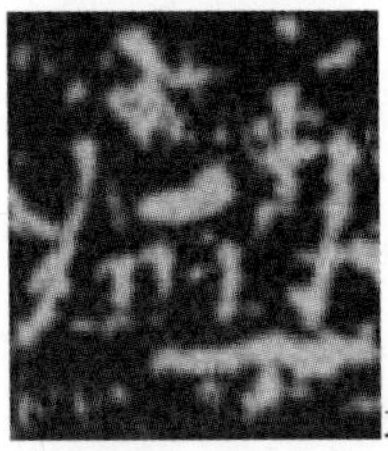
北周・宇文瓘墓誌

○方秉德勵精

〖勬〗

漢印文字徵

○勬穀

劦部

【劦】

《説文》：，同力也。从三力。《山海經》曰：“惟號之山，其風若劦。”凡劦之屬皆从劦。

馬貳 275_188/208

馬貳 222_14

○鹿劦（脅）白

【恊】

《説文》：，同心之和。从劦从心。

漢印文字徵

○趙恊

漢印文字徵

○王恊印信

西晉・臨辟雍碑

西晉・司馬馗妻誌

北魏・元洛神誌

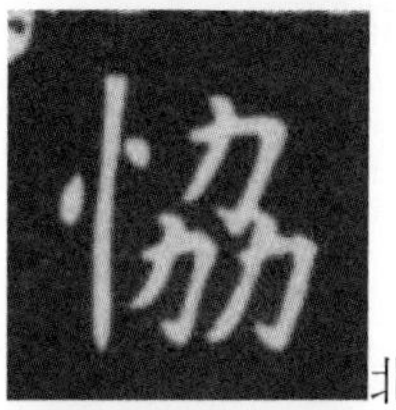
北魏・胡明相誌

北魏・元恪嬪李氏誌

北魏・鮮于仲兒誌

北魏・趙光誌

○傍恊娣姒

北魏・元弘嬪侯氏誌

○故能恊慶承乾

北魏・穆亮誌

○式恊時雍

北魏・元羽誌

○恊讚伊人

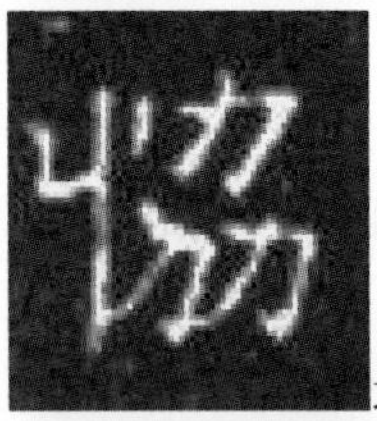
北齊・盧脩娥誌

北周・崔宣靖誌

【勰（勰）】

《説文》：勰，同思之和。从劦从思。

北魏・元勰誌

○王諱勰字彥和

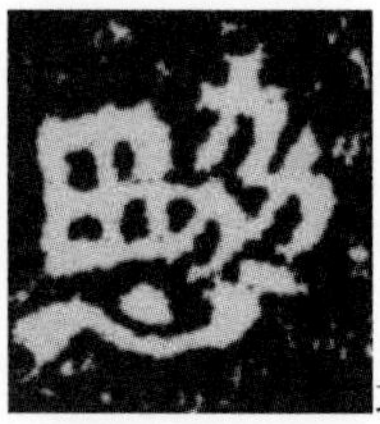
北魏・僧暈造像

○元勰

【協】

《説文》：協，眾之同和也。从劦从十。

【叶】

《説文》：叶，或从口。

【旪】

《説文》：旪，古文協从日、十。

漢印文字徵

○山恊印信

柿葉齋兩漢印萃

○恊律都尉

漢代官印選

東漢・封龍山頌

○協德齊勳

北齊・邑義七十人造像

北周・叱羅協誌

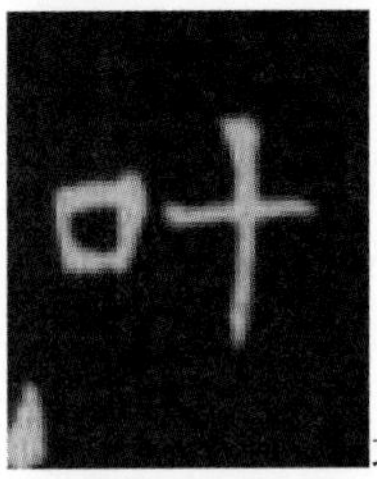北魏・元徽誌

○資圖叶運

北魏・封魔奴誌

○方當式叶衡文

北周・華岳廟碑

○文軌叶同